DIE BERLINER AKZISEMAUER

HELMUT ZSCHOCKE

DIE BERLINER AKZISEMAUER

DIE VORLETZTE MAUER DER STADT

BERLIN STORY VERLAG

IMPRESSUM

Zschocke, Helmut:
Die Berliner Akzisemauer – Die vorletzte Mauer der Stadt.
ISBN 978-3-95723-096-6
4. Auflage, 2026

Schöneberger Straße 23 A, 10963 Berlin

UStID: DE184231066
AG Berlin (Charlottenburg) HRB 61146 B
www.BerlinStory.de, Service@BerlinStory.de
Umschlag und Satz: Norman Bösch

WWW.BERLINSTORY.DE

INHALT

VORBEMERKUNG

Rückblickend beschreibt I. Kastan, ein altgedienter Journalist des Berliner Tageblatts, wie er als junger Mann in den sechziger Jahren des 19. Jahrhunderts die preußische Hauptstadt erlebt hat. Der Zeitraum, auf den er blickt, ist historisch hochinteressant:

In dieser Periode beginnt ein beispielloser Umbruch – in der Stadt wie im gesamten Land. Das Ringen um den deutschen Einheitsstaat mündet in die Gründung des Norddeutschen Bunds (1866) und die Entstehung des Kaiserreiches (1871). Die Durchsetzung der uneingeschränkten Gewerbefreiheit, die einheitliche Regelung der Staatsbürgerschaft in den Norddeutschen Staaten durch das Passgesetz, die gesetzliche Verankerung der Freizügigkeit (alle 1867), die Einführung des metrischen Systems (1868) und die Beseitigung der Staatsaufsicht über das Aktienwesen (1871) tragen zum wirtschaftlichen Aufschwung bei und befruchten die Entfaltung des gesellschaftlichen Lebens insgesamt. Mit der Gründung eines einheitlichen zentralistischen Gewerkschaftsbundes (1868) und der Sozialdemokratischen Arbeiterpartei (1869) melden sich neue soziale und politische Kräfte zu Wort.

In Berlin explodiert die Bevölkerungszahl. Innerhalb von nur einem Jahrzehnt, zwischen 1861 und 1871 steigt sie von 538.000 auf 800.000 Personen; sechs Jahre danach wird die Millionengrenze erreicht. Der massive Zustrom von Menschen, die stürmisch voranschreitende Industrialisierung und nicht zuletzt die neue Rolle als Hauptstadt – zuerst des Norddeutschen Bundes und dann des neuen Deutschen Reiches – bringen gewaltige Probleme, die von einem selbstbewusst gewordenen Bürger- und Beamtentum angegangen werden. »In die Berliner Stadtverwaltung«, schreibt Kastan, »kam ein frischer Windzug, der die muffige Luft der Schreibstuben reinigte.«[1]

Die neue Zeit schafft neue Bedürfnisse; es wird viel gebaut, das Stadtbild verändert sich zusehends. Zu nennen wären das neue »rote« Rathaus (1861-1869), die Börse (1859-1863), die Neue Synagoge (1859-1866), das erste städtische Krankenhaus am Friedrichshain (1868-1874), die erste Pferdestraßenbahnlinie in Deutschland von Charlottenburg bis zum Brandenburger Tor (1865) die Verdopplung der Zahl der höheren Lehranstalten – Gymnasien, Real- und Gewerbeschulen – auf insgesamt 23 (1876 gegenüber 1848) und vieles andere. Geplant wird in den sechziger Jahren schließlich die für den Bürger wohl wichtigste Veränderung in der Stadt, die mit den Namen Virchow und Hobrecht verbunden ist. Berlin erhält ab 1873 ein sinnvoll ineinandergreifendes System von Wasserleitungs-, Schwemmkanalisations- und Rieselfeldanlagen,

[1] Isidor Kastan, Berlin wie es war, Berlin 1919, S. 16-17

das weltweit vorbildlich ist; die Stadt wandelt sich von einem verrufenen »Typhusnest« in eine der gesündesten und saubersten Metropolen Europas.

Zu Zeiten von Umbrüchen entsteht nicht nur Neues, es verschwindet auch Altes. Kastan blickt fünfzig Jahre zurück, und ihm fällt zuerst das von den Berlinern meistgehasste Bauwerk ein: »Der damalige Stadtkern war von einer etwa 4 Meter hohen Mauer umgeben, um das Einschmuggeln von steuerpflichtigen Verbrauchsgegenständen ... zu verhindern. ... An den großen ins Land hinausführenden Straßen war diese dem bitteren Spotte der Bevölkerung preisgegebene Mauer durch Toröffnungen unterbrochen, an denen längst keine Torflügel mehr hingen. Mit dem Falle der Stadtmauer sind auch diese Tore gefallen ... Das aber kann man schon ruhig und ohne der geschichtlichen Wahrheit zu nahe zu treten, aussprechen: der damaligen Berliner Jugend gebührt ein nicht unwesentliches Verdienst an der Beseitigung dieser lächerlichen Stadtmauer.«[1]

Offenbar gehören in der Berliner Geschichte Stadtmauern oder ähnliche Gebilde regelmäßig zu jenen Hindernissen, die die Stadt überwinden muss, bevor sie in eine historisch neue Rolle hinüberwachsen kann. Natürlich war die Mauer, die Kastan in seiner Jugendzeit erlebt hat, für die Menschen alles in allem harmloser als die 1961 erbaute. Man täusche sich indes nicht an solchen Formulierungen wie »lächerliche« oder – wie sich der Fontane-Herausgeber J. Rodenberg einmal ausdrückte – »trübselige Stadtmauer«.[2] In den einhundertvierunddreißig Jahren ihrer Existenz gibt es eine lange Periode, in der das Überwinden dieses Walls oder das illegale Passieren der Tore mit Lebensgefahr verbunden ist. Und reaktionäre Kreise unter den Herrschenden Preußens sind bis zuletzt bemüht, die Mauer für den Fall gewaltsamer politischer Auseinandersetzungen als Sperrwall vorzuhalten.

Die alte Ringmauer ist seit langem so gut wie vollständig verschwunden. Das erhöht ihren Denkmalcharakter, den sie durch seither wesentlich veränderte politische und gesellschaftliche Grundbedingungen erhalten hat. Der Autor dieses Buches möchte sie der Vergessenheit entreißen. Er zeigt, welche Rolle dieses Bauwerk im damaligen Berliner Leben spielte. Beschrieben wird auch, wo sich Mauer und Tore befanden. Es handelt sich wohl um den ersten Versuch, die vorletzte Stadtmauer Berlins topografisch wie in ihrer Funktionsvielfalt zu erfassen.

Nicht der Vergessenheit zu entreißen braucht man das einzige noch vorhandene Tor dieser Mauer. Kein Berliner Bauwerk hat eine solche Karriere gemacht wie das Brandenburger Tor – zuerst einfacher Ein- und Auslass, dann repräsentatives Empfangsgebäude, danach Wahrzeichen der Stadt und schließlich Symbol der Einheit der ganzen Nation.

[1] ebenda, S. 10-11
[2] Julius Rodenberg, Bilder aus dem Berliner Leben, Berlin 1987, S. 135.

DIE RINGMAUER IM BERLINER LEBEN

ÄLTERE BEFESTIGUNGSANLAGEN

In den rund acht Jahrhunderten seiner Geschichte hat es Berlin auf fünf Absperrungen gebracht, die sich um die Stadt herum, zwischen Stadt und Vorstädten oder quer durch die Stadt zogen. Dabei wurden die drei Berliner Stadtbefestigungen des Mittelalters und der Frühzeit – im Unterschied zu den beiden letzten Mauern – hauptsächlich zum Zwecke der Verteidigung angelegt.[1]

Die älteste Anlage bestand wohl nur aus einem einfachen Wall mit Palisaden und einem vorgelegten Wassergraben, der sich vermutlich eines alten Spreearmes bediente.

DIE MITTELALTERLICHE STADTMAUER

Um 1247 erhält die Doppelstadt Berlin-Cölln eine neue Befestigung, die der Stadt ein charakteristisch mittelalterliches Gepräge verleiht. An die Stelle der Palisaden tritt eine Mauer; sie wird im Jahre 1319 erstmalig erwähnt. Im unteren Teil aus Feldsteinen bestehend und einen bis eineinhalb Meter stark, wird sie etwa ab dem Jahr 1300 mit Ziegelquadern auf die stattliche Höhe von sechs bis neun Metern gebracht. Die viereckigen oder runden Türme haben ein spitzes Kegeldach und sind bis zu 25 Meter hoch; vielerorts finden sich darüber hinaus halbrunde, nach innen offene sogenannte Weichhäuser.

An fünf Stellen wird diese Mauer durch Tore unterbrochen. Auf der Berliner Seite sind dies das Stralauer Tor an der gleichnamigen Straße, das den Zugang zur Stadt aus Richtung Frankfurt (Oder), Boxhagen und Stralau eröffnet, das Oderberger, später Georgentor am heutigen Alexanderplatz (Bernau, Prenzlau) und das Spandauer Tor in der Nähe des Hackeschen Markts (Magdeburg, Brandenburg a. d. Havel, Spandau, Neuruppin, Pankow). Auf der cöllnischen Seite führt das Teltower, später Gertraudentor (an der gleichnamigen Straße gelegen) in Richtung Sachsen, Fläming und Teltow und das Köpenicker Tor nach Mittenwalde, Köpenick und Rixdorf. In die Stadt kommt man nur über Zugbrücken, die zwei 15 Meter breite Wassergräben überspannen.

---

[1] Zu den historisch ersten drei Berliner Befestigungsanlagen vgl. Friedrich Holtze, Geschichte der Befestigung von Berlin. In: Schriften des Vereins für die Geschichte der Stadt Berlin, Heft X, Beilage 2, Berlin 1874, S. 108 ff., Günter Peters, Kleine Berliner Baugeschichte, Berlin 1995, S. 39 ff. und S. 57 ff., Friedrich Nicolai, Beschreibung der königlichen Residenzstadt Berlin, Berlin 1987, S. 36 ff., Herbert Schwenk, Ein Riesenbauwerk, das sich als Riesenflop erwies. In: Berlinische Monatsschrift, Berlin , Nr.8, 1996, S. 12 ff.

Auf der Berliner Seite wird die mittelalterliche Stadtmauer nach 1734 abgerissen. Teilweise ist sie allerdings längst in den Bau von Häusern einbezogen worden. Daher kommt sie in der Waisenstraße erst nach dem Abriss der einst dort stehenden, im zweiten Weltkrieg zerstörten Häuser wieder zum Vorschein und kann nun sichtbar gemacht werden. Ihre Reste werden rekonstruiert und in eine Grünanlage eingegliedert; sie spiegeln den Zustand des ausgehenden 13. Jahrhunderts wider.

Die Cöllner Stadtmauer wird bereits im Jahre 1680 abgerissen, nach Fertigstellung der dritten Berliner Befestigungsanlage – der »Fortifikation«.

DIE FORTIFIKATION

In der zweiten Hälfte des 17. Jahrhunderts entsteht das aufwendigste Bauwerk in der Geschichte Berlins. Die sogenannte Fortifikation ist eine sternförmige Umwehrung der mittelalterlichen Stadt – eine bedeutende bautechnische Leistung, aber auch eine außerordentliche Belastung für die Bewohner Berlins und Cöllns.

Als politisches Prestigeprojekt der brandenburgischen Hohenzollern entspricht sie ganz dem militärischen Denken jener Zeit. Die Kurfürsten streben eine Konsolidierung ihres in der ersten Hälfte des 17. Jahrhunderts beträchtlich vergrößerten Territoriums an. Die Befestigung der Residenzstadt, die überdies seit 1657 auch Garnisonstadt ist, gehört dazu.

Die leidvollen Erfahrungen des Dreißigjährigen Krieges geben den letzten Anstoß, für die Stadt eine zuverlässige Sicherung zu schaffen. Seit 1626 war die Mark Brandenburg fast ständig Kriegsschauplatz gewesen. Die Doppelstadt hatte unter dem Krieg hart zu leiden. Zwar blieb sie vor direkter militärischer Verwüstung verschont, trotzdem kam es zu immensen Schäden durch den Verlust der Vorstädte, durch die von den Schweden erpressten Freikaufsummen und die Kriegsabgaben, die der Bevölkerung auferlegt wurden sowie durch Pest und Hungersnot, die mehrfach wüteten. Die Einwohnerzahl der Residenzstädte war von rund 12.000 vor dem Krieg auf ungefähr die Hälfte gesunken. Ein gutes Drittel aller Häuser in Berlin und fast jede zweite Behausung in Cölln standen im Jahre 1642 leer.

Nun soll die Stadt also zur uneinnehmbaren Festung werden. In Gegenwart des Großen Kur-

^ *Berlin und Cölln Ende des 14. Jahrhunderts mit Nicolai-, Petri- und Marienkirche sowie Mühlendamm und Lange Brücke. Modellansicht*

fürsten Friedrich Wilhelm (1640-1688) wird im August 1658 mit dem Bau der für damalige Verhältnisse gigantischen Anlage begonnen. Die Zeichnungen stammen vom kurfürstlichen Ingenieur Johann Gregor Memhard (1607-1678), der seine Ausbildung in den Niederlanden erhalten hat.

Für die Berliner beginnt eine Zeit der Fron. Der Kurfürst hatte bereits am 18. März 1658 die Verfügung getroffen »...dass täglich der vierte Teil der Stadt, wozu alle Einwohner ohne Unterschied zu ziehen, zu solcher Arbeit sich einstellen (müssen)«.[1] Berlin und Cölln haben also nicht nur das für die Anlage benötigte Gelände bereitzuhalten und die Masse der Baukosten zu übernehmen, sondern vor allem die Arbeitskräfte zu stellen. Manch Berliner verbringt einen beträchtlichen Teil seiner gesamten Lebensarbeitszeit mit Schanzarbeiten für die Festung. Außerdem werden Soldaten der Garnison und auch Bauern der umliegenden Dörfer herangezogen. Fünfundzwanzig Jahre lang sind täglich etwa 700 bis 1.000 Arbeitskräfte mit dem Schanzen beschäftigt, gelegentlich auch bis zu 4.000. Die Berliner versuchen, ihren Humor nicht zu verlieren:

»Komm an und siehe, wie so schnelle
Hier Schanzen sind gebaut und Wälle.
Nicht dass wir Lust zum Kriege hätten:
Der Märker schliefe ja so gern
Zu Haus auf seinen weichen Betten
Wie, Festung Dresden, Deine Herrn!
Doch weil er nicht kann Frieden haben,
So muß er Wall und Schanzen graben!«[2]

Eskommtaber auch zu Arbeitsverweigerungen und Unmutsbekundungen. Im Dezember 1661 beschweren sich die Bürgermeister und Ratmänner von Berlin und Cölln beim Kurfürsten über die ungerechte, den Adel begünstigende Verteilung der Kosten. Andernorts seien Festungen nicht einseitig zu Lasten der betreffenden Stadt, sondern mit Unterstützung des Landes oder der Provinz errichtet worden. Der Kurfürst bleibt hart; die Stadt muss diesen gewichtigen Teil ihres Umbaus zur Haupt-, Residenz- und Garnisonstadt weitgehend selbst bezahlen.

Im Jahr 1683 ist die Anlage fertiggestellt. Entstanden ist eine Wasserfestung in Form eines riesigen Sterns nach altniederländischem System unter Berücksichtigung von Veränderungen im Kriegswesen des 17. Jahrhunderts, vor allem der verstärkten Angriffsmittel der Artillerie. Der Hauptwall ist etwa acht Meter hoch und an der Oberkante sechs Meter breit. Um den Schussradius der Artillerie zu vergrößern, sind im Mauerring 13 Bollwerke, »Bastione« genannt, keilförmig eingebaut; am deutlichsten hat sich solch ein Dreieck in den Umrissen des heutigen Hausvogteiplatzes erhalten. Jede Bastion ist mit mindestens sechs Geschützen ausgestattet. Später gesellen sich noch sogenannte Ravelins hinzu, kleinere Mauervorsprünge, die die Feuerkraft der Festungsanlage zusätzlich erhöhen sollen.

Die geradlinigen Mauerwälle zwischen den Bastionen werden Courtinen (Erdwerke) genannt. An der Außenseite des Hauptwalls verläuft ein Gang. Davor liegt noch ein niedrigerer Nebenwall, der von einem tiefen, teilweise über 50 Meter breiten

[1] Extract aus denen auf dem Berlinischen Rathause vorhandenen Actis, zit.n. Ruth Glatzer (Hrsg.), Berliner Leben 1648-1806, Berlin 1956, S.36.
[2] Hans Erman, Berlin. Geschichte und Geschichten, Berlin 1953, S.77

^ *Reste der Berliner Stadtmauer an der Waisenstraße; vermutlich spätes 13. Jahrhundert*

Unbekannt, Kurfürst Friedrich Wilhelm ^

tungen. Zudem sorgten der Druck ständiger schwedischer Bedrohung sowie Witterungsunbilden wie das Hochwasser von 1670 für Verzögerungen.

Auf dieser Westseite konnte der Festungsring im Unterschied zum Osten weit über die alte Stadtmauer hinausgeschoben werden; die Linie der heutigen Oberwall-, Niederwall- und Wallstraße markiert den Verlauf. Dadurch gelang es, den jenseits des Cölnischen Stadtgrabens (Friedrichsgracht/Kupfergraben) gelegenen, 1662 mit Stadtrecht ausgestatteten Friedrichswerder in die Befestigung einzubeziehen.

Wassergraben umgeben ist. Das gesamte Festungswerk erreicht über 80 Meter Breite. Es ist an nur sechs Stellen durch Tore passierbar.

Während das Stralauer Tor (Ecke Stralauer/Waisenstraße) und das Georgen- oder Bernauer Tor (etwa an der heutigen S-Bahn-Überführung am Alexanderplatz) an den Stellen belassen werden, die sie schon in der mittelalterlichen Stadtmauer eingenommen hatten, müssen das Spandauer Tor (an der Spandauer Brücke) und das Köpenicker Tor (Wallstraße/Rossstraße) verlegt werden. Das alte Gertraudentor im Südwesten wird geschlossen; an seiner Stelle entsteht weiter nördlich das Leipziger Tor (in westlicher Verlängerung der später so benannten Jungfernbrücke). Hinzu kommt als sechstes das Dorotheenstädtische oder Neue Tor (Unter den Linden/Oberwallstraße), das die Verbindung zu der 1674 gegründeten Dorotheenstadt herstellt.

Begonnen hatte man mit den Bauarbeiten auf dem besseren Baugrund der Berliner Seite. Da der nahe gelegene Höhenrand des Barnim nicht zuließ, die Umwehrung weiter auszudehnen, folgte die neue Festungsanlage vorgelagert dem Verlauf der mittelalterlichen Stadtmauer, heute etwa durch den Bahnkörper der S-Bahn zwischen Jannowitzbrücke und Hackeschem Markt markiert. Dieser Teil der Fortifikation war bereits 1662 fertiggestellt.

Danach begannen die Bauarbeiten auf dem schwierigen Gelände der Cöllner Seite, die sich 21 Jahre hinziehen sollten. Der sumpfige Untergrund erforderte umfangreiche Erdaufschüt-

Ein letzter Überrest der Berliner Stadtbefestigung, der »Wusterhausische Bär« (Bär steht für Wehr) befindet sich im Köllnischen Park. Es handelt sich um einen kleinen, kompakten Turm, der ursprünglich ein Grabenwehr zur Regulierung des Wasserstands krönte. Die Gräben blieben noch lange nach der Beseitigung der Festungsanlage bestehen, und die Wehre regulierten nunmehr den Wasserstand für die Mühlen. In dieser Zeit ließ König Friedrich Wilhelm I. den Turm des Wusterhausischen Bären erneuern, und mit einer Waffentrophäe aus Sandstein sowie einer Inschrift »Wusterhausischer Bär 1718« versehen. Als der sogenannte Grüne Graben 1883 schließlich zugeschüttet wurde, stand das Wehr im Trockenen; sein Turm gelangte zehn Jahre später an den heutigen Standort.

Die Berliner Fortifikation ist nicht nur ein bedeutendes, sondern auch ein unter Historikern bis heute heftig umstrittenes Bauwerk. Manche Autoren bezweifeln ihren Nutzen. Aus heutiger Sicht mag sich ein solches Urteil ergeben. Ein Versuch, die Fortifikation aus der Zeit und den Motiven ihrer Entstehung heraus zu beurteilen, muss allerdings zu einem differenzierteren Bild gelangen.

^ *Kurfürstliche Festungsstadt um 1680. Modellansicht*

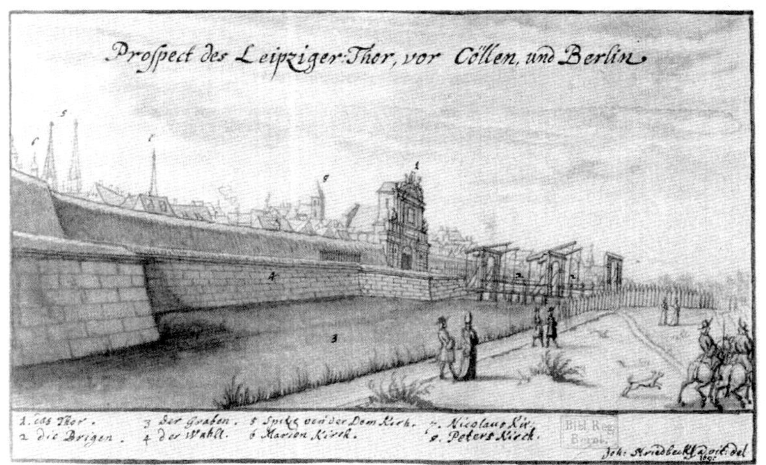

Auseinandersetzung zwischen dem aufstrebenden Preußen und seinen mächtigen Nachbarn hatte. Sollte von den Festungen wirklich keinerlei Abschreckung ausgegangen sein? Hätten die Schweden 1675 bei ihrem Einfall in die Mark Brandenburg auch ein unbefestigtes Berlin verschont? Dass Festungen im späten 17. Jahrhundert durchaus noch zeitgemäß waren, zeigt das Beispiel Wien. Ohne dieses Verteidigungssystem hätte sich die Stadt im September 1683 gegenüber den türkischen Belagerern nicht bis zur Entlastung durch die polnischen und verbündeten Truppen halten können.

Am ehesten nachvollziehbar ist die Kritik an den Dimensionen der Festung. In der Tat erweisen sich diese bei aller Großzügigkeit von vornherein als unzureichend, (wobei selbst hier zu fragen ist, inwieweit zusätzliche Anstrengungen noch wirtschaftlich zu verkraften oder auch politisch zumutbar gewesen wären).

Jedenfalls ist der Festungsgürtel noch vor dem Zeitpunkt seiner Fertigstellung bereits zu eng. Zu Beginn des Festungsbaus hatte die Einwohnerzahl nachkriegsbedingt auf einem Tiefststand von ungefähr 6.000 Personen gelegen. Den ersten Bevölkerungsschub brachte dann die Umwandlung Berlins in eine Garnisonsstadt. Im Jahre 1670 lebten in der Stadt bereits wieder 8.150 Menschen, darunter allerdings nicht weniger als 1.009 Soldaten. Die folgenden Jahrzehnte waren stark durch die Toleranzpolitik des Großen Kurfürsten und seiner Nachfolger gegenüber Glaubensflüchtlingen und durch andere Anwerbungsmaßnahmen, aber auch durch Landflucht und die Verstärkung der Garnison geprägt.

Kein Wunder also, dass zwischen 1680 und 1685, d.h. zum Zeitpunkt der Fertigstellung der Fortifikation, die Einwohnerzahl der Vorkriegszeit von ca. 12.000 Personen wieder erreicht ist. Die eigentliche Bevölkerungsexplosion beginnt aber

Die Festungsanlage habe – so viele kritische Stimmen – die Hauptstadt städtebaulich stark geprägt. Sie habe die Richtung der Stadterweiterungen weit über das folgende Jahrhundert hinaus erheblich beeinflusst und vor allem behindert.

Daran besteht kein Zweifel. Noch im späten 19. Jahrhundert zwingt die mangelhafte Verbindung zwischen alten und neuen Stadtteilen zu kostspieligen Stadtdurchbrüchen. Noch bis zu dieser Zeit hat sich die Stadt mit dem Überbleibsel der übelriechenden Festungsgräben herumzuplagen (deren berlinischer Teil dann allerdings für die Linienführung der Stadtbahntrasse von 1882 gute Dienste leistet). Hätte nun also der Kurfürst, der in einer ausgesprochen kriegerischen Epoche Europas seinesgleichen und die Sicherheit der Stadt im Auge hatte, im Interesse eines organischen und planmäßigen Stadtwachstums auf die Fortifikation verzichten müssen?

Die Festungsanlage sei nie benötigt worden, wird als ein weiteres Argument angeführt.

Tatsache ist, dass der praktische Nutzen der Fortifikation nie erprobt werden musste. Die Stadt blieb seit Regierungsantritt des Großen Kurfürsten für hundert Jahre von feindlichen Heeren frei. Aber dieser Umstand kann genauso gut als Beleg für wie gegen den Nutzen der Anlage herangezogen werden. Festungen wurden gebaut, um den Krieg fernzuhalten! Die von der historischen Forschung sicher nicht leicht zu beantwortende Frage wäre, welchen Einfluss die Befestigung Berlins und anderer preußischer Städte auf die Art der

^ *Johann Stridbeck d.J., Das Leipziger Tor. 1690*

erst jetzt: Im Jahre 1690 verzeichnet die Statistik 21.500, zehn Jahre später 29.000 Personen, darunter 5.500 französische Einwanderer, die Friedrich Wilhelm mit Edikt vom 29. Oktober 1685 zur Niederlassung in der Mark Brandenburg eingeladen hatte. Im Jahre 1709 sind es bereits 55.000 Einwohner mit nunmehr schon 5.145 Soldaten und 1721 schließlich 65.300 Personen bei 7.654 Militärangehörigen. In der folgenden Periode (wie auch in einigen späteren) wird das Militär zu einer Triebkraft der Bevölkerungsentwicklung: Im Jahre 1735 gehören zu den nunmehr 86.000 Berlinern 18.257 Uniformierte.[1]

Die nächsten Stadterweiterungen stehen ins Haus und mit ihnen – neue Schutzmaßnahmen.

DIE BEFESTIGUNG DER DOROTHEENSTADT

Die erste dieser Erweiterungen, die noch während des Festungsbaus beginnt, ist die Neu- oder Dorotheenstadt. Wer heute die wenigen hundert Meter vom Schlossplatz westwärts über die Schlossbrücke, vorbei am Zeughaus bis zur Deutschen Staatsoper spaziert, hat innerhalb von fünf Minuten eine alte berlinische Kernstadt – Cölln – verlassen, die erste, seinerzeit noch innerhalb des Festungssterns liegende Stadterweiterung – Friedrichswerder – an ihrer Schmalseite durchquert und durch das (bis 1735 existierende) Neue Tor des Festungswalls (vgl. Abbildung S. 14) die historisch zweite Stadterweiterung – Dorotheenstadt – betreten.

In Ost-West-Richtung besteht diese neue Stadt zunächst nur aus drei parallel verlaufenden Straßen. Im Auftrage der Kurfürstin Dorothea steckt der Ingenieur Blesendorf 1673 auf dem sandigen Acker als südliche Bauzeile die Lindenallee (Unter den Linden), im Norden die Letzte (Dorotheen-) Straße und dazwischen die Mittelstraße ab. Alle drei werden bis zur Kleinen Wallstraße (Schadowstraße) geführt. Wichtigste Querstraße ist die »Querstraße«, einer der ältesten Abschnitte der heutigen Friedrichstraße. Das Terrain nördlich der heutigen Dorotheenstraße bis zur Spree ist nasser Wiesengrund; es wird erst später bebaut.

Den Bauenden, es sind hauptsächlich Hugenotten, fehlt es nicht an Unterstützung. Kostenloses Bauholz und zehnjährige Steuerfreiheit tragen dazu bei, dass sich ab 1674 die Häuserzeilen der drei Straßen schnell füllen. Bereits am 12. Januar des gleichen Jahres erteilt Friedrich Wilhelm das Privileg des Stadtrechts mit geordneten kirchlichen und juristischen Verhältnissen, reguliertem Zunft- und Gewerbewesen und der Erlaubnis, Markt abzuhalten.

Zum Schutz der neuen Stadt wird geplant, an die sternförmige Festungsanlage ein Bauwerk gleicher Art anzustückeln. Südlich der »Linden«, am Nordrand der späteren Behrenstrasse entstehen Graben und Umwallung. In Höhe der Mauer- und Schadowstraße schwenken Wall und Graben nach Norden ab. Unklar bleibt, wie es von dort aus weitergeht. Der Kupferstich des kurfüstlichen Ingenieurs Johann Bernhard Schulz, angefertigt 1688 im Auftrag des Großen Kurfürsten, führt diesen Nordschwenk bis an die Spree, an deren Ufer dann ein

[1] Ernst Fidicin (Hrsg.), Historisch-diplomatische Beiträge zur Geschichte Berlins. Fünfter Teil, Geschichte der Stadt, Berlin 1842, S. 516.

Der Wusterhausische Bär im Köllnischen Park ^

Wall in Richtung Osten zum Festungsstern zurückkehrt.

Dass dies in der Planung des Kurfürsten so vorgesehen war, ist anzunehmen. Aber wahrscheinlich hat auch der Schriftsteller und Verleger Friedrich Nicolai, dem wir die erste umfassende und detaillierte Topografie Berlins (1786) verdanken, den Plan für die Wirklichkeit genommen, wenn er schreibt, dass sich an der Spree den ganzen Weidendamm entlang Festungswerke befanden.[1] Ernst Fidicin, Stadtarchivar und Autor der nächsten, würdig an die Seite der Nicolaischen zu stellenden Stadtbeschreibung (1843) kennt keinen Spreewall. Bei ihm werden Wall und Graben bereits nördlich der Dorotheenstraße zum Friedrichswerder zurückgeleitet.[2] Auch in einer jüngeren Veröffentlichung wird zwar der Wassergraben an der Behrenstraße für »durchaus realistisch« angesehen, während »der Wall längs der Spree so (wie bei Schulz – H.Z.) nie existiert hat.«[3]

Vier Tore mit Brücken und Wachhäusern führen aus den Dorotheenstadt heraus. Gegenüber dem bereits erwähnten Neuen Tor im Osten befindet sich am Ende der Linden das Tor an der Tiergartenbrücke; hier geht es nach Lietzow (Charlottenburg) und nach Spandau. Die beiden anderen Tore befinden sich am südlichen Ausgang aus der Querstraße (Friedrichstraße) in Richtung Potsdam und an deren nördlichem Ende an der Dorotheenstraße.

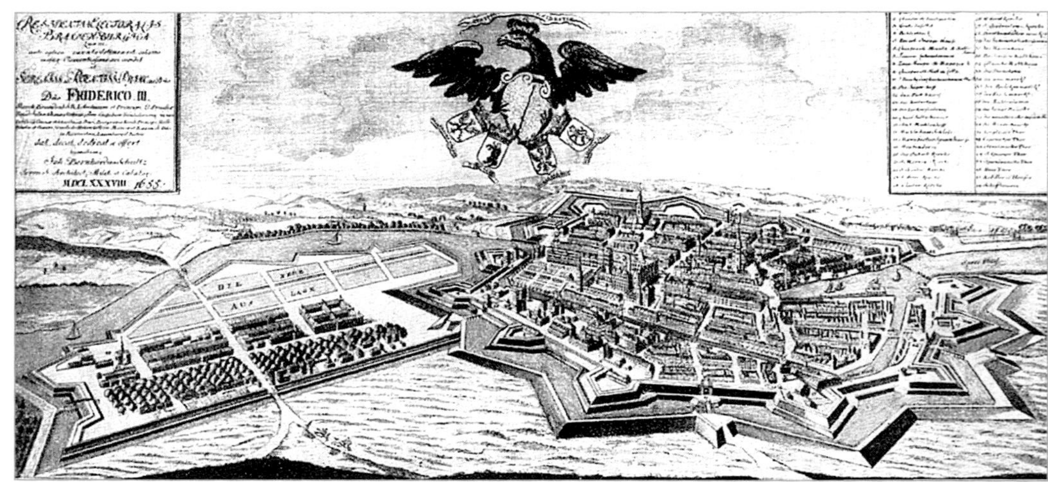

[1] Friedrich Nicolai, Beschreibung der königlichen Residenzstadt Berlin, Berlin 1987, S. 166.
[2] Ernst Fidicin, Berlin, historisch und topographisch, Berlin 1843, S. 149-150
[3] Günther Schulz, Die ersten hundert Jahre Kartographie. In: Vogelschau-Pläne und -Ansichten von Berlin, Berlin nach 1992, S. 16.

^ *J. G. Schmidt, J. S. Halle, Das Neue oder Dorotheenstädtische Tor mit Zeughaus und Palast des Prinzen von Preußen, Berlin 1688 (o.). Prospekt von J. B. Schulz (u.)*

DIE RINGMAUER

Die letzten zwanzig Jahre des siebzehnten und das erste Drittel des achtzehnten Jahrhunderts bringen ein stürmisches Wachstum der Stadt. Zuvor verharrt die Bevölkerungszahl nach den Schätzungen von Fidicin[1] weit über hundert Jahre hinweg (mit Unterbrechung durch den Dreißigjährigen Krieg) bei etwa 12.000 Personen. Nunmehr steigt sie bis 1735, innerhalb von wenig mehr als einem halben Jahrhundert, auf 86.000 Menschen,

d.h. auf das Siebenfache. Die Zahl der »Feuerstellen« (in die heutige statistische Sprache grob mit »selbständige Haushalte« übersetzbar) erhöht sich von ungefähr 1.300 auf fast 5.300, also »nur« auf das Vierfache, weil die Soldaten, deren Bevölkerungsanteil zunimmt, von den Familien privat untergebracht werden müssen.

Vor diesem Hintergrund beginnt ein für Berlin bisher beispielloser Wettlauf zwischen Stadtwachstum einerseits und Stadtplanung (einschließlich Grenzziehung mit kontrollierbarer Durchlässigkeit) andererseits. Friedrich III., seit 1688 Nachfolger von Kurfürst Friedrich Wilhelm, steht vor folgendem Problem:

Kann man immer neue Städte und Vorstädte mit immer neuen Festungswällen und Wassergräben umgeben? Schon allein die finanzielle Seite des Problems scheint kaum lösbar. Zumal sich Friedrich neben den erheblichen Vergrößerungen der Residenz einiges andere vorgenommen hat: Er will architektonisch anspruchsvolle Bauten errichten, die Künste und Wissenschaften fördern und nicht zuletzt eine verschwenderische Repräsentation betreiben. Er will preußischer König werden; dazu benötigt er ein neues barockes Schloss und überhaupt eine Residenz, von der Europa spricht.

Sein unerschöpflicher Finanzbedarf zwingt den absoluten Herrscher, der ab 1701 als Fried-

[1] Ernst Fidicin (Hrsg.), Historisch-diplomatische Beiträge zur Geschichte Berlins. Fünfter Teil, Geschichte der Stadt, Berlin 1842, S. 516

^ *Gedeon Romandon, Kurfürst Friedrich III. Um 1688. Gemälde*

rich I. die Dynastie der preußischen Könige eröffnet, zum Umdenken. Am Schluss eines längeren Prozesses steht die Erkenntnis, dass nichts wichtiger ist, als möglichst viele der neu am Rande der Stadt Siedelnden in Steuerzahler zu verwandeln. Dazu müssen diese Menschen hinter Zollbarrieren gesperrt werden, an deren Öffnungen – wie bereits jetzt an den Festungstoren – auf alle Lebensmittel und sonstigen Verbrauchsgüter die sogenannte Akzise, die zu dieser Zeit wichtigste aus den Städten fließende Einnahmequelle der Hohenzollern, erhoben wird. Der Gedanke der militärischen Sicherung rückt im Laufe der Zeit an die zweite Stelle.

VORLÄUFER DES MAUERRINGS

Sofort nach Machtübernahme geht der Kurfürst an die Errichtung seiner, der »Friedrichstadt« und lässt südlich der Dorotheenstadt zuerst die Friedrich-, später die Leipziger Straße als Hauptachsen der neuen Ansiedlung abstecken. Am 24. September 1691 verordnet er, dass aus seiner Akzisekasse 15 Taler je 100 Taler Baukosten beigesteuert werden. Außerdem schenkt er den Bauwilligen – oft handelt es sich um Glaubensflüchtlinge – Holz, Kalk und Steine.

Noch glaubt der Kurfürst, den fiskalischen wie den militärischen Aspekt gleichermaßen berücksichtigen zu können. Eine streng nach System Schachbrett gegliederte Bebauung lässt er deshalb jäh von einer halbrunden, nach Südost schwenkenden Linie begrenzen. In Höhe der Behrenstraße (benannt nach dem maßgeblich an der Bebauungsplanung beteiligten Ingenieur Johann Heinrich Behr), wo diese Linie, die Mauerstraße, beginnt, ist sie noch zwei Baublöcke westlich von der Friedrichstraße entfernt; an der Zimmerstraße treffen beide Straßen im spitzen Winkel zusammen. Noch weiter südöstlich, zwischen Markgrafen- und Lindenstraße, verläuft unter dem Namen Junkerstraße das letzte Stück dieser Linie.

Hier sollen ursprünglich die neuen Festungswälle verlaufen. Die Pläne dafür legt Jean de Bodt, Offizier, Ingenieur und Architekt um das Jahr 1708 vor. Mehr noch, die Festungsanlage soll im Anschluss an den Wall, der die Westgrenze der Dorotheenstadt bildet, jenseits der Spree die Spandauer Vorstadt, zu der damals das gesamte Gebiet nördlich der Spree und des berlinischen Stadtgrabens zwischen Charité, Schloss Monbijou und der heutigen Almstadtstraße zählt, einfassen. »Dieser ungeheure Plan einer Befestigung«, schreibt Nicolai, »welche erstaunende Summen würde gekostet haben und wegen ihrer Weitläufigkeit doch nichts genützet hätte, kam glücklicherweise nicht zustande.«[1]

König Friedrich sieht die Dinge inzwischen nüchterner. Er verwirft den Plan zwar nicht endgültig – das bleibt seinem Nachfolger Friedrich Wilhelm I. (1713-1740) vorbehalten –, aber er ist tief verschuldet. Soeben (1706) wurde der Bau des Zeughauses abgeschlossen. Vom neu bzw. umzubauenden Schloss konnte immerhin bereits der Nordflügel fertiggestellt werden. Beim Schloss im späteren Charlottenburg, dem Sommersitz der Kurfürstin Sophie Charlotte, sind nach einer ersten Bauphase nunmehr Erweiterungsarbeiten im Gange. Ein Kontrollsystem der Zugänge zur Friedrichstadt und zu den rapide wachsenden Vorstädten muss zwar schnell geschaffen werden, aber mit möglichst geringem Aufwand.

So kommt es, dass Courtinen, Bastione und Ravelins zu einem bescheidenen Holzzaun schrumpfen. Dies geschieht – als Provisorium gedacht – bereits im Jahre 1705. Etwa fünfundzwanzig Jahre später erscheint ein kolorierter Kupferstich von Friedrich Bernhard Werner (nach einer Zeichnung von Johann Christian Leopold), der im Vordergrund diese Bretterwand im nördlichen und mittleren Teil der Mauerstraße zeigt. Gut erkennbar sind zwei Durchlässe. Der linke mit Wachthaus in Höhe der Mohrenstraße hat in der Realität vermutlich nicht existiert. Die Passage verlief über die Leipziger Straße (s. Bildmitte). Nach Georg Gottfried Küster, Rektor des Friedrichswerderschen Gymnasiums und Mitbegründer der berlinischen Geschichtsschreibung, verlief hier auch ein Graben.[2]

---

[1] Friedrich Nicolai, Beschreibung der königlichen Residenzstadt Berlin, Berlin 1987, S. 42.

[2] Georg Gottfried Küster, Altes und Neues Berlin, Dritter Theil, Berlin 1756, S.194.

Auch nördlich der Spree lässt der König – größtenteils im Jahre 1705 – zur steuerlichen Einverleibung der Spandauer, der benachbarten Georgenvorstadt (Bernauer Vorstadt, Königsvorstadt, Königsstadt) und der sich anschließenden Stralauer Vorstadt – die zu dieser Zeit »schon ziemlich bebaut« sind – eine »Circumvallation« (Fidicin) errichten.

Deren genauere Lokalisierung aus heutiger Sicht stösst auf Schwierigkeiten, weil es für das erste Viertel des 18. Jahrhunderts keine zuverlässige kartografische Abbildung der Stadt gibt und weil die Aussagen selbst kompetenter Autoren teilweise nicht zusammenpassen.

Im Jahre 1723 erscheint der Plan von G. Dusableau, der die 1705 geschaffene Situation – wenn auch lückenhaft – spiegelt. Der Plan ist zunächst schon allein deswegen bemerkenswert, weil er erstmalig die Stadt in einem Zeitraum abbildet, der nur neunundzwanzig Jahre anhält: Die gleichzeitige Existenz der kompletten Fortifikation und der Akzisepalisaden. Schon im Jahre 1734 beginnt nämlich Friedrich Wilhelm I., die Festung auf der cöllnischen Seite schrittweise zu schleifen, elf Jahre später befiehlt Friedrich II. (1740-1786), die Wälle auf der berlinischen Seite abzutragen.

Übrigens bilden die fünf bis dahin selbständigen Städte Berlin, Cölln, Friedrichswerder, Dorotheenstadt und Friedrichstadt seit dem 1. Januar 1710 auf Anweisung von Friedrich I. eine einheitliche Stadt mit einem gemeinsamen Magistrat, was die Ausführung der königlichen Befehle durch die traditionell vergleichsweise machtlose Stadtverwaltung zusätzlich erleichtert.

Zurück zur Zoll-Linie. Der Dusableau-Plan zeigt im Westen und Südwesten (im Bild rechts) die halbrunde Abgrenzung der Friedrichstadt im Zuge der Mauerstraße. Eine andere Trennlinie, die der Plan ausweist, dürfte 1723 schon nicht mehr vorhanden gewesen sein: Der Graben zwischen Dorotheen- und Friedrichstadt am Nordrand der Behrenstraße wurde nach Fidicin bereits 1712 zugeschüttet.

Umgekehrt ist im Gegensatz zur Aussage des Plans der Nordwesten jenseits der Spree – ein äußerst dünn besiedeltes Areal der Spandauer Vorstadt, das sich erst ein gutes Jahrhundert später zu einem eigenständigen Viertel namens Fried-

^ *Friedrich Bernhard Werner, Johann Christian Leopold, Ansicht von Berlin. Um 1730. Kolorierter Kupferstich.*

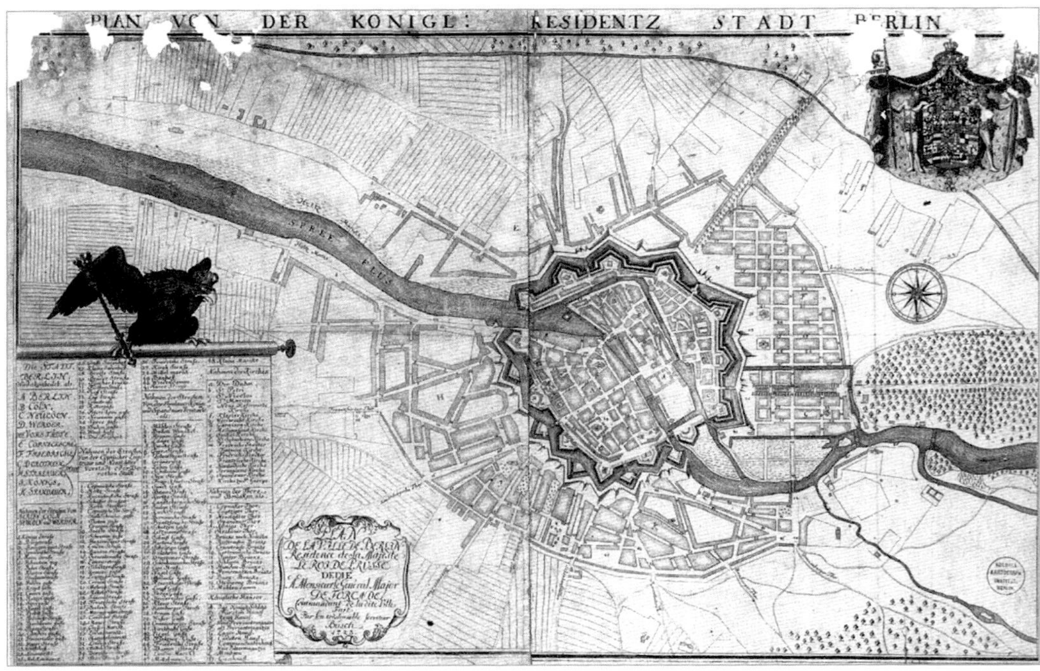

rich-Wilhelm-Stadt mausert – bereits eingezäunt. Wahrscheinlich um 1715 wird der Unterbaum, der sich in Höhe der damaligen Westgrenze der Dorotheenstadt befindet, stadtauswärts verlagert. Schon allein die im Jahre 1710 gegründete Charité macht eine neue Spreebrücke erforderlich. Sie wird ungefähr dort errichtet, wo heute die Kronprinzenbrücke den Fluss überspannt. Es ist anzunehmen, dass die Palisade von diesem Wassertor aus zum nächsten Landtor umgehend, vermutlich spätestens 1716 unter Friedrich Wilhelm I., aufgestellt wird. Spätere Karten zeigen, dass diese Absperrung unter Einbeziehung des Charitégebäudes quer durch das heutige Krankenhausgelände verläuft und jenseits der Luisenstraße der Philipstraße folgt. An deren Mündung ist es dann in östlicher Richtung auf der Hannoverschen Straße nicht mehr weit bis zum Oranienburger Tor.

Von hier aus weist der Plan von Dusableau gut erkennbar die Palisadenlinie im Norden und Nordosten aus. Sie verläuft entlang der Linienstraße, die daher zunächst nur auf der Südseite bebaut werden kann. Sie beginnt an der Friedrichstraße mit dem Oranienburger Tor und endet, von sechs weiteren Toren unterbrochen, im Osten an der Großen Frankfurter Straße mit dem Frankfurter Tor, das sich am heutigen Straußberger Platz, dem mittelalterlichen Hochgericht mit dem Rabenstein, befindet.

Wurden die Palisaden südlich vom Frankfurter Tor weitergeführt? Die Frage muss offen bleiben, wenn auch nur für elf Jahre. Im Jahre 1716 lässt der neue, seit drei Jahren regierende König Friedrich Wilhelm I. das Frankfurter Tor hinausschieben. Diese im Dusableau-Plan unberücksichtigt gebliebene Vergrößerung des Zollgebiets verändert den Verlauf der Palisaden links vom Frankfurter, ab dem benachbarten Landsberger Tor.

Das Landsberger Tor ist der Kontrollpunkt für den auf der gleichnamigen Straße fließenden Waren- und Menschenverkehr. Die Straße führte früher von der Südwestspitze das Parks Friedrichshain geradewegs bis zum Alexanderplatz. Das Haus der Gesundheit, heute notgedrungen mit einer Nummer (3) der Karl-Marx-Allee bedacht und mit seiner diagonalen Ausrichtung als Fremdkörper im umgebenden Baubild auffallend, markiert den Verlauf dieser Straße unmittelbar vor Erreichen des Stadtzentrums. Heute firmiert die Landsberger Straße – soweit noch vorhanden – unter der Adresse »Platz der Vereinten Nationen« und geht stadteinwärts an einer Rechtskurve in die

^ *Der Plan von G. Dusableau. 1723*

Mollstraße über. In gedachter geradliniger Fortsetzung kreuzte sie früher nach wenigen Metern die Palisadenlinie von 1705: die rechts vom Bernauer Tor kommende Gollnowstraße, die sich links als Weberstraße bis zum Frankfurter Tor fortsetzte.

Wenig später, ab 1716, beginnt nun unmittelbar neben der Weberstraße, die ihre Funktion als Zollgrenze verliert, eine andere Palisadenstraße, die direkt diesen Namen trägt. Ihr westlicher Teil und damit auch dieser Standort des Landsberger Tores sind verschwunden. In östlicher Richtung führt die neue Palisade entlang der noch existierenden gleichnamigen Straße bis zur Fruchtstraße und folgt letzterer das kurze Stück bis zur Großen Frankfurter Straße. Dort befindet sich das neue Frankfurter Tor.

Vom Frankfurter Tor aus folgt die Palisade weiter der Fruchtstraße (Straße der Pariser Kommune), genauer: hinter dieser »in geringer Entfernung« (Fidicin) bis zur Mühlenstraße, auf der das gleichnamige Tor steht. Dahinter wird über die Spree eine Holzbarriere, der Oberbaum, gelegt, der an der Oberspree das unkontrollierte Passieren von Schiffen verhindern soll.

DER NÖRDLICHE HALBRING

Doch gemessen an dem, was nun folgt, sind die Korrekturen von 1716 nur eine Art Vorgeplänkel. Friedrich Wilhelm mag keine halben Sachen. Sein Ziel ist, eine geschlossene Absperrung rings um die Stadt zu schaffen. Der Soldatenkönig braucht die reichlich sprudelnden Akziseeinnahmen, um ein schlagkräftiges Heer aufbauen und die Schulden seines Vaters in eine gefüllte Kriegskasse verwandeln zu können. Er benötigt das Geld, um die Stadt zu erweitern – zum Teil sogar mit ausgesprochen repräsentativen Palais – und ihre Silhouette mit Kirchtürmen zu bereichern. Ein solcher Sperrgürtel ist darüber hinaus gut geeignet, Soldaten, die den unmenschlichen Drill auf den Exerzierplätzen nicht mehr ertragen, an der Flucht zu hindern.

Friedrich Wilhelm beginnt mit den berlinischen Vorstädten, also mit dem nördlich der Spree gelegenen Areal. Das lässt auf den ersten Blick erstaunen, denn dort steht bereits der Palisadenzaun. Indes, Preußen wird zu dieser Zeit von einem seiner

weitsichtigsten Monarchen mit einem bemerkenswerten politischen wie ökonomischen Sachverstand regiert. Wenn die Bevölkerungszahl der Stadt in den nächsten Jahrzehnten annähernd so schnell wächst wie in den vergangenen, dann wird die Bebauung, deren regionale Ausrichtung erfahrungsgemäß nur begrenzt steuerbar ist, die Palisaden überwuchern. Am ehesten zu erwarten ist dies im Norden und Nordosten.

Dort allerdings stößt ein Hinausschieben der Palisaden wegen der störenden Ausläufer des Barnim auf Schwierigkeiten. Nicht selten sind am Rande des Urstromtals auf hundert Meter Länge bis zu sieben Meter Niveauunterschied zu überwinden. Das Problem besteht dabei nicht so sehr darin, mitten im Hang Palisaden zu setzen. Schwieriger und teuer ist es, in diesem Gelände dann unmittelbar vor den Toren genügend Platz für mehrere Pferdegespanne zu schaffen, die auf die Kontrolle warten und verpflegt, gelegentlich sogar untergebracht werden wollen.

Daher wird die neue Zollgrenze an den äußersten Rand der Talfläche gelegt. Östlich vom Prenzlauer Tor findet sich hierzu noch hinreichend Spielraum; in westlicher Richtung reicht der Platz lediglich aus, die Nordseite der Linienstraße bebauen zu können. »Bebauen« heißt nach damaligem Verständnis, dass hinter dem einfachen zwei- oder dreistöckigen Haus Platz für ein langes, die Grundfläche des Hauses um ein Vielfaches übertreffendes Gartengrundstück verbleibt. Außerdem muss es auch noch für die »Communication« reichen, einen Weg für die Wachsoldaten, der sich überall zwischen den Toren an der Innenseite der Palisade entlangzieht.

Die hinausgeschobene Palisade – auf einem Prospekt Johann Friedrich Walthers von 1737 und auf einigen anderen Stadtansichten ästhetisierend als glatte Bohlenwand dargestellt – und die Tore befinden sich nun auf der heutigen Torstraße.

Friedrich Wilhelm I., Selbstbildnis. 1737 ^

In annähernd gleichmäßiger Krümmung verläuft dieser Teil des Rings vom Oranienburger Tor in Richtung Osten über das Hamburger, das Rosenthaler und Schönhauser bis zum Prenzlauer Tor. In Richtung Westen bedarf es nur einer geringen Korrektur, die das kurze Stück vom hinausgeschobenen Oranienburger Tor bis zum alten Palisadenverlauf betrifft. Dieses Stück ist heute der am Tor beginnende, in nahezu gradliniger Verlängerung der Torstraße verlaufende Abschnitt der Hannoverschen Straße bis zu deren erstem Rechtsknick. Der weitere Verlauf bis zum Unterbaum bleibt der bereits beschriebene.

Auf der rechten Seite des Prenzlauer Tores kann sich die Palisade nur noch einige Meter in der bisherigen Richtung fortsetzen. Dahinter sperrt der 1727 an den Stadtrand verlegte Schießplatz der Berliner Schützengilde – auf seiner Sohle verläuft heute die Modersohnstraße – den Weg. Der Platz könnte zwar leicht an seinem Südrand, auf der alten Zollstrecke Linienstraße, deren östliche Fortsetzung jetzt Neue Schützenstraße heißt, umgangen werden. Allen Widrigkeiten des Geländes zum Trotz schwenkt die Palisade stattdessen zu einem Ausflug bergauf nach Norden ab. Auf dem ca. 1793 entstandenen Motiv von Calau/Haas sieht man, wie die Palisade, vom Prenzlauer Tor kommend auf den Schützenplatz stößt, was die Einrichtung eines Wachpostens mit Schilderhaus erforderlich macht. Rechts hinter dem Fahnenmast beginnt die Palisade, diesen Platz zu umrahmen.

Die Umrahmung des rechteckigen Areals vollzieht sich zuerst an dessen West-, dann an der Nordseite. Anschließend klettert die Palisade nochmals ein Stück nördlich den Hang hinauf – bis zu jenem Punkt, wo heute quer die Straße Prenzlauer Berg verläuft. Auf ihr geht es nach rechts bergab in einen Geländeeinschnitt mit der Bernauer (heute Greifswalder) Straße und dem neuen, aus der Stadt hinausgeschobenen Bernauer Tor.

Jenseits des Tores folgt die Palisade nur ein kleines Stück der Friedenstraße und kehrt auf kürzestem Wege zur alten Streckenführung zurück, um den Hut, der dem Berliner Zollgebiet im Nordosten aufgesetzt wird, fertigzustellen. Zwischen Georgenkirch- und Weinstraße führt eine heute längst nicht mehr erkennbaren Linie stracks nach Süden auf die heutige Barnimstraße. Diese verläuft in ähnlichem Abstand nördlich parallel zur Gollnow- wie vor dem Nordausflug der Palisade die Tor- im Verhältnis zur Linienstraße. Der Barnimstraße in östlicher Richtung folgend endet der Zaun bald am Landsberger Tor.

Der Palisadenhut mit dem Bernauer Tor (später Neues Königstor) bringt Friedrich Wilhelm zusätzliche Steuergroschen. Ein Blick auf den Dusableau-Plan von 1723 zeigt: Nirgendwo zeichnet sich so deutlich ein Hinauswachsen der Besiedlung über die alte Akzisegrenze ab, wie an dieser alten Berliner Ausfallstraße. Dies gilt besonders für das Areal östlich der Straße, wo mehrere Ansätze zusammenhängender Bebauung eingezeichnet sind. Bemerkenswert ist, dass der Plan das Bernauer Tor bereits an der neuen Position ausweist und den gesamten »Hut« als weiße (mit der bereits bebauten dunklen) Fläche markiert, ohne aber den neuen Palisadenverlauf zu berücksichtigen.

Jenseits des Landsberger Tores belässt der König die Zollgrenze bis zum nächsten Tor so, wie er ihn 1716 eingerichtet hat: Palisadenstraße, Fruchtstraße (Straße der Pariser Kommune), Frankfurter Tor.

Dagegen ergeben sich auf dem nun folgenden letzten, bis zur Spree reichenden Abschnitt Veränderungen, die mit besonders großen Flächengewinnen verbunden sind. Es handelt sich dabei um ein Territorium, das fast völlig unbesiedelt, allenfalls mit Gärten belegt ist, was für die Weitsicht des Königs spricht. Die Palisade strebt vom Frankfurter Tor aus nicht mehr auf kürzestem Wege den Kontakt zum Fluss an, indem sie der Fruchtstraße (Straße der Pariser Kommune) bis zum Ende folgt. Jetzt geht es schon nach einem Drittel der alten Strecke östlich in die Rüdersdorfer Straße hinein. An der Linkskurve, kurz vor der Marchlewskistraße, mündete bis nach dem zweiten Weltkrieg von rechts kommend – heute durch ein Heizkraftwerk blockiert – die Bromberger (heute Helsingforser) Straße. Ihr folgt die Palisade bis zur Warschauer Straße, auf der sie dann nach rechts an die Mühlenstraße gelangt. Dort befinden sich das neue Mühlentor (später Stralauer Tor) und dahinter der ebenfalls stadtauswärts verlegte Oberbaum. Letzterer wird 1724, diesmal in Form eines Fluss-

übergangs, errichtet; die heutige Oberbaumbrücke steht an gleicher Stelle.

Damit ist der Verlauf des neuen Nordbogens vom Unter- bis zum Oberbaum beschrieben. Zeitlich ist seine Entstehung nur über einzelne Indizien einzugrenzen. Nach dem, was Fidicin über das nördliche Ende der Friedrichstraße und die damalige Lage des Oranienburger Tores schreibt, hat sich die alte Situation von 1705 wohl bis mindestens 1720 erhalten.[1] Für den Beginn der Errichtung einer neuen Palisade ist als spätester Zeitpunkt das Jahr 1724 anzusetzen; jedenfalls bezieht sich ein Hinweis sowohl bei Nicolai als auch bei Fidicin über die Anlegung des neuen Oberbaums auf dieses Jahr. Beiläufig fügt Nicolai an diese Mitteilung an: »Um diese Zeit wurden auch die Palisaden um die Stadt gesetzt...«.[2] und meint offenbar »neu« gesetzt. Ein weiterer Richtwert ist, dass der Schützenplatz nahe dem Prenzlauer Tor, dem die Palisade ausweichen muss, seinen neuen Platz ab 1727 einnimmt.

Unabhängig von seiner exakten Fixierung ist festzuhalten, dass dieser Zeitpunkt den Beginn einer wirksamen und lückenlosen Zollkontrolle der nördlich und östlich der Spree gelegenen Vorstädte markiert. Bis zur nächsten Jahrhundertwende bleibt dieser Akzise-Halbring unverändert. Erst dann wird die Zoll-Linie nochmals korrigiert und zugleich als massive Mauer ausgeführt (s. weiter unten).

Um 1725 lebt bereits mehr als die Hälfte der Berliner Bevölkerung außerhalb der alten, erst vor vier Jahrzehnten fertiggestellten Festungsanlage.[3] König Friedrich Wilhelm I. hat also gute Gründe, an den Stadtgrenzen möglichst alle Schlupflöcher zu verstopfen. Er hat sich dabei zunächst auf den Norden konzentriert, wohin ein großer Teil der Zuwanderer drängt und vorsorglich auch den Osten einbezogen.

DER SÜDLICHE HALBRING

Zur Kontrolle des Areals südlich der Festung lässt Friedrich Wilhelm an dem Graben, den sein Vater 1705 zum Flößen von Holz angelegt hatte, »...eine Linie aufwerfen, an deren Ausgängen oder Land-

[1] Ernst Fidicin, Berlin historisch und topographisch, Berlin 1843, S. 91.
[2] Friedrich Nicolai, a.a.O., S. 43.
[3] Günther Schulz, Die ersten hundert Jahre Kartographie. In: Vogelschau-Pläne und -Ansichten von Berlin, Berlin nach 1992, S. 20.

^ *Friedrich August Calau, Christian Peter Jonas Haas, Der Schützenplatz. Um 1793*

wehren die Wachen aufzogen.«[1] Als Wachen sind an diesem Floßgraben, der nun Landwehrgraben heißt, offenbar sowohl Soldaten als auch Steuereinnehmer eingesetzt. Beide haben wenig zu tun. Berlin bleibt frei von militärischer Bedrohung. Und die äußerst dünne Besiedlung der Cöllnischen Vorstadt (Köpenicker Vorstadt, spätere Luisenstadt) – sie reicht von der Spree im Osten bis zur Lindenstraße im Westen – verstärkt sich nur allmählich. Zu den jährlich 200 Häusern im Süden, deren Errichtung der Magistrat auf königlichen Befehl von 1713 veranlassen soll, kommt es nicht, obwohl die Krone zehn Prozent der Baukosten übernimmt.[2]

Im Westen stehen die zwanziger Jahre des 18. Jahrhunderts im Zeichen der »Auffüllung« der Friedrichstadt. Es handelt sich noch immer um die alte Friedrichstadt, die bis zur Mauer- und Junkerstraße reicht. Friedrich Wilhelm macht Druck, verschenkt Baugrund und Baumaterial. Mit Erfolg: »Die Anzahl der Häuser nahm so zu, dass keine wüste Stelle mehr übrigblieb. Darauf befahl der König 1732 und in den folgenden Jahren unter des Obersten Derschau und Gerlachs Direktion die Friedrichstadt ansehnlich zu erweitern.«[3]

Der Infanterieoberst und der Architekt verlängern die beiden Hauptachsen der Friedrichstadt, die Leipziger Straße nach Westen und die Friedrichstraße nach Süden. Nach Westen weitergeführt werden neben der Leipziger auch die Koch-, Zimmer-, Mohren- und Behrenstraße. Die beiden letzteren reichen damit über die Mauerstraße hinaus. Ihr Endpunkt ist jetzt eine neue Nord-Süd-Verbindung, die Wilhelmstraße.

Diese beginnt im Norden sogar außerhalb der Friedrichstadt, an der Straße Unter den Linden, denn ab 1734 wird auch die Dorotheenstadt in Richtung Westen ausgeweitet. Von den »Linden« führt die Wilhelmstraße in südöstlicher Richtung – vorbei an dem neuen Wilhelmplatz – bis zu jenem Punkt, an dem sie im spitzen Winkel mit der von Norden kommenden Friedrichstraße und der südwestlich verlaufenden Lindenstraße – der Grenze zur Cöllnischen Vorstadt – zusammentrifft. Am Schnittpunkt der drei Straßen sieht der Bebauungsplan einen runden Platz vor, das Rondeel (auch Rondell, später Belle-Allianz-Platz, heute Mehring-Platz). Der Platz dient dem immer militärisch und ökonomisch denkenden König als Exerzier- und Marktfläche und seine gleichförmige, kasernenartige Bebauung als Unterkunft für Handwerker und Manufakturarbeiter.

So wie die Friedrichstraße im Süden sollen nach dem Willen des Königs auch die beiden Ost-West-Achsen in Plätze mit unverwechselbarem Profil einmünden. Am Westende der Leipziger Straße wird deshalb eine achteckige Fläche abgesteckt, das Octogon, später der Leipziger Platz. Als der schönste der drei Plätze wird indes künftig einmal derjenige mit dem einfachsten geometrischen Grundriss gepriesen werden: das Quarré (Pariser Platz) als Krönung der Straße Unter den Linden.

Die erweiterte Stadt muss jenseits der alten Zoll-Linie Schadow-, Kleine Mauer-, Mauer-, Junkerstraße gesichert werden. Aber es geht nicht nur darum festzulegen, wo die neue Grenze verlaufen soll. Da der König in den dreißiger Jahren beginnt, auf der cöllnischen Seite die Festungswälle abzutragen, stellt sich die Frage, ob die Stadt feindlichen Angriffen völlig schutzlos ausgeliefert werden, oder ob die neue Zollgrenze nicht auch einen gewissen – und wenn selbst eher moralischen als praktischen – Verteidigungswert haben sollte.

Friedrich Wilhelm beruhigt sich und andere schließlich mit dieser letzteren Lösung. »Um die Stadt ...einigermaßen zu sichern,« schreibt Adolf Streckfuß in seiner Darstellung der Berliner Geschichte, »wurde sie im weiten Kreise mit einer steinernen Mauer umgeben...«.[4] Der König muss bis zuletzt unschlüssig gewesen sein. Noch am 24. November 1733, ein Jahr vor Beginn des Mauerbaus, befiehlt er die »...Einschliessung der gantzen Stadt Berlin mit Pallisaden und Graben.«[5]

---

[1] Friedrich Nicolai, a.a.O., S. 51.

[2] J. F. Bachmann, Die Luisenstadt. Versuch einer Geschichte derselben und ihrer Kirche. Reprint der Ausgabe von 1838, Berlin 2002, S. 62.

[3] Friedrich Nicolai, a.a.O., S. 179.

[4] Adolf Streckfuß, 500 Jahre Berliner Geschichte, Berlin 1900, S. 362.

[5] Seiner Königlichen Majestät in Preussen Allergnädigst approbirtes Reglement und Verfassung des gantzen Accise-Wesens in Dero Residentz-Stadt Berlin wornach Die sämmtliche Accise-Bediente, vom ersten bis zum letzten, ihre Arbeit zu bestellen, die dabey vorkommende Fälle zu entscheiden, Negocianten und Accisanten abzufertigen, und sich überhaupt allerunterthänigst zu achten. Anno 1733, S. 6.

Dann kommt es doch zu der steinernen, aber auch teureren Lösung. Es entsteht eine 10 Fuß, d.h. 3,14 Meter hohe Ziegelmauer, außen glatt, auf der Stadtseite in Form von Pfeilern und Flachbögen ausgeführt, das Mauerwerk innerhalb der Bögen vertieft. Die Mauer ist einschließlich der Tore 2.169 rheinländische oder 6.507 berlinische Ruthen lang. Das ergibt eine Länge von 8.168 Metern und eine Mauerfläche von 25.647 Quadratmetern bei einer Stärke von zwei bis drei Ziegellängen.

Damit handelt es sich vermutlich um eines der bis dahin materialaufwendigsten Bauwerke Berlins. Woher kommen Millionen von Ziegelsteinen? Nach Nicolai ließ der König speziell aus diesem Anlass Ziegelstreicher aus Lüttich kommen, die östlich von Berlin, bei dem Dorf Lichtenberg die geeignete Tonerde fanden.[1] Darauf bezieht sich wahrscheinlich Hermann Blankenstein, Stadtbaurat im kaiserlichen Berlin, wenn er schreibt, dass sich »in der nächsten Nähe von Berlin einige sehr sandige Lehmlager (bis zu 80 Prozent Sand auf 20 Prozent Tonsubstanz) finden, welche nur wenig brauchbares, oft kaum transportfähiges Material liefern, aus welchem ... ein Teil der früheren Stadtmauer erbaut worden ist.«[2]

Was dann schließlich trotz allen Aufwandes die Stadt südlich der Spree umgibt, ist ein recht unscheinbares Bauwerk. Es ist die niedrigste in der Geschichte der Berliner Stadtmauern, diejenige von 1961/89 mit einer Höhe von 3,60 Metern eingeschlossen. Ihre äußerliche Gestalt erinnert an die Umhegung eines Gartens oder Friedhofes. Die Tore – in der Regel zwei verzierte Pfeiler mit Holz- oder Gittertorflügeln – sind vom Zugang auf das Gelände eines Gutshofs nur dadurch zu unterscheiden, dass außerdem ein Schlagbaum die Durchfahrt versperrt und dass sich zu beiden Innenseiten Häuschen befinden, das Einnehmer- und das Wachhaus. Die darin oder davor Sitzenden dienen dem König auf unterschiedliche Weise. Die Einen interessieren sich für die Sachen, die von außen Kommende mit sich führen. Die misstrauischen Blicke der Anderen gelten direkt den Menschen – den Reisenden, die ankommen und den Soldaten, die zum Verlassen der Stadt eine schriftliche Erlaubnis vorweisen müssen.

Der Bau der fast 8,2 Kilometer langen »Süd«-mauer beginnt im Juni 1734.[3] Vom Unterbaum (Kronprinzenbrücke) zieht sie sich am Spreeufer entlang und schwenkt dann quer durch das heutige Reichtagsgebäude zum Brandenburger Tor. Weiter auf der heutigen Ebertstraße verlaufend, bildet sie die Grenze zum Tiergarten; fünfzig Jahre davor hatte dieser noch fast bis an die Festungsmauern gereicht. Die nächste Maueröffnung ist das Potsdamer Tor, das am Westrand des Octogon (Leipziger Platz) steht. Von hier aus geht es weiter Richtung Südwest bis zum Landwehrgraben. Am Rondell (Mehringplatz) öffnet sich die Mauer zwischen Gewässer und Platz zum Halleschen Tor. Dieser Bauabschnitt, etwa die Hälfte des Südrings, ist bis 1735 abgeschlossen. Der nun folgende Ostkurs der Akziselinie auf der heutigen Gitschiner und Skalitzer Straße führt über das Cottbuser bis zum Wendischen (Schlesischen) Tor. Unmittelbar danach wird über die gleichnamige Straße der Unterbaum erreicht; wegen des schlechten Baugrundes werden auf diesen letzten Metern wie jenseits des Flusses Palisaden gesetzt. Pfingsten 1736 wird der Bau des südlichen Halbrings vollendet.

Auf den letzten vier Kilometern, zwischen Halleschem und Schlesischem Tor, führt die Mauer an Gärten, Wiesen und Äckern vorbei. Menschliche Behausungen finden sich hingegen nicht. Auch noch hundert Jahre später wird das Köpenicker Feld, das hier an die Mauer grenzt und das den nicht besiedelten, größten Teil der Cöllnischen Vorstadt (Luisenstadt) ausmacht, überwiegend unbebaut sein. Während im Norden auf einer vergleichbaren Länge – zwischen Oranienburger und Landsberger Tor – fünf Tore liegen, reicht im Süden zwischen Halleschem und Schlesischen Tor ein einziges. Aber der Soldatenkönig ist wegen der Desertionsgefahr ohnehin kein Freund von vielen Mauerdurchlässen.

[1] zit. n. J. F. Bachmann, Die Luisenstadt, Reprint der Ausgabe von 1838, Berlin 2002, S. 64.
[2] Architektenverein zu Berlin (Hrsg.), Berlin und seine Bauten, Berlin 1877, Zweiter Teil, S. 255.
[3] Johann Christoph Müller, Georg Gottfried Küster, Altes und Neues Berlin, Erster Theil, Berlin 1737, S. 16.

Als König Friedrich Wilhelm I. im Jahre 1740 stirbt, hinterlässt er seinem Sohn und Nachfolger Friedrich II. nicht nur einen Kriegsschatz von 10 Millionen Taler – die Kisten lagern in den Kellern des Berliner Schlosses – und ein geübtes Heer, das sich in drei schlesischen Kriegen bewähren wird. Preußen ist überdies mit seinen zweieinhalb Millionen Menschen trotz seines verstreuten Besitzstandes Europas bestorganisierter Staat.

Nirgendwo in Preußen zeigen sich diese Merkmale so konzentriert wie in der Residenz- und Garnisonstadt Berlin. Seit den ersten Regierungsjahren des Großen Kurfürsten vor hundert Jahren ist unter drei Monarchen sowohl die Einwohnerzahl als auch die umhegte Fläche der Stadt auf das 15-fache gestiegen. Im Jahre 1740 leben 90.000 Menschen, unter ihnen 20.000 Militärangehörige, auf 1.330 Hektar Stadtfläche.

Diese Fläche ist gegen unkontrollierten Warenzustrom (und unerlaubten Ortswechsel) gut gesichert. Die Karte von J. D. Schleuen aus dem Jahre 1740 lässt sie – bei einigen Unzulänglichkeiten im Detail – gut erkennen: die gemauerte bzw. palisadierte Einkreisung der Stadt.

Friedrich Wilhelm I. hat dafür einiges aufgewendet. Allein die Mauer südlich des Spree kostet, die Tore nicht eingerechnet, 41.035 Reichstaler.[1] Das entspricht dem Wert von achtzig einstöckigen Häusern. Bemerkenswerterweise stehen in den Jahren des Mauerbaus der Königlichen Bibiliothek zur Anschaffung neuer Bücher 1734 vier und 1735 fünf Taler zur Verfügung. In der geistigen Betätigung seiner Untertanen sieht Friedrich Wilhelm keinen Nutzen, wohl aber in der Besteuerung ihrer Lebenshaltung. Letzteres offenbar zu Recht: 1740 liefert das berlinische Akziseamt an den preußischen Generaletat Einnahmen in Höhe von 287.250 Reichstalern, 21 Groschen und 3 Pfennigen ab.[2] Die Ausgaben für den Akzisering fließen schnell zurück.

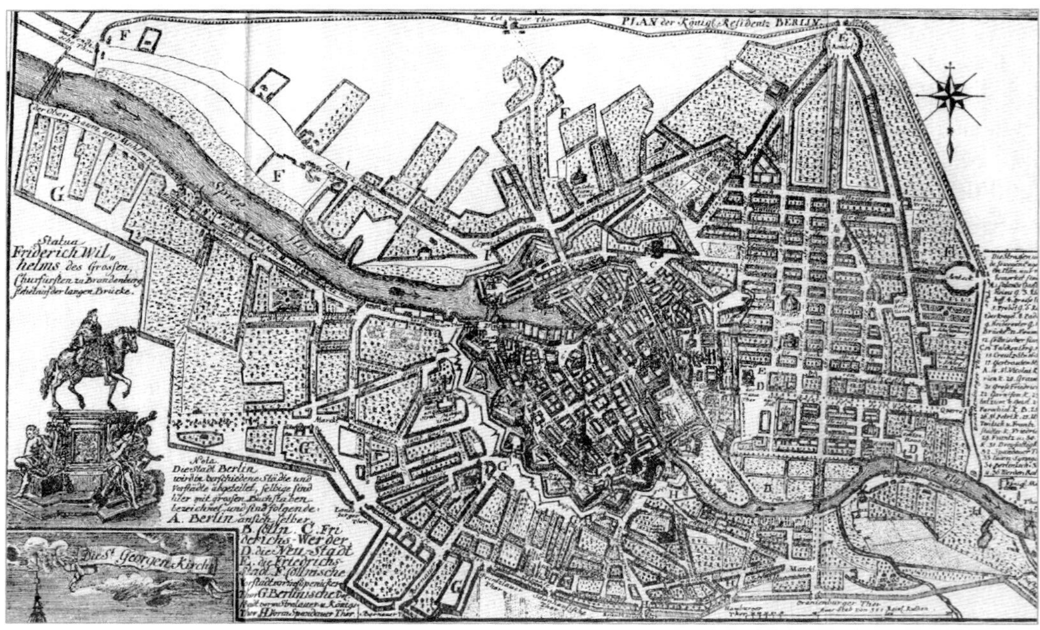

[1] Friedrich Nicolai, a.a.O., S. 43.
[2] Ernst Consentius, Alt-Berlin. Anno 1740, Berlin 1907, S. 183.

^ *Ausschnitt aus Karte: Berlin im Jahre 1740. Kupferstich von J. D. Schleuen*

DIE AKZISE-MAUER

Als geschlossener Ring existiert die Mauer 129 Jahre, 1736 wird er vollendet, im Jahre 1865 beginnt der Abriss. Innerhalb dieser Periode erfüllt die Mauer – gleichzeitig oder zeitweilig – mehrere Aufgaben. Hauptsächlich ist sie jedoch eine Akzise-Mauer; das ist der Grund ihrer Entstehung, und diese Funktion verbleibt ihr über den gesamten Zeitraum hinweg.

VON DER CONTRIBUTION ZUR ACCISE

Ein historisch seltener Fall, aber nicht ohne Logik: Das Volk empfindet die Einführung einer neuen Steuer, obwohl sie die Lebenshaltung verteuert, als Erlösung – als Erlösung von einem weitaus größeren Übel. Das Ereignis ist, so findet der Berliner Bürgermeister Michael Zarlang, bemerkenswert genug, um für die Nachwelt festgehalten zu werden. Im Jahre 1671 lässt er seine denkwürdige lateinische Niederschrift in der Turmspitze der Nikolaikirche hinterlegen:

»Zum Trost der elenden und verarmten Bürger«, schreibt er, »wurde die überaus schlechte, vernichtende Art der Steuererhebung von den Gebäuden und Wohnungen, durch die fast in jedem Monat und Jahr die Bürger jammervoll ausgesogen wurden und ihre Häuser verfielen, abgeschafft und dafür zu ihrem großen Vorteil und Nutzen die Verbrauchssteuer oder Accise eingeführt. Daher wurden im Laufe von zwei Jahren über 200 verfallene Häuser wiederhergestellt oder zu einem nicht zu verachtenden Teil neu erbaut.«[1]

Eine im Vergleich zum Festungsbau wenig spektakuläre Maßnahme des Großen Kurfürsten, die Reform der städtischen Steuern, sollte sich für die Entwicklung Berlins als äußerst wirkungsvoll erweisen.

Der Zwang zu einer solchen Reform ist groß. In den Jahren nach dem dreißigjährigen Krieg gehen die Landesherren vielerorts in Europa dazu über, sich stehende Heere zu halten. Dazu sind stabile Finanzen nötig. Haupteinnahmequelle ist bisher die Kontribution, eine allgemeine Grundsteuer, von der allerdings die Ritterhufen wegen ihrer Kriegsdienste befreit sind. Diese Steuer hat mehrere Nachteile. Sie zwingt die Menschen, regelmäßig einen feststehenden Betrag aufzubringen – völlig unabhängig von ihrer aktuellen wirtschaftlichen Situation. In schlechten Zeiten wie im Dreißigjährigen Krieg und jetzt in den Jahren danach bringt sie die ohnehin Verarmten an den Rand des Ruins; Haus und Hof verkommen, müssen vielleicht sogar aufgegeben werden. Ein anderer Nachteil aus der Sicht des Kurfürsten ist, dass jede, auch zeitweilige Anhebung der Kontribution von den Ständen bewilligt werden muss.

[1] Archiv für deutsche Heimatpflege GmbH (Hrsg.), Heimatchronik Berlin, Berlin 1962, S. 191.

Was der Kurfürst benötigt, ist eine Steuer, deren Ergiebigkeit er selbst beeinflussen kann, etwa indem er Handel und Wandel befördert. Es muss überdies eine Einnahme sein, die den ständischen Einfluss auf Steuerbewilligung und -verwaltung ausschaltet.

Schon während des Krieges und dann wieder im Jahre 1658, als die Städte die Kosten für den beginnenden Festungsbau vorschießen sollen, gibt es Versuche mit der Akzise, einer Steuer auf die wichtigsten Lebensmittel. Die »Consumtions und Acciseordnung beider Residenzstädte Berlin und Cölln« vom 17. Juni 1658 scheitert aber am Widerstand der Bürger, weil sie die oberen Schichten der Bevölkerung ausspart. Was der Rat im April 1664 anstrebt, ist eine Verbrauchssteuer nach Art der holländischen »Generalmittel«, eine alle Stände treffende Steuer. Ihr stehen aber die Vorrechte der »Eximierten«, der nicht unter der Steuerhoheit des Rates stehenden Kreise des Hofes, der Adligen und der Beamtenschaft entgegen. Erst als diese unter dem Einfluß des Kurfürsten freiwillig auf ihr Vorrecht verzichten, kann 1667 ein neuer Versuch mit einer Akzise unternommen werden, die nun außer Lebensmitteln auch auswärtige Kaufmannswaren einbezieht:

»Wir Friedrich Wilhelm, von Gottes Gnaden Markgraf von Brandenburg, ... tun kund und geben hiermit jedermann zu vernehmen: Als Uns der schlechte Zustand Unserer Städte in Unserer Kur- und Mark Brandenburg zu verschiedenen Malen ganz beweglich vor Augen gestellt und Wir daher auf allerhand Mittel und Wege bedacht gewesen, um dieselben wiederum zum Stande zu bringen und vor endlichem Ruin und völligem Untergang zu konservieren, so haben Wir diesen zu besonderer Sublevation (Unterstützung) und Aufnahmen gereichend zu sein erachtet, wenn die gemeinen onera (Lasten) etwas gleicher getragen und der Armut nicht alles allein aufgebürdet, noch alles so bloß auf die liegenden Gründe und Häuser geschlagen würde, wozu Wir denn kein bequemeres und billigeres Mittel ersinnen können als die Introduktion (Einführung) einer gewissen und leidlichen Accise, dazu alle und jede Einwohner ohne Unterschied kontribuieren (beitragen) und, je nachdem einer oder der andere viel oder wenig konsumiert, auch viel oder wenig beitragen muß.«[1]

In der Tat sind alle, selbst der Kurfürst und sein Hof dieser Steuer unterworfen. Allerdings braucht der in der Stadt wohnende Edelmann Produkte, die von seinen Gütern stammen und die er in der Stadt verzehren will, nicht zu versteuern.

Nur kurze Zeit ist die Akzise eine städtische Steuer. Schon bald nach ihrer Einführung verliert der Rat das Recht, die Verwalter dieser Einnahmequelle zu ernennen – ein weiterer Akt der Aushöhlung der städtischen Selbstverwaltung. Trotzdem überwiegen die Vorteile, die Berlin von der Beseitigung der Kontribution hat. Als dann 1709 die fürstliche Verwaltung eingerichtet ist, haben auch die Stände keine Kenntnis mehr von der Höhe der Akziseeinkünfte.

Der Staat macht die Akzise zum Rückgrat seiner Finanz- und bald auch seiner Handelspolitik. Nach dem Beispiel Berlins führt er sie in allen Städten ein, wobei die einzelnen Provinzen und einige Großstädte ihre besonderen Akzisetarife haben. Die erforderlichen baulichen Veränderungen folgen – ebenfalls wie in Berlin – mit Zeitverzug. Hauptsächlich sind es die zwanziger und dreißiger Jahre (Potsdam: Palisade 1718 und 1722, 1733 durch Mauer ersetzt), in denen Friedrich Wilhelm I. die preußischen Städte mit Mauern oder Palisadenzäunen umschließen lässt.

Unter Friedrich III. wird die Akzise dann auch als Schutzzoll eingesetzt. Sie belastet fremde Waren, vor allem Getränke, Kolonial- und Manufakturwaren höher als die einheimischen Erzeugnisse; selbst Einfuhrverbote werden in die Akzisetarife aufgenommen. Die städtische Torkontrolle wird zu einem Mittel, den Warenverkehr zu überwachen. Ein Grenzzollsystem Preußens besteht noch so wenig wie eine Grenzbewachung. Die Zerrissenheit des Landes, die ungünstige Gestalt der Grenzen und die Verschiedenheit der wirtschaftlichen Entwicklung in den einzelnen Teilen Preußens bringen es mit sich, dass man die städtischen Torsteuern zugleich als Mittel zur handelspoli-

[1] Mylius, Corpus Constitutionum Marchicarum. zit. n. Ruth Glatzer (Hrsg.), Berliner Leben 1648-1806, Berlin 1956, S. 41

tischen Regulierung des Warenverkehrs – später in den märkischen Städten selbst gegenüber den Westprovinzen – gebraucht. Namentlich der Tarif von 1701 hat in dieser Beziehung eine erhebliche Bedeutung.

Unter König Friedrich Wilhelm I. kommen die Steuerreformen, die unter Kurfürst Friedrich Wilhelm begonnen hatten, zum Abschluss. Kurfürst Friedrich III., der spätere König Friedrich I. hatte die Regelungen seines Vaters im wesentlichen beibehalten, aber in seiner grenzenlosen Verschwendungssucht einige neue Steuern, die Rekruten-, die Luxus- und sogar eine Jungfernsteuer (alle 1698) erfunden. Damit und mit allen anderen Nebenabgaben räumt der Soldatenkönig auf. Im Jahre 1733 verkündet er ein – möglicherweise selbst verfasstes – Reglement, das, bezogen auf die Residenzstadt die Grundsätze der königlichen Akzisepolitik und eine detaillierte Beschreibung der Aufgaben und Pflichten der Akzise-Bedienten enthält.

In diesem umfangreichen Reglement wird einleitend die Aufrechterhaltung des »Generalprinzips des Accisewesens« betont, »... nemlich die bequemliche Aufbringung der gemeinen Stadt-Onerum (Lasten), durch einen leidlichen Consumtions-Tarif... und daß ein jeder in denen Residentzien lebender Einwohner, nur dazu in derjenigen Maasse beytrage, als er seine eigene Wirthschaft, Gewerbe und Nahrung einzurichten, und anzulegen, nöthig und gemächlich findet, nach wie vor zum Fundament behalten, weswegen auch beständig dahin gesehen, daß alle verderbliche Neben-Anlagen, an Quartal- und Nahrungs-Gelde, Acker-, Garten- und Viehsteuer, Peruquen- und Karossen-Gelder abgeschaffet, die Consumtions-Accise hingegen desto besser eingerichtet...werde.«[1] Erhalten bleibt auch das General-Patent vom 4. und 20. März 1713, wonach außer Kirchen- und Schulbedienten alle, auch das königliche Haus, der »ordinairen Consumtions-Accise, und Visitation in denen Thoren und Bäumen unterworfen« bleiben.[2] Unverändert lässt Friedrich Wilhelm auch den Akzisetarif vom 23. Dezember 1721. Einnahmeerhöhungen, so der König in klarer Distanz zu seinem väterlichen Vorgänger, seien nicht durch höhere Tarife, sondern

[1] Seiner Königlichen Majestät in Preussen Allergnädigst approbirtes Reglement und Verfassung des gantzen Accise-Wesens in Dero Residentz-Stadt Berlin wornach Die sämmtliche Accise-Bediente, vom ersten bis zum letzten, ihre Arbeit zu bestellen, die dabey vorkommende Fälle zu entscheiden, Negocianten und Accisanten abzufertigen, und sich überhaupt allerunterthänigst zu achten. Anno 1733, S. 5-6

[2] ebenda, S. 15

Gesamtansicht Potsdams vom Brauhausberg (Auszug). ^ Im Vordergrund Palisaden. Um 1735. Kupferstich

durch Beförderung von Handel und Wandel zu bewirken.

Organisatorisch unterstellt Friedrich Wilhelm I. das Akzisewesen zunächst dem von ihm eingerichteten Generalkriegskommissariat, das auch gewerbliche Belange zu vertreten hat. Dieses Komissariat und mit ihm die Akziseverwaltung gehen dann 1723 in einer einheitlichen Oberbehörde für Wirtschaft, Finanzen und Armee, dem Generaldirektorium auf. Die von König Friedrich Wilhelm I. begründeten Steuerverfassung sollte bis 1810 Bestand haben.

Hinsichtlich der Belastung der Steuerpflichtigen nimmt die Akzise eine mittlere Position ein. Erhoben wird sie nur in den Städten, denn nur Bevölkerungsballungen lassen sich in ihrem Verbrauch mittels Mauer und Toren kontrollieren. Um zu gewährleisten, dass sich hier ein möglichst hoher Anteil von Menschen mit vergleichsweise stabilem Einkommen und entsprechend hohem Verbrauch von Lebensmitteln sowie von Rohstoffen zur gewerblichen Verarbeitung konzentriert, wird – schon unter Friedrich I. – eine alte, aus dem Mittelalter überkommene Gewerbeverfassung für weitere hundert Jahre zementiert: die Beschränkung der meisten Gewerbe auf die Städte. Man duldet in den Dörfern meist nur Radmacher, Schmiede, Flickschuster und Leinweber. Alle anderen Gewerbe bleiben auf die Städte beschränkt; sie gelten als »städtische Nahrungen«.

Am höchsten mit Steuern belastet ist der Bauernstand. Es handelt sich dabei hauptsächlich um Grundsteuern. Der rittergutbesitzende Adel ist in dem Falle den Steuern der anderen Stände unterworfen, wenn er zu deren Lebensweise übergeht und etwa (zeitweilig) in der Stadt lebend akzisepflichtige Produkte erwirbt. Soweit er in der für ihn typischen Lebensweise verbleibt, hat er nur die verhältnismäßig unbedeutenden Lehnpferdegelder beziehungsweise eine geringe Kontribution zu entrichten, ist also weniger besteuert als die beiden anderen Stände.

Der Erfolg der neuen Steuer »Accise« übertrifft alle Erwartungen. Schon drei Jahre nach Einführung, 1670, sind die Einnahmen so hoch, dass die Kontribution fortfallen kann. Was danach einsetzt, kann man nicht anders als den Siegszug der Akzise bezeichnen. Die folgenden Angaben zu den Berliner Akziseeinnahmen sind möglicherweise nicht uneingeschränkt zuverlässig, aber das Tempo der Entwicklung wird deutlich (in Taler):[1]

1690	60.000
1700	105.000
1712	190.000
1721	203.000
1732	ca. 280.000

Dabei machen diese Berliner Einnahmen – zu drei Vierteln aus Lebensmitteln (Getränke, Brotkorn, Fleisch), der Rest aus »importierten« Kaufmannswaren erlöst – nicht weniger als ein Drittel aller kurmärkischen Akziseeinkünfte aus und erreichen die gleiche Höhe wie das gesamte ostpreußische Aufkommen. »Dass Berlins Anteil an ihr (der Akzise – H. Z.) so stark wuchs, war die natürliche Folge der Wirtschaftspolitik des Königs, die in erster Linie, aber nicht allein, Berlin zugute kam.« – soweit die rückschauende (und im Lichte jüngster Vergangenheit prophetische) Wertung eines Berlinhistorikers aus dem Jahre 1930.[2]

---

[1] Seiner Königlichen Majestät in Preussen Allergnädigst approbirtes Reglement und Verfassung des gantzen Accise-Wesens in Dero Residentz-Stadt Berlin wornach Die sämmtliche Accise-Bediente, vom ersten bis zum letzten, ihre Arbeit zu bestellen, die dabey vorkommende Fälle zu entscheiden, Negocianten und Accisanten abzufertigen, und sich überhaupt allerunterthänigst zu achten. Anno 1733, S. 7-9; Archiv für deutsche Heimatpflege GmbH (Hrsg.), Heimatchronik Berlin, Berlin 1962, S. 223.

[2] Ernst Kaeber, Werner Hegemanns Werk: »Das steinerne Berlin. Geschichte der größten Mietskasernenstadt der Welt« oder: Der alte und der neue Hegemann. In: Ernst Kaeber, Beiträge zur Berliner Geschichte, Berlin 1964, S. 226.

Akzisemauer in Potsdam, Große Fischerstraße.2002 ^

OHNE FORMALITÄTEN KEINE TALER

Am 6. Februar 1731 ergeht an das Generaldirektorium eine »Kabinets-Ordre König Friedrich Wilhelm I« folgenden Inhalts:

»Sr. Kg. Mt. seynd dahinter gekommen, dass die Berlinische Accise auf gewisse Arth noch sehr defraudiret (hintergangen) wird ...« Die Verpackungen der für die Stadt bestimmten Waren würden oft einer nur oberflächlichen Visitation unterzogen, und die Bezahlung der Akzise verzögere sich teilweise um Monate. »Sie befehlen dahero ..., dass hinfüro alle paquets, sie mögen gehören wem sie wollen, und wenn selbige auch selbst an Sr. Kg. Mt. adressiret wären, sofort bey dem Eingange nach der Accise gebracht, daselbst eröffnet und nicht eher verabfolget werden sollen, bis die Accise davon erleget worden.«[1]

Friedrich Wilhelm hat bauliche und institutionelle Voraussetzungen wie Palisaden, die Tore sowie innerstädtische Prüf-, Lager- und Abrechnungsstellen geschaffen; in wenigen Jahren wird er sie in Form der Süd-Mauer vollenden. Weitaus schwieriger ist es, das Verhalten der staatlichen Bediensteten so zu lenken, dass diese bestrebt sind, den letzten steuerbaren Groschen aufzuspüren. Immerhin scheint das Steuerregime aber doch so gut zu funktionieren, dass es von Friedrich II., der 1740 das Erbe seines Vaters antritt, 26 Jahre lang – von vorübergehenden Tariflockerungen in den Hungerjahren gleich zu Beginn seiner Regierungszeit abgesehen – beibehalten und nach dem Krieg von 1741 anstelle des österreichischen Akzisesystems auch in den schlesischen Städten eingeführt wird.

Zeitgenössische Beschreibungen vermitteln den Eindruck von einem System, das mit unendlich vielen Formalitäten versucht, jedes Schlupfloch zu verstopfen. Es lohnt sich, hierzu längere Passagen aus einer Untersuchung von Ernst Consentius[2] wiederzugeben, deren Wert darin besteht, dass sie sich eng an die Aussagen der betreffenden staatlichen Gesetze und amtlichen Mitteilungen (innerhalb der folgenden Zitate kursiv) hält.

Aufschlussreich ist die Beschreibung der Aufgaben des Torschreibers, der – ursprünglich als Torwärter zu den bürgerlichen Stadtwachen gehörig – seit Einführung der Akzise 1667 ausschließlich mit der steuerlichen Überwachung des Warenverkehrs betraut ist:

»Vom frühen Morgen bis zum Abend stand der Torschreiber, ein ausgedienter Soldat, am Tore. Er fragte jeden, der kam, was er Akzisebares bei sich hätte und begnügte sich nicht mit der Antwort. Denn ihm war *hart anbefohlen, alles selbst zu besehen*. Darum musste er *eines jeden mit sich führende Coffres, Felleisen, Bett- und Futtersäcke, Sitz- und Fußkasten, Magazine und andere Pack-Räume im Wagen, vorn und hinten, um und an den Seiten, aufs fleißigste, jedoch ohne Beschädigung der darin befindlichen Sachen, durchsuchen*. In Futtersäcken wurde manches versteckt; es gab Kästen mit doppeltem Boden und heimlichen Schubladen. *Zu Verhütung der Defraudationen* (Hinterziehungen) hatte der Torschreiber die Mehl-, Häcksel- und Wollsäcke von außen anzugreifen, musste sich die Kornsäcke aufbinden lassen und sie *mit dem kleinen Visitir-Eisen* durchforschen. War Heu oder Stroh auf dem Wagen geladen, so sollte er *mit dem*

[1] Kabinets-Ordre König Friedrich Wilhelm I., 6. Februar 1731, Potsdam. In: Verein für die Geschichte Berlins, Mitteilungen für die Geschichte Berlins, Nr. 3, 1890, Berlin, S. 45.

[2] Ernst Consentius, Alt-Berlin. Anno 1740, Berlin 1907.

Lütke, Die Potsdamer Lange Brücke mit den Teltower Torhäusern von Schinkel. Um 1835. Lithografie ^

großen Visitir-Eisen hin und wieder durchstechen; bei Holzfuhren aber darauf achten, *dass zwischen und unter dem Holtze, kein Toback oder ander accisebares verstecket wäre*, und mit dem Misstrauen, das sein Amt ihm zur Pflicht machte, aufpassen, dass *anstatt des Bieres, kein Brandwein heimlich eingebracht werde!* Hatte er alles nachgesehen, dann gab er den Torzettel, auf dem er genau eintrug: wer die Sachen einbrächte, was es für Waren und wie viel Stücke es seien, auch wie viel Pferde oder Ochsen vor den Wagen selbst gespannt wären. Und für diesen Torzettel forderte der Torschreiber *ein zureichendes Pfand*, dass er die Sicherheit hätte, der Landmann oder der hiesige Bürger, der Beamte oder der Kaufmann würden mit dem gegebnen Zettel richtig zur Akzisekasse auf dem Packhof gehen, und die Versteuerung besorgen. Nun erst wurde der Fußgänger oder der Fuhrmann mit seinen Waren durch's Tor gelassen. Dabei war es noch eine erhebliche Erleichterung, dass Marktsachen: *als Fische, Feder, Vieh, Butter, Käse, Eyer, Obst und Garten-Früchte, und was sonst an Eß-Waaren vom Lande zur Stadt gebracht* wurde, nicht in natura bis auf den Packhof geschleppt werden mussten, sondern ohne diesen Umweg auf die verschiedenen Marktplätze gebracht werden durften. Den Akzisekassen genügte der Torzettel, um die Steuer zu erheben. Der Herr Torschreiber war darum für die Bauern die höchste, die gefürchtetste Instanz; für Geschenke nicht ganz unzugänglich. Große Frachtwagen und Extraposten konnten vom Torschreiber nicht gehörig und ausreichend visitiert werden. Entweder wurden die einzelnen Ballen versiegelt, oder die Wagen bekamen mit dem Torzettel, der nur die Stückzahl der Güter verzeichnete, einen Soldaten als Wache, der Wagen auf den Packhof oder nach dem Posthause brachte, wo das eigentliche Akzisegeschäft dann erledigt wurde.«[1]

»Der Akzisetarif ... kannte ganz besonders hohe Sätze für den Eingang gewisser Luxusartikel. ... Für die nämliche Ware hatte ein auswärtiger Händler vielfach mehr an Akzise zu geben, als der inländische; oder ein bestimmtes Land – Kursachsen – wurde durch den Tarif vor anderen Staaten begünstigt. ... Der Bürger, der Waren *zu seiner eigenen Consumtion einbringet*, hatte den Vorzug vor dem Kaufmann; denn der Krämer musste von sehr vielen Artikeln die er weiter verkaufen wollte, noch *die Handlungs-Accise* ... neben der gewöhnlichen Akzise entrichten. Oder zur Akzise und Handlungsakzise trat der sogenannte *Nachschuß* hinzu. Der Nachschuß wurde *von bereits völlig versteuerten Waaren, Frantz-Brantwein, Victualien und Kaufmannschaften* gefordert, wenn diese Güter aus Städten der Kur- und Neumark, aus Pommern, Preußen oder aus dem Herzogtum Magdeburg nach der Hauptstadt eingeführt wurden. Dieser Verkehr war nicht erwünscht. ... In so und so viel Fällen wurde die Steuer nach dem Maß oder Gewicht, in so und so viel anderen Fällen nach dem Werte der Waren erhoben; der Herkunftsort war nicht gleichgültig. Die Kaufleute mussten also den Steuerbeamten ihre Fakturen und Frachtbriefe vorlegen, mussten ihre Bezugsquellen preisgeben. ... Tausend große *Proppen und Bouteillen* wurden z.B. mit einem Groschen besteuert, tausend kleine mit sechs Pfennigen. Dass der Akzise nun nichts entginge, dass aber auch niemand zu viel zahle, war es das beste, die sämtlichen Korken, Stück für Stück, zu zählen. Nur, *wenn die Menge zu groß, dass sie nicht alle zu zählen, wird von jeder Sorte ein Tausend (!) abgezählt, hernach gewogen und das gantze quantum darnach überschlagen.*«[2]

Kann es bei so viel Bürokratie zu einem gedeihlichen Handel kommen? Unter bestimmten Bedingungen ist dies offensichtlich möglich, wie die Entwicklung der Berliner Akziseeinnahmen – von 105.000 Talern im Jahre 1700 auf 280.000 Taler 1732 oder auf 267 Prozent – zeigt. Unveränderte Akzisetarife und Warenpreise unterstellt, bedeutet dieser Zuwachs, dass auch das reale in die Stadt eingeführte Warenvolumen im Jahre 1732 fast 2,7 mal so umfangreich war wie zu Beginn des Jahrhunderts. Auf das einzelne Jahr bezogen ergibt dies ein Wachstum von 3 Prozent – ein durchaus ansehnliches Tempo, das überdies die steuerhinterzogenen Waren unberücksichtigt lässt.

---

[1] ebenda, S. 115-116.
[2] ebenda, S. 113-115.

Gewiss, die Akzise ist ein Hemmnis für den Handel der Stadt von Anfang an. Allerdings: die vielen Formalitäten und Kontrollen verzögern nur, sie verhindern nicht. Jedenfalls gilt dies solange, wie das Sortiment der in die Stadt strömenden Waren überschaubar bleibt. Und objektive wie subjektive Faktoren sorgen noch das gesamte 18. Jahrhundert dafür, dass diese Überschaubarkeit fortbesteht.

Objektiv ist die Arbeitsteilung in der Wirtschaft und folglich die Bedürfnisvielfalt der Menschen noch wenig ausgeprägt. Von einer Industrialisierung – und erst sie potenziert das Warenangebot – ist noch lange keine Rede. Die Städter beziehen zum größten Teil, Berlin zu drei Vierteln, landwirtschaftliche Erzeugnisse, meist aus der näheren Umgebung, zum persönlichen Verbrauch bzw. als Rohstoffe zur Weiterverarbeitung. Nur der Rest sind mehr oder minder exotische Produkte aus entfernteren Regionen.

Subjektiv sorgt die Politik dafür, dass diese Enge des Sortiments erhalten bleibt. Mit wenigen Ausnahmen sind handwerkliche Betätigungen auf dem Dorfe – auch wegen der Gefahr potentieller »Exporte« nach und Konkurrenz für Berlin – verboten. Lieferungen aus dem »Ausland« und selbst von anderen preußischen Städten werden klein gehalten; das Geld, das in der Region erwirtschaftet wird, soll möglichst dort wieder ausgegeben werden.

Die Gestaltung des Akzisetarifs spielt in dieser Politik die Schlüsselrolle. Die niedrigste Steuer zahlt der Bauer, der »Viktualien« bringt. Zehn Pfennige vom Taler sind dreieinhalb Prozent vom Wert der Waren, die letztlich der einfache Bürger aufbringen muss – und in der Regel kann.

Weit mehr Zurückhaltung – allerdings nicht allein wegen der Delikatess-Steuer von 6 Prozent, sondern auch infolge des hohen Gesamtpreises – muss der Verbraucher etwa bei Seefischen aus Hamburg, »Anhaltschen Knackwürsten und Braunschweigschen Mettwürsten«, bei englischem, Limburger und Schweizer Käse oder bei »fremdem Kuchenwerk«, bei Konfitüren oder Konfekt üben. Eine dritte Gruppe zählt zu den ausgesprochenen Luxuswaren: Schokolade wird mit 33 bis 66 Pro-

^ *Akzisehaus Templin an der 1735 m langen Stadtmauer aus Feldsteinen.*

zent besteuert. Bei Kaffee, Tee und Tabak (insofern letzterer nicht aus der Uckermark stammt), ist die Akzise sogar höher als der eigentliche Preis. Die Akzise begrenzt den »Import« bestimmter Waren und ist dabei gleichzeitig sozial gestaffelt – Ausdruck einer Haltung des damaligen preußischen Staates, die heute gelegentlich übersehen und von Consentius generalisierend so umschreiben wird: »In dieser patriarchalischen Zeit hielt es der Staat für seine Pflicht, alle Mittel anzuwenden, die der Not der Allgemeinheit steuern könnten; mochten dabei auch (speziell im Hungerjahr 1740 – H. Z.) die Sonderinteressen der Schlächter, der Branntweinbrenner oder der Gutsherren, die mit ihrem Getreide spekulieren wollten, verletzt werden.«[1]

Für die Abfertigung der großen Masse der Waren, d. h. der zumeist aus der Umgebung stammenden ländlichen Erzeugnisse, erweisen sich die ehemaligen Soldaten, die das Amt des Torschreibers versehen, als hinreichend geeignet. Da es sich zu jeder Jahreszeit um immer die gleichen Produkte handelt, sind diese bald mit viel Routine zuverlässig identifiziert. Auch die Überprüfung und Bewertung dessen, was Reisende mit sich führen, endet bei aller hier möglichen Willkür zumeist im Konsens. Vielleicht ist es zweckmäßig, sich als Berlinbesucher am Stadttor nach den Empfehlungen von Friedrich Nicolai zu richten:

»Vernünftige Reisende werden sich selbst bescheiden, daß die Anstalten, die zu Entdeckung der kontrebanden oder verschwiegenen accisbaren Waren gemacht worden, an sich sehr notwendig sind, und daß auch ein Reisender sich den Gesetzen des Landes, wo er sich befindet, unterwerfen müsse. Es ist auch sehr begreiflich, daß derjenige, der, was er bei sich führet, nicht richtig angibt, oder sich gar weigert, seine Sachen visitiren zu lassen, sich verdächtig machen müsse. Man kann aber der Wahrheit gemäß versichern, daß einem Fremden, der, was er bei sich führet, richtig angibt, niemals werde Verdrüßlichkeit gemacht werden, und sollte es wider Vermuten geschehen, so kann ein Fremder gewiß versichert sein, daß ihm bei gegründeter Beschwerde die berlinische Accisedirection und nötigen Falls auch die General-Accise und Zolladministration die schleunigste Hülfe werde widerfahren lassen. Die Visitatoren und andere Unteraccisebedienten sind von ihren Obern angewiesen, niemand ungebührlich zu begegnen; inzwischen erfordert die Billigkeit, daß ein Fremder auch diesen Leuten nicht unhöflich begegne, denn so wie allenthalben, so findet auch hier ein gutes Wort eine gute Statt. Manchen Reisenden gibt die bloße Erblickung eines Accisbedienten eine üble Laune, sie nennen ungebührliche Begegnung, wenn ihnen doch auf alle Weise gebührlich begegnet wird. Zuweilen auch, wenn sie wirklich über einige Unfreundlichkeit zu klagen Ursach hätten, möchten sie nur wohl untersuchen, ob sie nicht durch die trotzige und unfreundliche Art, mit der sie die Accisbedienten, wenn sie ihr Amt verrichten wollen, angefahren haben, sich selbst etwa diese kleinen Ungelegenheiten zugezogen haben.«[2]

In kleineren Städten muss es am Stadttor nahezu familiär zugegangen sein. Karl Friedrich Klöden, Schöpfer und langjähriger Leiter der

[1] ebenda, S. 110.
[2] Friedrich Nicolai, Beschreibung der Königlichen Residenzstädte Berlin und Potsdam, Berlin 1796, S. 964.

^ *Torhäuser in Münster*

Berliner Gewerbeschule, erzählt, wie er 1796 als zehnjähriger Junge am Lobitzer Tor von Märkisch-Friedland häufig seinen Vater vertreten musste. Letzterer, ehemaliger Unteroffizier, danach Akziseaufseher der Branntweinbrennereien, schließlich Toreinnehmer, konnte als Alkoholiker seinen Dienst häufig nicht antreten. »Daher war ich dann gar oft genötigt, seinen Dienst zu versehen; ich fertigte die Passagierscheine aus, trug sie ins Buch ein, expedierte die Leute, nahm die Gefälle ein, alles, soweit dies ohne seine persönliche Mitwirkung möglich war, und ich versah demnach den ganzen mechanischen Teil des Dienstes.«[1]

Von Klöden erfahren wir auch, »...dass auf keinem dieser Akziseposten ein Mensch ohne Nebeneinkünfte bestehen konnte, wenn er nicht Hungers sterben wollte, und diese Nebeneinkünfte waren fast nie erlaubte. Jeder tröstete sich mit dem Sprichworte: Not kennt kein Gebot, und machte es wie alle anderen.«[2] Später wird der Junge nach Berlin geschickt, um beim Bruder der Mutter Goldarbeiter zu lernen. Der Jude Marcus nimmt ihn von Märkisch-Friedland bis Frankfurt (Oder) im Wagen mit und wählt dabei solche Wege, auf denen er keine Akzise zu entrichten hat. In späteren Jahren erwirkt Klöden für seinen Vater bei der Königlichen Zoll- und Akzisedirektion eine Pensionserhöhung.

Das niedrige reguläre Einkommen der Torschreiber beeinflusst ihr Verhalten im Dienst. Bei kleineren mitgeführten Mengen dürfen sie die Akzise direkt am Tor kassieren, und so ist es leicht möglich, dass Herrn Kriegsrat aus Versehen zuviel abgenommen wird, als er in Willibald Alexis' Roman »Ruhe ist erste Bürgerpflicht« an einem sommerlichen Sonntagabend samt Gattin und Dienstmagd am Halleschen Tor trotz höchster Eile jäh angehalten wird: »Da musste am Tor noch die Schildwacht ihnen Stillstand gebieten und der Torschreiber den Korb der Jette untersuchen. Der Kriegsrat musste seine Börse ziehen, um einige Groschen Akzise zu zahlen, und die Sohlen brannten ihnen unter den Füßen.«[3]

PACKHOF, REGIE UND AKZISEDIREKTION

Größere Warenposten, die auf Wagen oder Schiffen transportiert werden, darunter in der Regel die vergleichsweise selten eintreffenden Delikatess- und Luxuswaren, gelangen – mit Torzettel und militärischem Begleitschutz versehen – auf den Packhof. Dort werden sie von Bediensteten erwartet, die sich im Laufe der Zeit zu unentbehrlichen Akzise-Spezialisten entwickelt haben.

Den Packhof gab es in seiner alten Form, als Niederlage, bereits seit dem Mittelalter. Neben den für den aktiven Handel wichtigen Zollfreiheitsprivilegien für die Berliner Kaufleute besaß die Stadt das sogenannte Niederlagsrecht. Danach waren alle durchreisenden Kaufleute verpflichtet, ihre Waren einige Tage in Berlin feilzubieten. Andernfalls wurde ein hoher Durchgangszoll erhoben; dieses sogenannte Einlagegeld erbrachte 1730 allein bei Bieren und Weinen 10.000 von 27.000 Talern Gesamteinnahmen des städtischen Haushalts.[4] Neben diesen immensen Einkünften erhob die Stadt auf dem Packhof darüber hinaus Marktgebühren, und für die Bevölkerung ergaben sich günstige Einkaufsgelegenheiten.

Als es im letzten Drittel des 17. Jahrhunderts zu der rasanten Bevölkerungsentwicklung und zu einer spürbaren Belebung des Handels kommt, vor allem aber: als alle eingehenden Waren durch die Akzisekontrolle müssen, reichen die vorhandenen Einrichtungen des Warenumschlags nicht mehr aus. Es entsteht daher auf dem Friedrichswerder in Höhe der Niederlagstraße allmählich der Berliner Hafen, und im Jahre 1688, noch auf Anweisung des Großen Kurfürsten, wird ein neues Niederlaghaus, das Verwaltungsgebäude des ersten Berliner Packhofs fertiggestellt, » ... ein großes, weitläufiges, massives Gebäude, worin das Akziseamt, die Lizenzkasse, die Kartenkammer, die Einlagen, so dem Magistrate zustehen, etc. zu finden. Hinter diesem Gebäude ist ein großer Hof, worinnen die Kaufmannswaren sowohl zu Wagen als auch zu Schiffe abgeladen werden, zu

---

[1] Karl Friedrich Klöden, Von Berlin nach Berlin, Berlin 1976, S. 141.
[2] ebenda, S. 126.
[3] Willibald Alexis, Ruhe ist erste Bürgerpflicht, Berlin 1969, Bd. 1, S. 140.
[4] Berlin und seine Bauten 1896 I, S. LXXI.

welchem Ende am Ufer der Spree ... ein schöner Kran, womit man die Waren auswindet, stehet. Es ist dabei eine wohlgelegene Anfurt, daß die Schiffe liegen können, so man wohl den Hafen von Berlin nennen möchte, weil man daselbst gemeiniglich eine Menge beladener und unbeladener Schiffe und sogenannte Breslauer Kähne siehet, so den Strom auf und ab fahren.«[1]

Hafen- und Packhofanlage erstrecken sich von der Schleusen- bis zur Hundebrücke (Schlossbrücke). Neben dem eigentlichen Packhof, auf dem die Waren unter freiem Himmel »visitiert« werden, finden sich hier neben den oben genannten Einrichtungen mehrere Güterhäuser zur zeitweiligen Unterbringung von Waren, eine Waage und ein Wachhaus.

Hier, auf dem Packhof, betätigen sich nun also die Akzise-Spezialisten. Einer von ihnen ist der »Wein-Visirer«, von dem Consentius sagt (amtliche Quellen *kursiv*), dass er » ... *ein guter Kenner von allerhand vorfallenden Wein- und Brantwein-Sorten* (war), der *solche nach ihrem Geschmack und Güte wol unterscheiden* konnte. Er forderte jedes Mal *ein Spitzgläschen zur Probe*, um zu schmecken, ob *die Sorte des Weins recht angegeben sey*, um zu sehen, ob *die Weine und Brantweine also versteuert werden, wie es der Accise-Satz erfordert, und mit sich bringet*. Für die Visitirung erhielt er drei Pfennige von jedem Eimer Wein. Sonst passierte kein Fass. Er wusste also genau, was von Weinen ein- und ausging. Er sah auch zu, in welchen Keller die Fässer geschafft würden. Und wo jemand mit Weinen handelte, sollte ein *rechtschaffener, ehrlicher und getreuer Visier* nicht nur *in seinem Manual fleißig nachsehen, ob dergleichen Weine bey der Accise gemeldet, und versteuert worden*, sondern er hatte auch durch heimliche Kundschaft in Erfahrung zu bringen, ob etwa *Wein-Brauer, so kostbare Weine, als Ungarischen, Champagne, Bourgone, oder andere Weine, aus Landwein machen und verkauffen*, ob Weinfälscher, welche diese Sorten von Weinen niemals bezogen hätten, mit ihrem Gifthandel *per*

[1] Johann Heinrich Gerkens Berolinum, (um 1716), zit. n. Ruth Glatzer, Berliner Leben 1648-1806, Berlin 1956, S. 40.

^ *Unbekannt, Der alte Packhof um 1790. Holzstich*

indirectum die Accise defraudiren, das Publikum aber öffentlich hintergehen! Mit dem Akzisebuche das Geschäft der Weinhändler und der Pfuscher zu kontrollieren, war seines Amtes. Ein echter Weinvisierer sorgte für die Steuer und hatte die Zunge für alle Trinker in der Stadt.«[1]

Der Weg der Akzise beginnt am Stadttor, endet aber keineswegs immer bereits auf dem Packhof. Bestimmte Waren werden selbst nochmals am Ort ihres endgültigen Verbrauchs – z.B. der Wein in den Gasthäusern – kontrolliert. Dabei sorgt das bereits oben erwähnte strenge Reglement des Akzisewesens, von König Friedrich Wilhelm I. am 24. November 1733 unterschrieben, dafür, dass die Visirer wiederum visitiert werden. Folgendermaßen hat die Tätigkeit des »Ersten Accise- und Packhof-Inspektors« auszusehen:

»Dieser Dienst kann durch niemand besser und nützlicher bestellet werden, als durch einen, so unter der Soldadesque gedienet, am allerbesten aber, wenn er Feldwebel gewesen; Dann er muß des Directoris Veranlassung in Sachen, so die äusserliche Verfassung des Accise-Wesens betreffen, zur Execution bringen, daher Vigilant, exact, und unermüdet seyn, die Visitatores und Thorschreiber in beständiger Ordnung und Actvitaet halten, die Accise-Posten, nehmlich den Packhof, die Cassen und Post-Accise, Wage und Thorschreibereyen fleißig Visitiren, und am allerersten auf, am allerletzten aber vom Packhof gehen; Er muß dabey nicht interessiret seyn, noch mit denen Unter-Bedienten sich familiair machen, auch allemal dahin sehen, daß alles auf dem Packhof in Ordnung bleibe, die Schiffe und Fahrzeuge nicht auf einmahl, sondern wie sie von denen Wasser-Bäumen gemeldet werden, durch die Schleuse oder Baum des Packhofs legen, so wie sie gekommen, Visitiret und abgefertiget werden; Er muß auf den Packhof wohnen, umb ausser denen Accise-Stunden darauf ein Auge zu haben, und zum Rechten zu sehen; Dabey muß er der Feder gewachsen seyn, und wo nicht fertig rechnen, doch gut schreiben können.«[2]

Obwohl König Friedrich Wilhelm I. das Niederlagshaus um Hinter- und Seitengebäude erweitert hat, wird es auf dem Packhof allmählich zu eng. Auf ein besonderes Ansuchen der Kaufmannschaft stellt König Friedrich II. deshalb im Jahre 1743 ein weiteres Bauwerk zur Verfügung. Es handelt sich um ein 1685 als Gewächshaus des Lustgartens errichtetes Gebäude, das der Soldatenkönig – bei gleichzeitiger Umgestaltung des Gartens in einen Paradeplatz – als Manufaktur und für andere Zwecke nutzen ließ. Das halbrunde, sogenannte Pomeranzenhaus befindet sich an der Stelle des heutigen Vorhofes der Nationalgalerie, in einem Bollwerk der kurfürstlichen Festungsanlage. Mit der Umwidmung des Gebäudes entsteht die Straße »Am neuen Packhofe«, die heutige Bodestraße.

[1] Ernst Consentius, a.a.O., S. 94.

[2] Seiner Königlichen Majestät in Preussen Allergnädigst approbirtes Reglement und Verfassung des gantzen Accise-Wesens in Dero Residentz-Stadt Berlin wornach Die sämmtliche Accise-Bediente, vom ersten bis zum letzten, ihre Arbeit zu bestellen, die dabey vorkommende Fälle zu entscheiden, Negocianten und Accisanten abzufertigen, und sich überhaupt allerunterthänigst zu achten. Anno 1733, S. 62-63

*Johann Michael Probst, Sommerparade Friedrichs II. im Lustgarten. Um 1750. ^
Im Hintergrund der neue Packhof (Pomeranzenhaus).*

Am Südrand dieser Straße verläuft ein – von der Pomeranzenbrücke überspannter – Graben, der den Schiffstransport zwischen Spree und Kupfergraben gewährleistete. (Er wird 1822 zugeschüttet und auf ihm das heutige Alte Museum errichtet).

Hauptsächlich als Niederlage für Transitwaren benutzt, ist der neue Packhof eigentlich nur eine für spezielle Aufgaben zuständige Erweiterung des alten. Er ist gewissermaßen eher ein Zoll- als ein Akzisehof; damit deutet sich eine Entwicklungsrichtung an, die dann im 19. Jahrhundert vorherrschen wird.

Noch aber verläuft das Hauptgeschäft über den alten Packhof, es herrscht Friedrich der Große, und eine Neuorganisation des Akzisewesens steht ins Haus. Im Unterschied zu seiner Kriegsführung hat der König hier keine glückliche Hand.

Friedrich gilt als ein gerechter König. Es gibt die Geschichte von dem Mann aus Thüringen, dem, als er 1766 zum ersten Mal nach Berlin kommt, im Packhof seine 400 Reichstaler Nürnberger Batzen weggenommen werden. An einem der nächsten Tage bricht er frühmorgens »mit Aufschluss des Tores« auf und watet die vier Meilen durch den Sand nach Potsdam. Dort erhält er vom König Gerechtigkeit. Der Packhof muss in Brandenburger Münzsorten umtauschen.[1]

Aber Friedrich ist auch Zyniker. Auf einer Inspektionsreise in Schlesien meldet sich bei ihm ein ehemaliger Akzisebeamter. Er bittet um eine Unterstützung; von seiner schmalen Pension könne er nicht leben. »Dummer Kerl«, fährt ihn der König an, »ich habe ihn ja an die Krippe gebunden, warum hat er denn nicht gefressen?«[2]

Der König weiß, dass seine Reformen weitere Impulse für Bestechung und für andere Betrugsversuche auslösen werden. Der finanzielle Erfolg, so hofft er, wird jedoch die zusätzlichen Verluste überflügeln, zumal er die Strafen bei Steuerhinterziehung für »accisbare« und »hoch impostierte« (mit Einfuhrzoll belegte) »Waaren« verschärft.

Der Kerngedanke der Reorganisation entspricht an sich den Anforderungen der Zeit, Fachbehörden zu schaffen. Schon kurz nach Regierungsantritt hatte Friedrich das Ministerium für Handel und Gewerbe und wenig später das Ministerium zur Versorgung der Armee gegründet. Nun sollen auch die Steuern Gegenstand eines eigenständigen Aufgabenbereichs und aus der Provinzialverwaltung herausgelöst werden. Das Anliegen ist richtig, die Art seiner Umsetzung macht aber den Erfolg zunichte.

Am 14. Juli 1766 schließt der König mit französischen Fachleuten einen Vertrag über die Gründung einer Behörde. Es entsteht die Administration générale des Accises et Péages, vom Volk nur »die französische Regie« genannt. Ihr untersteht nunmehr das gesamte Akzise- und Zollwesen Preußens. Das im Jahre 1753 von einem Herrn Donner, Kammerdiener der Königin, errichtete und noch heute vorhandene prachtvolle Gebäude Am Festungsgraben Nr.1, später Sitz des preußischen Finanzministeriums, wird der Regie als Sitz zugewiesen.

Schon bald wird der Steuerdruck auf die Bürger – erstmalig seit den Zeiten Friedrich Wilhelms – verstärkt. Zwar soll der neue Akzisetarif laut Kabinettsorder vom 15. Juli 1768 für unentbehrliche Konsumtionsmittel herunter- und derjeni-

[1] Franz Kugler, Geschichte Friedrichs des Großen, Leipzig 1840, S. 530-538.
[2] Gustav Parthey, Das Haus in der Brüderstraße, Berlin 1955, S. 105.

^ *König Friedrich II*

ge für Luxusgüter heraufgesetzt werden. In der Praxis steigen hingegen die Preise steuerbedingt für Fleisch und fast alle weiteren Waren mit Ausnahme von Mehl, Brot, Dünnbier und wenigen anderen. Die Regie treibt die Steuer erbarmungslos ein, wie sie auch über die Einhaltung der staatlichen Monopole, also den Zwang, Kaffee, Tabak und andere Luxusgüter zu überhöhten Preisen beim Staat zu kaufen, wacht. Was die mit Sünden beladenen und verhassten Zöllner in der Bibel, das sind in den Augen der Preußen aller sozialen Schichten die Regiebediensteten:

»Die französischen Beamten saßen an den Toren und wachten mit argwöhnischem Eifer über jedes Gepäckstückchen, welches in die Stadt gebracht wurde. Sie durchstreiften die Straßen, unablässig danach spähend, ob nicht irgendwo ein zollpflichtiger Gegenstand eingeschmuggelt worden sei. Sie drangen selbst in die Häuser ein, durchsuchten die Wohnungen ganz unverdächtiger Bürger, zwangen diese sogar, sich zu entkleiden, um auf ihrem nackten Leibe nachzusehen und erlaubten sich dabei die größten Gewalttaten. Das Heer der französischen Beamten bestand aus dem nichtsnutzigsten Gesindel, aus Leuten, die zum Teil schon auf den Galeeren gewesen waren, aus Abenteurern, die in Frankreich keinen Lebensunterhalt mehr gehabt hatten, zum Teil von ihren Finanzstellen Betrugs wegen weggejagt und nun nach Preußen gekommen waren, um hier ihr Glück zu machen. Fast alle diese neuen Steuerbeamten zeichneten sich durch Habgier, Bestechlichkeit und Lust zum Betruge aus. Häufig genug hielten sie Haussuchungen bei wohlhabenden Bürgen nur zu dem einen Zweck, dass ihnen ihr widerwärtiges Eindringen in die Wohnung durch eine erkleckliche Bestechungssumme abgekauft würde.«[1]

Das Kaffee- und Tabakmonopol sowie die teilweise hohen Akzisetarife beleben den Schleichhandel in einem bisher unbekannten Ausmaß. Ehemalige Soldaten Friedrichs, bisherige oder potenzielle Toraufseher, beschäftigen sich nun mit dem Einschmuggeln begehrter Produkte. Die Mauer bzw. Palisade von wenig mehr als drei Metern Höhe ist dabei kein unüberwindliches Hindernis. Überraschend auftauchende Patrouillen der Regie stoßen nicht selten auf bewaffnete Gegenwehr.

Hat die Regie den erwarteten großen Nutzen für die Staatsfinanzen erbracht? Es gibt eine Berechnung, wonach zwischen 1766 und 1787 auf der Grundlage des neuen Steuersystems Einnahmen von 137 Millionen Talern flossen, während nach dem früheren System nur 105 Millionen zusammengekommen wären.[2] Dem sind – neben der Demoralisierung des Volkes – die in Zahlen nicht

[1] Adolf Streckfuß, 500 Jahre Berliner Geschichte, Berlin 1900, S. 408-409.
[2] Adolf Streckfuß, 500 Jahre Berliner Geschichte, Berlin 1900, S. 411.

^ *Oben: Daniel Chodowiecki, Einwanderung der zur Errichtung der »Regie« nach Berlin berufenen Franzosen. Radierung. Unten: Adolph Menzel, Die »Regie« bei der Hauskontrolle. Zeichnung*

auszudrückenden Verluste durch die Störungen des gewerblichen Verkehrs und durch die Betrügereien der französischen Beamten entgegenzuhalten. Gegenzurechnen sind auch die Kosten für die weitere Bürokratisierung der Steuerverwaltung, die mit der Einrichtung der Regie einherging. In Kleve wurde beispielsweise für Lebensmittel jährlich eine Akzise in Höhe von 870 Talern eingenommen. Die dafür auszustellenden 43.773 Tor- und anderen Zettel verursachten Kosten, die das Doppelte der Einnahmen betrugen.

König Friedrich II. muss in seinen letzten Regierungsjahren erkennen, dass eine zu hohe Belastung dem Steuerertrag selbst schadet. Sofort nach seinem Ableben im Jahre 1786 wird die Regie aufgehoben. Akzise- und Zollverwaltung werden allerdings nicht wieder an die Provinzialdepartements zurückübertragen, sondern bilden ein besonderes Fachdepartement des General-Direktoriums, das später gewöhnlich mit dem Handels- und Fabrikendepartement unter der Leitung eines Ministers verbunden ist. In den Jahren 1804 bis 1806 ist dies der Reformer Freiherr vom Stein.

Im Jahre 1824 beginnt der Abriss des ehemaligen Pomeranzenhauses, und unmittelbar danach muss der erste Packhof samt Hafen dem Gebäude der Bauakademie Platz machen. Beides wird möglich, weil zwischen 1829 und 1832 neue »in theatralischer Ordnung aufeinander folgende Packhofs- und Akzisebauten am Spreekanal«[1] entstehen. Der Entwurf für diesen dritten Berliner Packhof (wie für die Bauakademie) stammt von Oberbaudirektor Karl Friedrich Schinkel.

Der neue Packhof nimmt die gesamte Uferfront von der Eisernen Brücke bis fast an die Spitze der heutigen Museumsinsel ein. Er besteht aus zwei Hauptsteueramtsgebäuden, dem Hauptlagerhaus und einem Lagerplatz. Mit dem Lagerhaus eröffnet Schinkel in Berlin, angeregt durch englische Vorbilder, eine neue Richtung im Bauwesen, den gewerblichen Bau. Der Ziegelrohbau hat einen quadratischen Grundriss von 44,57 Meter Seitenlänge mit einem unbedeckten inneren Hof. Von den insgesamt fünf Geschossen sind das Keller- und das erste Geschoss überwölbt, während die oberen geschalte und geputzte Balkendecken haben.

Die beiden äußerlich weitgehend identischen Hauptsteueramtsgebäude enthalten u.a. die Dienstwohnung des Generalsteuerdirektors sowie die

[1] Willibald Alexis, Berlin in seiner neuen Gestaltung, zit.n. Ruth Köhler, Wolfgang Richter (Hrsg.), Berliner Leben 1806-1847, Berlin 1954, S. 287

^ *Hintze/Müller, Die neuen Packhofsgebäude (links die Kuppel der Domkirche), Stahlstich*

Büros und Vorsteherwohnungen der Hauptsteuerämter für in- und ausländische Gegenstände. Das Hauptsteueramt für ausländische Gegenstände hat nach dem Stand von 1834 vier Mitglieder, einen »Justitiarius« und 25 Beamte. Das Hauptsteueramt für inländische Gegenstände, ebenfalls dem Finanzministerium unterstehend, hat drei Mitglieder, einen Justitiarius, vier Hauptsteueramtsbeamte, 43 Aufsichtsbeamte, 15 Torsteuerexpeditionen, je eine Steuerexpedition in der Oranienburger und der Potsdamer Vorstadt (vermutlich zur Erfassung der hier bereits außerhalb der Mauer in steuerlich lohnenswerter Anzahl wohnenden Menschen), eine Steuerrezeptur in Ricksdorf und eine Brückengeldrezeptur in Moabit. Außerdem untersteht ihm das auf dem Packhof ansässige Wechselstempelamt.[1] Die im Vergleich zum Auslandsamt weitaus höhere Personalausstattung des Inlandsamts spiegelt eher einen höheren Grad der Bürokratisierung als eine größere wirtschaftliche Bedeutung wider; die Akzise wird zu diesem Zeitpunkt nur noch von wenigen Erzeugnissen erhoben, während der Warenverkehr mit dem Ausland an Bedeutung gewonnen hat.

Das südliche der beiden, zwischen der Eisernen Brücke und dem Neuen Museum stehende Hauptsteueramtsgebäude bleibt lange Zeit die einzige Erinnerung an diesen – innerhalb der Akzisemauer letzten – Packhof, der nach und nach der Stadtbahn und den Museumsneubauten weichen muss. Es dient nach 1900 als Wohnhaus des Generaldirektors der Museen und wird erst 1938, nachdem es wiederholt Senkungserscheinungen gezeigt hat, abgerissen.

VON DER UNIVERSALAKZISE ZUR MAHL- UND SCHLACHTSTEUER

Die 1807 beginnenden, eng mit den Namen Reichsfreiherr H. F. Karl vom und zum Stein sowie Karl August von Hardenberg verbundenen Reformen bringen die Säulen des herrschenden Feudalabsolutismus ins Wanken und stellen die Weichen zum Verfassungsstaat. Neben Städteordnung und Gewerbefreiheit, der (formal) rechtlichen Gleichstellung von Bürgertum und Adel, der Herstellung der bürgerlichen Gleichberechtigung der Juden und der Militärreform entsteht bis 1822 eine Steuerverfassung, die weit über die sechziger Jahre des 19. Jahrhunderts – den hier interessierenden Zeitraum – hinausreicht.

Indem die ständische Gliederung der Gesellschaft und die darauf beruhende Finanzordnung in Frage gestellt werden, steht auch die städtische Universalakzise zur Disposition. Innerhalb von einer Woche erlässt König Friedrich Wilhelm III. zwei die Handschrift Hardenbergs tragende Verordnungen, die das weitere Schicksal der Akzise entscheiden, das Finanzedikt vom 27. Oktober und das Edikt zur Gewerbefreiheit vom 2. November 1810.

[1] Leopold Freiherr von Zedlitz, Neuestes Conversations-Handbuch für Berlin und Potsdam, Berlin 1834, S. 743.

^ *Unbekannt, Die Hauptsteueramtsgebäude des neuen Packhofs und die alte Eiserne Brücke. Lithografie*

Die Einführung der Gewerbefreiheit bedeutet, dass die Vorrechte der mittelalterlichen Zünfte beseitigt werden und grundsätzlich jedermann an jedem Ort fast jedes Gewerbe ergreifen kann. Die bisherige Akzise beruht aber gerade darauf, dass der Handels- und Gewerbebetrieb im wesentlichen auf die Städte beschränkt bleibt, da ihr Ertrag dort andernfalls erheblich beeinträchtigt würde. Die Einführung der Gewerbefreiheit erzwingt daher eine Reform des Akzisewesens. Will man den Handels- und Gewerbebetrieb für das flache Land freigeben, so müssen in Stadt und Land auch die gleichen indirekten Steuern erhoben werden. Die Erhebung einer Universalakzise von allen Verbrauchsgegenständen ist aber in den ländlichen Regionen nicht möglich, weil hierzu ohne unverhältnismäßigen Kostenaufwand keine geeigneten Kontrollmaßnahmen organisiert werden können. Hand in Hand mit der gleichmäßigen Besteuerung von Stadt und Land muss also die Verwandlung der Universal- in eine Partikularakzise von bestimmten, leicht zu kontrollierenden Verbrauchsgegenständen gehen.

Bereits einen Tag nach dem Erlass des Finanzedikts, am 28. Oktober 1810, ergeht das erste Spezialgesetz, das Edikt über die neuen Konsumtions- und Luxussteuern, in dem es heißt:

»Die Consumtions-Steuern sollen künftig nach einem sofort zu entwerfenden Reglement nicht mehr von sehr vielen, sondern etwa von 20 Objecten erhoben, alle übrigen aber freigelassen werden ...«[1]

Hardenberg verfolgt die Idee, bei einigen wenigen Produkten des Grundbedarfs, die wichtigsten sind Mehl und Fleisch, eine Konsumtionssteuer einzuführen, die in der gesamten Monarchie nach gleichen Sätzen erhoben wird. Generell soll außerdem die Befreiung der Rittergüter, der Domänenbeamten und Geistlichen von den Verbrauchssteuern aufhören. Im Edikt vom 7. September 1811 wird dann allerdings zwischen Städten, die sich zur Aufbringung der Konsumtionssteuer nach Maßgabe des Edikts vom 28. Oktober 1810 eignen und den übrigen Städten sowie dem flachen Land unterschieden; für letztere Gruppe ist eine geringere Besteuerung vorgesehen. Im Jahre 1820 wird dann ein Teil der preußischen Städte völlig aus der Akzise herausgenommen; statt dessen beginnt hier die neue Klassensteuer, eine Vorform der Einkommensteuer, ihren späteren Siegeszug. Theodor Fontane beklagt vier Jahrzehnte später in einem Brief an Paul Heyse vom 8. April 1859, dass er unter beiden Steuern zu leiden hat: als Bewohner Berlins unter der Mahl- und Schlacht-, als Bewohner eines Sommerhäuschens in Schöneberg unter der Einkommensteuer.[2]

Bedingt durch die Befreiungskriege dauert es noch einige Jahre, bis die Reformen durchgesetzt und ernsthaft an die Beseitigung der wirtschaftlichen und steuerlichen Trennung von Stadt und Land, dieses schwerwiegenden Hemmnisses für die Herausbildung eines inneren Marktes, herangegangen werden kann. Auch der Name der neuen Steuer taucht erst mit dem »Gesetz wegen Entrichtung einer Mahl- und Schlachtsteuer vom 30. Mai 1820«[3] auf.

Bei aller Einschränkung des Kreises der Produkte, die nun der Besteuerung unterliegen, ist weiterhin für viel Bürokratie gesorgt. Steuerpflichtig ist jetzt, wer mahlen bzw. schlachten lässt. Die Mahlsteuer beträgt vom Zentner Weizen 16 Groschen, vom Zentner Roggen, Gerste, Buchweizen und von andern Getreidearten sowie von Hülsenfrüchten 4 Groschen. Wer Weizen in Vermischung mit anderem Getreide mahlen lässt, muss von dem Gesamtgewicht die Weizensteuer entrichten. Alles Getreide muss mit einem vom Steueramt ausgegebenen Mahlzettel, und jeder Sack muss mit dem Namen des Steuerpflichtigen versehen sein.

Die Schlachtsteuer wird von geschlachtetem Rindvieh, von Schafen, Ziegen und Schweinen, einschließlich der Kälber, Lämmer und Ferkel entrichtet. Von einem Zentner Fleisch wird ein Taler erhoben. Die Steuer kann in einem komplizierten Verfahren auch nach Stücksätzen entrichtet werden.

---

[1] Gesetz-Sammlung für die Königlichen Preußischen Staaten 1810, Berlin, S. 33.
[2] Theodor Fontane, Wie man in Berlin so lebt, Berlin 2002, S. 161.
[3] Gesetz-Sammlung für die Königlichen Preußischen Staaten 1820, Berlin, S. 143 ff.

Werden die solcherart versteuerten Produkte in Landesteile gebracht, wo statt der Mahl- und Schlachtsteuer die Klassensteuer eingeführt worden ist, erfolgt keine Steuervergütung. Werden aus Getreide oder Fleisch hergestellte Waren in eine steuerpflichtige Stadt verbracht, so müssen sie gleich bei der Ankunft dem Steueramt angemeldet und versteuert werden, oder es ist nachzuweisen, entweder, dass sie aus dem Ausland eingeführt und der Zoll an der Grenze entrichtet wurde, oder dass sie aus einer mahl- und schlachtsteuerpflichtigen Stadt kommen. Ohne diesen Nachweis ist eine Steuer fällig, die bei Kraftmehl, Puder, Graupe Grütze und Gries das Doppelte, bei Mehl das Eineindrittelfache und bei Schrot und Backwerk aller Art das Einfache des Satzes beträgt, der für das Getreide gilt, woraus diese Erzeugnisse hergestellt worden sind. Fleisch- und Fettwaren werden mit Eineindrittel der Fleischsteuer berechnet. Eine Unterlassung der Anzeige bei der Ankunft der Waren in der Stadt oder eine Abweichung von dem durch die Steuerbehörde vorgeschriebenen Weg, welchem der Steuerpflichtige bis zum Steueramt folgen muss, wird als Hinterziehung angesehen und geahndet.

Müller und Schlächter müssen dem Steueramt anzeigen, welche Mühlengebäude, Schlachthäuser und andere Räume sie zum Betrieb ihres Gewerbes und zur Aufbewahrung ihrer Vorräte benutzen. Sie sind außerdem verpflichtet, genau zu beachten, was von der obersten Verwaltungsbehörde hinsichtlich zu führender Mahl- und Schlachtbücher, zum Verfahren mit den Mahl- und Schlachtzetteln und zur Aufbewahrung dieser Bücher und Zettel besonders vorgeschrieben wird.

Zusätzlich belastend wirken sich Teile der Zoll- und Verbrauchssteuerordnung vom 26. Mai 1818 aus. Nicht verkannt werden darf zwar, dass dieses Gesetz für den überregionalen Warenverkehr einen deutlichen Fortschritt bringt: Fremde Manufakturwaren sind nun mit ganz mäßigen Schutzzöllen von etwa 10 Prozent des Wertes, Kolonialwaren mit Finanzzöllen von doppelter Höhe belegt, Aus- und Einfuhrverbote entfallen; ferner werden Zölle lediglich an der Grenze erhoben. Zugleich wird im Inneren des Landes mit diesem Gesetz die Bürokratie ausgeweitet. Es gibt nun Steuerämter erster und zweiter Klasse, die sich u.a. dadurch unterscheiden, ob bzw. ab welcher Wertgrenze sie Begleitscheine, also den Nachweis über den Eingang noch nicht versteuerter Waren, ausstellen dürfen.

Welche Konsequenzen hat die Einführung der Mahl- und Schlachtsteuer für die Tätigkeit der Bediensteten an den Stadttoren?

Eine der bisherigen Aufgaben entfällt; ob sich die Torschreiber indes über diese Entlastung freuen, ist fraglich. Die Regelungen von 1810 bzw. 1820 beseitigen alle Spezialakzisen. Dazu gehören neben der Handlungsakzise, der Großhandlungsakzise, neben Umschüttgeldern, Fixakzise, Nachschußakzise und Nahrungssteuer auch die Torakzise, die bisher bei kleineren mitgeführten Mengen direkt am Tor kassiert wurde. Da außerdem die Torpfandzettel jetzt unentgeltlich erteilt werden, sind die Torsteher von jeglichem Umgang mit Bargeld befreit.

Statt dessen warten neue Selektionsaufgaben. Die wenigen steuerbaren Waren müssen herausgefunden werden, und deren Gewicht muss den sechzehnten Teil eines Zentners (6,25 Pfund) überschreiten. Erst dann greift die

^ *Wilhelm Kleinenbroich, Kölner Steuerbeamte auf der Suche nach Objekten für die Mahl- und Schlachtsteuer. 1847. Ölgemälde*

Steuer. Die Frage der »Visitatersch« nach »Jerste, Jraupen, Jrütze oder Jrieß« kann also immer dann ohne finanzielle Folgen positiv beschieden werden, wenn das (zum Vorzeigen bestimmte) Quantum unterhalb dieser magischen Gewichtsgrenze bleibt. Das mehrmalige Einführen dieser geringen Mengen pro Tag und Person wird als Steuer-«Defraudation« geahndet – vorausgesetzt, dass das Gedächtnis des Beamten intakt ist und der Pascher immer das gleiche Tor benutzt.

Unverändert müssen die Torschreiber steuerbaren Waren einen Begleitzettel über Gewicht bzw. Anzahl beifügen und Strafen androhen, wenn Waren samt Papier nicht auf dem vorgeschriebenen Wege zum Steueramt auf den Packhof transportiert werden.

Spezielle Probleme werfen dabei größere Herden lebenden Viehs auf: »Scherzhaft, aber mitunter eine Geduldprobe war es, wenn eine Hammelherde eingetrieben wurde. Wegen der Schlachtsteuer galt es, sie genau zu zählen. Sobald die Spitze am Tor angekommen und von dem Treiber gemeldet war, wurden deshalb beide Torflügel geschlossen, und ... so mussten die Passanten nun warten, bis die folgende Prozedur vorüber, und Staat und Stadt gegen die Einschmuggelung eines Steuerobjektes sichergestellt waren. Eine Klappe in einem der Torflügel, ungefähr 1 ½ Fuß breit und 2 Fuß hoch, wurde geöffnet, der Leithammel hüpfte voran, und die anderen folgten einzeln mit der Geschwindigkeit, die der vorgehaltene Fuß des Steuerbeamten als zweckmäßig für die Zählung angab. Das wäre ja, auch bei einer größeren Anzahl, rasch genug abzumachen gewesen; aber die Hammel in ihrem blinden Eifer klemmten sich leicht zu zweien neben- oder übereinander in die enge Öffnung, und es bedurfte mehr oder minder umständlicher Nachhilfe von innen und von außen, um sie zu einer wohlgeordneten Reihenfolge anzuhalten.«[1]

Bekanntlich hat sich bis heute eine abgewandelte Form dieses – weiterhin so genannten – Hammelsprungs erhalten, wenn nämlich im Parlament die Abgeordneten bei schwierigen Abstimmungen den Sitzungssaal durch eine »Ja«- oder »Nein«- Pforte verlassen müssen.

Alle Einzelaufgaben der Torbeamten dienen dem Ziel, die in Frage kommenden Waren für die Besteuerung vorzubereiten. Die steuerbaren Produkte werden am Tor identifiziert, nach Möglichkeit quantifiziert und unter bürokratischer Kontrolle zum Ort der Besteuerung geschickt. Die Einnehmerhäuser an den Toren sind zu Steuerexpeditionen geworden.

Die Kontrolle dieser Expeditionen durch das Finanzministerium ist streng und ohne Rücksicht auf den dadurch an den Toren gegebenenfalls ausgelösten Verkehrsstau, wie ein Protokoll der Sitzung des preußischen Staatsministeriums am 21. März 1821 belegt:

»Der Berliner Magistrat hat sich darüber beschwert, dass zur Kontrolle der Mahl- und Schlachtsteuer-Erhebung das Finanzministerium das Hamburger und das Schlesische Tor hat sperren lassen. Dem Finanzministerium steht diese Befugnis zu.«[2]

Der rüde Ton gegenüber dem Berliner Magistrat ist nicht neu, aber er ist neuerdings finanziell fundiert: Berlin ist inzwischen zum Kostgänger der staatlichen Akziseeinnahmen geworden![3]

Am Beginn der modernen Selbstverwaltung Berlins im Jahre 1808 steht die Stadt am Rande des Bankrotts. Der Unterhalt der Franzosen während der zweijährigen Besatzung seit 1806 kostet die Stadt die für damalige Verhältnisse ungeheure Summe von 5 Millionen Taler, deren Verzinsung jährlich 250.000 Taler erfordert.

Die Rettung kommt vom Staat. Hardenberg bewilligte Berlin 1811 einen Zuschlag zur zunächst noch erhobenen allgemeinen Akzise und 1813 zur Mahl- und Schlachtsteuer. Dadurch wird es Berlin möglich, ohne neue Schulden über die folgenden Jahre und über die Freiheitskriege mit deren

[1] Friedrich Holtze, Bilder aus Berlin vor zwei Menschenaltern. In: Schriften des Vereins zur Geschichte Berlins, Heft 35, Berlin 1898. zit. n.: Ruth Köhler, Wolfgang Richter (Hrsg.), Berliner Leben 1806-1847, Berlin 1954, S. 124.

[2] Berlin-Brandenburgische Akademie der Wissenschaften, Acta Borussica, Neue Folge, Die Protokolle des Preußischen Staatsministeriums, Band 1, Hildesheim Zürich New York 2001, S. 83.

[3] vgl. hierzu Ernst Kaeber, Die Epochen der Finanzpolitik Berlins 1808 – 1914. In: Ernst Kaeber, Beiträge zur Berliner Geschichte, Berlin 1964, S. 190 ff.

großen Leistungen für die preußischen Truppen hinwegzukommen.

Seit den zwanziger Jahren bezieht Berlin einen Zuschlag von 50% auf der vom Staat in Berlin erhobenen Mahl-, Schlacht- und Braumalzsteuer. Es handelt sich dabei um Einnahmen, die zwischen 1829 und 1839 Beträge von 215.000 bis 293.000 Taler jährlich erreichen. Diese indirekten Steuern dienen ausschließlich der Verzinsung der Stadtanleihen und ihrer Tilgung, für die 1829 ein fester Plan aufgestellt wird.

Bis Ende 1838 wird der Staatshaushalt Berlins durch die Schuldenwirtschaft beherrscht. Erst danach setzt vorsichtig eine freiere Entfaltung der städtischen Verwaltung ein, die aber bereits nach kurzer Zeit durch die von Missernten geprägten Notjahre 1846 und 1847 wieder unterbrochen wird. Die Einnahmen aus der Mahl- und Schlachtsteuer gehen von 361.000 auf 284.000 Taler zurück, zumal sich der Berliner Magistrat Mitte April 1847 zur vorübergehenden Aufhebung der Mahlsteuer, die letztlich eine Brotsteuer ist, entschließen muss. Gleichzeitig schnellen die Armenlasten von 345.000 auf 459.000 Taler in die Höhe.

Die Revolution vom März 1848 fährt den leitenden Vertretern der staatlichen wie städtischen Behörden derart in die Knochen, dass der Fiskus schon im April 1848 der Stadt zusätzlich ein Drittel des Rohertrages der Mahlsteuer zur Finanzierung von Notstandsarbeiten und weiterer Maßnahmen »zur Verbesserung der Lage der arbeitenden Klassen« überweist. Entgegen der ursprünglichen Absicht erhält diese Einnahme durch ein Gesetz vom Jahre 1851 dauerhaften Charakter.

Auch Ende der fünfziger Jahre bleibt innerhalb des Gesamthaushalts der Stadt die städtische Mahl- und Schlachtsteuer von rund 500.000 Taler zusammen mit dem Drittel der staatlichen Mahlsteuer von ca. 150.000 Taler der zweitgrößte Einnahmeposten nach der Haus- und Mietsteuer.

Obwohl die Mahl- und Schlachtsteuer nur Produkte des Grundnahrungsbedarfs verteuert, belastet sie große Teile der Bevölkerung zunehmend schwerer als die ehemals erhobene Universalakzise.

Selbstverständlich war auch die alte Akzise nicht beliebt; alle Mittel wurden genutzt, um ihr aus dem Weg zu gehen. Nicht erst im 19. Jahrhundert – dann allerdings erst recht – entstehen rings um das eingemauerte Berlin die Orte des billigen, akzisefreien Vergnügens. Schon 1783 legt beispielsweise ein Herr Adelmann auf seinem Grundstück vor dem Hamburger Tor das Wirtshaus zur Stadt Gera an – nicht nur, damit sich seine Gäste die Füße im Sand vertreten konnten. Teilweise machten die Herrschenden mit der Akzisefreiheit sogar Politik. Kurfürstin Sophie Charlotte verschenkte 1691 in der Gegend des heutigen Monbijouparks Grundstücke und befreite deren Eigentümer nicht nur von den bürgerlichen Lasten (Kommunalabgaben, Servisgelder, Einquartierungen usw.). Die gärtnerischen Produkte dieser Grundstücke durften außerdem ohne Akzise verkauft werden. Zur wirtschaftlichen Belebung genossen um 1705 an diesem Ort die Angebote von sechs Verkaufsbuden das gleiche Privileg.[1] Sowohl die Bewohner des Invalidenhauses, das Friedrich II. ab 1746 einrichtete, als auch die Kolonisten von Neu-Voigtland (ab 1752) genossen – schon allein wegen ihres außerhalb der Mauer gelegenen Aufenthaltsorts – bei allem, was sie aßen und tranken, völlige Freiheit von der Konsumtionsakzise.[2]

Die jetzt, im 19. Jahrhundert zu beobachtende neue Situation erklärt sich nur zum kleineren Teil daraus, dass Brot und Fleisch durch den städtischen Zuschlag auf die Mahl- und Schlachtsteuer teurer geworden sind. Der Hauptpunkt ist, dass die Industrialisierung massenhaft Proletarisierung und – unter den gegebenen Verhältnissen – Verarmung hervorbringt.

Die kriegerischen Wirren zwischen 1806 und 1813, Besatzungskosten, Kontributionen, der zeitweilige Ausfall des Staates als Auftraggeber, die allgemeine Verarmung der Konsumenten und schließlich die Hungerjahre 1846/47 lassen bei vielen Menschen selbst die kleinste Verteuerung bei Brot und anderen nicht ersetzbaren Nahrungsmitteln zur Existenzfrage werden. Anhand des Einnahmerückgangs beim Kommunalzuschlag

[1] Laurenz Demps, Oranienburger Straße, Berlin 1998, S. 31-32, 42, 46.
[2] Johann Friedrich Geist, Klaus Kürvers, Das Berliner Mietshaus 1740-1862, München 1980, S. 35, 42.

zur Mahl- und Schlachtsteuer – 1845 sind es 5.000 Taler weniger als 1844, und im ersten Halbjahr 1846 liegt der Ertrag schon um 10.000 Taler unter demjenigen der gleichen Vorjahreszeit; und das bei gestiegener Bevölkerungszahl! – wird in einer zeitgenössischen Studie zu Recht gefolgert, dass die ärmeren Schichten der Stadt zunehmend am lebensnotwendigsten Essen und Trinken sparen müssen.[1] In den dreißiger und vierziger Jahren des 19. Jahrhunderts erreicht der Armenanteil an der Berliner Bevölkerung rund 25 Prozent – gegenüber sieben bis zehn Prozent im 18. Jahrhundert.[2]

Wen wundert es, dass die Mahl- und Schlachtsteuer zu einem der Angriffspunkte der sich allmählich politisch formierenden und um die Verbesserung ihrer Lebenslage kämpfenden unteren, ja selbst mittleren Schichten der Berliner Bevölkerung wird und dass sich die über Generationen geduldete Stadtmauer – als Instrument dieser Steuer – immer mehr in ein Hassobjekt verwandelt?

DIE AKZISEMAUER STIRBT VOR DER AKZISE

Die Akzisemauer wird nicht nur später geboren als die Akzise, sie stirbt auch früher.

Mit Kabinettsorder vom 28. Januar 1860 wird das Gebiet Berlins bedeutend, von 3511 auf 5923 Hektar vergrößert, nachdem es bereits 1841 zu erheblichen Flächenerweiterungen gekommen war. Die öffentlich-rechtlichen Grenzen der Stadt stimmen jetzt nirgendwo mehr – mit Ausnahme eines kleinen Stücks am Tiergarten – mit dem Verlauf der Akzisemauer überein.

Im Jahre 1862 leben 437.000 Menschen innerhalb, aber bereits 87.000 Personen außerhalb der Mauer. Und die Bevölkerung in den neu eingegliederten Gebieten wächst um ein Mehrfaches schneller als im alten Berlin. Bereits jetzt ist der Backwaren- und Fleischverbrauch jedes sechsten Einwohners von Berlin der Erhebung durch die Mahl- und Schlachtsteuer entzogen; die sogenannte Fixakzise, die früher die im Weichbild der Stadt Wohnenden entrichten mussten, ist schon seit der Steuerreform von 1820 entfallen.

In dieser Situation fasst die preußische Regierung einen Entschluss, der für die Berliner Stadtmauer von schicksalhafter Bedeutung ist. Am 21. März 1861 stimmt das preußische Finanzministerium dem Wunsch Berlins zu, den Mahl- und Schlachtsteuerbezirk den neuen Stadtgrenzen anzupassen. Als Stichtag für die Schließung der Torhäuser wird der 1. Juli 1865 festgelegt. Die an den Toren befindlichen Steuerexpeditionen werden aufgegeben und weiter nach außen an Orte verlegt, wo möglichst viel in die Innenstadt gerichteter Verkehr kontrollierbar ist. Dem

[1] Friedrich Saß, Berlin in seiner neuesten Zeit und Entwicklung 1846, Berlin 1983, S. 169.
[2] Otto Bittmann, Die Friedrichstadt, ein eleganter Herr. In: Luisenstädtischer Bildungsverein (Hrsg.), Berlinische Monatsschrift, Berlin, Nr. 11/1995, S.14-15.

^ *Gerhard Brand, Das Steuerhaus Landsberger Allee Ecke Oderbruckstraße. 1959*

Abriss der Mauer steht von steuerlicher Seite nichts mehr entgegen.

In den Jahren zuvor gibt es im Regierungslager heftige Auseinandersetzungen. Natürlich ist niemand dagegen, auch die außerhalb der Mauer wohnenden Berliner steuerlich zu belangen. Aber es gibt einflussreiche Kräfte, die die Mauer behalten wollen. Da deren Existenz am ehesten gesichert ist, wenn sie ihre steuerliche Aufgabe behält, werden den Bestrebungen des Finanzministeriums zur Hinausschiebung der Steuergrenze Steine in den Weg gelegt. So kommt es, dass die Steuerexpeditionen an den Toren erst 1865/66 außer Funktion treten, obwohl deren Ersatz, die weiter außerhalb liegenden insgesamt elf neuen Steuerhäuser schon längst existieren – die ersten seit den dreißiger, die anderen spätestens seit Ende der fünfziger oder Anfang der sechziger Jahre – und punktuell ihren Dienst bereits aufgenommen haben.

An eine Fortexistenz der Mahl- und Schlachtsteuer für lange Zeit scheint aber selbst der Finanzminister nicht mehr zu glauben. Jedenfalls hält sich der finanzielle Aufwand, der beim Bau der verlagerten Steuerexpeditionen betrieben wird und zu dem die Stadt mit 80.000 Taler beisteuert, in engen Grenzen. Nur das »Vortor« zum Brandenburger Tor wird als ambitioniertes Architekturwerk gestaltet. Friedrich August Stüler errichtet 1857 beiderseits der Charlottenburger Chaussee Zwillingsbauten, ein Zoll- und ein Chausseehaus. Einer der beiden Dreiecksgiebel jedes Hauses ist mit drei Rundbögen ausgestattet, deren mittlerer von zwei Säulen getragen wird. Diese je zwei Säulen werden im Hof der benachbarten Technischen Universität aufgestellt, als die beiden Häuser dem Bau des Charlottenburger Tors weichen müssen.

Die anderen zehn Steuerhäuser sind einfache Backstein-Rohbauten nach Zeichnungen von Gustav Möller. Heute noch zu sehen ist das Gebäude mit der Adresse Vor dem Schlesischen Tor 3, wohl hauptsächlich deshalb, weil es an einer Kreuzung Straße-Kanal steht und lange Zeit zugleich als Einnehmerhaus des Schleusengeldes dient.

Die anderen Expeditionen werden nach der Abschaffung der Mahl- und Schlachtsteuer für gastronomische oder andere gewerbliche, auch Wohn- und weitere private Zwecke genutzt, bevor sie Straßenerweiterungen oder Neubauten zum Opfer fallen. Dies gilt für die Steuerhäuser am heutigen Platz der Luftbrücke, am Übergang der Potsdamer in die Hauptstraße, an der Chaussee-Ecke Habersaathstraße, an der Kreuzung Landsberger – Oderbruchstraße und alle anderen.

Die Mahl- und Schlachtsteuer überlebt die Mauer nur um ein knappes Jahrzehnt. Die Mahlsteuer wird abgeschafft, nachdem sie das Berliner Mühlengewerbe weitgehend ruiniert hat. Seit 1820 müssen die Mühlenbesitzer auf eigene Kosten Steuerbeamte zur ständigen Kontrolle des Betriebes einstellen. Außerdem darf nur nach bestimmten Vorschriften gemahlen werden. Deren Verletzung zieht Strafen und gerichtliche Verfah-

^ *Säulen der Königlichen Steuergebäude von der Charlottenburger Chaussee.*

ren nach sich. Die »kleinlichen und langweiligen Arbeiten ... auf dem Gebiete der Mahlsteuerprozesse«, die ihm als Referentarius bei der Provinzregierung in Potsdam übertragen werden, befördern in dem zweiundzwanzigjährigen Otto von Bismarck den Entschluss, der Beamtenlaufbahn zu entsagen.[1]

Die staatlichen Reglementierungen verteuern das Mehl, weil sie die Einführung sowohl der neueren Technik als auch einer kaufmännischen Betriebsführung behindern. Die Berliner Bäcker kaufen das Mehl mehr und mehr in Bromberg, Stettin oder anderswo auswärts, während die hiesigen Wasser- und Dampfmühlen den Betrieb wegen mangelnder Beschäftigung einstellen müssen.

Die Abschaffung der Schlachtsteuer wird durch die seit den sechziger Jahren massiv geführte Diskussion beschleunigt, ob die Versorgung der Stadt mit gesundem Schlachtvieh und hygienisch einwandfrei geschlachteten Tieren unter privater Unternehmerschaft gewährleistet sei. Am 18. März 1868 erlässt die preußische Regierung das Schlachtzwang-Gesetz, das es den Kommunen gestattet, eigene Schlachthäuser einzurichten und jegliche private Schlachtung zu unterbinden. Es dauert dann allerdings noch dreizehn Jahre bis zur Eröffnung des städtischen »Central-Vieh- und Schlachthofs«.

Durch das Gesetz vom 25. Mai 1873 wird die Mahl- und Schlachtsteuer in allen betroffenen preußischen Städten vom 1. Januar 1875 an als Staatssteuer beseitigt und durch die Klassen- bzw. klassifizierte Einkommensteuer ersetzt. Sie hat allerdings zuletzt innerhalb des preußischen Staatshaushalts auch nur noch untergeordnete Bedeutung; ihr Anteil an allen Steuereinnahmen liegt bei ungefähr acht Prozent.

Als Gemeindesteuer darf die Mahl- und Schlachtsteuer dem Gesetz zufolge weiterhin erhoben werden. Berlin macht von dieser Möglichkeit aus volkswirtschaftlichen, wahrscheinlich auch aus sozialpolitischen Gründen keinen Gebrauch. Nur der quantitativ bedeutungslose Zuschlag zur Braumalzsteuer bleibt bestehen. Anderswo halten sich Rudimente der alten preußischen Akzise noch längere Zeit. In Potsdam beispielsweise besteht die Schlachtsteuer als städtische Einnahme noch bis zum Jahre 1909; das Steuerhaus auf der langen Brücke wird 1934 abgerissen.

So verkümmert ein staatliches Finanzierungsinstrument, das vor langer Zeit Ursache für die Ummauerung der preußischen Städte gewesen war und in dessen Dienst Generationen von Beamten ergrauten, Schritt für Schritt bis zur Bedeutungslosigkeit.

[1] Otto Fürst von Bismarck, Gedanken und Erinnerungen, Erster Band, Stuttgart und Berlin 1916, S.31.

^ *Steuergebäude Vor dem Schlesischen Tor 3*

DIE MILITÄR-MAUER

Jede Mauer ist ein Schutzwall. Aber es lohnt sich im Lichte jüngster historischer Erfahrungen, genau zu prüfen, wo bei der jeweiligen Mauer »innen« und wo »außen« ist, wer sich vor wem schützt, wer wessen Bewegungsfreiheit einschränkt.

Die Berliner Ringmauer ist als Steuergrenze nach außen gerichtet. Anders, wenn man sie unter militärischem Aspekt betrachtet. Vor äußeren bewaffneten Angriffen bietet sie nur geringen Schutz. Vielmehr richtet sie sich gegen einen beträchtlichen Teil der Menschen innerhalb der Stadt. Lange Zeit ist sie eine Garnisons-Mauer, eine Art Gefängnismauer für die in Berlin stationierten Soldaten.

DIE GARNISONS-MAUER

Als 1787 in Neuruppin ein verheerender Brand ausbricht, lässt der Standortkommandant angeblich zunächst die Stadttore schließen, aus Angst, dass die Soldaten die Verwirrung zur Fahnenflucht nutzen könnten. Ob dies tatsächlich so war, ist nicht zuverlässig belegt; wichtiger ist: es könnte so gewesen sein. So mancher Soldat in der preußischen Armee des 18. Jahrhunderts riskiert alles, um aus seiner verzweifelten Lage herauszukommen. Der harte, unmenschliche Drill, die fragwürdigen Werbe- und sonstigen Methoden, mit denen junge Männer – auch gegen ihren Willen – in Rekruten verwandelt werden, ferner das Fehlen jeglicher innerer Bindung insbesondere bei den Soldaten nichtpreußischer Herkunft zum König bilden den Nährboden dieser tiefen Unzufriedenheit.

In der Regierungszeit des Soldatenkönigs Friedrich Wilhelm I. von 1713 bis 1740 begehen insgesamt 30.216 Angehörige der preußischen Armee Fahnenflucht. Zum Vergleich: Das Heer hat im Jahre 1712 eine Stärke von 35.548 Personen.[1] Die Desertion im Umfang von annähernd einer ganzen Armee – oder immerhin einer halben, wenn man die Stärke von 1740 als Maßstab nimmt – ist umso bemerkenswerter, als in dieser Periode weitgehend Frieden herrscht. Es geht hier nicht um die Ausnutzung von kriegerischem Schlachtgetümmel zur Flucht, wie es der Schweizer Musketier Ulrich Bräker beschreibt, der am 1. Oktober 1756 in der Nähe des böhmischen Ortes Lobositz desertiert. Es handelt sich vielmehr um meist sorgsam ausgeklügelte Aktionen, die sich zu dieser erstaunlichen Anzahl summieren.

König Friedrich Wilhelm I. bevorzugt Berlin wirtschaftlich wie militärisch, was zwangsläufig zu Konflikten führen muss. Aus Angst vor der Rekrutierung verlassen in den Jahren 1713 und 1714 ca. 17.000 Einwohner die Stadt, darunter 7.000

[1] Michael Sikora, Disziplin und Desertion: Strukturprobleme militärischer Organisation im 18. Jahrhundert, Berlin 1996, S. 69.

bis 8.000 Handwerker. Zum Schutz des Gewerbes nimmt der König daraufhin seine Residenzstadt aus der Kantonpflicht heraus. Alle Einwohner sind militärfrei; eine Regelung, die bis 1813 gelten wird (und zeitweilig nochmals sehr viel später für einen Teil der Stadt).

Die Befreiung der Berliner von der Militärpflicht ist für den König kein Hinderungsgrund, die Stadt als größte Garnison Preußens auszubauen. Die Zahl der Soldaten steigt – schon seit den Zeiten des Großen Kurfürsten – bis zu den Kriegen Friedrichs ständig an (in Klammern: Anteil an der Bevölkerung in Prozent):[1]

1670	1.009	(12,4)
1709	5.145	(9,4)
1721	7.645	(11,7)
1733	16.000	(20,3)
1747	21.484	(20,1)
1755	26.325	(20,8)

Seit den dreißiger Jahren des 18. Jahrhunderts ist jeder fünfte Einwohner Berlins Soldat, die Familienangehörigen nicht eingerechnet. Er unterliegt damit einer besonderen Überwachung und Kontrolle.

Wegen der Privilegierung der Berliner sind die hier stationierten Soldaten zu großen Teilen (neben Berliner Stadtkindern aus den allerärmsten Schichten, denen der Soldatenstand verlockend erscheint) Fremde, und viele von ihnen bleiben ohne jede Ortsbindung. Das mag Einige in ihrem Entschluss bestärken, der Armee den Rücken zu kehren. Fälle von Fahnenflucht gehören in der Stadt zum Alltag, und wahrscheinlich sind die gelungenen in der Minderzahl. Nachfolgend Auszüge aus dem stichwortartig und äußerst nüchtern verfassten Tagebuch eines anonym gebliebenen Offiziers des Infanterieregiments Nr.1 von Glasenapp:

»1733. 4. April: ein deserteur von Obr. Rittbergs Comp. gehangen. 1735. 2. September: 2 Deserteurs, 1 von Kleist, 1 von Kalkst. Reg. gehangen. 1736. 8. November: ein Deserteur von Cap. v. Ischtritz Comp. gehangen. 1738. 16. Mai: ist ein Weibsmensch gehangen worden, welche einen

Deserteur von Dh (?) durchbringen wollen. 1739. 17. Februar: ist der Fähnr. v. Huss v. Gl. Regt. wegen Desertion en effigue aufgehangen.«[2]

Für Fahnenflucht wird nicht nur die Höchst-, sondern die ehrenrührigste Strafe erteilt. Die Todesstrafe durch den Strang gilt bis 1787, dem Jahr nach dem Tode Friedrichs des Zweiten. Danach tritt an ihre Stelle dreißig- bis sechsunddreißigmaliges Gasselaufen, eine für so manchen Betroffenen qualvollere Art der Todesstrafe als die vorige.

Aus den Eintragungen in das Tagebuch ergibt sich darüber hinaus, welche Strafen für andere Vergehen verhängt werden. Soldaten, die Vorgesetzte tätlich angegriffen haben, werden grundsätzlich ehrenhaft »archibusired« (erschossen). Gasselaufen und Festung sind bei geringeren Vergehen

[1] Ernst Fidicin (Hrsg.), Historisch-diplomatische Beiträge zur Geschichte Berlins. Fünfter Theil, Geschichte der Stadt, Berlin 1842, S. 516.
[2] Berliner Garnison-Chronik: zugleich Stadt Berlinsche Chronik für die Jahre 1727-1739, mitgeteilt von Ernst Friedlaender. In: Verein für die Geschichte Berlins, Schriften des Vereins für die Geschichte Berlins, Band 9, 1873, S. 13, 29, 37, 42, 47.

Daniel Chodowiecki, Ein Soldat soll Spießruten laufen. Kupferstich ^

vorgesehen, z.B. bei Einbruch und Diebstahl (oder später, unter Friedrich II., auch bei Kaffeeschmuggel, der für die Soldaten, die ohne Nebenverdienst nicht existieren können, interessant wird). In dem Tagebuch finden sich darüber hinaus immer wieder Eintragungen darüber, dass Soldaten dadurch ihrem Dasein entfliehen, dass sie sich erschießen oder anderweitig ums Leben bringen.

Äußerst bemerkenswert ist, dass die Zahl der pro Jahr Desertierenden im Verlauf der 27 Jahre, in denen der Soldatenkönig regiert, wesentlich zurückgeht. Sind es – bezogen auf die gesamte preußische Armee – bis 1719 jährlich mehr als 1000 Fälle, so ab 1725 kaum noch 500.[1] Dabei verdoppelt sich in dieser Zeit die Mannschaftsstärke, und die Ausbildung verliert wohl kaum an Härte.

Die Ursachen liegen in neuen und strengeren Kontroll- und Überwachungsmaßnahmen. Besonders die Akzisemauern, die in den dreißiger Jahren vielerorts errichtet oder fertiggestellt werden, haben die zusätzliche Aufgabe, die preußischen Garnisonstädte in Soldatengefängnisse zu verwandeln.

Das Berliner Beispiel zeigt, wie diese Aufgabe bereits beim Bau der Mauer berücksichtigt wird. Friedrich Wilhelm betrachtet Tore als Schwachstellen der Mauer und setzt durch, dass die von ihm erweiterte und ummauerte Friedrich- rsp. Dorotheenstadt nur an drei Durchbrüchen, am Brandenburger, dem Potsdamer und am Halleschen Tor verlassen werden kann. In den Palisaden des Nordens findet er bei Regierungsantritt auf vergleichbarer Länge vom Oranienburger bis zum Bernauer Tor doppelt so viele Durchlässe vor, was ihm sicher – jedenfalls unter militärischem Aspekt – missfällt.

Die Kontrolle versehen Soldaten, die ihr Wachhaus auf einer der beiden Innenseiten des Tores gegenüber dem Einnehmerhaus haben. Ende des 18. Jahrhunderts sind an den damals 14 Landtoren und an weiteren 18 innerstädtischen Punkten täglich über 1.000 Mann als Wachpersonal eingesetzt.

Die Verantwortung für die Einrichtung des Wachdienstes wie für die Organisation der militärisch-polizeilichen Maßregeln insgesamt liegt dabei in den Händen des Gouverneurs der Stadt. Das Gouvernement – bereits Mitte des 17. Jahrhunderts entstanden – ist darüber hinaus zuständig für die Unterhaltung der Stadtmauer, der Palisaden, der Tore, Schlagbäume und Schilderhäuser. Auch die Straßen, Brücken und Kanäle unterstehen ihm.

Im Auftrag des Königs ist der Gouverneur bemüht, möglichst jeden Schritt des Soldaten zu überwachen. Militärangehörige dürfen die Stadt grundsätzlich nicht ohne Kontrolle verlassen. Schon im 17. Jahrhundert erhalten beurlaubte oder kommandierte Soldaten Pässe, die es ihnen erlauben, die Stadttore zu passieren. Ein Edict von 1713 – Friedrich Wilhelm hat soeben den Thron bestiegen – schreibt dann vorgedruckte Formulare vor, um Fälschungen zu verhindern. Später wird der Torpass großzügiger an Soldaten vergeben, denen man vertrauen kann, an Landeskinder, an Verheiratete, die ihre Familie gewissermaßen als Pfand zurücklassen, kaum an Ausländer.

Die Torwachen müssen natürlich nicht nur die als solche erkennbaren Soldaten kontrollieren. Von der ganzen Vielfalt ihrer Pflichten zeugen die folgenden Tagesbefehle an die Hallesche Torwache:

»Die Wachen an den Landwehren geben wohl acht auf den Bauernwagens, daß sich auf selbigen kein Soldat schleicht, der keinen Paß hat« (6. Januar 1751). »Wenn Handwerksburschen oder gemeine Leut aus denen Landwehren gehen und ungefähr die Größe oder ungefähr etwas vom Soldatenwesen an sich haben, soll der Gefreite einen solchen examinieren, wo er hin will, was vor Profession er hat, und wenn was Verdächtiges gefunden wird, so sollen sie angehalten werden« (28. Januar 1752). »Die Unteroffiziers auf denen Wachten, nebst den Gefreiten und Schildergästen müssen sehr genau Acht geben auf die großen Frauenzimmer, damit sich kein Soldat verkleidet herausschleicht« (11. März 1753).[2]

Die Torwachen in der Residenzstadt Potsdam haben zudem die Spezialaufgabe, unter den zivilen Passanten auf lange Kerls zu achten.

---

[1] Michael Sikora, a.a.O.
[1] zit. n. Joachim Berger, Kreuzberger Wanderbuch, Berlin o. J., S. 36-37.

selaufen, weshalb die Officiers und Unterofficiers ihre Wachen sehr allart halten müssen und sollen fleißig patrouilieren lassen.«[2]

Jede neu ersonnene Variante eines Fluchtversuchs zieht neue Gegenmaßnahmen nach sich. Und so kommt es am 28. Oktober 1803 zu einem Befehl des Gouverneurs, der unter den Bedingungen, die 158 Jahre später einsetzen, sinngemäß reaktiviert wird: In der Nähe der Mauer wohnende Fuhrleute oder Gärtner müssen ihre Leitern während der Nachtzeit unter Verschluss halten. Militärpatrouillen haben dies regelmäßig zu überprüfen. Verletzungen dieser Vorschrift werden mit einer Strafe von 15 Taler geahndet.[3]

Unmittelbar nach dem Siebenjährigen Krieg, zwischen 1764 und 1767, lässt Friedrich II. zur Unterbringung seiner Soldaten acht und bis 1773 weitere fünf Kasernen errichten, eine bis zwei für jedes Regiment. Wegen des Wachdienstes liegen die »Kasarmen« zumeist in der Nähe der Stadttore; auch der kurze Weg zu Exerzier- und Inspizierplätzen (Rondell, Tiergarten, Tempelhofer Feld) beeinflusst diese Standortwahl. Schon unter Friedrich Wilhelm I war ein Teil der Berliner Garnison zeitweilig in Baracken untergebracht worden. Dieser Kasernierungsversuch wurde 1737 wegen unzumutbarer hygienischer Verhältnisse aufgegeben; die Soldaten tauschten auf königlichen Befehl mit den in Berlin zur Miete wohnenden Juden.

Neben rein militärischen hat die Kasernierung auch den Sinn, den unzuverlässigen Teil der Soldaten noch besser kontrollieren zu können. Wie dies vonstatten geht, ist bei dem bereits mehrfach zitierten Karl Friedrich Klöden nachzulesen, der in der Kaserne Holzmarktstraße 21 geboren wird und seine ersten bewussten Kinderjahre ab 1790 in der Kaserne des 1. Artillerie-Regiments, Fried-

Bewacht werden nicht nur die Berliner Stadttore, sondern auch die zwischen ihnen liegenden Mauer- bzw. Palisadensegmente. »In der Stadtmauer waren alle 400 bis 500 Schritte und da, wo die Mauer einen Winkel bildete, Schilderhäuser für Soldatenposten eingemauert, die bis vor 1807 von da aus aufpassen mussten, dass keiner der in der Stadt befindlichen angeworbenen Soldaten desertierte.«[1] Außerdem haben diese Posten darauf zu achten, dass keine Schmuggelware über die Mauer – und damit an der Akzisekontrolle vorbei – in die Stadt gelangt.

Keine dieser beiden Aufgaben ist allein vom Schilderhaus aus zu lösen. Ein Befehl König Friedrichs II. vom 7. Januar 1752 stellt dies mit Nachdruck heraus:

»Ihro Majestät der König lassen befehlen, dass wenn zukünftig Leute aus der Garnison desertieren und sie wieder bekommen werden, so sollen sie anzeigen, wo sie übergestiegen sein und soll der Offizier, wo selbig überstiegen 4 Wochen in Arrest sitzen, die nächste Schildwache aber Gas-

[1] Karl Ludwig Zeitler, Erinnerungen eines Berliners aus den letzten 70 Jahren des 19. Jahrhunderts, Berlin 1909, S. 46.
[2] Klaus-Rainer Woche, Vom Wecken bis zum Zapfenstreich, Berg, Potsdam 1998, S. 50.
[3] ebenda, S. 56.

^ *H. Knackfuß, Friedrich Wilhelm I. auf dem Exerzierplatz. 1881. Holzstich nach einer Zeichnung*

richstraße 107 – heute befindet sich dort der Friedrichstadt-Palast – verbringt:

»Jeder verheiratete Unteroffizier erhielt zur Wohnung in der Kaserne eine Stube und eine Kammer. In die letztere wurden ihm zwei der schlimmsten Ausländer, denen man am wenigsten trauen durfte, unter dem Namen von Schlafburschen gelegt, die er überwachen musste und für die er verantwortlich war. Desertierte ein solcher Kerl, so hatte der Unteroffizier tausend Sorgen und Ängste auszustehen, und hatte er sich im geringsten nachlässig gezeigt, so wurde er hart bestraft. Er hatte dafür zu sorgen, daß sie des Morgens pünktlich aufstanden und des Abends pünktlich um neun Uhr im Bette waren, aus dem sie dann nicht heraus konnten, weil sie durch sein Zimmer gehen mussten. Ertönte des Abends die Lärmkanone, was im hohen Sommer, wenn das Getreide Ähren hatte, jeden Abend mehrmals geschah, so war dies ein Zeichen, dass ein Soldat desertiert sei. Dann musste jeder Unteroffizier seine Mannschaft genau revidieren; in der Umgegend der Stadt aber mussten die Bauern sich mit Hunden auf den Weg machen Felder und Wälder durchstreifen, um den Flüchtling einzufangen.«[1]

Offenbar kann die Kasernierung die Ausbruchssicherheit des Soldatengefängnisses Berlin nicht wesentlich erhöhen. Die Lärmkanone kommt nicht zur Ruhe. Von diesen Alarmauslösern existieren zwei. Die südliche Kanone befindet sich auf den Tempelhofer Bergen in Höhe des heutigen Wasserturms in der Fidicinstraße, auf dem »Alarmkanonenberg«. Die nördliche steht auf einem gemauerten Fundament, das den höchsten Punkt des Weges zwischen Prenzlauer und Bernauer Tor markiert. Immer wenn eine Flucht bemerkt wird, galoppieren Reiter zu den Standorten der feuerbereiten Kanonen und veranlassen, dass der Schuss ausgelöst wird.

Der Böller richtet sich weniger an die Garnison, sondern in erster Linie an die Bewohner der um Berlin liegenden Dörfer, wie überhaupt das Militär nicht nur Verwaltung und Wirtschaft, sondern das gesamte gesellschaftliche, selbst das geistige Leben des Landes durchdringt. Auch ohne Kanonensignal werden nämlich neben den Torwachen ständig auch die Torschreiber, selbst die Fuhrleute und Gastwirte zur Wachsamkeit angehalten. Sind Soldaten entwichen, so binden Edikte, die bereits aus den Jahren 1723/24 stammen, die Bevölkerung systematisch in die aktive Verfolgung der Deserteure ein. Suchtruppen müssen gebildet werden, die die Verfolgung aufnehmen. Unter Friedrich II. werden diese Anordnungen 1749 erneuert und ergänzt; beispielsweise müssen jetzt auch Brücken und andere Engpässe besetzt werden.

Die Belohnung ist für einfache Landleute ansehnlich; sie beträgt ab 1693 fünf Taler, seit Anfang des 18. Jahrhunderts zehn, dann sogar zwölf Taler, am Ende des Jahrhunderts noch vier Taler. Dieser Anreiz wirkt. Beispielsweise meldet am 20. September 1756 der Kommandant von Berlin, Generalleutnant von Rochow, dass zwei Tage zuvor von der Garnison 17 Mann entwichen seien. Auf »gemachten Lärm haben die Bauern alle 17 am 19. September wieder anhero gebracht.«[2]

Die schwere Niederlage des Heeres gegen die napoleonische Armee 1806 bei Jena und Auerstädt läutet das Ende der Militärgefängnisse ein. Die altpreußische Garnison gehört der Vergangenheit an; König Friedrich Wilhelm III. lässt sich und den Armeeangehörigen symbolisch den Zopf abschneiden.

Im folgenden Jahr wird Gerhard Johann David von Scharnhorst Vorsitzender der Militär-Reorganisationskommission. Er gehört zu den Schöpfern der modernen preußischen Armee und der allgemeinen Wehrpflicht. Nach seinem Tode im Jahre 1813 ist es General von Boyen, der den König dazu bringt, am 3. September 1814 das Gesetz über die Verpflichtung zum Kriegsdienst zu erlassen, das dem preußischen Volk Wehrpflicht und Wehrrecht gibt und alle Männer ab einem Alter von 20 Jahren zur Verteidigung des Vaterlands verpflichtet. Die, wenngleich aus heutiger Sicht unsozial geregelte, Begrenzung der Dienstzeit – drei Jahre für die unteren, ein Jahr für die mittleren und höheren

---

[1] Karl Friedrich Klöden, Von Berlin nach Berlin, Berlin 1976, S. 51-52.
[2] Klaus-Rainer Woche, Vom Wecken bis zum Zapfenstreich, Berg, Potsdam 1998, S. 41.

Stände – zeigt schnell ihre segensreichen Wirkungen. Die alte geworbene Soldateska von 1806 verschwindet. Die Militärstrafen verringern sich. Die Desertionen hören ganz auf.

Im äußerlichen Bild Berlins ist die neue Zeit auf Schritt und Tritt sichtbar.

Das Getreide auf den Feldern vor den Toren dient jetzt an warmen Sommerabenden als Treffpunkt der Soldaten mit ihren Mädchen. Ungehindert gelangen zu diesem Zweck etwa am 9. August 1814 – so die Beschwerde einer Polizeiwache – drei Soldaten der königlichen Garde noch um 11 Uhr nachts stadtauswärts an der Wache des Rosenthaler Tores vorbei.[1]

Kasernen werden nun auch außerhalb der Stadtmauer gebaut. Dicht vor dem Halleschen Tor entsteht beispielsweise zwischen 1848 und 1852 die Kaserne des 1. Garde-Dragoner-Regiments, in der der »junge Herr« aus Fontanes »Stechlin« dient. Sie ist seit 1923 das Finanzamt von Kreuzberg; die Ställe hinter ihr, neben dem versteckten Rathaus, beherbergen Autowerkstätten und andere Gewerbe.

Und in den ehemaligen verschließbaren Schilderhäusern zwischen Prenzlauer und Königstor »verwahrten« nach einer Lebenserinnerung an die Zeit Anfang der vierziger Jahre »die auf dem Wege arbeitenden Handwerker während der Nacht das Handwerkszeug.«[2]

DIE VERTEIDIGUNGS-MAUER

»Die zwei Geschütze der Kosaken setzten sich gegen das Bernauer Tor (jetzt Königstor) in Bewegung; der General von Tschernitscheff und der Oberst von Tettenborn, in deren Gefolge ich mich befand, nahmen an der Spitze von etwa zwei- bis dreihundert Kosaken die Richtung auf das Schönhauser Tor. Die zwei Kanonen der Kosaken führte der Hauptmann von Blomberg, früher in preußischen Diensten, jetzt bei der russisch-deutschen Legion und kommmandiert als Adjutant bei Tschernitscheff. Er hatte den Auftrag, das Bernauer Tor einzuschießen und dann mit den Kosaken, welche seinen Kanonen als Bedeckung beigegeben waren, womöglich in das Tor hineinzusprengen. ... Augenscheinlich bezweckten Tschernitscheff und Tettenborn, die Aufmerksamkeit der Franzosen durch Blomberg und seine zwei Kanonen auf das Bernauer Tor zu lenken, während sie den Alexanderplatz durch Überraschung nehmen wollten, in der festen Erwartung, es würde dann ganz Berlin gegen die Franzosen losbrechen. ... Wir hatten nach dem Rückritt vom Alexanderplatz etwa zehn Minuten am Schönhauser Tor gehalten, als die Meldung kam, der Hauptmann von Blomberg sei am Bernauer Tor gefallen. ... Das Bernauer Tor habe sich bewegt, und da habe Hauptmann von Blomberg geglaubt, es werde für ihn geöffnet; er sei also mit Kosaken herangesprengt, sei aber aus dem offenen Tore, dem Wachthause und ebenso aus dem Hause des Steuereinnehmers mit Gewehrfeuer empfangen worden, worauf man ihn, zwei Kosaken und einige Pferde habe zusammenstürzen sehen. ... Der General wendete sich an mich mit der Aufforderung, doch einen Versuch zu machen, ob das enthusiastische Volk da mir nicht folgen werde, um das Bernauer Tor und die dortigen von den Franzosen besetzten Wachtlokalien zu stürmen. ... Ich richtete vom Pferde herab einige Worte an das Volk, erhielt als Antwort ein Hurra, stieg ab, zog den bereits in die Scheide gesteckten Säbel, während ein Kosake mein Pferd nahm, und ging auf der schmalen Kommunikation längs der Stadtmauer den Leuten voran. Im ersten Augenblick folgte mir wirklich und mit Geschrei einiges Volk, aber dessen Zahl verminderte sich bald auffallend, und ich hatte wohl kaum ein paar hundert Schritte gemacht, war dem General Tschernitscheff noch nicht aus den Augen, so sah ich mich ganz verlassen und genötigt, umzukehren und mein Pferd wieder zu besteigen.«[3]

Soweit der Bericht des Leutnants von Hobe über die Ereignisse am 20. Februar 1813, als ein schwaches russisches Reiterkorps die französische Stadtbesatzung von mehr als 10.000 Mann in Panik versetzt und bei denen Alexander Freiherr von Blomberg »als erstes Opfer im deutschen Freiheits-

[1] Johann Friedrich Geist, Klaus Kürvers, Das Berliner Mietshaus 1740-1862, München 1980, S. 58.
[2] Karl Ludwig Zeitler, Erinnerungen eines Berliners aus den letzten 70 Jahren des 19. Jahrhunderts, Teil I., Berlin 1909, S. 46.
[3] Hobe: Bericht. In: Friedrich Adami, Berlin 1868, zit.n.: Ruth Köhler, Wolfgang Richter (Hrsg.), Berliner Leben 1806-1847, Berlin 1954, S. 84-85.

kampf« – so die Inschrift auf einer Tafel am Königstor, heute dicht daneben an einem 1913 errichteten Denkmal – fällt. Die zunächst schockierten Franzosen versuchen im Verlauf des Tages mehrere Ausfälle, werden aber immer wieder von den auf dem Windmühlenberg postierten Russen zurückgetrieben. »Das Gefecht endigte damit, dass der Feind wieder zurück in die Stadt zog und die Thore verrammelte.«[1] In der Nacht vom 3. zum 4. März verlassen die Franzosen Berlin durch das Hallesche Tor, gleichzeitig ziehen die Russen durch das Oranienburger Tor in die Stadt ein, nachdem sie die dortigen Erdaufwürfe und Gräben mit Hacken und Schaufeln eingeebnet haben.

Ausgerechnet bei diesem in der napoleonischen Zeit einzigen (und historisch letzten) militärischen »Auftritt« spielt die Berliner Ringmauer die verkehrte, den Feind schützende Rolle – allerdings mit Billigung des Berliner Publikums. Von da ab wird das ohnehin geringe Schutzpotenzial der Stadtmauer nicht mehr beansprucht.

Eine Bewährungsprobe bleibt auch den außerhalb der Stadt in aller Eile und teilweise planlos errichteten Verteidigungswerken erspart. Sie waren im Mai 1813 entstanden, als sich das in Russland bereits geschlagene, aber noch starke Heer Napoleons auf Berlin zuwälzte. Beim Ausheben der Gräben und Aufwerfen der Erdwälle, die von der Rollbergsschanze bei Rixdorf über die Hasenheide und den Kreuzberg bis zur Potsdamer Chaussee reichten, hatten auch so bekannte Männer wie der Philiosoph Johann Gottlieb Fichte, der Theaterdirektor August Wilhelm Iffland und der Bildhauer Johann Gottfried Schadow zur Schaufel gegriffen.

Während die Verteidigungsanlagen der Stadt ungenutzt bleiben, erleben die Stadttore ein an Vielfalt und Häufigkeit nicht zu übertreffendes Kommen und Gehen von Freund und Feind. Das europäische Zeitgeschehen dieser Jahre passiert gewissermaßen die Berliner Stadttore.

Es beginnt mit dem Einzug der Franzosen, des Davoutschen Korps durch das Hallesche Tor am 25. Oktober 1806. Diese unordentlich gekleideten, teilweise barfüßigen, abgemagerten kleinen Männer mit dem Esslöffel an den kreuz und quer auf den Köpfen sitzenden Hüten sollen unsere stolzen Krieger überwunden haben? – die Berliner können es nicht fassen.

Ganz den Vorstellungen von einem Siegeseinzug entspricht hingegen zwei Tage später der triumphale Ritt Napoleons durch das Brandenburger Tor. Hinter der offen gezeigten Sympathie mancher Bürger steht die Hoffnung auf mehr demokratische Freiheiten im Land. Andere, vor allem Ältere gedenken wohl der Zeiten vor mehr als einem halben Jahrhundert, als sich die Berliner dem heranrückenden Feind keineswegs kampflos ergaben. Weder die Einen noch die Anderen ahnen, welche wirtschaftlichen Belastungen und Repressalien den Bürgern der Stadt bevorstehen.

Nachdem die französischen Besatzer nach gut zwei Jahren, am 2. Dezember 1808 die Stadt verlassen haben, reiten am 10. Dezember die ersten preußischen Soldaten, unter ihnen Major von Schill, in Berlin ein. Sie werden von der Bevöl-

[1] Spenersche Zeitung vom 11. März 1813.

^ *Denkmal für Alexander Freiherr von Blomberg.*

kerung am Bernauer Tor mit großer Erleichterung begeistert begrüßt.

Ein Jahr später, am 22. Dezember 1809, empfangen der Magistrat unter Oberbürgermeister Leopold von Gerlach, (dem ersten nach der Steinschen Städtereform Gewählten), die Stadtverordneten und eine unübersehbare Zahl von Berlinern den von Napoleons Gnaden aus dem ostpreußischen Exil zurückkehrenden königlichen Hof. Anlässlich dieses Einzugs des populären Herrscherpaares Friedrich Wilhelm III. und Luise wird das Bernauer in Neues Königstor umbenannt.

Wieder drei Jahre später, um die Jahreswende von 1812 zu 1813 passieren unter den zumeist mitleidigen Blicken vieler Einwohner der Stadt die Reste der aus dem Russlandfeldzug zurückkehrenden napoleonischen Truppen das Frankfurter Tor, » ... ein Leichenzug der sich selbst zu Grabe trug« (Fontane). Gleichzeitig kommen vom Potsdamer Tor her frische, aus Italien herbeibeorderte Truppen unter General Grenier in der Stadt an.

Der Schlacht bei Großbeeren, die die preußischen Truppen unter General Friedrich Wilhelm von Bülow für sich entscheiden, geht die Evakuierung von Frauen und Kindern durch das Oranienburger und durch die anderen acht nördlich der Spree liegenden Tore voraus. Gleichzeitig rollen auf der holprigen Friedrichstraße Kanonen und Munitionswagen durch das Hallesche Tor nach Süden. An diesem Tor spiegelt sich am 23. August 1813 das gesamte Schlachtgeschehen: Bauernwagen mit wimmernden Verwundeten und Trupps von Gefangenen passieren es stadtein-, Transporte mit Proviant und Kleidung für die hungrigen und müden Krieger stadtauswärts.

Am 7. August 1814 zieht König Friedrich Wilhelm III. als siegreicher Feldherr an der Spitze seiner Truppen durch das Brandenburger Tor nach Berlin. Es ist das erste Mal, dass dieses Tor für einen festlichen Einzug dekoriert wird. Bei gleicher Gelegenheit wird die aus Paris an ihren Platz zurückgeführte Quadriga neu enthüllt.

Im Mai 1815 marschieren junge Freiwillige, unter ihnen Georg Wilhelm Heinrich Häring, später unter dem Pseudonym Willibald Alexis Autor historischer Romane, durch das Potsdamer Tor; infolge der Rückkehr Napoleons aus der Verbannung nach Paris ist ein neuer Krieg ausgebrochen.

Im Unterschied zum Jahre 1806, als Berlin kampflos an den Feind übergeben wird, kommt

R. Knötel, Einzug von König Friedrich Wilhelm III. am 7. August 1814 durch das Brandenburger Tor

es im 18. Jahrhundert während der Schlesischen Kriege dreimal in Berlin zu Situationen, in denen die Stadt ihre Verteidigung organisiert. Stadtmauer und -tore werden Bestandteile eines in aller Eile notdürftig und lückenhaft errichteten Verteidigungsrings. Jeder der drei Fälle liegt indes anders – sowohl was die Größe der Gefahr betrifft als auch hinsichtlich des Reagierens der Verantwortlichen.

Die erste Gefahrensituation entsteht während des Zweiten Schlesischen Krieges, als das österreichisch-sächsische Hauptheer im November 1745 auf Berlin marschiert. General Hans Christian Friedrich Graf von Hacke leitet die Maßnahmen zum Schutz der Residenzstadt. Er sorgt dafür, dass in wenigen Tagen 16.000 Bürger unter Waffen stehen und ausgebildet werden. Die Bewaffnung von Zivilisten ist eine für damalige Verhältnisse kühne Idee, für die möglicherweise ein kurfürstlicher Befehl aus dem Dreißigjährigen Krieg, die Verordnung vom 24. Oktober 1643 Pate steht. Danach müssen in Zeiten der Not alle, auch reiche Bürger an den Toren Wachdienst versehen.

Südlich der Spree, in Richtung des zu erwartenden Angriffs sind die alten Festungsanlagen bereits abgetragen; hier steht nur die 3,14 Meter hohe Akzisemauer. Innerhalb von zwei Wochen wird vor jedem Tor dieser Mauer eine Schanze errichtet und diese mit Kanonen bestückt. An die Innenseite der Stadtmauer werden an vielen Punkten Holzgerüste angefügt, von denen aus Soldaten und Bürger feuern können. Jenseits der Mauer und selbst im Norden außerhalb der Palisaden werden Gräben ausgehoben und Brustwehren aufgeschichtet.

Alles in allem entsteht eine Befestigung, die zwar nicht ausreicht, eine Belagerung auszuhalten; gegen einen plötzlichen Überfall bietet sie immerhin Schutz. Bewähren muss sie sich nicht. Der Sieg der Preußen unter dem Fürsten von Anhalt-Dessau in der Schlacht bei Kesselsdorf beendet diese Bedrohung der Residenz.

Die nächste Gefahr, im Oktober 1757 während des Siebenjährigen Krieges, wird vom verantwortlichen Kommandanten der Stadt, General von Rochow, nicht ernst genommen. Als einzige Vorsichtsmaßnahme gegenüber den anrückenden Österreichern werden die Wachen am Schlesischen, am Cottbuser und am Halleschen Tor verstärkt. Als der ungarische General Haddik schließlich am 16. Oktober vom Schlesischen Busch aus angreift, hat er leichtes Spiel. Nahezu ungehindert zerstört er die Brücke am Oberbaum und die Palisade, die von dort bis zum Schlesischen Tor führt. Erst innerhalb der Stadtmauer, auf dem Köpenicker Feld stellen sich ihm auf Befehl des Stadtkommandanten – er selbst zieht es vor, die Königin auf ihrer Flucht nach Spandau zu begleiten – die wenigen Kompanien des Langenschen Regiments entgegen. Die zahlenmäßig weit unterlegenen Truppen der Berliner Garnison unter Major von Tesmar, die weder über Reiterei noch über Kanonen verfügen, lehnen das Ange-

1760. sische Canonen-Feuer seiner Infanterie in die Flanque kam, solche in Unordnug brachte, und gänzlich von der Stadt abgeschlagen wurde.

Der Gen. Czernichef war an diesem Tag mit 22000 M. aufmarschiret, und machte Mine, als ob er auf der einen oder andern Seite nach der Stadt wollte. Es nahm aber der Prinz von Würtemberg, der auf dieser Seite commandirte, gegen den Feind eine so kluge Stellung, und wuste seine Canonen auf den Anhöhen so vortheilhafft zu postiren, daß der Feind sich nicht weiter wagen durfte, und überdies kam von dem Hülsischen Corpo vor dem Hallischen Thor noch ein Succurs herbey. Daher gieng das Corpo auf den Feind los, um ihme ein Treffen zu liefern. Dieser aber vermied eine Haupt-Action, und der Tag vergieng bloß mit leichten Scharmuzieren, biß sich die Russen nach Cöpenick und Friederichsfelde zurücke zogen. Nach diesem aber kam der Prinz von Lichtenstein mit einem Oesterreichischen Trompeter und vermeldete, daß der General Lascy mit einem Corpo von 14000 M. Oesterr. Trouppen

Die Oesterr. Trouppen unter dem G. Lascy

pen

Johann Martin Will, Russische Truppen unter General Tschernitscheff belagern Berlin. 1760 ^

bot, sich zu ergeben ab und werden fast vollständig aufgerieben.

General Haddik erpresst von Magistrat und Kaufmannschaft eine Kontribution von 200.000 Talern sowie für die Kaiserin ein Kistchen mit 24 Paar feinen Damenhandschuhen (sie passen, wie sich dann in Wien zeigt, alle nur auf die linke Hand). Da die grünen Husaren des Fürsten von Anhalt nur noch zwei Tagesmärsche von Berlin entfernt sind, verlässt der General die Stadt so schnell, wie er gekommen ist.

Gewarnt durch diesen Überfall Haddiks werden besonders vor dem Halleschen und dem Cottbuser Tor, wie schon 1745, Schanzen angelegt, die zur Aufnahme von Kanonen bestimmt sind. Außerdem entstehen an beiden Seiten der Tore wieder Holzgerüste für Schützen, die die Mauer als Deckung benutzen können.

Bald schon zeigt sich, wie berechtigt diese Vorsichtsmaßnahmen sind. Am 3. Oktober 1760 zeigen sich die Russen unter General Tottleben auf den Rollbergen im Süden. Von der Hasenheide und den Tempelhofer Bergen aus beschießen sie die Stadt, bekommen indes von Berlin aus reichlich Gegenfeuer. In der Nacht versuchen die Angreifer, das Hallesche und das Cottbuser Tor zu stürmen. Sie werden von der Berliner Besatzung unter Führung der Generale von Lehwald und von Seydlitz blutig, unter Verlusten von 200 Mann zurückgeschlagen, während die Verteidiger 80 Soldaten verlieren.

Nachdem sich Tottleben in Köpenick durch nachrückende Truppen verstärkt hat, erscheint er am 6. Oktober erneut vor Berlin. Gleichzeitig bewegt sich im Osten von Friedrichsfelde her General Tschernitscheff in Richtung Frankfurter Tor. Beide werden zunächst von den Preußen unter dem Prinzen von Württemberg vor der Stadt aufgehalten. Auch am Tag darauf setzen sich die Kämpfe südlich und nordöstlich der Stadt fort.

Als dann auch noch der österreichische General Lascy mit seinen Truppen vor dem Halleschen Tor eintrifft, stehen 16.000 Verteidigern 45.000 Angreifer gegenüber. Während sich die preußischen Soldaten angesichts dieser Übermacht nach Spandau zurückziehen, beschließt der Magistrat für den 8. Oktober die Übergabe der Stadt an die Russen. Dem patriotischen Kaufmann Johann Ernst Gotzkowsky, Begründer der Berliner Porzellanmanufaktur, gelingt es, die dem Magistrat abverlangte Summe von 4 Millionen auf 1,7 Millionen Taler herunterzuhandeln. Unter Einsatz seines Vermögens und mit viel Verhandlungsgeschick verhindert er Zerstörungen, Plünderungen und andere Repressalien. Am 12. Oktober ziehen die Russen und Österreicher aus Berlin ab.

Die hohen Kontributionen und die anderen Belastungen des Siebenjährigen Krieges bringen Berlin einen wirtschaftlichen Niedergang. Auch die Bevölkerungszahl geht – hauptsächlich infolge der militärischen Verluste – zurück. Der Vorkriegs-Höchststand von 1755 in Höhe von fast 127.000 Personen wird erst wieder zwölf Jahre später, im Jahre 1767 überschritten. All dies ist für die Berliner Einwohnerschaft von nachrangiger Bedeutung, als sie sich am 30. April 1763 anschickt, dem heimkehrenden König einen triumphalen Empfang zu bereiten. Friedrich II. zieht es indes vor, sich heimlich auf Umwegen in das Schloss zu begeben, um dem Jubel zu entgehen.

Unbekannt, Johann Ernst Gotzkowsky, 1710 bis 1775 ^

DIE POLIZEI-MAUER

Neben der militärischen hat die Stadtmauer auch eine zivile, polizeiliche Schutzfunktion. Diese besteht darin, schädliche Einflüsse krimineller, politischer, moralischer, hygienischer und sonstiger Art, die den Bürger und sein Eigentum bedrohen, von der Stadt fernzuhalten.

Zunächst sind es hauptsächlich allgemeine Gefahren, vor denen das wachsame Auge des Gesetzes die Stadt abschottet. Neben Räuberbanden und anderem Gesindel, das sich in der Umgebung herumtreibt, gilt die besondere Aufmerksamkeit grassierenden Seuchen. Immer wenn beispielsweise die Pest auftaucht, werden als erstes die Wachen an den Toren verstärkt. Kranke und Verdächtige erhalten keinen Einlass. Einer der letzten Fälle ist die Choleraepidemie im Jahre 1831, die in Berlin 1.426 Opfer, unter ihnen den Philosophen Georg Wilhelm Friedrich Hegel, fordert. Reisende, die aus einem choleraverdächtigen Gebiet kommen, müssen umkehren.

Gleichzeitig ist man bestrebt, alles Störende und Gefahrenträchtige, das sich innerhalb der Stadtmauern befindet, vor die Tore zu verbringen.

Schon vor dem Regierungsantritt Friedrichs II. gibt es eine Bestimmung, wonach Bürger wegen der Brandgefahr nur bestimmte Mengen Holz und ein Fuder Heu oder Stroh in der Stadt haben dürfen. Alles andere ist in bestimmten Scheunen vor den Toren zu lagern. Längst müssen auch Abfälle jenseits der Mauer gelagert werden; ihr Geruch ist das erste, was Wanderer von der Stadt wahrnehmen. Fäkalien werden – mehr oder weniger komplett – von der Spree aus der Stadt heraustransportiert; Friedrich Rückert dichtet, der Fluss komme wie ein Schwan beim Oberbaum zur Stadt herein und wie ein Schwein beim Unterbaum aus ihr heraus. Nach 1716 werden der Galgen und die Scharfrichterei an zwei Plätze nördlich der Palisaden verlagert.

Unter Friedrich erfolgt im Jahre 1742 die Order, dass Friedhöfe aus Platz- und hygienischen Gründen nur noch vor den Toren angelegt werden dürfen. Endgültig schreiben allerdings erst die Bestimmungen des allgemeinen Landrechts von 1794 fest, dass in den Kirchen und den bewohnten Gegenden der Stadt keine Leichen beerdigt werden dürfen. So werden die Kirchhöfe der Marien-, Nikolai- und Klosterkirche vor dem Prenzlauer Tor, die Kirchhöfe der Französischen, Friedrich Werderschen und Dorotheenstädtischen Kirche vor dem Oranienburger Tor neu angelegt. Im Jahre 1872 liegen von den insgesamt 135,2 Hektar Friedhofsfläche nur noch 5,0 Hektar innerhalb der alten Ringmauergrenzen. Die Kirchhöfe der Innenstadt blieben meist als freie Plätze bestehen.

Zu den Ordnungsaufgaben der Torwachen gehört auch, Bürger der Stadt an der Flucht zu hindern. Am 3. Januar 1571 stirbt Kurfürst Joachim II. Hektor auf mysteriöse Art und Weise. Sein Nachfolger Johann Georg reagiert sofort; er lässt die Stadttore von Berlin und Cölln schließen und die

Günstlinge des Verstorbenen verhaften. Zwei Jahre später wird der jüdischen Kämmerer Lippold, dem man den Todesfall anlastet, grausam hingerichtet.

Die Ringmauer macht dem Berliner das Ausmaß, aber auch die Grenzen seiner gesicherten Lebenswelt plastisch begreifbar. Will er sich oder anderen die Dimension seines Gemeinwesens vor Augen führen, denkt er von einem zum gegenüberliegenden Tor. Der zeitweilige Berliner Heinrich Heine spottet 1822 nach der Uraufführung von Webers »Freischütz« darüber, dass der »Jungfernkranz« vom Halleschen bis zum Oranienburger, vom Brandenburger bis zum Königstor, ja selbst vom Unterbaum bis zum Köpenicker (Schlesischen) Tor zu hören sei. Ausflugsziele liegen für den Berliner nicht südlich oder westlich der Stadt, sondern vor dem Halleschen bzw. dem Brandenburger Tor.

Die Stadt ist in den von der Obrigkeit per Mauer gezogenen Grenzen die Insel des Berliners. Hat er Auswärtige zu Gast, so begleitet er diese zum Abschied nicht nur bis vor die Haustür, sondern bis zum Tor. Dahinter, »draußen vor der Stadt«, beginnt eine andere Welt. Gastiert ein Künstler für einige Tage in der Stadt, dann informiert die Lokalpresse ihre Leser mit den Worten: »In unseren Mauern weilt ...«. Diese stereotype Ankündigung ist die Mutter des berlinischen Spitznamens »Mauernweiler«.

Jede Stadtmauer vermittelt Geborgenheit. Friedrich Schiller drückt dies in seinem »Lied von der Glocke« so aus[1]:

»Markt und Straßen werden stiller;
Um des Lichts gesell'ge Flamme
Sammeln sich die Hausbewohner,
Und das Stadttor schließt sich knarrend.
Schwarz bedeckt
Sich die Erde;
Doch den sichern Bürger schrecket
Nicht die Nacht,
Die den bösen gräßlich wecket;
Denn das Auge des Gesetzes wacht.«

Aber der deutsche Klassiker hat auch gewusst, dass Geborgenheit und Wärme von Gesetzes Gnaden immer auch Enge und Zwang bedeuten und diesen Zusammenhang unter dem Titel »Das Tor« auf den folgenden Zweizeiler gebracht[2]:

»Schmeichelnd locke das Tor den Wilden herein zum Gesetze;
Froh in die freie Natur führ' es den Bürger heraus!«

Der beliebte Spaziergang des Berliners »vor das Tor« dient vordergründig der Erholung und Gesundheit. Landluft macht aber auch frei von Reglementierung – unabhängig davon, inwieweit dies dem Einzelnen bewusst wird.

Das weiß auch Kurfürst Friedrich Wilhelm. Er verbietet kurzerhand, die Stadt selbst tagsüber zu bestimmten Zeiten zu verlassen. Nicht nur Landes-, sondern auch oberster Kirchenherr, ist ihm alles zuwider, was die Menschen vom sonntäglichen Kirchgang abhält. Weltliche Vergnügen, selbst Hochzeiten werden daher während des Gottesdienstes nicht gestattet. »Ferner sollen am Sonntage keine Lust- und Spazierfahrten angestellet, die Stadt-Tore auch vor fünf Uhren niemandem hinein oder herauszufahren geöffnet werden, außer vor den Posten und fremden Reisenden.«[3]

So wenig wie der Sonntagsausflug lässt sich auf die Dauer verhindern, dass die Mauer im Laufe der Zeit durchlässiger wird und sich das geistige Blickfeld der Menschen erweitert. Gegen Mitte des 19. Jahrhunderts kann der demokratische Schriftsteller Karl Gutzkow feststellen, der Fortschritt in der Entwicklung Berlins liege nicht nur in der äußerlichen Vergrößerung etwa der Bevölkerungszahl, » ... sondern im erweiterten Anschauungs-Horizont, im Durchbruch nicht allein von Straßen und neuen Toren, sondern im Durchbruch alter Vorurteile und Gewohnheiten ...«.[4]

Die größere Durchlässigkeit der Mauer löst bei den Herrschenden Reaktionen aus, die sich auf die

---

[1] Friedrich von Schiller, Sämtliche Werke in vier Bänden, Erster Band, Augsburg 1998, S. 218.
[2] ebenda, S. 249
[3] Christian Otto Mylius, Corpus Constitutionum Marchicarum, Berlin, Halle 1737 ff. zit. n. Ruth Glatzer (Hrsg.), Berliner Leben 1648-1806, Berlin 1956, S. 71.
[4] Karl Gutzkow, Berlin – Panorama einer Residenzstadt, Berlin 1995, S. 34.

Aufgaben der Torwachen auswirken. Lange Zeit beschränken sich die polizeilichen Aufgaben der Soldaten darauf, Ortsfremde, die ein- oder ausreisen wollen, zu befragen und zu registrieren gegebenenfalls auch zurückzuweisen oder zu verhaften. Die Mauer ist eine Kontroll-Mauer. Das ändert sich mit dem Aufschwung obrigkeitskritischer Stimmungen und Strömungen nach den Befreiungskriegen und mit der raschen sozialen Ausdifferenzierung der Gesellschaft in diesen Jahren. Im Maße der Polarisierung der Berliner Bevölkerung in Arme und Reiche wird die Ringmauer mehr und mehr zur sozialen Trennlinie, tendenziell zur Sperr-Mauer. In den letzten Jahrzehnten ihrer Existenz, zu einem Zeitpunkt, zu dem sie als Garnisons- und Verteidigungsmauer längst ausgedient hat und zu dem selbst ihre Akzisefunktion nur noch eingeschränkt gilt, wird sie für jene, die Ruhe und Ordnung um jeden Preis anstreben, unentbehrlich.

DIE KONTROLL-MAUER

»Berlin, 8. Dezember 1804. Da die Wacht am Brandenburger Tor beim Einpassieren des Königs nicht in gehöriger Ordnung gewesen und die honneurs (Ehrenbezeigung) nicht gehörig gemacht worden, so soll der Leutenant von Chamisso, Regiment von Goetz, in Arrest und ans Regiment gemeldet werden. Der Unteroffizier, welcher von der Wacht an dem Tore hat stehen sollen und nicht dagewesen, soll ebenfalls in Arrest und gemeldet werden, sowie der Unteroffizier mit 15 Fuchteln, die beiden Schildwachen aber mit Arrest und jeder mit 10 Schlägen bestraft werden.«[1]

Ob der junge Leutnant und Schriftsteller Adelbert von Chamisso durch eines seiner in der Wachstube stattfindenden Treffen mit Freunden aus dem romantischen Dichterkreis »Nordsternbund« abgehalten war, ist ebenso wenig belegt wie die Schlussfolgerung des Arrestanten, künftig lieber zehn einreisende Fremde als einen König zu übersehen. Vom diensthabenden Offizier wird natürlich erwartet, dass er beide Aufgaben – Fremdenkontrolle und Ehrenbezeigung – gleichermaßen gewissenhaft erfüllt. Fälle von Grußpflicht treten allerdings – zumindest am Brandenburger Tor – häufiger auf als Situationen, in denen die Personalien Einreisender geprüft werden müssen. Im gesamten Jahr 1790 beispielsweise kommen nur 113 Fremde durch die damals 14 Stadttore – eine Person in drei Tagen, acht pro Tor und Jahr!

Wie die Kontroll-Aufgabe der Torwache zu Zeiten von König Friedrich II. aussieht, beschreibt Nicolai folgendermaßen:

»An den Toren müssen die wachhabenden Offiziere oder Unteroffiziere bei allen aus- und einpassierenden Reisenden sich genau nach ihrem Namen, Stand, Ort, wo sie herkommen, Absicht des Hierbleibens oder Durchreisens, Wohnung, Geschäfte und vermutlicher Dauer ihres hiesigen Aufenthalts erkundigen und den davon gemachten, von ihnen unterschriebenen Zettel auf die Schloßwache schicken. Hier werden diese einge-

[1] E. von Siefart. Aus der Geschichte des Brandenburger Tores und der Quadriga. In: Schriften des Vereins für die Geschichte Berlins, Heft 45, Berlin 1912. zit. n.: Ruth Glatzer (Hrsg.), Berliner Leben 1648-1806, Berlin 1956, S. 298.

Friedrich August Calau, Der Pariser Platz und die Linden vom Brandenburger Tor aus gesehen. Um 1820. Im Vordergrund die Torwache ^

laufenen Zettel in ein Buch eingetragen und die Zettel selbst partienweise zum Gouverneur und, wenn derselbe sie durchgesehen, zum Kommendanten gebracht, bei dem sie bleiben. Der Gouverneur erhält täglich des Morgens und des Abends einen Hauptrapport und von allen Torzetteln des Tages noch einen Rapport. Ist der König gegenwärtig, so schickt der Kommendant abends um 7 Uhr den Rapport unterschrieben und versiegelt an den Kapitän von der Schloßwache, der ihn erbricht und um 8 Uhr selbst an den König abgibt. Ist der König aber nicht hier, so schickt der Kommendant jeden Abend den Rapport nach Potsdam an Seine Majestät.«[1]

Es sind Polizeiaufgaben, die die Torwache erfüllen muss, aber sie werden vom Militär wahrgenommen, und entsprechend sieht die Wachordnung aus. Geschlossen werden die Tore von den wachhabenden Unteroffizieren zum Zapfenstreich, also zu einem Zeitpunkt des militärischen Tagesablaufs – wegen der Desertionsgefahr. Von neun Uhr abends bis sieben Uhr morgens bleiben die Stadttore verriegelt; beim Brandenburger Tor beispielsweise geschieht dies mit schweren hölzernen Flügeln zusätzlich zu den tagsüber benutzten eisernen Gittern. Wer zur Schließzeit in die Stadt will, muss die Glocke betätigen und – wenn der diensthabende Offizier den Einlass genehmigt – in die Armenkasse spenden: als Fußgänger drei Pfennige, pro Pferd einen Groschen. Nur das Potsdamer Tor steht Tag und Nacht offen und kann unentgeltlich benutzt werden.

Der Torwache ist anbefohlen, den Einreisenden exakt zu behandeln. Das Abkassieren von Trinkgeldern zieht als Strafe sechs mal Gasselaufen nach sich. Der Name des Fremden und die anderen zu erfragenden Daten sind so genau wie möglich zu erfassen. Dass Übereifer dabei zu kuriosen Ergebnissen führen kann, zeigt der Fall eines Torwächters, der als Anhänger von Turnvater Friedrich Ludwig Jahn der Deutschtümelei frönt. Varnhagen von Ense berichtet, »... dass ein Herr Johann Kuh aus Breslau, von Paris zurückkehrend, seinen Namen französisch ausgesprochen habe (Wie franz. cul – Hintern. Fußnote des Zitats – H. Z.), aber von dem gescheiten Torschreiber gleich wieder deutsch als Hans A. eingetragen worden ...«.[2]

Auf der Wache ist das Militär auch zu Friedenszeiten im Dienst und damit unantastbar. Das muss in der Biedermeierzeit ein »Hofkleidermacher für Zivil und Militär« erfahren, der von einem Offizier seit längerem die Bezahlung seiner Rechnung verlangt. In der Erwartung, seinen Schuldner in Gegenwart von dessen Kameraden besser unter Druck setzen zu können, sucht der bürgerliche Schneidermeister den adligen diensthabenden Offizier in der Wache des Oranienburger Tors auf. In seiner Erregung berührt er die noch immer unbezahlte Uniform und damit deren Träger. Ergebnis: Der Schneider wird auf der Wache festgehalten und erst nach mehreren Stunden in die Freiheit entlassen – ohne sein Geld erhalten zu haben.[3]

Die Schärfe der Personalkontrollen am Tor ist offenbar von Zeitraum zu Zeitraum erheblichen Schwankungen unterworfen. Diese hängen unter anderem von der jeweiligen Intensität der komplementären innerstädtischen Maßnahmen ab.

Ende des 17. Jahrhunderts wird in Berlin eine Fremdenpolizei eingeführt. Jeder Auswärtige hat sich innerhalb von 24 Stunden beim Rat zu melden und den Grund seines Aufenthalts anzugeben. Durch eine Verordnung vom Februar 1700 werden alle Einwohner und besonders die Gastwirte zur Abgabe von Meldungen verpflichtet. Torkontrollen spielen in dieser Zeit eine untergeordnete Rolle. Unter den Königen Friedrich Wilhelm I. und Friedrich II. wird das Regime an den Stadttoren dann weitaus strenger. Im 19. Jahrhundert setzt erneut eine Lockerung ein. Gemäß der Wachordnung von 1804 dürfen Gesandte bei Ein- und Ausreise nicht mehr examiniert werden. Nach 1814 entfällt für die Torwachen ein bedeutender Aufgabenbereich, die Kontrolle der Soldaten. Für das Jahr 1834 nennt Zedlitz' Neuestes Konversa-

[1] Friedrich Nicolai, Beschreibung der königlichen Residenzstadt Berlin, Berlin 1987, S. 231-232.
[2] Karl August Varnhagen von Ense, Denkwürdigkeiten und vermischte Schriften, Mannheim 1838. zit. n. Ruth Köhler, Wolfgang Richter (Hrsg.), Berliner Leben 1806-1847, Berlin 1954, S. 237.
[3] vgl. Karl Gutzkow, Unter dem schwarzen Bären, Berlin 1971, S. 82-83.

tions-Handbuch nur noch neun Tore, die überhaupt bewacht werden. In den fünfziger Jahren hört das nächtliche Verschließen der Tore auf.

Die Kontrolle der Fremden verlagert sich weitgehend an den Platz ihres zeitweiligen Aufenthalts innerhalb der Stadt.

Die Gasthäuser und sonstigen Herbergen müssen Fremdenbücher führen, die die Polizei kontrolliert. Hinsichtlich der Differenziertheit der Fragen stellen diese Fremdenjournale selbst heutige Fragebogen in den Schatten. Die Neugierde der Polizei empfinden oft sogar politisch königstreue Gäste als übertrieben. Der für seine gelegentlich drastische Ausdrucksweise bekannte Ferdinand von Bismarck, Vater des Reichsgründers Otto v. B., soll in einem Gasthof unter der Rubrik »Charakter« den Vermerk »niederträchtig« eingetragen haben.[1] Die Gästelisten der Hotels werden im Fremdenblatt veröffentlicht.

Bereits im Zuge der sogenannten Demagogenverfolgung nach dem Wiener Kongress 1815, vor allem aber nach der Revolution vom März 1848 entsteht in Berlin ein System der Überwachung aller Reisender, der Kontrolle jedes Zuzuges, eines umfassenden Spitzelwesens und rücksichtsloser Wohnungsdurchsuchungen – neben verschärfter Zensur, der Beschlagnahme von Zeitungen und anderen Maßnahmen. Der Name des Polizeipräsidenten Carl Ludwig Friedrich von Hinckeldey, nach der Revidierten Städteordnung vom 30. Mai 1853 Vorgesetzter des Oberbürgermeisters, steht einerseits für Verdienste – Feuerwehr, Stadtreinigung, Volksküchen, Gesindeherbergen, Bade- und Waschanstalten, erstes Berliner Wasserwerk – und andererseits für eine massive Unterdrückung demokratischer Bestrebungen. Fremde sind grundsätzliche verdächtig; sie hatten schließlich – so damals jedenfalls der König – maßgeblich zur Auslösung der Märzkämpfe beigetragen.

Der harte Kurs Hinckeldeys bleibt nicht ohne Wirkung. Befriedigt kann der berüchtigte Direktor der Berliner politischen Polizei, Wilhelm Stieber feststellen: »Hierher nach Berlin kommt so leicht keiner zum Vergnügen.«[2]

Hinsichtlich der Torkontrollen ist das achtzehnte das strenge Jahrhundert. Trotzdem können Fremde, von Zeiten grassierender Seuchen und von ähnlichen Gefahrensituationen abgesehen, grundsätzlich damit rechnen, nach eingehender Personal- und Akzisekontrolle in die Stadt eingelassen zu werden.

Aber es gibt eine Ausnahme, die Juden.

Seit dem Privileg des Großen Kurfürsten vom 1671 dürfen sich Juden zwar wieder in den brandenburgischen Landen ansiedeln. Ihre Anzahl wird allerdings von Anfang an eng begrenzt. Maßgeblich für die Berliner Juden wird ein Edikt von

[1] Ernst Engelberg, Bismarck. Urpreuße und Reichsgründer; Berlin 1987, S. 102.
[2] Isidor Kastan, Berlin wie es war, Berlin 1919, S. 13.

Ankunft in Berlin: Ihre Legimitation?! ^^
Juden am Rosenthaler Tor. Um 1750 ^

König Friedrich Wilhelm aus dem Jahre 1730, das Friedrich II. zwanzig Jahre später weitgehend bestätigt.

Nach dem Edikt von 1750 wird die Zahl der Juden, die sich in Berlin ständig aufhalten dürfen, auf 120 Familien, 250 Bediente und 26 Schulmeister begrenzt. Fremde Juden haben nur auf dringende Veranlassung die Erlaubnis, länger als 24 Stunden in der Stadt bleiben. Bei Jahrmärkten ist ein Aufenthalt von vier Tagen gestattet, Messreisende dürfen von einem Posttag zum anderen bleiben, bei Festtagen beträgt die Frist vier, bei Hochzeiten acht Tage. Wer länger als erlaubt bleibt, zahlt pro Tag einen Dukaten.

Zur Aufenthaltserlaubnis neuer Familien und zur Heiratserlaubnis ist folgendes geregelt:

»Neue Familien oder Bedienten dürfen erst aufgenommen werden, wenn eine der alten stirbt, fremde nur ausnahmsweise, wenn sie 10000 Thlr. Vermögen einbringen, dafür bleibt der Platz des zunächst Aussterbenden unbesetzt. ... Jeder kann bei Lebzeiten seinen ersten Sohn heirathen lassen, und auf ihn den Schutzbrief übertragen, wenn er 2000 Thlr. Vermögen nachweist, den zweiten Sohn nur bei 3000 Thlr. und wenn dieser auf den Schutzbrief seines Schwiegervaters oder eines kinderlosen Mannes angesetzt ist ... Kinder, die sich in die Fremde verheirathen, müssen nach sechs Wochen aus der Stadt.«[1]

Diskriminierend für die Juden sind auch die Akzisebestimmungen. Wer als fremder Jude seine Waren auf den Berliner Jahrmärkten anbieten will, zahlt am Stadttor eine Mindestakzise von 50 Talern; bei Steuerhintergehung kommt zur Entrichtung einer Strafe die Konfiskation der Waren. Der Schutzjude, der die Akzise »defraudirt«, verliert seinen Schutzbrief.

Mit den Edikten von 1730 bzw. 1750 halten sich die Monarchen in ihrer Residenz eine quantitativ begrenzte, gut kontrollierte und möglichst zahlungsfähige Judenschaft.

Der besseren Kontrolle wegen gewähren zu dieser Zeit viele deutsche Städte den Juden nur an ausgewählten Toren Einlass. Was in Hamburg das Millerntor, ist in Berlin das Rosenthaler Tor (bis in die dreißiger Jahre des 18. Jahrhunderts außerdem das Prenzlauer und das Hallesche Tor). Wer also als Jude aus dem Süden kommt, muss die halbe Stadt umgehen – eine Wanderung, die 1743 der aus Dessau zu Fuß kommende vierzehnjährigen Moses Mendelssohn zusätzlich auf sich nehmen muss und die Heinz Knobloch anschaulich beschreibt.[2] Am Rosenthaler Tor muss sich jeder fremde Jude neben der steuerlichen Visitation einer ersten Kontrolle seiner Person unterziehen. Da die jüdische Gemeinde für jedes ihrer Mitglieder haftet, sind die Ältesten von sich aus daran interessiert, zumindest einen Überblick über neu ankommende Juden zu behalten. Außerdem soll die Zahl der auf Unterstützung Angewiesenen möglichst klein bleiben. Gemäß dem »Reglement für die Ober- und übrigen Aeltesten, Kassirer, Armen- und Schulvorsteher der Berliner Judenschaft vom 15. Februar 1723« haben selbst bei »... durchreisenden oder sonst nur auff wenige Zeit sich hier aufhaltenden Juden die Ober- und übrigen Aeltesten dahin zu vigiliren (wachen), dass Keiner ... über Verlaubniß hier gelitten werde, weshalb sie einen tüchtigen Thorsteher Juden, der alle frembde Juden, so hereinwollen, bey ihnen anzusagen hat, halten...«[3] Am Rosenthaler Tor ist daher neben dem üblichen Personal ein Angestellter der jüdischen Gemeinde tätig. Er dient als Dolmetscher zwischen den preußischen Beamten und jiddisch sprechenden Ankömmlingen. Er ist aber auch befugt, Mittellose oder solche, die er als verdächtig empfindet, gar nicht erst einzulassen.

In der Regel kommt es zwar zur Registrierung des Fremden mit dem Resultat, dass ihm ein Passierschein ausgehändigt wird. Den muss er sorgfältig aufbewahren; bei Verlust wird ein Taler Strafe erhoben. Mit diesem Passierschein kommt er zunächst aber nur durch das Tor. Gleich im Anschluss, auf der anderen, rechten Seite der Rosenthaler Straße steht ein Eckhaus, das sich in seiner Länge in die Linienstraße hineinzieht. Das

---

[1] Ludwig Geiger, Geschichte der Juden in Berlin, Leipzig 1988, S. II/ 282-285.
[2] Heinz Knobloch, Herr Moses in Berlin, Berlin 1985, S. 33 ff.
[3] Ludwig Geiger, Geschichte der Juden in Berlin, Leipzig 1988, S. II/333.

Den 14 … Anno 1744 kommt unter Vorzeigung eines richtigen Passes von …
allhier an, der Jude …
nebst
und giebt an, daß er bey
zu verrichten, und auf der … Gasse
bey … logiren, auch sich
Wochen 8 Tage hier aufhalten wolle.
Wannenhero er diesen Zettul sofort bey dem Commissario des Quartiers der Stadt in welchen er logiret, bey Einen Rthlr. Strafe vorweisen und unterschreiben lassen, auch wenn er wiederum von hier abreiset, gegenwärtigen unterschriebenen Zettul an der Landwehr, durch welche er ausgehet, an den hiesigen Thorschreiber abliefern muß.
Berlin, den 14 … Anno 1744
Thor-Schreiber. Jüdischer Thor-Steher.
Commissaire de Quartier

Im Besitz des Herrn S. Kirschstein, Berlin.

ist die Judenherberge, die nach Fidicin zugleich auch als jüdisches Armenhaus dient.[1] Hier erwartet den Ankömmling die eigentliche, eingehende Überprüfung, nachdem der jüdische Torsteher den Ältestenrat von der Ankunft eines Fremden informiert hat.

Wer in Berlin bleiben will, muss eine Person angeben können, die ihn aufnimmt, ernährt bzw. beschäftigt. Nur dann besteht die Chance, nicht abgewiesen zu werden – vorausgesetzt, dass damit die vorgegebene Gesamtzahl der Aufenthaltserlaubnisse nicht überschritten wird. Bei einem kurzfristigen Aufenthalt führt der nächste Weg zum »Commissario des Quartiers der Stadt in welchem er logiret« zur Vorlage und Unterschrift des Passierscheins.

Abgewiesene müssen die Stadt nach einer Übernachtung in der Judenherberge wieder verlassen. Wer völlig mittellos ist oder aus gesundheitlichen Gründen nicht weiterreisen kann, darf für einige Zeit als Armenhaus-Bewohner verbleiben.

Die diskriminierenden Bestimmungen von 1730 bzw. 1750 bleiben im wesentlichen bis 1812 in Kraft. Von diesem Jahr ab gelten auch die ca. 3.500 Berliner Juden zumindest formal als gleichberechtigte Bürger Preußens.

SOZIALE TRENNLINIE

Am Ende der Befreiungskriege im Jahre 1815 hat Berlin 193.000 Einwohner. Preußen steht vor einer längeren Friedensperiode, die sich zusammen mit wirtschaftspolitischen Maßnahmen wie dem Zollverein von 1834 auf Handel und Wandel äußerst günstig auswirkt. In Berlin setzt in dieser Zeit eine kräftige, hauptsächlich im Zeichen des Maschinenbaus stehende Industrialisierung ein. Durch Zuwanderung und natürliche Vermehrung steigt die Bevölkerungszahl bis zum Jahre 1840 auf 315.300 Personen oder um 63 Prozent. Weitere 25 Jahre später, 1865, hat sie sich sogar auf 645.100 verdoppelt (+ 105 Prozent), wobei durch zwei Eingemeindungswellen auch das Gebiet der Stadt ausdehnt wird.

Das schnelle, überbordende Wachstum der städtischen Bevölkerung geht mit einer einschneidenden sozialen Differenzierung einher. Mitte der sechziger Jahre sind 16 Prozent aller Berliner Haushaltsvorstände Fabrikanten, Kaufleute, Pensionäre oder Rentiers. Gut 9 Prozent sind Beamte, Ärzte, Gelehrte und Künstler. Auf selbständige Handwerksmeister, andere Gewerbetreibende und Kleinhändler sowie Landwirte und Gärtner kommen 31 Prozent. Mehr als 33 Prozent der Haushaltsvorstände sind Handwerker und Fabrikarbeiter, Handarbeiter, Tagelöhner oder Kutscher und Diener. Der Rest in Höhe von knapp 11 Prozent entfällt auf Witwen und »Personen ohne Geschäft«.[2] Zugleich erreicht der Armenanteil an der Berliner Bevölkerung inzwischen rund 25 Prozent.

Die Wohnsitze reicher Familien, anderer, die ihren Lebensunterhalt durch Arbeit mehr oder weniger auskömmlich bestreiten können und schließlich solcher, die sich von städtischer Unterstützung, Bettelei und Kleinkriminalität am Leben halten, verteilen sich natürlich sehr unterschied-

[1] Ernst Fidicin, Berlin historisch und topographisch, Berlin 1843, S. 95. Die Beschreibung ist insofern widersprüchlich, als F. das Gebäude zwar »hart am Rosenthaler Thore«, aber in der Linienstraße Ecke (Alte) Schönhauser Straße platziert.
[2] Roland Bauer, Berlin Illustrierte Chronik bis 1970, Berlin 1988, S. 330.

^ *Passierschein des jüdischen Torstehers. 1744*

quentierten Tore verlieren immer mehr ihren Charakter als kontrollierbarer Ausgang aus einer abgeschlossenen Stadt; die Organisation der Fremdenkontrolle und -überwachung trägt diesem Umstand – wie gezeigt – Rechnung.

Im Südwesten, vor dem Potsdamer Tor entsteht Ende der dreißiger Jahre das sogenannte Geheimratsviertel. Der Name dieses Quartiers verweist bereits auf den sozialen Status vieler der dort wohnenden Menschen. Häufig gehören sie genauso zu den wirtschaftlich vergleichsweise Bessergestellten der Stadt wie ihre Nachbarn auf der Innenseite der Mauer. Ihr Einkommen veranlasst sie allerdings oft, außerhalb der Mauer zu wohnen, weil dort die Mieten niedriger sind.

Anders im Norden; im Unterschied zum Südwesten ist die Stadtmauer hier, zwischen dem Oranienburger und dem Prenzlauer Tor, soziale Trennlinie. Und diese Linie grenzt dort Anfang der sechziger Jahre immerhin bereits zehn Prozent der Berliner Bevölkerung aus.

Wer vor dem Hamburger und dem Rosenthaler Tor lebt, zählt zu den Ausgestoßenen, den Ärmsten der Armen. Selbst die zumeist einfachen Menschen in den regellos und eng angelegten Vorstädten südlich der Mauer, die kaum minder hart um ihr tägliches Brot ringen müssen, halten zu diesen Nachbarn Distanz.

Schon unter Friedrich II., in den Jahren 1752 bis 1754, entsteht direkt vor dem Rosenthaler Tor die erste und für lange Zeit einzige Stadterweiterung außerhalb der Ringmauer. Neu-Voigtland, bald nur noch Voigtland genannt, wird als Kolonie für Bauhandwerker gegründet. Die Bewohnerschaft verändert sich indes während der folgenden Jahrzehnte genau so schnell wie die Verarmung dort um sich greift.

Wenige hundert Meter westlich, unmittelbar vor dem Hamburger Tor, befinden sich ab 1824 die »von Wülcknitzschen Familienhäuser«. Es handelt sich um die ersten Mietskasernen der preußischen Residenz. Selbst nach damaligen Maßstäben le-

lich über das Stadtgebiet – sowohl innerhalb, als auch außerhalb der Ringmauer.

Die adligen Beamten und hohen Offiziere sowie das Besitz- und Bildungsbürgertum wohnen hauptsächlich im Westen, in der Friedrich- und Dorotheenstadt, zu einem Teil auch im alten Stadtkern. Das einfache Volk, gewerblich Unselbständige, kleine Handwerksmeister und ihre Gesellen, aber auch Industrieunternehmer und Händler besiedeln neben dem alten Zentrum die Spandauer Vorstadt, die Königsstadt und – soweit überhaupt schon bebaut – die Stralauer Vorstadt sowie die Luisenstadt. In den beiden letzteren gibt es sogar noch eine nennenswerte Zahl gärtnerisch und landwirtschaftlich Tätiger.

Außerhalb der Mauer hält sich die Besiedlung bis ins erste Drittel des 19. Jahrhunderts in engen Grenzen. Das ändert sich erst mit Beginn der vierziger Jahre. Zuzüge, Eingemeindungen und natürliche Vermehrung beschleunigen das Wachstum der Bevölkerung besonders dort. Im Jahre 1862 wohnt bereits jeder sechste Berliner außerhalb der Mauer; im Jahre 1830 war es erst jede sechzehnte.

Im Norden und im Südwesten führt die Mauer inzwischen quer durch besiedeltes Gebiet. Fälle von Wohnen auf der einen und Arbeiten auf der anderen Seite, verbunden mit täglich mehrmaligem Passieren eines Stadttores gehören hier zum normalen Leben. Die betreffenden, hochfre-

^ *Leopold Ludwig Müller, Ansicht vom Rosenthaler Thor mit dem Betteljudenhaus. 1807. Kolorierte Federzeichnung*

ben die Menschen dort in einem unvorstellbaren Elend.

Es passt zum sozialen Milieu, das vor diesen beiden Toren anzutreffen ist, dass sich in der Nähe, auf dem späteren Gelände der Berlin-Stettiner Eisenbahn, die Scharfrichterei und auf dem Gartenplatz der Galgen der Stadt befinden. Letzterer wird 1842/43 abgebrochen; Hinrichtungen hatten dort noch bis 1839 stattgefunden.

Nicht zufällig entwickelt sich die Gegend nördlich der Mauer zu einem Zentrum vielfältiger sozialpolitischer Bemühungen in Form von Armenfreischulen, Krankenbesuchsvereinen und Betstunden. Im Jahre 1835 wird in der Invalidenstraße Nr. 3, am Nordrand des Voigtlands die von Schinkel entworfene Elisabeth-Kirche eingeweiht. Es ist das erste Gotteshaus in einem unmittelbar außerhalb an die Ringmauer anschließenden Wohnviertel.

Dicht bebaut ist von den dreißiger Jahren des 19. Jahrhunderts ab auch das Areal, das sich westlich an die Wülcknitzschen Häuser anschließt und bis zur Chausseestraße vor dem Oranienburger Tor reicht. Was sich hier ab 1825 ansiedelt, ist die junge Berliner Maschinenbauindustrie. »Feuerland«, wie diese Gegend bald genannt wird, ist die damals bedeutendste räumliche Konzentration von Fabriken und Industriearbeitern Berlins. Letztere, zumindest die Stammarbeiter, wohnen zunächst aber hauptsächlich innerhalb der Mauer.

Diese nördlich außerhalb der Mauer liegenden Areale führen ein Leben für sich, ohne Kommunikation mit der inneren Stadt. Ein Bürger, der auf sich hält, vermeidet es, diese Viertel zu betreten. Vieles, was es an Verbrechen, Prostitution und sonstiger Unmoral auch innerhalb des Mauerrings gibt, tritt dort besonders krass und offen auf – begünstigt auch dadurch, dass es die Mauer gibt:

»Das Diebesgesindel der Residenz nahm vorzugsweise seine Wohnungen im Voigtland, von hier konnte es die umliegenden Dörfer und die Landstraßen mit größerer Sicherheit zur Ausübung von Raubthaten besuchen als von der Stadt aus, da es nicht nötig hatte, die Thore zu passieren.«[1]

[1] Adolf Streckfuß, 500 Jahre Berliner Geschichte, Berlin 1900, S. 445.

^ *J.G. Füllhaas, Der Eingang einer Berliner Suppenküche. 1863. Zeichnung*

Die Elisabeth-Kirche ^

Wenngleich nur in einzelnen Details, unterscheiden sich die Rollen der Frau vor und hinter der Mauer.

Für die durchschnittliche, solide Frau bedeuten diese Vorstädte ein Stückchen Emanzipation. Innerhalb der Mauer kann der Mann seine weibliche Begleitung nur in eine Konditorei führen, wenn er ihr eine Erfrischung anbieten will. Der Besuch von Lokalen, die Wein oder Bier ausschenken, ist streng verboten. Vor den Toren, in einem Gartenlokal wird dagegen eine Ausnahme gemacht. Dort ist ja sogar das Rauchen erlaubt, offiziell jedoch nur den Männern.

Allerdings geraten Frauen selbst dann in Verruf, wenn sie diesen an sich legalen Aufenthalt vor den Nordtoren zu häufig und womöglich mit wechselnder Begleitung wiederholen. Jedenfalls glaubt in Alexis' »Ruhe ist erste Bürgerpflicht« die Geheimratsköchin Charlotte im Streit mit einigen »Damen« den entscheidenden Trumpf auszuspielen, wenn sie ihnen vorwirft, vor dem Brandenburger Tor kaum und dafür vor dem Hamburger Tor umso mehr bekannt zu sein.

Frauen, die dort ständig leben, geben sich den Umständen entsprechend. »Wer dem Gelüste nach einer Bekanntschaft mit den von der Kultur nur spärlich oder gar nicht beleckten Marktweibern nicht zu widerstehen vermochte, der musste schon vors Rosenthaler Tor oder nach dem Neuen Markt sich hinbemühen. Dort waren die eigentlichen Originalgestalten in ihrer ungehobelten, derben Kraft haufenweise beieinander ...«[1]

Kinderkriminalität und Kinderprostitution – sie finden hier ihren Nährboden. E. T. A. Hoffmann bedauert in seinem 1822 verfassten »Vetters Eckfenster«, dass » ... der Berliner Straßenjunge, der den kleinsten Anlass, einen etwas auffallenden Anzug, einen lächerlichen Unfall, der jemanden geschah, zu dem abscheulichsten Frevel benutzte, nicht mehr existiert. Denn jene Zigarrenjungen vor den Toren, die den ›fidelen Hamburger avec du feu‹ ausbieten, diese Galgenstricke, welche ihr Leben in Spandau oder Strausberg oder, wie noch kürzlich einer von ihrer Rasse, auf dem Schafott endigen, sind keineswegs das, was der eigentliche Berliner Straßenjunge war ...«[2]

Am 22. Juli 1836 teilt der für die Familienhäuser vor dem Hamburger Tor zuständige Armendeputierte Kernbach der Armendirektion mit, dass die Tochter der Witwe Hagemann als Kupplerin tätig ist. Nachweislich hat sie dem bekannten Konditoreibesitzer Kranzler acht zumeist noch schulpflichtige Kinder zugeführt. Während die Kupplerin zu neunmonatiger Strafarbeit verurteilt wird, kann Kranzler, der die Eltern der Kinder mit Geld abfindet, eine Anklage wegen Unzucht umgehen.[3]

Wenngleich die staatliche Polizei streng, obwohl gelegentlich einäugig, gegen die Kriminalität vorgeht, bleiben ihre Erfolge begrenzt. Armut und Mangel an moralischem Halt bringen, städtischen und kirchlichen Bemühungen zum Trotz, menschliches Fehlverhalten immer wieder neu hervor.

Nicht nur im Norden, auch in den noch spärlichen Ansiedlungen des Ostens und Südens ist die Armut zu Hause. Vor dem Cottbuser Tor entsteht wenige Jahre nach dem Abriss der Stadtmauer eine Barackensiedlung, die 1872 unter Polizeischutz niedergerissen wird. Ähnlich ergeht es Barackenlagern und Erdhöhlen vor dem Frankfurter und dem Landsberger Tor.

Schon im Jahre 1847 hatte Adolf Glasbrenner die Situation der Randarmut treffend beschrieben:

»Das berlinische Elend, gleichsam ein sickernder Tränenbach, entspringt in den Webereien der Wilhelmstraße (an deren anderem Ende Grafen, Fürsten, Minister und Prinzen wohnen), schlängelt sich am Halleschen und den folgenden Toren um drei Vierteile der Stadt entlang und ergießt sich endlich in den See des berlinischen Jammers, in die sogenannten Familienhäuser des Vogtlandes...«[4]

DIE SPERR-MAUER

Die sozialen und politischen Unruhen um die Mitte des 19. Jahrhunderts, teilweise von Paris und Wien auf Berlin übergreifend, teilweise in der

[1] Isidor Kastan, Berlin wie es war, Berlin 1919, S. 74.
[2] E. T. A. Hoffmann, Gespenster in der Friedrichstadt, Berlin 1996, S. 269.
[3] Johann Friedrich Geist, Klaus Kürvers, Das Berliner Mietshaus 1740-1862, München 1980, S. 310-311.
[4] Adolf Glasbrenner, Berliner Volksleben, Leipzig 1847. zit. n.: Margot Pfannstiel, Der Locomotivkönig, Berlin 1987, S. 112.

preußischen Residenz selbst entstehend, führen dazu, dass die Ringmauer spontan eine neue Aufgabe erhält. Sie wird zeitweilig zur Sperrmauer.

Die Stadttore erlangen in den gewaltsamen Auseinandersetzungen eine gewisse strategische Bedeutung. Dabei steht die Frage, wer wen in welche Richtung am Passieren der Tore hindert, von Fall zu Fall und von Situation zu Situation unterschiedlich.

Wie sich diese Frage aber auch im einzelnen löst, eines trifft – vor allem im Norden – immer zu: Zum ersten Mal in der Geschichte Berlins entsteht, wenngleich nur stunden- oder tageweise, eine undurchlässige, die Stadt spaltende Mauer.

Erste Überlegungen, die Aktionen erregter Menschengruppen durch militärische Besetzung von Stadttoren zu verhindern, kommen bereits im Jahre 1828 auf. In diesem Jahr weigert sich Herr von Wülcknitz, der Eigentümer der Familienhäuser vor dem Hamburger Tor, an die Stadt die Mietsteuerpauschale zu zahlen. Bei den Versuchen der Stadtverwaltung, die Steuer bei den einzelnen Mietern selbst einzutreiben, was mit Pfändungen und Exmittierungen verbunden ist, kommt es am 27. Juli zu ersten Tumulten, die in den folgenden Monaten immer wieder aufzuflammen drohen. Am 29. September 1830 schreibt daher die Königliche Kommandantur an das Polizeipräsidium:

»Es sollen für das Hamburger Tor in der Kaserne des 2. Garderegiments und für das Rosenthaler Tor, in der Kaserne des Kaiser-Alexander-Grenadier-Regiments die nötigen Mannschaften jeden Augenblick bereit stehen, um gegen Unordnungen auftreten zu können, die auf den dortigen Vorstädten von Widersetzlichkeit, von herausgewiesenen Mietern entstehen könnten ...«.[1]

Alarmbereitschaft nicht wegen drohender Angriffe einer feindlichen militärischen Macht, sondern zur Herstellung der Ordnung im Inneren des Landes; eine solche Aufgabenstellung ist für die preußische Armee noch ungewohnt, und entsprechend behutsam wird verfahren. Zu Recht befürchtet man, dass allein die Anwesenheit von bewaffneten Einheiten an den Toren die Bereitschaft der Bürger zur Widersetzlichkeit eher anstacheln als dämpfen könnte. Anlässlich der Märzrevolution 1848 zeigt die Armee kaum noch derartige Hemmungen, nachdem sie schon vier Jahre zuvor in Schlesien gegen die Weber vorgegangen war.

Es geht aber nicht nur darum, unerwünschte Menschengruppen von der inneren Stadt fernzuhalten. Während der Kreuzberger Moritzplatz-Krawalle von 1863 dient die Ringmauer dem genau entgegengesetzten Zweck, »gesetzwidrig« Handelnde an der Flucht zu hindern.

Es ist die Zeit der großen, von den Hausbesitzern nach Kräften ausgenutzten Wohnungsnot, die Zeit des »Wohnungsfeudalismus.«[2] Da die Mietverträge im allgemeinen jeweils zum Quartalsende auslaufen, sind ständig Tausende von Wohnungssuchenden mit ihren Habseligkeiten unterwegs. Im Jahre 1863 muss jeder zweite (!) Berliner die Wohnung wechseln.

Als dem Gastwirt Schulze in der Oranienstraße 64 mit gerichtlicher Absegnung wegen Aufstellens eines eisernen Ofens zum Ende des zweiten Quartals 1863 gekündigt wird, kommt es am und um den Oranienplatz zwischen dem 29. Juni und dem 4. Juli zu Tumulten, die bald über ihren eigentlichen Anlass hinauswachsen. Die angestaute Wut auf die Allmacht der Vermieter entlädt sich zunächst in der Zerstörung der Wohnungseinrichtung des Hauswirts, danach im Einschlagen der Fenster und Laternen ganzer Straßenzüge und in handgreiflichen Auseinandersetzungen mit der Polizei. Es gibt viele Verletzte, auch bei der Polizei, vereinzelt sogar Tote. Insgesamt 426 Personen werden verhaftet, 109 von ihnen vor Gericht gestellt.

Zwei drohende Ankündigungen und eine reale Maßnahme sind es, mit deren Hilfe die Polizei schließlich Ruhe und Ordnung wieder herstellen kann. Angedroht wird, dass von jetzt ab rücksichtslos von der Waffe Gebrauch gemacht werde. Außerdem wird gezielt verbreitet, es werde Militär eingesetzt. Schließlich wird für jedermann zur Abschreckung sichtbar die Ringmauer an den beiden nächstgelegenen Durchlässen, dem Cott-

[1] Johann Friedrich Geist, Klaus Kürvers, Das Berliner Mietshaus 1740-1862, München 1980, S. 148.
[2] vgl. hierzu: Kurt Wernicke, Die »Moritzplatz-Krawalle«. In: Berlinischen Monatsschrift, Berlin, Nr. 8, 1992, S. 4 ff.

buser und dem Wassertor geschlossen. Damit ist ein Entweichen in die unübersichtliche Hasenheide nicht mehr möglich.

Auch in die Auseinandersetzungen während der sogenannten Feuerwerksrevolution von 1835 sind verschiedene Stadttore einbezogen. Auslöser der Krawalle ist das polizeiliche Verbot, den Geburtstag des Königs am 3. August wie gewohnt mit dem Abbrennen von Feuerwerkskörpern, mit Pistolen- und Gewehrschüssen oder dem Einsatz anderer Lärm bzw. Gefahren verursachender Mittel zu begehen. Den Charakter der Ereignisse, die sich über drei Tage hinziehen und die zu 152 Verhaftungen, 23 schwerverletzten und zwei toten Zivilisten sowie zu 72 verletzten Soldaten bzw. Gendarmen führen, hat Adolf Streckfuß so beschrieben:

»Dass die Presse geknebelt war, dass politisch Verdächtige in Unzahl verhaftet und nach summarischem Prozesse auf die Festungen geschickt wurden, dass dem Volke die seit Jahren versprochene Verfassung nicht gewährt wurde, das alles ließen sich die Berliner ruhig und geduldig gefallen, unmöglich aber konnten sie ihre Freiheit, am 3. August den Feuerwerk-Unfug in den Straßen zu treiben, sich ohne Widerstand rauben lassen.«[1]

Immerhin benötigen die Berliner offenbar dieses Ventil, und die Polizei unterschätzt zunächst völlig den aufgestauten Druck. Die am 3. August vorgesehene Isolierung der auf dem Exerzierplatz vor dem Brandenburger Tor lärmenden Lehrburschen und Gesellen misslingt. Die Verdoppelung der Wachen am Brandenburger, am Potsdamer Tor und am Unterbaum erweist sich als wirkungslos, als die Randalierenden am Abend in die Stadt eindringen und Unter den Linden eine Spur der Verwüstung hinterlassen. Am nächsten Tag, der ähnlich turbulent verläuft, reagiert die Polizei mit mehr Konsequenz. Um neun Uhr abends werden die genannten drei und das Hallesche Tor geschlossen. Erst am 5. August ebben dann die Tumulte ab.

Allgemein wird erwartet, dass die Unruhen in einigen Tagen, während des Stralauer Fischzugs wieder aufleben werden. Stattdessen vernehmen die Festbesucher am 24. August den Abgesang dieser »Revolution:« »Wegen Unpässlichkeit des Schusterjungen Herrn Friedrich Schulze kann heute die große Berliner Revolution nicht stattfinden!«[2] Die Nachricht steht in großen Lettern auf einem Papierbogen; dieser ist an einer Stelle befestigt, die alle Feierlustigen passieren müssen: am Stralauer Tor.

Ihren Höhepunkt als militante Sperre, ja, zeitweilig als eine Art Barrikade, erleben die Ringmauer und deren Tore während der Revolution am 18. und 19. März 1848.

Der Märzrevolution von 1848 voraus geht die sogenannte Kartoffelrevolution von 1847. Die Kartoffelknappheit infolge der Missernte von 1846 wird von den Hökern auf den Märkten rücksichtslos ausgenutzt. Die Metze (ca. zweieinhalb Kilogramm) Kartoffeln, die 1845 noch für einen Silbergroschen zu haben war, kostet im Frühjahr 1847 das Vierfache. Entgegen den gesetzlichen Vorschriften, nach denen die Kartoffeln auf den Märkten erst ab 11 Uhr angekauft werden dürfen, gehen die Höker den Landleuten bis vor die Tore entgegen, um sich frühzeitig einen möglichst großen Teil der knappen und begehrten Ware zu sichern.

Nach einer weiteren Anhebung der Wucherpreise am 21. April greifen die wütenden Menschen auf dem Gendarmenmarkt und fast gleichzeitig auf den Wochenmärkten am Oranienburger Tor, auf dem Molkenmarkt und auf dem Belle-Allianz-Platz am Halleschen Tor zur Selbsthilfe. Kartoffelsäcke und Brotschragen werden geplündert. Auch Fleischerläden bleiben nicht verschont. Die Unruhen setzen sich am nächsten Tag fort, als

[1] Adolf Streckfuß, 500 Jahre Berliner Geschichte. Berlin 1900, S. 547.
[2] ebenda, S. 551.

Die »Kartoffelrevolution« im April 1847 ^

Menschenmengen aus den nördlichen Vororten plündernd und die Arbeiter zum Aufruhr auffordernd zum Alexanderplatz ziehen. Am 23. April finden die Vorstädter die Straßen innerhalb der Mauer dicht mit Militär und Polizei besetzt und ziehen wieder ab.

Die allgemeine Unzufriedenheit mit den bestehenden Verhältnissen bleibt auch in den folgenden Monaten bestehen. Ein nächster, mächtiger Impuls für den kommenden Sturm geht dann von der Februarrevolution 1848 in Paris aus.

Die Zeit ist nun reif, die Frage, wie es mit Preußen weitergehen soll, nicht mehr länger in kleinen Zirkeln, sondern öffentlich zu diskutieren. Spätestens jetzt werden dem Berliner aber auch die Unterschiede an Bewegungsfreiheit, die er inner- bzw. außerhalb der Mauer hat, in Erinnerung gebracht. Der Arm des Gesetzes reicht zwar längst über die Ringmauer hinaus – schon seit 1810 hat der Erweiterte Polizeibezirk Berlin etwa den Umfang wie das spätere Groß-Berlin von 1920 – aber es gibt auf Teilgebieten unterschiedliche Regelungen. Öffentliche Versammlungen sind nur innerhalb des alten Stadtgebiets verboten.

Also trifft man sich In den Zelten vor dem Brandenburger Tor, an einem Ort, der als das erste Gartenlokal Berlins gelten kann. Schon 1740 hatten hier zwei Hugenotten namens Tomassin und Portu Leinwandzelte aufgestellt und Spaziergängern Erfrischungen angeboten. Die Zelte wurden später durch Holz-, schließlich durch steinerne Bauten ersetzt – der Name blieb, auch als Adresse des vornehmen Wohnviertels, das dort Ende des 18. Jahrhunderts entstand.

Bettina von Arnim, die In den Zelten Nr. 5 wohnt, ist Zeugin, wie sich aus einer bescheidenen Ansammlung am 6. März in den folgenden Tagen wahre Volksversammlungen entwickeln, wie neben bürgerlichen Interessen – Presse- und Redefreiheit, freies Versammlungs- und Vereinigungsrecht, politische Gleichberechtigung für alle Konfessionen und Besitzklassen, unabhängige Richter, Amnestie für politische Gefangene, allgemeine Volksvertretung – immer häufiger Forderungen des vierten Standes wie etwa das Recht auf Arbeit oder Nationalwerkstätten für arbeitslose Proletarier vertreten werden. Am Abend des 13. März kommt es zu ersten blutigen Zusammenstößen mit der Polizei, nachdem etwa 10.000 Menschen friedlich durch das Brandenburger Tor gezogen waren.

Neben den »Zelten« werden in diesen Tagen auch andere außerhalb der Polizeimauer liegende beliebte Ausflugsziele zu Treffpunkten, in denen die Revolution geistig vorbereitet wird. Einer ist die Tivoli-Brauerei am Kreuzberg vor dem Halleschen Tor, wo in aller Öffentlichkeit hitzige Debatten geführt werden. Ein anderer Ort der Verabredung ist der Dustere Keller, ebenfalls vor dem Halleschen Tor. Vor der Einebnung während der Gründerzeit lag innerhalb der Hügelkette, die sich von Schöneberg bis Neukölln erstreckt, eine kurze aber tiefe Schlucht. Heute mündet dort die Nostiz- in die Arndtstraße ein. Im Mittelalter zur Anlage eines Weinkellers genutzt, danach Domizil von Wegelagerern, fahrendem Volk, desertierten Soldaten und Einsiedlern, wird die Schlucht seit Anfang des 19. Jahrhunderts zum beliebten Ausflugsort, zu dem eine Gastwirtschaft, der »Dustre Keller« einlädt. Laut Zeitzeugen kann der Gast hier die besten Kartoffeln der Welt, angereichert mit Erbsen und Pökelfleisch, genießen.

Schon im Jahre 1810 wird der Dustere Keller ein erstes Mal zum politischen Ort. Am Abend des 14. November versammeln sich hier patriotisch gesinnte Männer um Turnvater Jahn und Friedrich Friesen, um den »Deutschen Bund«, der die Herrschaft Napoleons im Land brechen soll, zu gründen.

Damit beginnt für den Dusteren Keller eine Tradition konspirativer Treffen, die im Revolutionsjahr 1848 besonders auflebt. Über den 13. Februar berichtet ein Spitzel von einer Zusammenkunft verdächtiger Personen, bei der » ... die Anwesenden durchaus dem Communismus und Sozialismus fast ganz im Sinne des Historischen huldigten.« In Bezug auf die staatlichen Verhältnisse müsse » ... man ja alles herunterreißen, dass kein Stein auf dem anderen mehr bleibt. Worauf man auch stößt, da taugt es nichts und muss fort.«[1]

[1] Margot Pfannstiel, Der Locomotivkönig. Berlin 1987, S. 171-172.

Die Kämpfe am 18. und in der Nacht zum 19. März spielen sich fast ausschließlich innerhalb der Mauer ab. Aber viele Stadttore erlangen dabei zeitweilig eine geradezu strategische Rolle.

Nach ersten Zusammenstößen rund um das Schloss kommt es bald auch in einigen Randbezirken zu Auseinandersetzungen. In Kreuzberg werden am Halleschen, Cottbuser und Anhalter Tor die Wachen vertrieben und die Stadttore besetzt, um zu verhindern, dass militärischer Nachschub in die Stadt gelangt.

Danach geht die Menge gegen die Kasernen in der Lindenstraße vor, angeführt von dem Drechslergesellen Gustav Hesse in blauer Arbeitsjacke und mit einer drei bis vier Fuß langen Eisenstange in der Hand.

In der Nähe vom Belle-Alliance-Platz, dem heutigen Mehringplatz befindet sich das Zeughaus der Landwehr. Um dieses Waffenarsenal wird die ganze Nacht erbittert gekämpft. Gegen 20 Uhr fordert eine wohl zweitausendköpfige Menge die Herausgabe der Gewehre. Als der Kommandeur der Wachmannschaft, Major von Schleinitz, ablehnt, greifen Demonstranten mit Steinwürfen an. Es bedarf weiterer zwei Angriffe mit einigen Toten unter den Zivilisten, bis Hunderte von Gewehren erobert und in aller Eile verteilt werden können. Auch die benachbarten Kasernen vom Garde-Kürassierregiment und der Lehr-Esquadron werden in der Nacht besetzt.

Im Osten ist es das Frankfurter Tor, das von bewaffneten Bürgern unter Kontrolle gebracht wird. Diese können allerdings nicht verhindern, dass zwei Kompanien des bei Friedrichsfelde liegenden achten Infanterie-Regiments in Richtung Stadtzentrum vorrücken, um den Barrikadenkämpfern am Alexanderplatz in den Rücken zu fallen. Die Barrikade am Alex bleibt trotzdem die einzige der Innenstadt, die, als die Kämpfe in den Morgenstunden des 19. März abklingen, nicht genommen werden konnte.

Im Norden werden sämtliche – in der Regel aus lediglich drei bis neun Mann bestehenden – Torwachen, vom Prenzlauer bis zum Neuen Tor, verjagt. Das Rosenthaler Tor mit den anliegenden Communikationen ist mit nicht weniger als fünf Barrikaden gesichert, um die Verlagerung militärischer Einheiten zu unterbinden. Angriffe des achten und zwölften Infanterie-Regiments sowie der Kavallerie auf diese Tore werden durchweg zurückgeschlagen.

Die Kämpfer der Barrikaden bewaffnen sich mit eisernen Gegenständen aus den nahegelegenen Maschinenbaufabriken. Dort werden die ganze Nacht hindurch Lanzen geschmiedet. Am Neuen Tor werden Teile aus den Zaungittern, die

^ *H. Hintze, Der »Dustre Keller«. Um 1800.*

den gleichnamigen Platz und die Tierarzneischule umgeben, als Waffen genutzt. Auch die Linienstraße, » ... eine wohl fast eine halbe Meile lange Wegstrecke war«, wie der junge Theodor Fontane berichtet, »wie mit Barrikaden übersät ...«.[1]

Ein Brennpunkt der Auseinandersetzungen im Norden ist das Oranienburger Tor. Die »Reitende-Artillerie«-Kaserne und die Maschinenbauanstalten mit Tausenden von Arbeitern liegen dort in unmittelbarer Nachbarschaft – nur durch Mauer und Tor getrennt.

Als am 18. März nachmittags um 15 Uhr der Befehl eintrifft, mit vier Kanonen zum Schloss auszurücken, errichtet das Volk in einer halben Stunde auf der Oranienburger Straße fünf Barrikaden. Der Transport der Waffen gelingt nur auf Umwegen, über die Friedrichstraße. Gleichzeitig reißen Arbeiter vor dem Tor das Pflaster auf, um den befürchteten Anmarsch von Kavallerieeinheiten aufzuhalten.

Über die herausragende Rolle der Arbeiter von Borsig und der benachbarten Fabriken bei den innerstädtischen Barrikadenkämpfen liegt ein verbürgtes Zeugnis von Theodor Mundt, selbst Teilnehmer an den aktiven Auseinandersetzungen und späterer Oberbibliothekar an der Königlichen Universitätsbibliothek, vor:

»Einige Studenten, welche sich zu Pferde geschwungen hatten, galoppierten zum Oranienburger Thor hinaus, hielten vor allen Maschinenbau-Werkstätten still und feuerten die Arbeiter an, in die Stadt zu kommen und an einem Kampf sich zu betheiligen, der in der Freiheit Aller auch das Loos der Arbeiter zu einem günstigeren wenden werde. Die Arbeiter der Borsig'schen Fabrik gingen namentlich in großer Anzahl auf diese Aufforderung ein, und bis gegen 6 Uhr abends waren wohl an 900 von ihnen in die Stadt gegangen. Ihrer heldenhaften Tapferkeit ... hinter den Barrikaden war es vornehmlich zuzuschreiben, daß in der Nacht des 18. März ein Kampf gekämpft wurde, der die Volkssache in ihrer nicht mehr zurückzustellenden Bedeutung erscheinen ließ ...«.[2]

Am Oranienburger Tor fällt der erste Kanonenschuss der Märzrevolution. Die Kanone wird aus einem Nebeneingang der Kaserne heraus in der Communication, der heutigen Hannoverschen Straße in Stellung gebracht. Ohne Vorwarnung seitens der Artilleristen wird aus einer Entfernung von 25 Schritt eine Kartusche mit 40 bis 50 eisernen Kugeln in die dichte Menschenmenge gefeuert, die sich im östlichen der beiden Torhäuser drängt. Fünf Tote und viele Verwundete sind die Folge.

Den Einsatz von Kanonen gegen das Volk hält in Preußen bis dahin kaum jemand für möglich. Voller Empörung schreibt der Arzt Rudolf Virchow am 19. März 1848 an seinen Vater:

»Zum erstenmal seit der Französischen Revolution des vorigen Jahrhunderts, zum erstenmal in der deutschen Geschichte ist es vorgekommen,

---

[1] Theodor Fontane, Von Zwanzig bis Dreißig, Berlin 1998, S. 373.
[2] zit. n.: Laurenz Demps, Die Oranienburger Straße, Berlin 1998, S. 101.

^ *Theodor Hosemann, Barrikaden am Louisenplatz. Im Hintergrund ein zerstörtes Torhaus.*

ten. Das Tragen von Waffen wird bestraft.

Wrangel rechnet mit Widerstand und postiert am Oranienburger Tor schwere Artillerie. War das Tor im März noch vom Volk befestigt worden, um den befürchteten Einzug von Kavallerie in die Stadt zu verhindern, so dient es jetzt dem Militär als Barriere, um die Arbeiter der Chausseestraße aus der Stadt auszusperren. Erst nach einigen Tagen, am 18. November gelingt es August Borsig unter Entlassungsdrohungen, seine Arbeiter zum Abgeben der Waffen zu bewegen.

Der Belagerungszustand endet am 28. Juli 1849. Aber der Polizeistaat ist fast ohne Abstriche präsent. Der nach Berlin kommende Fremde findet den Bahnhof mit Militärabteilungen und zahlreichen Schutzleuten besetzt, deren Reihen er passieren muss. Auch die Tore sind stark bemannt, und die Legitimation des Eintreffenden wird auf das strengste geprüft.

Es beginnt die Zeit der Reaktion. Der Ausspruch Friedrich Wilhelms IV.: »Gegen Demokraten helfen nur Soldaten« gilt von nun an als moralisch legitim anwendbares letztes Mittel zur Erhaltung des königlichen Gottesgnadentums. Noch sehr viel später, am 16. Januar 1862, lässt der neue König Wilhelm I. Militär mobilisieren, um im Falle eines Bürgerkriegs gegen Berlin marschieren zu können. Der Grund ist vergleichsweise banal: der Landtag verweigert die Mehrausgaben für eine Heeresreorganisation. Aber man ist seit jenen Märztagen ständig auf der Hut.

daß ein Landesfürst auf seine Untertanen mit Kanonen hat schießen lassen; das Kleingewehrfeuer genügte nicht – nein, Kartätschen und Granaten ließ er in das Volk schleudern.«[1]

In der Morgendämmerung des 19. März flauen die Kämpfe ab. Gespannte Ruhe liegt über den Straßen. Aber die Revolutionäre haben nicht aufgegeben; ein weiteres Vordringen der Truppen würde zu neuer Gegenwehr führen.

In dieser Situation gibt der König nach. Seine verhassten Soldaten verlassen Berlin, den Schutz der öffentlichen Ordnung übernimmt eine Bürgerwehr. Pressefreiheit, Vereinigungs- und Versammlungsrecht, ein liberales Ministerium, freie Landtagswahlen – diese Forderungen der Aufständischen gehen in Erfüllung.

Die meisten dieser neuen Freiheiten halten sich jedoch nur einen Sommer. Schon im November kehrt General Wrangel auf Geheiß des Königs mit seinen Truppen nach Berlin zurück. Rund 80.000 Mann und 170 Geschütze sind um Berlin zusammengezogen. Am 12. November wird er Belagerungszustand ausgerufen. Alle politischen Vereine, öffentlichen Versammlungen und demokratischen Zeitungen werden verbo-

[1] In: Rolf Weber (Hrsg.), Revolutionsbriefe 1848/49, Frankfurt/M. 1973. Zit. n.: Johann Friedrich Geist, Klaus Kürvers, Das Berliner Mietshaus 1740-1862, München 1980, S. 358.

^ *F. Albert Schwartz, Die »Reitende-Artillerie«-Kaserne, Friedrichstraße 118-119. 1856.*

DAS ENDE DER MAUER

Im Jahre 1869 ist die Mauer weitgehend verschwunden, und in der folgenden Zeit zeigt sich, welche Chancen sich dadurch der Stadtentwicklung eröffnen. Mancher fragt erstaunt, wie es den Menschen und der gesamten Stadt weit über ein Jahrhundert hinweg gelingen konnte, mit dieser Ringfessel zurechtzukommen.

Bezogen auf den Einzelnen ist die Antwort so einfach wie wahr: Der Mensch gewöhnt sich an (fast) alles; schon gleich gar, wenn er seit Generationen nichts anderes kennt, als ummauert zu sein und zumal dann, wenn die Barriere nicht nur Einschränkungen und Ärgernisse, sondern auch realen (nicht nur deklarierten) Schutz bedeutet.

Die Entwicklung der Residenz wird erstaunlicherweise durch die Mauer während der ersten neunzig bis hundert ihrer insgesamt gut einhundertdreißig Jahre währenden Existenz gar nicht behindert – jedenfalls nicht die Ausdehnung in der Fläche. Das unbebaute Areal Berlins ist groß und zusammenhängend. Es reicht aus, um den preußischen Königen ein reiches Betätigungsfeld für Stadtplanung und -bebauung zu eröffnen, ohne mit dem Verlauf des Rings in Konflikt zu kommen – beginnend mit Friedrich Wilhelm I., der im Norden die Spandauer Vorstadt bis an die Palisade abstecken lässt sowie im Westen den Verlauf der Stadtmauer in Abhängigkeit von der Erweiterung der Friedrich- und der Dorotheenstadt bestimmt und endend mit Friedrich Wilhelm IV., der sich schon als Prinz in der Planung der Luisenstadt engagiert.

Die Mauer südlich der Spree und die Palisade nördlich des Flusses, die ab 1736 den Ring bilden, schließen ein Territorium von 1.330 Hektar ein, das später unwesentlich auf 1.400 Hektar erweitert wird. Zusammenhängend bebaut ist zu diesem Zeitpunkt aber nur der kleinere Teil dieser Fläche: der Festungsstern – das mittelalterlich geprägte Cölln-Berlin sowie der Friedrichswerder und Neu-Cölln – und die neuen, gemäß barockem Stadtideal planmäßig angelegten Teile der Dorotheen- bzw. Friedrichstadt. In den anderen, ärmlichen Festungsvorstädten des Nordens, Ostens und Südens findet sich eine Haus-an-Haus-Bebauung nur in Gestalt weniger kleiner Straßenquarres bzw. einzelner Straßenzüge, vor allem solcher, die zu den Toren führen.

Während der nächsten drei bis vier Generationen verändern sich Aussehen und Charakter der Stadt radikal; am Verlauf der Ringmauer gehen diese Wandlungen spurlos vorüber. Am Schluss dieser Entwicklung ist Berlin eine architektonisch sehenswerte Stadt, ein bedeutendes Zentrum von Wirtschaft, Wissenschaft und Politik, eine Hauptstadt – mit Mauer.

METROPOLE MIT MAUER

In den Kernstädten Berlin und Cölln bleibt lange Zeit vieles noch beim Alten. Zum Zeitpunkt der

Ringschließung herrschen hier, von Residenz- und Militärbauten, dem Militärkrankenhaus (Charité) und der königlichen Akademie abgesehen, in ganzen Straßenzügen oft noch mittelalterliche Strukturen vor. Der Grundriss der Privathäuser (ohne Nummern) erstreckt sich in die Tiefe, und die Giebel unter den hohen Satteldächern blicken zur Straße, die weder Bürgersteige noch Beleuchtung aufweist. Oder das Anwesen ist so klein, dass die drei zur Straße hin sichtbaren Fenster die gesamte Breite ausmachen. Das sind dann Häuschen, die gelegentlich nur um die hundert Taler wert sind, während größere und komfortablere Wohngebäude, die im Laufe der Jahre immer häufiger in die alte Stadt hineingebaut werden und dabei die niedrigen Wohnzeilen unterbrechen, mehrere tausend Taler kosten. Auch die Entstehung und Ausbreitung der Manufakturen gegen Ende des 18. und Anfang des 19. Jahrhunderts beeinflussen das Straßenbild des alten Berlin wenig, weil zumindest die kleineren unter ihnen auf den unbebauten Flächen hinter den Wohnhäusern Platz finden.

Der Stolz der Könige, der Berliner und auch der meisten Besucher sind die neuen Stadtteile im Westen. Einigen der Fremden geht indes die Planmäßigkeit der Stadtanlage zu weit, beispielsweise Johanna Schopenhauer, die 1797 mit ihrem Mann für eine Woche in Berlin weilt:

»Der Anblick der wie nagelneu aussehenden Stadt war mir zwar auffallend, aber die unabsehbaren langen und breiten Straßen kamen eben wegen ihrer Länge und Breite mir öde und menschenleer vor, ebenso auch die alle wie nach einem Modell erbauten, einander durchaus ähnlichen Häuser, von denen damals einige gar keine Häuser, sondern bloß eine Fassade waren, hinter welcher nichts als ein leerer Raum sich befand, die nur der Symmetrie zuliebe erbaut worden war, um eine entstellende Lücke in der Reihe der übrigen Häuser zu verbergen. Daß dem wirklich so sei, davon konnte mich Ungläubige nur der Augenschein überzeugen. Wider mein Wollen musste ich in Berlin immer an Theaterdekorationen denken.«[1]

Bildkünstlerische Darstellungen aus dieser Zeit, so etwa Rosenbergs Blick in die Mauerstraße von 1786, bestätigen diesen Eindruck aber nur zum Teil.

Die drei zweistöckigen Häuser im Vordergrund links haben in der Tat gleichmäßig durchgeführte Firstlinien, Hauptgesimse und Fensterumrahmungen, und im Hintergrund ist – noch ausgeprägter – eine weitere uniforme Häusergruppe zu erkennen. Trotzdem kann das Straßenbild insgesamt durchaus als abwechslungsreich gelten, wobei zugestanden werden muss, dass der gleichmäßig gekrümmte, den Anblick belebende Verlauf der früheren Grenzstraße eine einmalige Erscheinung in der Friedrichstadt ist.

Es bleibt Friedrich Schinkel vorbehalten, zum ersten Mal, seit die Festungsanlage verschwunden ist und die neue Mauer Berlin umschließt, einen gewissen architektonischen Zusammenhang zwischen den bisher getrennt nebeneinander liegenden zentralen Stadtteilen einerseits und den westlichen Vorstädten andererseits herzustellen. (Die anderen Vorstädte bleiben von dieser Integration allerdings weitgehend unberührt). In den zwanziger und dreißiger Jahren des 19. Jahrhunderts verwandelt er das Antlitz der Stadt, indem er dem barocken Geist Schlüters und den Werken des Friderizianischen Forums die großartigen Baudenk-

[1] Johanna Schopenhauer, Ihr glücklichen Augen, Jugenderinnerungen, Tagebücher, Briefe. Verlag der Berlin, 1979, S.208.

J. G. Rosenberg, Blick in die Mauerstraße von Süden, im Hintergrund die Dreifaltigkeitskirche. 1786. Stich ^

male einer romantischen Klassik hinzufügt. Berlin wird eine in sich geschlossenere und an Kunstdenkmalen bemerkenswert reiche Stadt. Viele dieser Werke gehören noch heute zu den weltbekannten Wahrzeichen der deutschen Hauptstadt.

Hinzu kommt, dass Berlin in diesen Jahren zu einem bedeutenden Standort von Wissenschaft und Kultur wird. Im Jahre 1810 kommt es zur Gründung der Berliner Universität, die 1828 den Namen Friedrich-Wilhelms-Universität erhält und 1949 in Humboldt-Universität umbenannt wird. Exakt hundert Jahre vorher war bereits ein Pesthaus entstanden, aus dem – 1726 in ein Armenhospiz unter dem Namen Charité (1727) umgewandelt – die älteste medizinische Bildungsanstalt Deutschlands hervorging. Noch weiter zurück, auf die Jahre 1696 und 1700 geht die Gründung der Akademie der Künste und der Akademie der Wissenschaften.

Hinter diesen so bemerkenswert positiven Entwicklungen bleiben der Straßenbau, die Entsorgung fester Abfälle und die Kanalisation in erschreckendem Maße zurück. Schon in einem Bericht aus dem Jahre 1785 heißt es:

»Es gibt hier Straßen, wo große Kloaken aufgetürmt liegen, faule Sümpfe in beständiger Gährung fließen und schädliches Ungeziefer sich generieret; selbst am königlichen Schloss sind Exkremente von Menschen und Tieren zu finden, die vor den Vorübergehenden eben nicht die angenehmsten Gerüche verbreiten. ... Es ist aber unverzeihlich, dass die Polizei hierin so nachlässig und träge handelt, da es bloß bei ihr steht, dass diesem Übel vom Grunde aus abgeholfen werde. Deshalb hätte man nicht nötig gehabt, nach Paris zu reisen, sondern die kleinste Stadt im Erzgebirge hätte darinnen zum Muster dienen können.«[1]

Eine andere bekannte Darstellung der Berliner Verhältnisse, der »Schattenriss von Berlin« aus dem Jahre 1788, gibt folgendes Bild:

»So breit und schön die Straßen auch dem ersten Anblicke nach sind, so weiß doch der Fußgänger zuweilen nicht, wie er sich für schnellfahrenden Wagen, für Koth und Goßen hüten soll. Der eigentliche Gang für Fußgänger sollte, so wie in allen übrigen polizirten Städten, längs den Häusern hingehen, allein dieses hat man durch die hohen Auffahrten vor den Häusern fast unmöglich gemacht. Der Fußgänger wird alle Augenblicke aufgehalten und ist gezwungen, über die Gossen weg auf den sogenannten Damm zu schreiten. Nirgends ist diese Unbequemlichkeit sichtbarer, als in der Leipziger Straße, einer der schönsten von ganz Berlin. ... In der Mitten der Straße oder auf dem Damme ist es, bei schlechter Witterung, außerordentlich kothig und in dem Steinpflaster selbst giebt es unzählige Löcher ... Die Goßen sind zwar, wie es sich gehört, an beiden Seiten des Dammes angelegt, jedoch so, dass sie dem Fußgänger eine neue und gefährliche Falle werden. Ein Teil dieser tiefen Goßen ist nur vor den Haustüren mit Brettern überlegt. Sobald man also des Abends längs der Häuser weggeht, stößt man alle zehn bis funfzehn Schritte an eine steinerne Treppe oder Auffahrt, die noch wohl, zu größerer Gefahr, mit einer kleinen Rönne umgeben ist; gehet auf den Brettern, womit die Goßen bedeckt sind, herzhaft fort, so stürzt man, ehe man es sich versieht, mit einem Male drei bis vier Fuß tief in die Goße hinunter; gehet man aber in der Mitte des Dammes, so weiß man bei der geschwinden Annäherung eines oder gar mehrerer Wagen, nicht wo man sich hinwenden soll.«[2]

Kaum zu glauben, dass diese unhygienische und gesundheitsgefährdende Art der offenen Ableitung flüssiger Abfälle nicht nur die Zeiten Schinkels, sondern fast noch ein volles Jahrhundert nach Veröffentlichung dieses Berichts überdauert.

Ein anderes Merkmal Berlins ist der ländliche Charakter dieser Stadt. Er hält sich fast bis zum Zeitpunkt des Abrisses der Stadtmauer – dank der großzügigen Anlage dieses Rings.

Selbst in den Zentren dichter Bebauung befinden sich lange Zeit hinter den Wohnhäusern Flächen, die gärtnerisch und zur Viehhaltung genutzt werden. Eigenversorgung ist billiger als der Kauf der mit Akzise belasteten Naturalien auf dem Markt. »Wo ein Bäcker oder Branntweinbrenner wohnte, gab es natürlich auch Schweineställe;

[1] Knüppeln, Charakteristik von Berlin. zit. n.: Ruth Glatzer (Hrsg.), Berliner Leben 1648-1906, Berlin 1956, S. 213-214.
[2] zit. n.: Adolf Streckfuß, 500 Jahre Berliner Geschichte, Berlin 1900, S. 445.

in einer Brennerei in der Wilhelmstraße einen ›Schweins-Koben zu 50 Stück Schweine‹. Und wenn die Stalltür und das Hoftor offen standen, drängten die Schweine heraus.«[1]

Außerdem gehören zu diesen Grundstücken oft Hauswiesen, die sich fernab der eigentlichen Stadt, aber teilweise innerhalb des Rings befinden. Auch Scheunen sind in nennenswerter Anzahl anzutreffen; im Jahre 1740 werden immerhin 99 gezählt.

Kein Wunder, dass Friedrich II. auf die Frage an einen Franzosen, ob Berlin nicht eine schöne Stadt sei, die sich sehr wohl bald mit Paris messen könne, zur Antwort erhält: »Gewiss, nur pflegen wir in unserer Hauptstadt nicht zu säen und zu ernten!«[2]

Um 1820 gilt immer noch:

»Säen, ernten, heuen, dreschen, das konnte auch die Umgebung Berlins, ja Berlin selbst lehren, in dessen Ringmauern damals noch gesäet, geerntet, geheuet und gedroschen wurde wie auf dem flachen Lande. ... Eine spröde Opposition des märkischen Bauern gegen Berlin und Berlinertum machte sich damals auch darin geltend, dass fast bis dicht unter die Tore der Stadt der Landbewohner seine allgemeine bäuerliche Art beibehalten hatte. Bis auf eine halbe Meile von Berlin glaubte man sich schon wie mitten in die Altmark, die Prignitz versetzt. Kleine niedrige Lehmhäuser mit dichten Strohdächern, eine düster schattende Linde vor dem Tor, Räder, Deichseln, Latten, den Eingang hemmend. Die Tracht nur ländlich, kurze Jacken, lederne Hosen, bunte Nachtmützen, die Sprache plattdeutsch ...«.[3] Die Weitläufigkeit des Stadtbildes, die eine fast 16 Kilometer lange Mauer gewährleistet, sorgt dafür, dass Berlin bis etwa zur Mitte des 19. Jahrhunderts Landstadt bleibt. Das landwirtschaftliche Fluidum bleibt vielerorts erhalten. So manche Straßenzüge haben noch ackerbürgerlichen Zuschnitt. Im Jahre 1851 weist das Berliner Adressbuch noch immer 85 Ackerbürger und Großviehhalter aus. Felder, Wiesen, Garten- und Brachland reichen vielfach noch in das städtische Weichbild hinein.

Diese Weitläufigkeit ist zugleich die Voraussetzung dafür, dass sich innerhalb der Stadtmauer Keimzellen des neuen industriellen Berlins bilden und entfalten können. Kaufleute und Ingenieure streben mit Macht dem Zeitalter der Technik entgegen, andere verweilen beharrlich in der Idylle und versuchen, das Tempo des Fortschritts zu bremsen. »Dampfpfeife und Kuhglocke« kennzeichnen die Stadt, meint der geistvolle Ludwig Börne.

Zusammengefasst sind es mindestens die folgenden charakteristischen Züge, die die Stadt um die Mitte der 19. Jahrhunderts kennzeichnen; Berlin ist Residenz-, Industrie-, Handels-, Wissenschafts-, Garnisons- und Landstadt. Und alles dies ist in einer Ringmauer vereint.

Erste unbedeutende Ansiedlungen der Bevölkerung außerhalb der Stadtmauer sind zwar bereits im 18. und etwas verstärkt im beginnenden 19. Jahrhundert zu beobachten. Ursächlich ge-

---

[1] Ernst Consentius, Alt-Berlin. Anno 1740, Berlin 1907, S. 48.
[2] Katharina Altmann u.a. (Hrsg.), Die Luisenstadt. Ein Heimatbuch, Berlin, Leipzig, Wien 1927, S. 30-31.
[3] Karl Gutzkow, Unter dem schwarzen Bären, Berlin 1971, S. 46, 133.

^ *Eduard Gaertner, Die Reetzengasse*

schieht dies indes vor allem aus sozialen und wirtschaftlichen Gründen. An sich bietet der Raum innerhalb des Mauerrings bis zuletzt genügend Platz, die zahlenmäßig wachsende Bevölkerung Berlins unterzubringen.

Geht man von 100.000 Einwohnern als dem statistischen Kriterium für eine Großstadt aus, so hat Berlin diesen Status Mitte der vierziger Jahre des 18. Jahrhunderts erreicht. Im Todesjahr Friedrichs II. (1786) wird dann die Einwohnerzahl von Berlin (147.000) nur von London (800.000) und Paris (600.000) erheblich übertroffen, außerdem etwas von Amsterdam und Wien (je 200.000). Madrid und Rom liegen etwa gleichauf.

Auch sechzig Jahre später, im Jahre 1843 steht die Stadt mit 352.000 Personen an fünfter Stelle in Europa, unverändert weit zwar hinter London (1.871.000) und Paris (997.000), auch deutlich hinter Konstantinopel (598.000) und St. Petersburg (470.000), aber etwa gleichauf mit Wien (358.000) und Moskau (348.000). Die Stadt verfügt inzwischen über 8.380 bürgerliche Vorderhäuser im Versicherungswert von 102 Millionen Taler, 181 königliche, d.h. staatliche Gebäude und 32 Kirchen. Berlin hat 294 Straßen und Gassen, 24 öffentliche Plätze und 40 Brücken.[1]

Trotz der enormen Bevölkerungsentwicklung auf das Dreieinhalbfache in hundert Jahren verändert sich das bebaute Areal der Stadt erstaunlich wenig. Auf die Nachfrage nach Wohnraum reagieren die Hausbesitzer mit der Überbauung rückwärtiger Grundstücksflächen, mit Aufstockung sowie der Einbeziehung von Kellern und Dachböden. Die Stadt wächst mehr in die Höhe als in die Breite. Um die Mitte des 19. Jahrhunderts kommen auf ein Haus bereits 48 Bewohner; doppelt so viele wie fünfzig Jahre zuvor.

Auch im Jahre 1843 ist von den 1.400 Hektar umfriedeter Fläche noch rund ein Sechstel – das Köpenicker Feld und das Areal zwischen Stralauer, Frankfurter und Landsberger Tor – unbebaut. Zugleich ist die bebaute Fläche, die dicht außerhalb der Stadtmauer liegt, noch so klein, dass sie bequem in diesen freien Feldern der Luisenstadt und der Stralauer Vorstadt unterzubringen wäre.

Aber zu diesem Zeitpunkt, Anfang der vierziger Jahre, hat der Wandel von einer stark intensiv geprägten zu einer radikal extensiven Stadtentwicklung bereits begonnen.

Neue Spielräume für die Expansion der Stadt werden von Seiten der Administration geschaffen. Die Neufestlegung des Weichbildes von 1841 führt zusammen mit der im Jahre 1829 wirksam gewordenen zu einer Vergrößerung der Fläche von den genannten 1.400 Hektar auf 3.510 Hektar, und ab 1861 umfasst Berlin sogar 5.923 Hektar. In zwei Jahrzehnten dehnt sich die Fläche der Stadt auf das 4,2-fache aus.

Außerhalb der Mauer, aber innerhalb Berlins liegen jetzt die Oranienburger, Rosenthaler und Schönhauser Vorstadt, die Landsberger und die Prenzlauer Vorstadt, Teile der Stralauer Vorstadt und der Luisenstadt, die Tempelhofer, Schöneberger und Friedrichsvorstadt sowie Moabit und das Hansaviertel, der Wedding und der Gesundbrunnen.

Der Bevölkerungsgewinn der Angliederungen hält sich allerdings zunächst in engen Grenzen. Die Stadterweiterungen von 1829 und 1841 sind mit 10 Prozent zusätzlichen Einwohnern verbunden. Vergleichsweise noch weniger Menschen kommen 1861 hinzu. Es sind nur 7 Prozent bei einer Gebietsvergrößerung von 69 Prozent, einer Zunahme der Zahl der Wohngebäude um 15, der Fabriken, Mühlen und Magazine um 17 und der Ställe und Schuppen um15 Prozent. Zunächst besteht ein Missverhältnis zwischen den weiten Flächen in Moabit und im Wedding und der dünnen, wirtschaftlich wenig leistungsfähigen Bevölkerung. Das ändert sich indes schnell. Zwischen 1860 und 1875 steigt die Bevölkerungszahl der neuen Gebiete um 330 Prozent, in den alten Stadtteilen »nur« um 65 Prozent. Im Jahre 1875 tragen die neuen Stadtteile bei einem Bevölkerungsanteil von 16 Prozent bereits 20 Prozent zur Gemeinde- und Einkommensteuer bei. Das erleichtert die Finanzierung städtischer Einrichtungen, für die in diesen Gebieten ein erheblicher Nachholbedarf besteht.

Stadtgebiet und -verwaltung werden in 16 Stadtteile gegliedert, die je zur Hälfte an beiden

[1] Ernst Fidicin, Berlin historisch und topographisch, Berlin 1843, S. 52-53.

Seiten der Spree liegen. Mitte der sechziger Jahre gibt es in Berlin insgesamt 33.900 Gebäude, die sich an 546 namentlich bezeichneten und an 95 in Bebauungsplänen nummerierten Straßen und Plätzen befinden. Von dieser Gesamtzahl der Gebäude entfallen 21.919 auf Wohnhäuser, 10.180 auf Ställe, Scheunen und Schuppen, 1.164 auf Fabriken und 700 auf öffentliche Bauten. Von letzteren dienen 200 der preußischen Staatsverwaltung, 87 der Ortspolizei und der Gemeindeverwaltung und 107 Lehr- und kirchlichen Zwecken.[1]

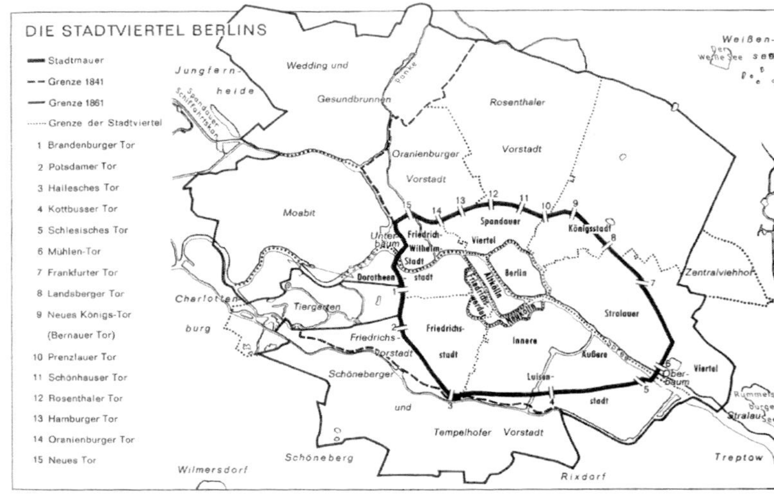

Nachdem 1865 auch der Mahl- und Schlachtsteuerbezirk erweitert wird, gibt es keine Verwaltung mehr, deren Zuständigkeit an der Stadtmauer endet. Die Kompetenzen reichen vielmehr weit darüber hinaus. Die Karte zeigt, dass sich die neue Stadtgrenze fast überall und besonders ausgeprägt im Nordwesten, Norden und Nordosten kilometerweit von der Ringmauer entfernt hat.

Die Gebietsreform von 1861, die auf eine Kabinettsorder vom 28. Januar 1860 zurückgeht, bedeutet zugleich einen Schritt in Richtung Vereinheitlichung der regionalen Zuständigkeitsbereiche der einzelnen Verwaltungen. Zuvor hatten Magistrat, Stadtverordnetenversammlung, die beteiligten Landräte und Gemeinden sowie die preußische Regierung seit einem halben Jahrhundert mit wechselnden Fronten um eine genaue Festlegung der Stadtgrenzen gerungen. Im Hintergrund standen dabei ganz reale Interessen des Steuerrechts, der Gerichtsbarkeit und der Armenfürsorge.

Jetzt werden der engere Polizeibezirk, in dem jegliche Art von Polizeigewalt ausgeübt wird und die Militärverwaltungsbezirke den neuen Stadtgrenzen angepasst. Ebenso kommt die Jurisdiktion über die eingemeindeten Stadtteile zum Berliner Stadtgericht. Unverändert über die Stadtgrenzen hinaus reicht der weitere Polizeibezirk, d.h. der Zuständigkeitsbereich der königlichen Sicherheitspolizei; er erstreckt sich von Schönhausen bis Steglitz und von Tegel bis nahe Köpenick.

Im Jahre 1867, zum Zeitpunkt des Mauerabbruchs, haben einige der neuen Vorstädte, die in den vierziger Jahren noch den Charakter relativ kleiner äußerer Siedlungsspitzen trugen, die Größenordnung von Klein- bzw. Mittelstädten erreicht. Dies gilt für die Oranienburger Vorstadt (56.702 Einwohner), die Rosenthaler (35.620), die Tempelhofer (23.671) und die Schöneberger Vorstadt (16.994), für den Wedding und den Gesundbrunnen (16.668) und für Moabit (12.250). Allein diese außerhalb der Ringmauer liegenden Stadtteile stehen für 23 Prozent, also fast ein Viertel der Berliner Bevölkerung.

Da natürlich auch die Zahl der innerstädtischen Bewohner – wenngleich langsamer – expandiert, kommt es in den sechziger Jahren zu einer ausgesprochenen Bevölkerungsexplosion. Die folgenden Zuwächse an Einwohnern Berlins konnten wegen fehlender Daten nicht immer exakt auf ein Jahrzehnt abgestellt werden; dessen ungeachtet bleibt die Aussage eindeutig:

[1] Ernst Fidicin, Berlin historisch und topographisch, Berlin 1843, S. 52-53.

Ingrid Thienel, Städtewachstum im Industrialisierungsprozess des 19. Jh., Berlin (West) 1973. ^

1811–1822	39.276	1860–1870	281.069
1822–1831	39.643	1870–1880	349.270
1831–1840	83.212	1880–1890	454.767
1840–1850	96.107	1890–1900	309.797
1850–1860	74.696		

Der Zuwachs von 281.000 Personen zwischen 1860 und 1870 bedeutet schlicht, dass die Berliner Bevölkerung in diesem einen Jahrzehnt um die gleiche Anzahl von Menschen zunimmt, wie während der gesamten ersten sechshundert Jahre Stadtgeschichte. Dabei erklärt die Stadterweiterung von 1861 diese außergewöhnliche Entwicklung nur zu einem geringen Teil; die Zuwächse in den folgenden Jahrzehnten übertreffen sogar noch den der Sechziger, obwohl die Stadtgrenzen weitgehend unverändert bleiben. Hauptursache der Bevölkerungsexplosion ist der Massenzustrom vom Lande, ausgelöst in erster Linie durch die mit Riesenschritten fortschreitende Industrialisierung der Stadt.

INDUSTRIE UND VERKEHR ALS MAUERBRECHER

Für die Ringmauer gilt, was für alle historisch überlebten Einrichtungen von einiger gesellschaftlicher Bedeutung zutrifft: Es ist immer ein ganzer Komplex von Faktoren, der zu ihrer Beseitigung drängt. Im Falle der Mauer sind die wichtigsten unter diesen Faktoren die Industrie und der Verkehr – beide wechselseitig eng miteinander verbunden. Sie sind es vor allem, die die alten Tore und Stadtmauern aufbrechen.

Etwa seit Mitte der dreißiger Jahre des 19. Jahrhunderts bestimmen nicht mehr allein Schloss und Kirchtürme die Silhouette Berlins, sondern ebenso die Schornsteine und Rauchsäulen der Fabriken. Zu den Pionieren der Berliner Industrie gehören die mechanisierten Produktionsstätten des Maschinen-, Werkzeug-, Instrumenten- und Apparatebaus (Egells, Freund, Borsig, Wöhlert, Schwartzkopff, Pflug). Um die Mitte des Jahrhunderts beherbergt Berlin bereits 630 Betriebe dieser Branchen, die 7.600 Menschen beschäftigen. Zwanzig Jahre später, um 1870, sind es sogar 1.670 Betriebe mit 23.500 Beschäftigten.

Damit arbeitet jeder 31. Berliner in diesem Sektor der Metallverarbeitung. Ein noch größeres Gewicht hat zu dieser Zeit das Bekleidungsgewerbe mit seinem Zentrum um den Spittelmarkt, in dem jeder dreizehnte Einwohner tätig ist.

Neue Branchen entwickeln sich in den vierziger Jahren aus der Gastechnik (Julius Pintsch) und der Elektrotechnik (Siemens & Halske). In den sechziger Jahren wächst die chemische Industrie (Schering) über ihre lokale Bedeutung hinaus; dieser junge Zweig verfügt 1870 bereits über 218 Betriebe. Im Brauereiwesen (Bötzow, Schultheiss, Tivoli, Pfefferberg) findet in diesen Jahren vor den Stadttoren der Übergang zur industriellen Großproduktion statt.

Während Gewerbezweige zur Verarbeitung landwirtschaftlicher Rohstoffe (Zuckersiedereien, Branntweinbrennereien, Gerbereien, Webereien, Spinnereien) sowie die Steine- und Erdengewerbe (Ziegel- und Kalkbrennereien) ihre Fabrikation aus der Stadt heraus in ländliche Gebiete mit billigen Arbeitskräften verlagern, kommen nicht nur die genannten Industrien, sondern auch viele Dienstleistungsgewerbe auf. Hierzu gehören u.a. Chemischen Reinigungen, Färbereien und Waschanstalten (Spindler in der Burgstraße). Zahlreiche Nebenindustrien entstehen – auch für den militärischen Bedarf.

Siemens-Arbeiter bei der Montage einer Dynamomaschine. ^

Bis zum Jahre 1850 hat das Berliner Polizeipräsidium pro Jahr nur etwa 10 bis 20 Fabrikbauten zu bewilligen. Während der folgenden zwanzig Jahre sind es demgegenüber jährlich 54 Bauanträge. Das gewerbliche Anlagevermögen wächst sprunghaft und prägt vielerorts das Stadtbild. Im Jahre 1870 werden insgesamt 5.034 Fabrik- und Lagerbauten, Magazine und Eisenbahngebäude gezählt.[1]

Zusammen mit der Industrie entfalten sich Handel, Banken sowie das Verkehrswesen, und als konzentrierter Ausdruck dieses allgemeinen wirtschaftlichen Aufschwungs erlangt die Berliner Börse ab Ende der sechziger Jahre überregionale Bedeutung.

Das moderne, auf der Nutzung der Dampfkraft beruhende Verkehrswesen, das gegen Mitte des Jahrhunderts aufkommt, ist sowohl Resultat als auch Voraussetzung der Industrialisierung. Die Industrie liefert die Lokomotiven, Dampfschiffe, Waggons, Signalanlagen, Schienen, Brückenbögen und sonstigen Ausrüstungen und ist zugleich darauf angewiesen, ihren Rohstoffbedarf und ihren Absatz über diese Transportmittel zu realisieren. Im Vordergrund stehen dabei die Eisenbahnen. Die Stadt wird in jenen Jahren als überragender Verkehrsknotenpunkt das deutsche Innovationszentrum für Verkehrstechnik, ihr Warenverkehr löst sich von lokaler Beschränkung, was die Möglichkeiten gewerblicher Entwicklung stark verbreitert. Es ist daher keineswegs zufällig, dass sich die Industrie räumlich auf die Endstellen der Eisenbahn konzentriert. In den sechziger Jahren befindet sich der Standort jedes zweiten Industrie- und Gewerbebetriebs in der Nähe eines Bahnhofs.

Die – durchweg privaten – Bahnlinien der ersten Generation entstehen alle zu Zeiten der Existenz der Ringmauer. Es sind dies die Potsdamer Bahn (1838) mit dem Kopfbahnhof vor dem Potsdamer Tor, die Anhalter Bahn (1841) mit Endstelle vor dem Anhalter Tor, die Hamburger Bahn (1846) mit dem Bahnhof in der Nähe des Neuen Tors, die Stettiner Bahn (1843) mit dem Kopfbahnhof nördlich vom Oranienburger und Hamburger Tor und die Frankfurter Bahn (1842), die als einzige im Inneren des Ringmauerbereichs endet. Die Görlitzer Bahn mit dem gleichnamigen Bahnhof (1868) vor dem Köpenicker Tor wird noch unter Berücksichtigung des Verlaufs der Ringmauer geplant, aber fast gleichzeitig mit deren Abriss in Betrieb genommen.

Die Bahnhöfe sind die neuen Tore der Stadt. Wer aber von auswärts kommend diese Empfangshallen des Fortschritts passiert hat, steht bald darauf vor den Mauerpforten längst vergangener Zeiten, die ihn daran gemahnen, dass in Preußen so manche feudale Beschränkung unverändert fortbesteht.

Was man der Ringmauer allerdings nicht »vorwerfen« kann, ist, sie habe ein tieferes Eindringen der Bahnlinien in die Stadt verhindert. Die Linien enden dort, wo die kompakte Besiedlung beginnt, und indem die Mauer lange Zeit zu einer räumlichen Konzentration der Stadtausdehnung beigetragen und eine Zersiedlung behindert hat, erleichtert sie sogar ein möglichst dichtes Heranrücken der Bahnhöfe an das Stadtzentrum. Dass nicht die Mauer, sondern die Besiedlungsgrenze maßgeblich für die Stadtortplanung der Bahnhöfe ist, zeigt einerseits die Frankfurter Bahn im Osten, die durch die Mauer hindurchführt und andererseits die Stettiner Bahn im Norden, die in einiger Entfernung vor der Ringmauer endet. Allenfalls die im Interesse einer kürzeren Gesamtstrecke in Erwägung gezogene Anlage des Stettiner Bahnhofs östlich vom Rosenthaler Tor wurde durch die Existenz der Ringmauer verhindert; die Barriere zieht sich dort dicht am Hang entlang, sodass für die Errichtung eines davor liegenden Bahnhofs aufwendige Erdarbeiten erforderlich geworden wären.

Da die Kopfbahnhöfe direkt vor oder doch in der Nähe des Mauerrings liegen, bietet sich dessen Verlauf geradezu für die Herstellung einer Verbindung zwischen den einzelnen Bahnen an. Diese erste Ringbahn Berlins, zugleich der Einstieg des preußischen Staates in den Eisenbahnverkehr, geht 1851 in Betrieb.

Forderungen nach einer solchen Verbindungsbahn werden von Industrieunternehmern

[1] Günter Peters, Kleine Berliner Baugeschichte, Berlin 1995, S. 106.

längst erhoben. Was würde Borsig, unmittelbar vor dem Oranienburger Tor ansässig, der Gleisanschluss seiner Fabrik zum Stettiner Bahnhof nützen, wenn die von ihm gebauten oder reparierten Lokomotiven auf der Anhalter Bahn eingesetzt werden sollen? Um zu diesem Bahnhof zu gelangen, zwängt sich in den vierziger Jahren die Borsigsche Dampflokomotive mühevoll durch das Oranienburger Tor und fährt die Friedrichstraße entlang – auf niedrigen Plattenwagen, von acht oder auch zehn Pferden gezogen und unzähligen Kommentaren aller Art ausgesetzt.

Erste Überlegungen zum Bau einer Verbindung tauchen fast gleichzeitig mit der Fertigstellung der fünf Bahnhöfe auf. Schon 1844 beantragt eine Privatfirma eine entsprechende Konzession. Das Projekt kommt nicht zustande, aber interessant ist, wie sich die Antragsteller die Koexistenz von Bahn und Ringmauer vorstellen: Die neue Bahn könne »... der Stadt einen nützlichen Abschluss gewähren, indem sie bei zweckmäßiger Bauart die Stelle einer Mauer vertreten sollte ...«.[1]

Die preußische Regierung will die Mauer teilweise verlagern. Im Protokoll der Sitzung des Staatsministeriums vom 14. Dezember 1847 heißt es:

»Berliner Verkehrswesen. Anlage einer Pferde-Eisenbahn zur Verbindung der verschiedenen Berliner Bahnhöfe: Streckenverlauf, Kosten, weitere Verfahrensweise. Die schon mehrfach angeregte Abtragung des südwestlichen Teils der Stadtmauer und die Hinausrückung der Steuergrenze bis zum neuen Schiffahrts-Kanal (Landwehrkanal – H.Z.) ist wünschenswert. (Beschluss).«[2]

Was dann schließlich verwirklicht wird, ist die billigste aller Lösungen: Die Mauer bleibt, wo sie ist, und die Bahngleise werden direkt daneben gelegt. Es muss nicht nur kostengünstig sein, es muss plötzlich auch schnell gehen. Was Privaten über Jahre hinweg nicht gelingt, setzt das Militär über Nacht durch:

»Da erfolgte im Herbst 1850 die Mobilmachung des preußischen Heeres; hierbei traten die Mängel der Berliner Eisenbahnverhältnisse in Bezug auf die Beförderung größerer Truppenmassen mit solcher Deutlichkeit zutage, dass der König anordnete, zur Befriedigung des dringendsten militärischen Bedürfnisses zunächst eine vorläufige, eingleisige Schienenverbindung zwischen dem Stettiner, Hamburger und Potsdamer Bahnhofe mit möglichster Beschleunigung herzustellen.«[3]

---

[1] Berlin und seine Eisenbahnen 1846-96; Berlin 1896, Bd. I, S. 237.
[2] Berlin-Brandenburgische Akademie der Wissenschaften, Acta Borussica, Neue Folge, Die Protokolle des Preußischen Staatsministeriums, Band 3, Hildesheim Zürich New York 2000, S. 321-322.
[3] Berlin und seine Eisenbahnen 1846-96; Berlin 1896, Bd. I, S. 242.

^ *Die alte Verbindungsbahn am Potsdamer Platz. Um 1860*

Der Bau beginnt im Dezember 1850 und wird – unter Einbeziehung der Anhalter und der Frankfurter Bahn – bereits im Oktober des darauffolgenden Jahres beendet. Der 10,7 Kilometer lange »Verbinder«, wie die Bahn von den Berlinern bald genannt wird, dient – von Truppentransporten abgesehen – ausschließlich dem Güterverkehr. Vom Stettiner Bahnhof aus verkehrt die Bahn längs der Invalidenstraße bis zum Hamburger Bahnhof. Etwa gegenüber der Stelle, wo heute die Heidestraße einmündet, biegt sie nach Süden ein und überquert westlich der Gustav-Heinemann-Brücke die Spree. Von hier aus führt das Gleis direkt zur Stadtmauer, die am Reichstags-Grundstück erreicht wird. Unmittelbar nach dem Brandenburger Tor wechselt die Bahn von der Außen- auf die Innenseite der Mauer. Jetzt dient ein Teil der Communication als Gleisbett. Erst kurz vor dem Köpenicker Tor trennt sich der Verbinder von der Mauer und führt auf noch weitgehend unbebautem Gebiet über den heutigen Lausitzplatz und auf der Eisenbahnstraße über eine eigens errichtete Spree-Drehbrücke (die später durch die – ebenfalls nicht mehr vorhandene – Brommy-Brücke ersetzt wird). Endstelle ist der Bahnhof der Niederschlesisch-Märkischen (Frankfurter) Eisenbahn, die auch die Verwaltung übernimmt. Alle Bahnhöfe sind durch Anschlussgleise mit der Ringbahn verbunden.

Das vom König geforderte Provisorium hält sich immerhin zwanzig Jahre. Erst als im Jahre 1871 ein erster, für den Güterverkehr bestimmter Abschnitt des künftigen Berliner S-Bahn-Rings fertiggestellt ist, wird die alte Ringbahn stillgelegt.

Aber noch bis 1927 fährt auf einem Teil dieser Trasse ein Dampfzug. Im Schritt-Tempo, von mehreren mit Warnleuchten ausgerüsteten Bahnbeamten begleitet, bewegt sich das eiserne Ross nachts zwischen zwei und drei Uhr auf den neben den Stelzen der Hochbahn liegenden Schienen der Straßenbahn entlang der Skalitzer Straße über eine Eisenbahndrehbrücke auf dem Wassertorplatz in die Gitschiner Straße hinein. Es ist der aus zwei Lokomotiven und zehn bis zwölf Waggons bestehende »Kohlenzug«, der zur verkehrsarmen Zeit den Görlitzer Güterbahnhof verlässt und die englischen Gaswerke beliefert, die sich hinter dem Hochbahnhof Prinzenstraße befinden.

Heute erinnern nur noch ein auf dem grünen Mittelstreifen der Stresemannstraße verlaufendes Gleisstück und eine dort angebrachte Texttafel an den Verbinder, außerdem an die später verkehrende Pferdebahn und die elektrische Straßenbahn. Genau genommen ruft dieses freigelegte Relikt nur die letztere ins Gedächtnis, denn das Gleis der Verbindungsbahn lag nicht in der von der Mauer beanspruchten Mitte, sondern auf der Stadtseite der Straße.

In dem Maße, wie die Verbindungsbahn den Eisenbahnfernverkehr erleichtert, behindert sie den städtischen Verkehr. Die Maschinenbaufabriken in der Chausseestraße legen Anschlussgleise zum Verbinder. Auf einer Drehscheibe vor dem Stettiner Bahnhof muss jeder Waggon einzeln abgefertigt werden, was ständige Verkehrsunterbrechungen hervorruft. Da die Invalidenstraße durch die ebenerdig verkehrende Bahn häufig blockiert ist, weicht der Zubringerverkehr zum Stettiner Bahnhof auf die Gartenstraße aus. Dadurch wird es notwendig, die Communication zwischen Oranienburger und Hamburger Tor zu verbreitern und zu pflastern, was aber nur teilweise geschieht. Das Hauptproblem ist das Nadelöhr Hamburger Tor. In einer Eingabe mehrerer Bewohner der Gartenstraße an den Magistrat vom 29. Oktober 1852 heißt es:

»Durch die Anlegung der Berlin-Stettiner Eisenbahn und durch den erweiterten Ausbau der nächstliegenden Straßen ist die Gartenstraße eine sehr lebhafte geworden. Zu den abgehenden und ankommenden Zügen passiert viel Fuhrwerk diese Straße und das Hamburger Tor, dass man oft nur mit Lebensgefahr das genannte Tor als Fußgänger passieren kann. Der Übelstand besteht nämlich darin, dass in diesem Tore nur eine Durchgangspforte befindlich ist. Die Fußgänger der linken Seite der Gartenstraße müssen sich also, um das Tor zu passieren, zwischen Wagen durch das an und für sich enge Tor durchzwängen, und es werden Unglücksfälle an dieser Stelle gar nicht ausbleiben.«[1]

[1] Johann Friedrich Geist, Klaus Kürvers, Das Berliner Mietshaus 1740-1862, München 1980, S. 189.

Ein zweiter Durchgang wird angelegt, was den Fußgängern mehr Sicherheit verschafft, aber den Zubringerverkehr kaum erleichtert. Das enge Tor kann immer nur ein Gefährt passieren, das sich nach einer Verordnung des Polizeipräsidenten von 1834 an dieser engen Stelle nur im Schritt-Tempo bewegen darf. Kaum zu glauben, dass es angesichts der Verkehrsprobleme an diesem und an anderen Orten der Stadt noch fast drei Jahrzehnte dauern sollte, bis eine erste »Fahr-Ordnung« in Kraft tritt; erst ab April 1863 ist unter anderem das Rechtsfahren Vorschrift!

Für andere, direkt an der Verbindungsbahn liegende Tore entsteht ein völlig neues Problem. Die Geschwindigkeit des Verkehrsflusses hängt nun nicht mehr nur von der Dauer der Kontrollen und der physischen Durchlässigkeit der Tore ab, sondern auch davon, ob im gegebenen Moment in Abhängigkeit von Nähe oder Ferne das Verbinders das Überqueren der Gleise möglich ist. Zur Entlastung des innerstädtischen Verkehrs fährt die Bahn, die ja ohnehin keine Zivilisten befördert, zuletzt nur noch nachts. Diese Regelung gilt ab 1864, dem vorletzten Jahr, in dem die Ringmauer noch komplett existiert.

Eine wichtige Entlastung des innerstädtischen Verkehrs bedeutet in den vierziger und fünfziger Jahren der Ausbau des Wasserstraßensystems; an der Stadtschleuse warten zu dieser Zeit die Schiffe bereits bis zu sechs Tage lang. Von 1845 bis 1848 entsteht in Notstandsarbeit der Landwehrkanal. Er folgt zum Teil dem Verlauf des nicht schiffbaren Landwehrgrabens und dient vor allem dem Heranschaffen von Baumaterial für die expandierende Stadt. Im Jahre 1852 erhält er eine Abzweigung, den Luisenstädtischen Kanal. Schließlich wird im Jahre 1859 der Berlin-Spandauer Schiffahrtskanal eröffnet, der außerhalb des Unterbaums am Hamburger Bahnhof beginnt und die Spree mit der Havel verbindet. Die Arbeiten an den Kanälen dienen zugleich der Wasserregulierung. Bestimmte Gegenden der Stadt, vor allem die südliche Luisenstadt und die Friedrich-Wilhelm-Stadt werden bis dahin regelmäßig im Frühjahr von Überschwemmungen heimgesucht. Im Jahre 1830 reicht das Wasser bis in die Innenstadt, und das Rondell am Halleschen Tor wird mit Kähnen und Waschfässern befahren.

Die rapide Zunahme des Verkehrs zwischen Mauerinnen- und -außenstädten ist aber auch durch die Entlastung der Spree nicht aufzuhalten. Es sind ja nicht nur die Bahnhöfe und der von ihnen ausgelöste Zubringerverkehr, die die ehemals beschauliche Stadt immer mehr in einen Ameisenhaufen verwandeln. Zum wichtigsten Verkehrsauslöser wird etwas anderes: Die Industrie sorgt für räumliche Trennung von Wohnen und Arbeiten und ist deshalb auf ein gut funktionierendes städtisches Nahverkehrssystem angewiesen, um der Masse der Arbeiter und Angestellten den täglichen Ortswechsel zum Arbeitsplatz zu ermöglichen.

Bis zur ersten Hälfte des 19. Jahrhunderts gibt es in Berlin keinen Nahverkehr von nennenswerter Bedeutung. Die größte Distanz vom Rathaus bis zur Stadtmauer beträgt vier Kilometer, kann also zu Fuß bewältigt werden. Vorformen eines Nahverkehrs existieren seit 1688 in Form eines Sänftendienstes und zwischen 1739 und 1794 in Gestalt von Fiakern, viersitzigen, in Riemen hängenden Wagen – beides von kleinen, privilegierten Schichten der Berliner Bevölkerung genutzt. Etwas mehr Verbreitung finden die Droschken, die ab 1815 im Stadtbild auftauchen.

^ *F. A. Borchel, Das Hamburger Tor, von der Gartenstraße aus gesehen. Um 1860. Bleistiftzeichnung*

^ *Wagen der »Concessionierten Berliner Omnibus Compagnie«. 1846*

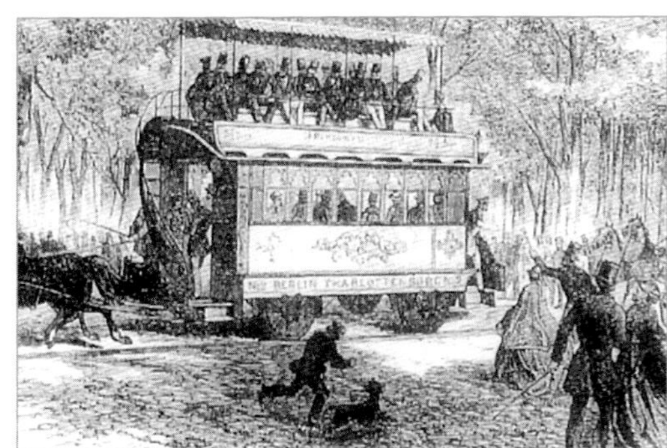

Die Berliner Pferdeeisenbahn ^

Eine Art erstes Massenverkehrsmittel sind die Torwagen. Sie dienen dem Ausflugsverkehr, haben feste Standorte vor dem Brandenburger, Potsdamer, dem Schönhauser oder anderen Toren und fahren zu festgelegten Zeiten; die Grobheit der Kutscher, gemischt mit gelegentlicher Originalität, ist berüchtigt. Im Jahre 1825 verbessert der Hofagent Simon Kremser die schwerfälligen Gefährte durch stoßdämpfende Federn. Im »Kremser«, der im Gegensatz zur links vor dem Brandenburger Tor harrenden Konkurrenz von der rechten Außenseite abfährt und den die Berliner bald in »Valobungsjondel« umtaufen, kostet die Fahrt nach Charlottenburg jede der vier Personen 1/6 Taler – doppelt so viel wie auf dem Torwagen alter Bauart, der bis zu 24 Personen transportieren kann.

In der Innenstadt fahren bis gegen Mitte des Jahrhunderts fast ausschließlich Droschken, die ihren Standort meist bei den Kopfbahnhöfen haben. Pferdeomnibusse, also dem Prinzip des Torwagens entsprechende, aber in der Innenstadt verkehrende Gefährte, gelangen zuerst im Jahre 1839 auf der Route zwischen Potsdamer Bahnhof und Alexanderplatz zum Einsatz. Im Jahre 1847 eröffnet dann die »Concessionierte Berliner Omnibus Compagnie« fünf Linien mit 20 Wagen und 120 Pferden. Andere Unternehmen folgen, und die Konkurrenz unter ihnen verhindert das Zustandekommen eines einheitlichen Fahrplans. Erst im Jahre 1868, der auswärtige Verkehr muss teilweise schon nicht mehr zwingend durch die Stadttore geleitet werden, schließt sich die Mehrzahl der Berliner Omnibusunternehmen zur »Allgemeinen Berliner Omnibus-Aktien-Gesellschaft«, kurz »ABOAG« zusammen. Schon im ersten Geschäftsjahr rattern auf dem berüchtigten Berliner Kopfsteinpflaster 257 Omnibusse dieser Gesellschaft, die von 1.089 Pferden gezogen werden.

In der Zwischenzeit ist den Omnibussen eine ernsthafte Konkurrenz entstanden, die Pferdeeisenbahn. Ab 22. Juni 1865 verkehrt auf der Strecke Brandenburger Tor – Charlottenburg die erste Pferdebahn Deutschlands; noch im gleichen Jahr fährt der doppelstöckige Wagen durch das Tor bis zum Kupfergraben. Die Gründung der »Großen Berliner Pferde-Eisenbahn-Aktien-Gesellschaft« zieht sich allerdings noch bis 1873 hin. Die Pferdebahn sollte sich lange Zeit neben der elektrischen Straßenbahn, deren Jungfernfahrt am 16. Mai 1881 in Groß-Lichterfelde stattfindet, halten.

Die Anzahl der Stadttore, die dem Berliner Verkehr zur Verfügung stehen, ist zuletzt auf ansehnliche zwanzig – siebzehn Straßen- und drei Wassertore – gestiegen. Jedes fünfte dieser Tore wird seit Mitte der dreißiger Jahren des 19. Jahrhunderts nachträglich in die Mauer eingefügt, um die Bewegung von Menschen und Gütern einigermaßen flüssig zu halten. Spätestens in den sechziger Jahren ist es dann so weit, dass neue Verkehrsprobleme nicht mehr mit zusätzlichen Mauerdurchbrüchen zu lösen sind. Eine einzige Zahl liefert den schlagenden Beweis: Im Jahre 1867 sind es bereits 44 Straßen, die – von außen oder von innen kommend – abrupt an der Ringmauer enden. Der Zahl der Mauerdurchlässe stehen mehr als doppelt so viele Sackgassen gegenüber.

Diese Sackgassen sprechen dafür, dass eine Stadtplanung entweder gar nicht stattfindet oder auf das Gebiet der Ringmauer eingeengt bleibt.

Im Norden, im Westen und teilweise im Osten sind bzw. werden bis zur Mitte des 19. Jahrhunderts durch eine bis direkt an die Mauer reichende

Bebauung vollendete Tatsachen geschaffen. Das gilt erst recht dort, wo sich – wie im Norden und Südwesten – diese Bebauung unmittelbar hinter der Mauer fortsetzt. Hier sind späterhin nur noch einzelne Korrekturen in Form nachträglicher Straßendurchbrüche auf bereits bebautem Gebiet möglich.

Als sich in der ersten Hälfte des 19. Jahrhunderts der Zwang verstärkt, die Nutzung der freien Flächen zu planen, bevor wild errichtete Bauten die Anlage eines sinnvollen Verkehrsnetzes verhindern und dabei auch über die Mauer hinauszudenken, sind viele Hindernisse zu überwinden. Zu ihnen gehört das Gemeineigentum, das durch die sogenannte Separation privatisiert und damit verkaufbar gemachte werden muss, die Schaffung einer modernen Bauordnung, die diejenige von 1641 ablöst und deren Verabschiedung sich bis 1853 hinzieht, die Vermessung des Stadtgebietes (1823), die zwischen Fiskus und Magistrat anstehenden Klärung der finanziellen Verantwortung für die Anlage und Pflasterung der Straßen und die Unterhaltung der Brücken (1837) und – die Berücksichtigung der Stadtmauer.

In größerem Maßstab stattfinden kann eine solche Bebauungsplanung nur noch im Süden und Südwesten; das Köpenicker Feld ist auch um 1850 größtenteils unbebaut. Nachdem Johann Carl Ludwig Schmid 1826 einen im Auftrag der Königlichen Baudeputation gefertigten bis zur Mauer reichenden Bebauungsplan vorgelegt hat (der fünfzehn Jahre später von Peter Joseph Lenné überarbeitet wird), geht es ab 1827 um die Planung der Gebiete außerhalb der Stadtmauer. Dabei besteht im Süden die einmalige Gelegenheit, eine die Innen- und Außenstadt einheitlich erfassende Bebauungsplanung zu verwirklichen. Als der Magistrat am 3. Juli 1827 an das preußische Innenministerium den Antrag stellt, die Gebiet außerhalb der Mauer zu planen, merkt er ausdrücklich an:

»Es wäre sehr zu bedauern, wenn der für die inneren Stadtteile so zweckmäßig entworfene Bebauungsplan nun wieder durch einen ohne alle Ordnung ausgeführten Anbau der mit den inneren Stadtteilen konkurrierenden Umgebungen einen wesentlichen Teil seiner Nützlichkeit einbüßen sollte. Bei dem Bebauungsplan für das Köpenicker Feld ist z.B. die Anlage einiger neuer Tore projektiert, zu welchen aus den inneren Stadtteilen breite und zweckmäßig projektierte Straßen führen. Es ist nun gar nicht bestimmt, in welcher Art diese Straßen außerhalb der Ringmauer fortgeführt werden sollen.«[1]

Im Plan, der dann zustande kommt, findet sich nicht nur der äußere Verlauf der Straßen, die durch die neuen Tore führen, sondern sogar die äußere Fortsetzung von Straßen, die (noch) an der Mauer enden. Zwei der drei vorgesehenen Tore werden errichtet, das Neue Köpenicker Tor (1847) und das Wassertor (1848). Ein drittes Tor, das an der Prinzenstraße vorgesehen ist, entfällt, aber die Straße setzt sich laut Plan jenseits der Mauer fort. Analog sind bis zum Schlesischen Tor einige weitere Straßen quer zur Mauer mit innerem und äußerem Verlauf geplant. Nach dem Abriss der Ringmauer werden aus ihnen automatisch Durchgangsstraßen. Die anschließenden stark von dem Regierungsbaumeister James Hobrecht geprägte Bebauungslanung der äußeren Bezirke, die sich bis 1862 hinzieht, hat es im Süden vergleichsweise leicht, an vorhandene Pläne organisch anzuknüpfen.

Die Bebauungsplanung des Köpenicker Feldes zeigt noch etwas anderes: Das preußische Innenministerium geht spätestens seit den vierziger Jahren ganz offensichtlich davon aus, dass die Jahre der Ringmauer, zumindest aber ihres derzeitigen Standorts gezählt sind. Erste offizielle Erwägungen, die Mauer einzureißen, hatte es ja schon 1816 gegeben, und in den folgenden Jahrzehnten war es wiederholt zu gelegentlichen sporadischen Vorstößen gekommen.

DER ABBRUCH DER MAUER

Am 29. Juni 1865 ergeht die königliche Genehmigung, » ... dass der Abbruch der Stadtmauer von Berlin ... vorgenommen und nach und nach zur Ausführung gebracht werde.«[2] Der Zeitpunkt für

[1] Johann Friedrich Geist, Klaus Kürvers, Das Berliner Mietshaus 1740-1862, München 1980, S. 473.
[2] Dieter Zimmer, Carl-Ludwig Paeschke, Das Tor, Stuttgart 1991, S. 62.

diesen Erlass ergibt sich aus der ab 1. Juli wirksam werdenden Verlegung der Akziseerhebung an die neuen Stadtgrenzen. Die Entscheidung über das Schicksal der Tore – gemeint sind nicht alle, sondern nur einige künstlerisch und architektonisch anspruchsvolle Torbauten im Westen und Norden – behält sich Wilhelm I. noch vor. Ein entsprechender Beschluss über » ... Tore, Torgebäude und andere öffentliche Gebäude, die im Zuge der Niederlegung der Stadtmauer vom Abbruch verschont bleiben sollen ...«, fällt am 3. April 1866.[1] Den Abbruch der anderen Tore ordnet der Minister für Handel und Gewerbe am 18. November 1866 an; er hat allerdings im Süden teilweise bereits stattgefunden und zieht sich im Norden noch einige Zeit hin.

Der denkwürdigen Kabinettsordre vom 29. Juni 1865 vorangegangen war ein zähes Ringen innerhalb der preußischen Regierung – zunächst unter Ausklammerung des Magistrats. Zu den ersten Befürwortern einer Niederlegung der Mauer gehört das an freier Bewegung von Gütern und Menschen interessierte Handelsministerium. Der Innenminister und der ihm unterstehende Berliner Polizeipräsident, die der Stadtmauer als Zuständige für die Bebauungsplanung ohnehin reserviert gegenüberstehen, verstärken die Anti-Mauer-Fraktion der Regierung in dem Maße, wie sie die Personenkontrollen von den Stadttoren in die Bahnhöfe bzw. Hotelunterkünfte verlagern.

Auf der anderen Seite der Front steht das Finanzministerium, jedenfalls solange nicht geklärt ist, wie es nach der Beseitigung der Mauer weitergehen soll. Ein Verzicht auf die ertragreiche Mahl- und Schlachtsteuer steht für das Ministerium außer Diskussion. Hinzu kommt das Selbstbeharrungsvermögen einer mehr als hundert Jahre alten Staatseinrichtung oder, wie ein zeitgenössischer Kritiker formuliert, »der Selbstzweck einer Institution wie der Konsumtionssteuer ..., weil die Beamten und Zollhäuser einmal vorhanden sind.«[2]

Der hartnäckigste Widerstand gegen eine Entfernung der Mauer kommt vom Kriegsminister. Für den Fall von Unruhen oder gar einer Wiederholung revolutionärer Aufstände von der Art des März 1848 will man sich die Möglichkeit erhalten, die innere Stadt abzuriegeln und zu isolieren. Diesen Bedenken der Minister von Bonin bzw. von Waldersee steht König Friedrich Wilhelm IV. aufgeschlossen gegenüber.

Wilhelm I. ^

Prinzregent Wilhelm sorgt für einen Umschwung. Kaum am 26. Oktober 1858 an die Macht gekommen, entlässt er im November die konservative Regierung und ersetzt sie durch eine liberale. Eine analoge politische Veränderung vollzieht sich bis 1862 unter dem Einfluss dieses auf höchster Ebene stattfindenden Wandels in der Zusammensetzung der Stadtverordnetenversammlung von Berlin. Im März 1861, wenige Wochen also, nachdem auf dem Königsthron der offizielle Wechsel vollzogen ist (2. Januar), sickert bis zur Berliner Stadtverordnetenversammlung durch, dass in diesen Tagen »eingehende Besprechungen zur Niederlegung der Stadtmauer« zu erwarten seien. Als Teilnehmer werden die Minister des Handels, des Innern und der Finanzen, außerdem der Polizeipräsident und der Oberbürgermeister genannt. Es gehe um die Wahrung steuerlicher Interessen, um die Kosten sowie die Projektierung neuer Straßenanlagen. »Die früher gehegten militairischen Bedenken sollen aufgegeben sein.«[3]

Es vergehen trotzdem nochmals reichlich vier Jahre bis zur Verkündung der o.g. Kabinettsorder, und ein Jahr danach, im Sommer 1866, werden am Brandenburger Tor sogar die bereits

[1] Protokoll der Sitzung des Staatsministeriums vom 3. April 1866. In: Berlin-Brandenburgische Akademie der Wissenschaften, Acta Borussica, Neue Folge, Die Protokolle des Preußischen Staatsministeriums, Band 5, Hildesheim Zürich New York 2001, S. 246.

[2] David Born, Denkschrift über den Einfluss der Mahl- und Schlachtsteuer auf die gewerblichen Verhältnisse Berlins, besonders in Bezug auf die Arbeitslöhne und auf die Konkurrenzfähigkeit anderen Städten gegenüber. Bericht an den Lokalverein für das Wohl der arbeitenden Klassen zu Berlin in der Sitzung vom 25. August 1850. Berlin o.J.

[3] Communal-Blatt der Haupt- und Residenz-Stadt Berlin, Herausgegeben im Auftrag des Magistrats, Berlin, 21. März 1861, S. 132.

entfernten Gittertore für 574 Taler erneuert und vorübergehend angebracht, um beim bevorstehenden Einmarsch der siegreichen Truppen und der Parade vor dem König die Ordnung aufrechtzuerhalten.

Hauptgrund für die Verzögerungen sind allerdings inzwischen die wie üblich langsam rotierenden bürokratischen Mühlen, und erschwerend treten die Interessengegensätze zwischen den beteiligten Ressorts der Regierung, vor allem aber zwischen letzterer und dem Magistrat hinzu.

Es ist allerdings auch einiges zu regeln. Durch den Wegfall der Mauer muss die innere mit der äußeren Kommunikation vereinigt werden. Damit ist die Voraussetzung geschaffen, einen »neuen Boulevard«, wie die künftige Ringstraße damals genannt wird, anzulegen. Es müssen Baufluchtlinien fixiert werden; die Straßenfront neuer Bauten darf diese Linie nicht überschreiten. Grundbesitz von »Adjacenten« (Anliegern) muss, insoweit er über diese Linie in die geplante Straße hineinragt, dem Eigentümer – gegebenenfalls zwangsweise – abgekauft werden (ein Vorgang, der sich dann bis in die achtziger Jahre hinzieht). Weitere Kosten entstehen für Pflasterung, Entwässerung und Bepflanzung der neuen Straße. Die Anlieger sind an diesen Kosten zu beteiligen – eine nach einhelliger Meinung von Magistrat und preußischem Fiskus angesichts der zu erwartenden Wertsteigerung der Grundstücke zumutbare Belastung.

Alle diese praktischen Maßnahmen werden zwar ab 1861, innerhalb der Stadtverordnetenversammlung sogar schon ab 1859 diskutiert, aber erst, nachdem am 13. Juni 1864 eine weitere Konferenz von Regierungs- und Magistratsvertretern stattgefunden hat, in einen organisatorischen Rahmen gebracht. Erst dann kommt es zur Bildung einer gemischten Kommission aus Stadtgemeinde und Polizeipräsidium, die auf den »allerhöchsten« Startschuss wartet, um mit der Festlegung der Baufluchtlinien zu beginnen.

Die größten zeitlichen Verzögerungen entstehen jedoch im Zusammenhang mit der Frage, wer den Abbruch der Mauer und den Bau des neuen Boulevards bezahlt. Bau, Unterhaltung, Befestigung bzw. Erneuerung von Straßen (und Brücken) sind zwischen Staat und Magistrat seit 1837 arbeitsteilig geregelt: Für Straßen, die zu diesem Zeitpunkt bereits vorhanden sind, bleibt der Fiskus zuständig. Verkehrswege, die seither eingerichtet werden, fallen in den Verantwortungsbereich der Stadtgemeinde Berlin.

Die buchstabengetreue Anwendung dieser Regelung würde für den neuen Boulevard eine kuriose Teilung der Zuständigkeiten ab Straßenmitte bedeuten. Neben der Niederlegung der Mauer hätte der Fiskus, weil bisher für die alte innere Kommunikation verantwortlich, die innere Straßenseite zu finanzieren. Die äußere Seite fiele weit überwiegend an die Stadtgemeinde, weil eine äußere Kommunikation im Osten und Süden noch gar nicht bzw. nur als Trampelpfad und anderenorts als Straße oft erst in den letzten Jahren entstanden ist.

Ein Angebot des Magistrats an den Fiskus, zu den Abrisskosten 80.000 Taler zuzuschießen, wird abgelehnt. Man einigt sich im Oktober 1864 dahingehend, dass der Fiskus alle Arbeiten – vom Abriss der Mauer bis zur Anlage der Ringstraße – für den südlich der Spree liegenden Abschnitt übernimmt. Da die Stadtmauer jenseits des Unterbaums auf der Strecke bis zum Neuen Tor hauptsächlich Charité-Gelände, also staatlichen Grundbesitz berührt, übernimmt der Fiskus auch noch diesen Teil. An den Magistrat fällt folglich der Halbkreis vom Neuen Tor bis zum Oberbaum.

Während sich die Verhandlungen hinziehen, hat das Volk mit dem Abriss der verhassten Mauer längst begonnen. Hier ein Auszug aus den Erinnerungen von Theodor Fontane, Sohn des Schriftstellers, wohnhaft zwischen Potsdamer und Anhalter Tor, in Nummer 14 der Hirschelstraße, die kurz danach zur Königgrätzer und sehr viel später zur Stresemannstraße wird:

»In dem damals ziemlich ansehnlichen Haus Ecke Dessauer Straße hatten meine Eltern die von der Stadtmauer aus am meisten links gelegene Wohnung im ersten Stock inne. Ein dunkler Flur trennte zwei nach vorn liegende, als Arbeitszimmer des Hausherrn und als Damenzimmer dienende, leidlich große zweifenstrige Räume von zwei auf einen engen unfreundlichen Hof gehenden Schlafstuben. ... Gar nicht störte in ästhetischer Hinsicht die den Vorderräumen gegenüber sich entlangziehende Stadtmauer, die im Gegenteil als Vergleich zu den Häusern anderer Straßen als angenehmes, nicht lärmendes, nicht neugieriges Vis-a-Vis empfunden wurde, und schnell gewöhnte man sich an den wohl meist in der Nacht stattfindenden Güterverkehr der Eisenbahn jenseits der Mauer. Diese wurde freilich im Laufe der Zeit ein recht unbequemes Hindernis, weil zwischen hüben und drüben nur am Potsdamer und dann erst wieder am Askanischen Platz eine Verbindung bestand. Infolgedessen entbrannte ein ebenso stiller wie hartnäckiger Kampf zwischen dem Begehr des Publikums und behördlichem Eigensinn. Als wenn Heinzelmännchen nächtens tätig wären, entstanden in roher Weise hergestellte Mauerdurchbrüche, die eigentlich mehr einen Protest bedeuteten als der Verkehrserleichterung dienten, weil sie nur von kletterkundigen Waghalsen benutzt werden konnten. Zumauerungen seitens der Verwaltung fruchteten nichts; mit heißem Wasser wurde der Kalkmörtel wieder gelöst, das bisherige Loch war wieder da, und neue an andern Stellen gesellten sich dazu. Schließlich gab die Behörde den Kampf auf, die Durchbrüche wurden zu bequemen Durchgängen, und eines Tages begann die offizielle Niederlegung der Stadtmauer. Der Eisenbahnverkehr blieb allerdings noch längere Zeit bestehen und diente der Güterbeförderung, brachte aber zur Freude der Jugend im Jahre 70 auch Truppen- und Gefangenentransporte, wie dies schon 1866 der Fall gewesen war. 1871 dürften aber die Bahngleise beseitigt gewesen sein, denn mir schwebt vom 16.6.71, dem Einzugstag unserer glorreichen Truppen, her die Siegesstraße in der vollen Breite der Königgrätzer Straße einschließlich ihrer wohl damals bereits umgetauften inneren Schwester, der Potsdamer und Anhalter Kommunikation, als ganz besonders stattlich vor.«[1]

Bemerkenswert, wie sich der Autor mit der Mauer teilweise arrangiert, sich zugleich aber auch nicht völlig mit ihr abgefunden hat. Als Schutz vor Lärm und neugierigen Blicken kann er der Mauer Positives abgewinnen, andererseits ist sie ein »unbequemes Hindernis« weil sie den direkten Weg in die Stadt versperrt. Alles in allem kann er, wie so manche Berliner, mit der Mauer leben. Andere haben prinzipiell etwas gegen diesen die Freizügigkeit einengenden Wall. Sie zerstören und sabotieren die Reparaturen. Schließlich erreichen sie, dass die Mauer bereits vielerorts durchlässig ist, bevor ihr Abriss offiziell begonnen hat. (Übrigens bleiben die Gleise auf der Königgrätzer Straße liegen und werden nach Stillegung der Verbindungsbahn 1871 von der Pferdebahn genutzt).

Der Abriss beginnt im Verantwortungsbereich des Staates, mit der noch aus dem Jahre 1735 stammenden Mauer südlich der Spree. Schon im Juli 1865 werden ein oder zwei architektonisch völlig anspruchslose Tore entfernt. Jedenfalls beantragt die Stadtverordnetenversammlung am 27. Juli die »Forträumung der Stadttore oder vielmehr der nutzlosen Steinmassen derselben.«[2] Am 28. August beginnt der eigentliche Mauerabriss neben dem Brandenburger Tor. Man scheint sich indes nicht sehr zu beeilen, im September fordern die Stadtverordneten bereits zum zweiten Mal vom Fiskus, sofort alle Tore und die kleinen in der Mauer befindlichen Türen (diese gibt es nur in dem alten Südabschnitt) zu öffnen.

Im großen Maßstab findet der Abbruch der Südmauer im Verlauf des Jahres 1866 statt. Am 19. Mai dieses Jahres beschließt die preußische Regierung unter dem Tagesordnungspunkt »Öffentliche Bauten in Berlin und Arbeitsbeschaffung«, Etatmittel für die Beschäftigung von Arbeitern zur Niederlegung der Stadtmauern Berlins freizugeben.[3] Spätestens im Juni 1867 sind südlich der Spree nur noch die Mauer zwischen Oberbaum und Schlesischem Tor, das Brandenburger Tor sowie Teile weiterer Tore vorhanden.

Zu diesem Zeitpunkt fehlt der Mauer im Norden noch kein einziger Ziegelstein, es sei denn infolge traditionell mutwilliger Zerstörungen durch jugendliche Berliner. Allerdings sind hier die Vor-

[1] Theodor Fontane, »Wie man in Berlin so lebt«, Berlin 2002, S. 212-214.
[2] Communal-Blatt der Haupt- und Residenz-Stadt Berlin, Herausgegeben im Auftrag des Magistrats, Berlin, 30. Juli 1865, S. 358.
[3] Berlin-Brandenburgische Akademie der Wissenschaften, Acta Borussica, Neue Folge, Die Protokolle des Preußischen Staatsministeriums, Band 5, Hildesheim Zürich New York 2001, S. 248.

bereitungen für den offiziellen Abbruch der Mauer auch sehr viel aufwendiger als im Südabschnitt. Dort lässt der Fiskus eine Anlage schleifen, die sein Eigentum ist. Die Mauer im Norden dagegen muss dem Staat zuerst abgekauft werden, bevor sie vom Magistrat an Abbruchinteressierte veräußert werden kann.

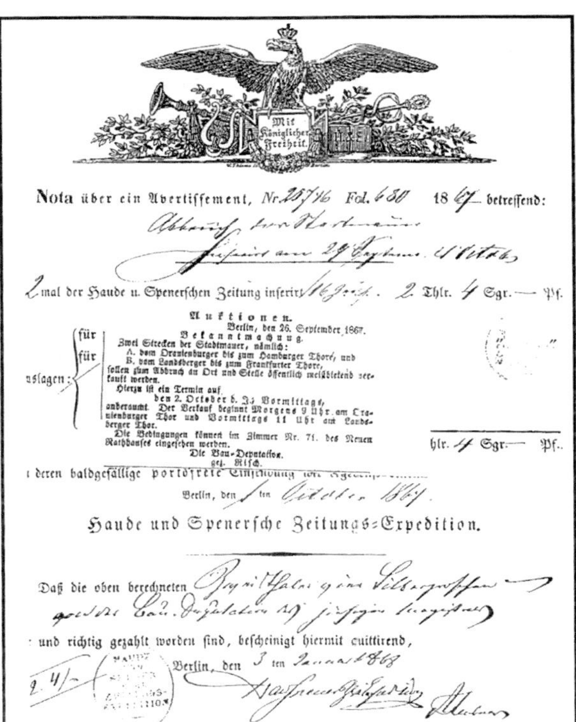

Mit Königlicher Freiheit.

Nota über ein Avertissement, Nr. 25746 Fol. 680 1867 betreffend:

2 mal der Haude u. Spenerschen Zeitung inserirt 2 Thlr. 4 Sgr. — Pf.

Auktionen.

Berlin, den 26. September 1867.

Bekanntmachung.

Zwei Strecken der Stadtmauer, nämlich:
A. vom Oranienburger bis zum Hamburger Thore, und
B. vom Landsberger bis zum Frankfurter Thore,
sollen zum Abbruch an Ort und Stelle öffentlich meistbietend verkauft werden.

Hierzu ist ein Termin auf
den 2. October d. Js Vormittags,
anberaumt. Der Verkauf beginnt Morgens 9 Uhr am Oranienburger Thor und Vormittags 11 Uhr am Landsberger Thor.

Die Bedingungen können im Zimmer Nr. 71. des Neuen Rathhauses eingesehen werden.

Die Bau-Deputation.
gez. Risch.

... Thlr. 4 Sgr. — Pf.

... deren baldgefällige portofreie Einsendung ...

Berlin, den 1ten October 1867.

Haude und Spenersche Zeitungs-Expedition.

Daß die oben berechneten ...

und richtig gezahlt worden sind, bescheinigt hiermit quittirend,

Berlin, den 3ten Januar 1868

Relativ schnell, nämlich bis Anfang September 1865 werden wichtige Vorarbeiten bewältigt. Bis zu diesem Zeitpunkt liegen bereits die Kostenanschläge und Pläne für den Teil Oranienburger Tor bis Rosenthaler Tor vor. Für Pflasterung, Entwässerung und Bepflanzung dieser Teilstrecke werden 40.000 Taler veranschlagt, den Aufwand für eventuelle Enteignungen und Zwangskäufe nicht eingerechnet. Die Planungen und Kostenrechnungen für das Teilstück bis zum Prenzlauer Tor sind auch bereits in Arbeit.

Danach vergeht lange Zeit, bis das Stadtparlament die Mittel für den Ankauf der Mauer bewilligt. Erst am 11. Oktober 1866 ist es so weit. Die Nordmauer wird zum Preis von 2 Talern je laufende Ruthe (3,77 Meter) erworben. Dies ist wohl auch der Zeitpunkt, zu dem an den Toren die Flügeltüren entfernt werden.

Erneut vergehen viele Monate; im Juni 1867 schließlich erteilen die Stadtverordneten die Einwilligung zur Niederlegung der Stadtmauer, »soweit dies in Betracht der Kirchhöfe und der sonstigen Terrainverhältnisse möglich ist.« Der Abriss ist im Wege des »öffentlichen Aufgebots« (Ausschreibung) zu vergeben, »wenn auch bei einzelnen Teilen der Mauer der Preis von 2 Thalern pro Ruthe nicht erreicht werden sollte.«[1]

Ab Herbst 1867 werden einzelne Abschnitte der Nordmauer versteigert, so am 2. Oktober die Teilstücke Oranienburger – Hamburger Tor und Landsberger – Frankfurter Tor.

Von vornherein wird der Abriss dabei als Verlustgeschäft geplant, und die Bürokratie sorgt dafür, dass sich selbst aussichtsreiche, annähernd kostendeckende Vergaben am Schluss in Einbußen verwandeln. So werden um die Jahreswende 1868/69 von dem Teilstück Frankfurter Tor – Stralauer Tor 41 Ruthen Mauersteine abgebrochen, die ein Volumen von 48 Schachtruthen (207 Kubikmeter) ergeben. Der vorgesehene Verkauf an die Niederschlesisch-Märkische Bahn zu 4 Taler je Schachtruthe (4,45 Kubikmeter) scheitert an den langwierigen und umständlichen Verwaltungswegen. Schließlich werden die Steine zum Bruchteil dieses Preises an einen Dritten vergeben.

Immerhin ist diesem Verwaltungsvorgang als Nebeninformation zu entnehmen, dass sich der Mauerabbruch im Osten bis in die ersten Monate des Jahres 1869 hinzieht, während in den Magistratsakten als Endzeitpunkt des Abrisses der März 1868 genannt wird.[2] Ab 1869 steht die Mauer im Zuständigkeitsbereich des Magistrats nur noch zwischen dem Neuen Tor und dem Oranienburger Tor. Auch alle Tore des Nordabschnitts sind zu diesem Zeitpunkt verschwunden.

---

[1] Communal-Blatt der Haupt- und Residenz-Stadt Berlin, Herausgegeben im Auftrag des Magistrats, Berlin, 16. Juni 1867, S. 344.
[2] Landesarchiv Berlin, Magistrat der Stadt Berlin, Städtische Tiefbaudeputation, A Rep. 010-01-02, Nr. 12591.

Inseratsquittung über den Verkauf von Abbruchmaterial der Berliner Stadtmauer ^

DIE ENTFESSELUNG DER STADT

Der Wegfall der Ringmauer bedeutet eine Entfesselung der Stadt im direkten wie im übertragenen Verständnis. Im letzteren Sinne verschwindet ein Relikt aus feudalen Zeiten, eine der vielen Einengungen, Beschränkungen und Bevormundungen der Bürger.

Die »große« Politik liefert den Rahmen dafür. Die in Berlin einsetzende Entwicklung ist das Spiegelbild der weitsichtigen Politik des seit dem 8. Oktober 1862 im Amt befindlichen Kanzlers Otto von Bismarck, der die Revolution lieber selbst macht, als sie zu erleiden. Bismarck braucht keine – letztlich nutzlosen – Mauern; er will den gesellschaftlichen Fortschritt nicht aufhalten, allenfalls kanalisieren. Er zieht es vor, auf zentrale Forderungen des Bürgertums einzugehen und diese vom Reichstag des Norddeutschen Bundes gesetzlich verankern zu lassen.

Mit den Gesetzen über die Freizügigkeit wird es jedem Deutschen möglich, sich in allen Bundesstaaten ungehindert von Ortsbehörden niederzulassen, dort Arbeit anzunehmen oder eine selbständige Existenz zu gründen. Die Beschränkungen der Eheschließung werden aufgehoben; die Schuldhaft und die Beschlagnahme von Arbeitslöhnen sind nicht mehr möglich.

Da sich das Bürgertum mit Freizügigkeit ohne volle Gewerbefreiheit nicht zufrieden gibt und ein liberales Gewerbegesetz fordert, kommt am 21. Juni 1869 die umfassende Gewerbeordnung zustande. In diesen Gesetzen werden die alten Zwangs- und Bannrechte aufgehoben. Sämtliche Vorrechte der Zünfte und kaufmännischen Korporationen fallen weg, das heißt, jedermann kann unbeschränkt nach dem Konkurrenzprinzip ein Gewerbe sowohl auf dem Lande als auch in der Stadt ausüben.

Die Gewerbeordnung präzisiert auch das umstrittene Koalitionsrecht. Die Arbeiter können sich jetzt zum Zweck der Erlangung günstiger Arbeitsbedingungen in Gewerkschaften vereinigen und auch das Kampfmittel des Streiks anwenden. Nur den Landarbeitern bleiben diese Rechte nach wie vor verwehrt.

Der Verkehr wird durch die verschiedensten Bestimmungen und Verträge gefördert, so durch den Abschluss von Postverträgen mit dem Ausland, die Einführung einheitlicher Maße und Gewichte, die Aufhebung der Elbzölle und die Unterstützung des Baues der St.-Gotthard-Bahn, das Gesetz über die Nationalität der Kauffahrteischiffe und die Organisation der Bundeskonsulate.

Hergestellt wird auch eine größere Rechtseinheit, unter anderem durch die Gewährung wechselseitiger Rechtshilfe der norddeutschen Gerichte, die Gründung des Leipziger Oberhandelsgerichtes und das norddeutsche Strafgesetzbuch.

Die Krönung der Wirtschaftsgesetzgebung des Norddeutschen Bundes ist die Aktiennovelle vom 11. Juli 1870. Jetzt entfällt für alle Aktiengesellschaften die Notwendigkeit, bei ihrer Gründung bei den staatlichen Behörden um eine Konzession nachzusuchen. Damit werden die letzten feudalbürokratischen Schranken in der Entwicklung der großkapitalistischen Produktionsweise hinweggefegt.

Ein Bestandteil zur Durchsetzung dieser Reformen in der preußischen Hauptstadt ist die Beseitigung der Stadtmauer – bedauerlicherweise unter Einschluss fast aller, auch der meisten architektonisch wertvollen Stadttore.

Unmittelbar und am deutlichsten sichtbar werden die Folgen des Mauerfalls im Verkehrswesen. Der »neue Boulevard« entsteht, auch wenn sich die Pflasterung bis in die siebziger Jahre hinzieht. Er kann nicht nur attraktiv bebaut werden, er hat zudem mehrere Vorzüge als Verkehrsweg.

Erstens weist er fast durchgängig die, gemessen am sonstigen Straßennetz, außergewöhnliche Breite von acht bis zehn Ruthen (29 bis 37 Meter) auf, was auf die Bestimmung zurückgeht, wonach zur Vermeidung von Steuerhintergehungen Anwesen nicht näher als vier Ruthen (knapp 15 Me-

^ *Otto von Bismarck*

ter) von innen oder außen an die Mauer herangebaut werden durften.

Zweitens verläuft der neu gewonnene Straßenzug – wenngleich nicht vollständig – als Gürtelstraße: fast im gesamten Abschnitt südlich der Spree, vom Oberbaum bis zum Brandenburger Tor und im Nordabschnitt zwischen Oranienburger und Prenzlauer Tor sowie zwischen Königstor und Oberbaum. Die ringähnliche Linienführung der Stadtmauer hatte sich um 1820 schon der Erste »Bereiter« Seiner Hoheit des Prinzen Wilhelm namens Gutzkow beim Einschulen von Pferden für die Kabriolettfahrt zunutze gemacht, indem er mit seinem Jungen Karl »um alle Tore Berlins jagte.«[1]

Jetzt, Anfang der siebziger Jahre, besitzt Berlin die erste Straße, die den Verkehr um die Innenstadt herumleitet. Bald werden Teilstücke für die Pferdebahn eingerichtet. Mitte der siebziger Jahre verkehrt eine Linie vom Gesundbrunnen kommend zwischen dem Rosenthaler und dem Oranienburger Tor. Dort beginnt eine andere, die über das Neue Tor nach Moabit führt. Eine dritte Bahn fährt zwischen dem Brandenburger und dem Halleschen Tor. Geplant ist zu dieser Zeit bereits eine vierte Verbindung vom Rosenthaler über das Schönhauser zum Prenzlauer Tor, von dort weiter zum Königstor, vorbei am Friedrichshain zum Landsberger Tor bis zum Ende der Friedenstraße, wo diese Linie die Mauertrasse verlässt.[2] Später verkehrt die elektrische Straßenbahn auf großen Teilstücken des ehemaligen Mauerverlaufs, und am 10. September 1896 erfolgt in der Gitschiner Straße der erste Spatenstich für die Hochbahn, die vom Stralauer bis zum Halleschen Tor oberhalb der einstigen Mauer rollt.

Nicht minder befreiend wirkt die Sprengung der Mauerfessel für den quer verlaufenden Verkehr. Straßen, die sich bisher an der Mauer totlaufen, können nun weitergeführt werden. Am einfachsten zu realisieren ist dies bei der Ausdehnung der Luisenstadt bis zum Landwehrkanal; dort hat die Planung diese Möglichkeit bereits vorweggenommen. Aber selbst im Norden, wo sich die zwischen den Toren befindlichen Straßeneinmündungen im allgemeinen nicht gegenüberliegen, kommt es für den stadtein- oder -auswärts führenden Verkehr zu wesentlichen Erleichterungen – später helfen Straßendurchbrüche auf bereits bebautem Terrain nach.

Wie groß die Nachfrage nach neuen Straßenführungen ist, belegt der folgenden Vergleich: In zwei Jahren, von 1866 bis 1868 nimmt die Zahl der Pferdedroschken von 999 auf nicht weniger als 2.460 zu.[3] Nicht zufällig liegen diese drei Jahre mitten in jenem Zeitsektor, in dem die Ringmauer verschwindet.

Erleichternd wirkt sich der Wegfall der Ringmauer auch auf die Errichtung und den Ausbau des unterirdischen Ver- und Entsorgungsnetzes der Stadt aus. Der mit der Bevölkerung und der industriellen Produktion immens steigende Wasserverbrauch, noch in den vierziger Jahren über rund 15.000 private und öffentliche Brunnen und ab 1856 zusätzlich über ein erstes Wasserwerk gewährleistet, lässt es nicht mehr länger zu, die Abwässer gesundheitsgefährdend über offene Rinnsteine in die Spree und den Landwehrkanal zu leiten. Im Jahre 1873 genehmigt daher die Stadt unter Oberbürgermeister Arthur Hobrecht den Entwässerungsplan von James Hobrecht, Bruder des Stadtoberhaupts, für ein unterirdisches Druckrohrradialsystem mit

[1] Karl Gutzkow, Unter dem schwarzen Bären, Berlin 1971, S. 83.
[2] Architektenverein zu Berlin (Hrsg.), Berlin und seine Bauten, Berlin 1877, Teil 2, S. 19.
[3] Günter Peters, Kleine Berliner Baugeschichte, Berlin 1995, S. 108.

F. Albert Schwarz, Pferdeeisenbahn in der Elsässer Straße (Torstraße) und Pferdeomnibus in der Chausseestraße. Borsigsche Fabrik vor dem Oranienburger Tor. Um 1875 ^

Rieselfeldern außerhalb Berlins. Die Kanalisation wird zwischen 1874 und 1884 gebaut, nachdem sich das Berieselungsprinzip auf dem Berliner Sandboden als praktikabel erwiesen hat.

Am 18. November 1865 nimmt das erste Teilstück der Rohrpost zwischen dem Haupttelegraphenamt in der Oranienburger Straße und der Berliner Börse seinen Betrieb auf. Den 864 Metern Röhrenleitung folgen in den nächsten Jahrzehnten mehr als 250 Kilometer bis Grunewald, Lichtenberg und Pankow. Die Baulichkeiten einzelner Tore und die ehemalige Mauertrasse leisten dabei gute Dienste. Am 2. März 1868 wird die Röhrenpostlinie zur Telegrafendienststelle im Brandenburger Tor sowie ihre Weiterführung unter der Königgrätzer Straße zur Postexpedition im südlichen Torhaus des Potsdamer Tores fertiggestellt.

Die Umbewertung der Grundstücke ist eine weitere Folge der Vereinigung der dies- und jenseits der Grenze liegenden Stadtteile. Die Bodenspekulation blüht umso mehr, als es im Deutschen Reich nach dem Frankfurter Frieden vom Mai 1871 zu einer fieberhaften Gründungswelle kommt. Es beginnt eine »köstliche Zeit für die Landbesitzer vor den Toren Berlins.«[1]

Jede Spekulation hat Gewinner und Verlierer. Unter den in der Nähe der ehemaligen Stadtmauer liegenden Häusern, die günstig gekauft und mit überhöhtem Gewinn wieder verkauft werden, ist auch das Eckhaus Königgrätzer-Dessauer Straße mit der Wohnung der Familie Fontane. Der Eigentümer dieses Hauses, Ziegeleibesitzer Fritze aus Glindow an der Havel, verkauft es mit Wirkung vom September 1872 an den Bankier F. A. Hackel und die Handelsgesellschaft Siegheim & Avellis. Am 30. März 1872 schreibt der Schriftsteller an Mathilde von Rohr:

»Ich weiß nicht, ob ich Ihnen schon schrieb, dass unser Haus verkauft ist, dass die Mieten mindestens verdoppelt werden und dass wir also alle ziehn. ... Ich persönlich teile nicht die allgemeinen Ängste; wir müssen natürlich 3 Treppen hoch ziehen und 100 Tlr. mehr bezahlen; c'est tout. Dafür kriegt man aber was.«[2]

Der Fall der Mauer löst örtlich »allgemeine Ängste« aus, nachvollziehbare, weil sozial begründete, aber wohl auch nostalgische wie etwa bei Sohn Theodor: man hatte sich partiell mit der ruhevollen Idylle hinter dem Wall angefreundet.

Am 3. Oktober zieht Theodor Fontane mit seiner Familie in die Potsdamer Straße 134c, drei Treppen links. Es sollte seine letzte Wohnung werden.

Andere Hauseigentümer werden nicht erst nach, sondern sogleich mit Beginn des Mauerabbruchs aktiv. Die folgende Zeitungsannonce aus dem Jahre 1865, deren Inhalt nicht ohne historische Parallele ist, bezieht sich auf das spätere Mosse'sche Haus am Leipziger Platz, in dem u.a. auch der preußische Feldmarschall Helmuth von Moltke gewohnt hatte:

»Leipziger Platz 15 sind zu vermieten: die Parterres geeignet zur Anlage von Bierrestaurants, die erste und zweite Etage zu Ressource und Kasino, die alte Reitbahn im Hof lässt sich mit geringen Kosten in einen Theatersaal verwandeln. Durch den Abbruch der Stadtmauer werden Potsdamer und Leipziger Platz vereinigt, so dass sich alsdann der schöne Leipziger Platz in der Nähe des Tier-

---

[1] Isidor Kastan, Berlin wie es war, Berlin 1919, S. 51.
[2] Theodor Fontane, »Wie man in Berlin so lebt«, Berlin 2002, S. 216.

^ *Expeditionsbüro der Rohrpost in der Zentraltelegrafenstation.*

gartens, dicht an dem nach Abbruch der Stadtmauer sich bildenden Boulevard zu einer gewiss reichen Geschäftsgegend umgestalten wird.«[1]

Diese unternehmerische Vision geht in Erfüllung – mit einer kleinen, noch für einige Jahre wirksam bleibenden Einschränkung. Nach der Entfernung der Mauer und fast aller Tore beginnt zwar die Umgestaltung der Torplätze. Dem steht aber auf einigen von ihnen, dem Belle-Alliance-Platz, dem Oranienburger-Tor-Platz, dem Lausitzer Platz und eben dem Potsdamer Platz entgegen, dass hier – wie auf vielen innerstädtischen Plätzen – Wochenmärkte abgehalten werden. Erst nach Fertigstellung der 14 Markthallen zwischen 1883 und 1893 endet der Verkauf im Freien, können die Plätze unter Schmuck- und Erholungsgesichtspunkten bepflanzt und gestaltet werden.

Diese und fast alle anderen Fragen der Gestaltung bzw. Entwicklung Berlins werden wenige Jahre nach dem Abbruch der Mauer zur alleinigen Angelegenheit von Magistrat und Stadtparlament. Mit Wirkung vom 1. Januar 1876 übernimmt Berlin vom preußischen Staat das Eigentum an allen Straßen, Plätzen – außer Lustgarten, Opernplatz und Königsplatz (Platz der Republik) – sowie Brücken.

Damit fällt eine weitere gewichtige Barriere für den Weg Berlins von einem regionalen Zentrum zur nationalen Metropole, deren Einwohnerzahl zwischen 1871 und 1900 um rund eine Million steigt und in der die Siedlungsbereiche innerhalb des ehemaligen Mauerrings schließlich ihre Bevölkerungs-Dominanz verlieren – dieser Anteil sinkt von 60 Prozent 1875 auf 37 Prozent 1895, und die dahinter stehende Einwohnerzahl geht nach 1890 sogar absolut zurück. Innerhalb der ehemaligen Mauer entstehen ausgesprochene Funktionsviertel bzw. –zentren: Regierungs-, Diplomaten-, Banken-, Zeitungsviertel, Museumsinsel, regionaler Schwerpunkt von Lehre und Forschung, Standort von Theatern, Hotels, Kaufhäusern, der Zentralmarkthalle u.a.

Um diese City als zentralem Stadtraum mit besonderer Konzentration überörtlicher Dienstleistungs- und Leitungseinrichtungen und mit räumlicher Verdünnung der Bevölkerung bilden sich bis zum Ende des Jahrhunderts mehrere Ringzonen – nicht durch Mauern getrennt, sondern stadtfunktional und sozial geprägt: eine übermäßig dichte Wohnbebauung, ein locker bebauter Außenraum mit eigenständigen städtischen und dörflichen Kernen und schließlich ein Umlandraum mit Arbeitspendlern, Siedlungs- und Industrietrabanten, mit Entsorgungs-, aber auch Erholungsfunktion.

---

[1] Felix Philippi, Alt-Berlin, Neue Folge, Berlin 1918, S. 53.

^ *Leipziger Platz und Leipziger Straße. 1928. Mitte links das kuppelbekrönte Palais des Verlegers Rudolf Mosse. Unten links die von Schinkel gestalteten Torhäuser.*

VON TOR ZU TOR – EIN RUNDGANG

^ *F. Albert Schwartz, Die Stadtmauer an der Sommerstraße. 1865*

Er ist der Bild-Chronist der letzten Minute. Der Fotograf Friedrich Albert Schwartz hält den Wandel seiner Stadt fest – einen Umbruch, der mit Abbruch beginnt. Seine Arbeitsmethode ist rekonstruierbar: »… aus Zeitungsberichten entnahm er, zu welchem Zeitpunkt und an welcher Stelle der Stadt ›Abrissreifes‹ zugunsten von Neubauten weichen musste. So fotografierte er im gewissen Sinne ›systematisch‹ den alten und neuen Zustand, denn es lässt sich nachweisen, dass jeweils, verglichen mit den Daten der Photoaufnahmen, um die gleiche Zeit die Absicht bestand, die Baulichkeiten niederzulegen oder umzubauen.«[1]

Ende August 1865 beginnt südlich vom Brandenburger Tor der Abriss der Stadtmauer. Schwartz reagiert umgehend. Kurz danach entsteht eine Aufnahme, die die einzige ihrer Art bleiben sollte: eine Fotografie mit der Berliner Ringmauer als Hauptmotiv. Die Eile des Künstlers ist berechtigt. Auf der Berlin-Karte von Sineck/Bir(c)k aus dem Jahre 1866 ist dieser Abschnitt der Mauer bereits nicht mehr eingezeichnet.

Das Bild zeigt die Stadtmauer nördlich vom Brandenburger Tor; letzteres ist im Hintergrund zu erkennen. Für die Communication, die links entlang der Mauer, also an deren Stadtseite verläuft, hat sich etwa ab 1767 die Bezeichnung »Kasernenstraße« eingebürgert; seit dem Jahre 1859 trägt sie den Namen des Zimmermeisters und Stadtrats C. A. Sommer. Ungefähr in der Mitte dieser Straße stößt die Dorotheenstraße auf die Mauer – dank des Schneebelags ist die Einmündung deutlich sichtbar. Heute endet die ehemalige Sommerstraße, jetzt Ebertstraße, dort und geht in den Friedrich-Ebert-Platz über. Von hier ab verläuft die Mauer mitten durch das heutige Reichtagsgebäude; der Nordwest-Knick, den sie im unteren Teil des Bildes beschreibt, befindet sich etwa in Höhe der Nordfront dieses Hauses.

Die Art, in der Schwartz das Motiv auswählt, zeigt seine ganze Umsicht und Meisterschaft. Indem er das Objekt in zwei verschiedenen Verlaufsrichtungen abbildet, gelingt es ihm, auf ein- und derselben Fotografie beide Seiten der Mauer darzustellen, die glatte Außen- und die mit Flachbögen und Pfeilern versehene Innenwand. Obwohl zum Schutz gegen Witterungseinflüsse mit Dachschindeln bedeckt, befindet sich das 130 Jahre alte Bauwerk in einem erbärmlichen Zustand. An vielen Stellen ist der Putz längst abgefallen, und die Feuchtigkeit hat annähernd einen der insgesamt gut drei Höhenmeter erobert. Während die ursprünglichen Funktionen des Bauwerks verloren gegangen sind, hat man ihm inzwischen behelfsweise neue Aufgaben zugedacht. Es dient als Trasse für elekrische Leitungen und als Hofbegrenzung – letzteres erkennbar an dem Queranbau mit Tür, der am Knie der Mauer ansetzt und den Verlauf der Sommerstraße abrupt beendet.

Auf dem Grundstück am unteren Rand des Bildes, das die Mauer begrenzt, befindet sich der Standort des Fotografen. Schwartz braucht keinen privaten Hausbesitzer oder Mieter um die Erlaubnis für den Aufbau seines Dreibeins in einem Raum des zweiten Obergeschosses zu bitten. Gastgeber ist das Berliner Garnisonslazarett; Patienten und Personal erleben eine kleine Abwechslung in ihrem Alltag. Schwartz hat den nördlichen der beiden mit ihren Rückfronten bis an die Spree reichenden Flügel gewählt; der südliche Corpus begrenzt das Bild auf der linken Seite.

Aus diesem Blickwinkel kann F. Albert Schwartz nicht nur die beiden Seiten der Mauer und das Brandenburger Tor, sondern noch ein weiteres wichtiges Detail einfangen: die Verbindungsbahn aus dem Jahre 1851. Die Jahreszeit macht es möglich; die parallel zur Mauer verlaufende Baumreihe ist entlaubt und gestattet den Blick auf das Gleis und auf ein Wärterhäuschen – beide heben sich aus ihrer Umgebung wegen des schneeweiß gefärbten Bodens optisch heraus. Übrigens befindet sich außerhalb des Bildes rechts neben dem Gleis das Palais Raczynski, das 1884 dem Bau des Reichtagsgebäudes Platz machen muss.

Eine gewisse Trostlosigkeit, die von diesem Bild ausgeht, wird durch die winterliche Starre verstärkt, nicht verursacht. Die Quelle der Tristesse ist die Mauer, und diese verschwindet wenige Monate, nachdem sie im Bild festgehalten

[1] Harald Brost, Laurenz Demps, Berlin wird Weltstadt, Berlin 1997, S. 9.

wurde – um 95 Jahre später, nur wenige Meter versetzt, aufzuerstehen.

Die wertvolle künstlerische Hinterlassenschaft von F. Albert Schwartz verdient es, zu Beginn dieses Rundgangs vorab gewürdigt zu werden; umso mehr, als weitere Bilddokumente aus seinem Schaffen den Weg von Tor zu Tor veranschaulichen werden.

Der folgende Rundgang beginnt indes nicht im Westen, am Brandenburger Tor, sondern im Norden, am Oranienburger Tor. Für diese Entscheidung sprechen zwei Gründe:

Erstens. Nirgendwo wächst die Stadt so frühzeitig über die Grenze hinaus wie hier. An keinem anderen Ort stellt sich daher die Mauer als Steuergrenze und als soziale Barriere so drastisch selbst in Frage wie an diesem.

Zweitens. Nirgendwo ist der geografische Verlauf der Ringmauer älter als im Norden. Die erste Markierung datiert bereits vom Jahre 1705, und schon um die Mitte der 1720er Jahre kommt es nach einer Verlagerung nicht nur zu einem neuen, sondern – für den Bereich von fünf Toren – zum endgültigen Streckenverlauf.

Einschränkend ist anzumerken, dass das Merkmal »Höchstalter« nur für die Streckenführung, nicht hingegen für die Baulichkeiten gilt. Letztere gehören zu den jüngeren Teilen der Ringmauer.

Schon König Friedrich II., der 1740 die von seinem Vater geschaffene Ringanlage übernimmt, stört der Zustand, in dem sich der gesamte nördlich der Spree liegende Abschnitt befindet. Die »Mauer« ist nur eine Palisade, und die Tore bestehen aus vierkantigen, mit einer hölzernen Kugel geschmückten Holzpfeilern, zwischen denen aus starken Bohlen gefertigte Torflügel hängen. Sowohl praktische als auch stadtästhetische Gründe drängen nach Veränderung.

Der praktische Aspekt: Die Palisade ist zu niedrig, um Steuerbetrug und Soldatenflucht möglichst lückenlos verhindern zu können. Ihre ursprüngliche Höhe mag hinreichend gewesen sein, aber bereits seit den dreißiger Jahren ist die Palisade teilweise und zeitweilig derart von Flugsand zugeschüttet, dass man gelegentlich über sie in die Stadt hineinreiten kann.[1] Ursache ist der vorangegangene Raubabbau an den nördlich benachbarten Wäldern zur Gewinnung von Holz für die rege Bautätigkeit in der Stadt, zum Heizen und Kochen und – für die angespitzten Pfähle, aus denen die Palisade besteht. Friedrich lässt die Sandscholle, die die Berliner »Sahara« nennen, durch Ansiedlungen – Invalidenhaus, Neu-Voigtland – befestigen und nimmt sich für einen späteren Zeitpunkt vor, die Palisade durch eine (höhere) Mauer zu ersetzen.

Der wichtigere ist aber wohl der ästhetische Gesichtspunkt. Friedrich II. konzentriert sich auf die Verschönerung der Stadt, während seine Vorgänger darüber hinaus auch Erweiterungen vornahmen. Insbesondere mit dem nach ihm benannten Forum in der Straße Unter den Linden trägt er dazu bei, dass Berlin zu einer Stadt von europäischem Rang aufsteigt. Aber schon beim Betreten der Stadt soll der Besucher aufmerken. In Potsdam hat Friedrich deshalb drei neue Tore – darunter das Brandenburger Tor von 1770 – errichten lassen, um seine Hauptstraßen mit einem »point de vue« abzuschließen. Als der König im Jahre 1786 stirbt, liegen auch für Berlin entsprechende Planungen vor.

Sein Nachfolger und Neffe Friedrich Wilhelm II. greift diese Vorhaben zur Stadtverschönerung gern auf und lässt das Brandenburger Tor sowie drei Tore im Norden durch repräsentative Bauwerke ersetzen. Zugleich wird in den Jahren 1788 und 1789 » ... die Stadtmauer vom Unterbaume bis zur Gegend des Schönhauser Thores massiv gebaut ...«.[2] Die neue Mauer überragt mit 4,20 m ihre südliche Schwester um gut einen Meter.

Der restliche, nordöstliche und östliche Teil der Mauer entsteht in den Jahren 1801 und 1802. Er verläuft im Osten auf einer neuen, hinausgeschobenen Strecke. Anstelle des Südschwenks der Palisade kurz hinter dem Königstor verbleibt die Mauer in kerzengeradem Verlauf auf der heutigen Friedenstraße, anschließend auf der jetzigen Marchlewskistraße, um von der Warschauer Straße an bis zum Stralauer Tor wieder der Palisade zu folgen. Diese Streckenführung schließt ein Hi-

[1] Karl Rudolf von Ollech, Geschichte des Berliner Invalidenhauses von 1748 bis 1884, Berlin 1885, S. 4 ff.
[2] Ernst Fidicin, Berlin historisch und topographisch, Berlin 1843, S. 94.

nausschieben des Frankfurter, vor allem aber des Landsberger Tores ein, das sich nun inmitten von Feldern befindet. König Friedrich Wilhelm III. korrigiert mit dieser Begradigung nicht weniger als sechs Richtungsänderungen der alten Palisade und gewinnt dabei über 50 Hektar Fläche. Für die Tore wird der Aufwand minimiert. Alles in allem kostet die Strecke vom Landsberger bis zum Stralauer Tor ganze 2.267 Taler und 8 Groschen.[1] Zwei Mal weicht der beim Thema Stadtmauer stets sparsame König von seiner Linie ab. Das Potsdamer Tor wird mit attraktiven Torhäusern versehen, und auch beim Neuen Tor der nach ihm benannten Vorstadt zeigt Friedrich Wilhelm eine gewisse Großzügigkeit.

Nach 1840, unter Friedrich Wilhelm IV. kommt der Gedanke, die Stadteingänge ansehnlicher als bisher zu gestalten, ein letztes Mal auf. »Tore gehören zu denjenigen Gebäuden, welche als Schluss langer Straßen ... hauptsächlich auf Fernsicht berechnet und daher nicht nur in angemessener Größe, sondern auch in möglichst interessanter Hauptform gehalten werden müssen«, formuliert der Architekt des Königs, Friedrich August Stüler im Jahre 1844.[2] Die neu in die Mauer eingefügten Tore tragen diesem Anliegen bedingt Rechnung.

Welches der Tore zu welcher Gruppe – einfaches Tor, modernes Tor, Schmucktor – gehört, wird während des Rundgangs und zusammenfassend am Schluss beschrieben.

Der Gesamtverlauf der Mauer ist der Karte auf Seite 190/191 und der Skizze auf Seite 78 zu entnehmen. Im Einzelnen wird der folgende Rundgang von Tor zu Tor von einem Stadtplan unterstützt, der sich durch detaillierte Ausführung und komplexe Darstellungstechnik auszeichnet. Es ist der historisch erste Plan mit exakter, zuverlässiger Vermessung der Bauwerke. Nicht nur die öffentlichen und andere wichtige Gebäude, auch alle Einzel- und Nebengebäude, selbst im Inneren der Blöcke, werden abgebildet. Nicht zuletzt sind die Stadttore und die Ringmauer sorgfältig abgebildet – selbst die getrennte Darstellung der Mauer und der ganz dicht daneben verlaufenden Verbindungsbahn ist weitgehend gelungen. Die Rede ist vom »Situationsplan der Haupt- und Residenzstadt Berlin mit nächster Umgebung im Maassstabe 1 : 6250. Seiner Majestät dem Könige Friedrich Wilhelm IV. in tiefster Ehrfurcht allerunterthänigst zugeeignet von Sineck Hauptmann von der Armee und Director vom Königlichen lithographischen Institut in Berlin. 1856. Lith. v. C. Birk«.

DAS ORANIENBURGER TOR

Das Oranienburger Tor stellt die nördliche Begrenzung der Friedrichstraße dar, der längsten Straße innerhalb der Ringmauer. Heine spottet, diese Straße veranschauliche »die Idee der Unendlichkeit«, indes, es wehe »ein fataler Zugwind zwischen dem Halleschen und dem Oranienburger Tor.«[3] Zutreffend ist, dass es sich um die einzige Straße handelt, die zwei gegenüberliegende Berliner Stadttore gradlinig verbindet.

Der zwischen Weidendammer Brücke und Oranienburger Tor verlaufende Abschnitt dieser Straße wird ursprünglich auf feuchtem Untergrund, zwischen Wiesen und Teichen als aufgeschütteter und befestigter Weg angelegt und heißt daher zunächst Dammstraße. Für das beiderseits gelegene Areal setzt sich bald die Bezeichnung Spandauer Vorstadt oder Spandauer Viertel durch. Später verbleibt diese Bezeichnung nur noch für das Gebiet rechts der nördlichen Friedrichstraße, als, beginnend in den zwanziger Jahren des 19. Jahrhunderts, linkerhand eine neue Vorstadt namens Friedrich-Wilhelm-Stadt entsteht.

Die alte Spandauer Vorstadt ist überwiegend handwerklich-ärmlich geprägt, was auch für die Bebauung des dort verlaufenden Abschnitts der Friedrichstraße gilt. Von den insgesamt 23 einstöckigen Häusern, die es 1799 auf der 3,2 Kilometer langen Friedrichstraße gibt, befinden sich acht an den fünfhundert Metern zwischen Weidendammer Brücke und Oranienburger Tor.[4]

[1] Achim Hilzheimer, Ein vergessenes Stadttor, In: Berlinische Monatsschrift, Nr. 7/1995, S.81.
[2] Heinrich Lange, » ... zum Schmuck der Städte ...«, In: Berlinische Monatsschrift, Nr. 11/2000, S. 16.
[3] Heinrich Heine, Briefe aus Berlin, zit. n.: Ruth Köhler, Wolfgang Richter (Hrsg.), Berliner Leben 1806-1847, Berlin 1954, S. 111.
[4] Ralph Hoppe, Die Friedrichstraße, Berlin 1999, S. 20.

Zu diesem Zeitpunkt hat das Tor seine nur etwa 90 Meter betragende Nordwanderung längst hinter sich, und es ist ein letztes, etwas verengtes Stück Friedrichstraße entstanden. Das erste Oranienburger Tor von 1705 hat allenfalls zwei Jahrzehnte existiert, vielleicht nur bis 1720. Es steht in Höhe der Einmündung der Linienstraße und des heute gegenüber liegenden Grundstücks Friedrichstraße 122. Wie sich die alte Palisade, von der Linienstraße kommend jenseits des Tores in Richtung Westen fortgesetzt hat, ist eine der Fragen, die am Ende des von Tor zu Tor führenden Rundgangs stehen wird.

Der Weg der landwirtschaftlichen Produkte von der Besteuerung am Oranienburger Tor bis zum Verkaufsstand ist kurz. Der Markt befindet sich gleich nebenan. Linien- und Oranienburger Straße bilden vor ihrem Zusammentreffen ein Dreieck, das nicht bebaut ist. Auf Stadtplänen aus dem 18. Jahrhundert ist dieser Platz sogar größer als heute, weil die ersten Häuser auf der Südseite der Linien- und der Nordseite der Oranienburger Straße noch nicht existieren.

Hier herrscht reger Marktbetrieb, auch noch zu Zeiten, als Tor und Mauer längst verschwunden sind. Das Bild zeigt die Nordseite des Platzes; links das angeschnittene Haus, Linienstraße 133, hat die Zeitläufte überdauert. Der Platz heißt zunächst »Linden Marckt«, später prosaisch »Oranienburger-Tor-Markt«. Nach der Errichtung der Berliner Markthallen, die 1893 abgeschlossen wird, verliert der Platz mit dem geschäftigen Treiben auch seinen Namen. Drei Lindenbäume sind dort indes immer noch zu finden.

Demgegenüber dient ein Gebäude, dicht hinter dem Ostrand des Platzes gelegen, bis zur Gegenwart dem gleichen Zweck, zu dem es errichtet wurde. Am 19. Dezember 1859 geht in der Linienstraße 128/129 das erste kommunale Feuerwachgebäude der Berliner Feuerwehr in Betrieb. Es ist das erste seiner Art in Deutschland. Heute wird es von der Freiwilligen Feuerwehr genutzt.

Das hinausgeschobene Palisadentor steht 75 bis 80 Jahre an seinem Ort. Danach, vom Jahre 1789 an erhebt sich an gleicher Stelle eines der Schmucktore der Berliner Stadtmauer. Erst bei dieser Gelegenheit wird übrigens das Wachhaus, das am alten

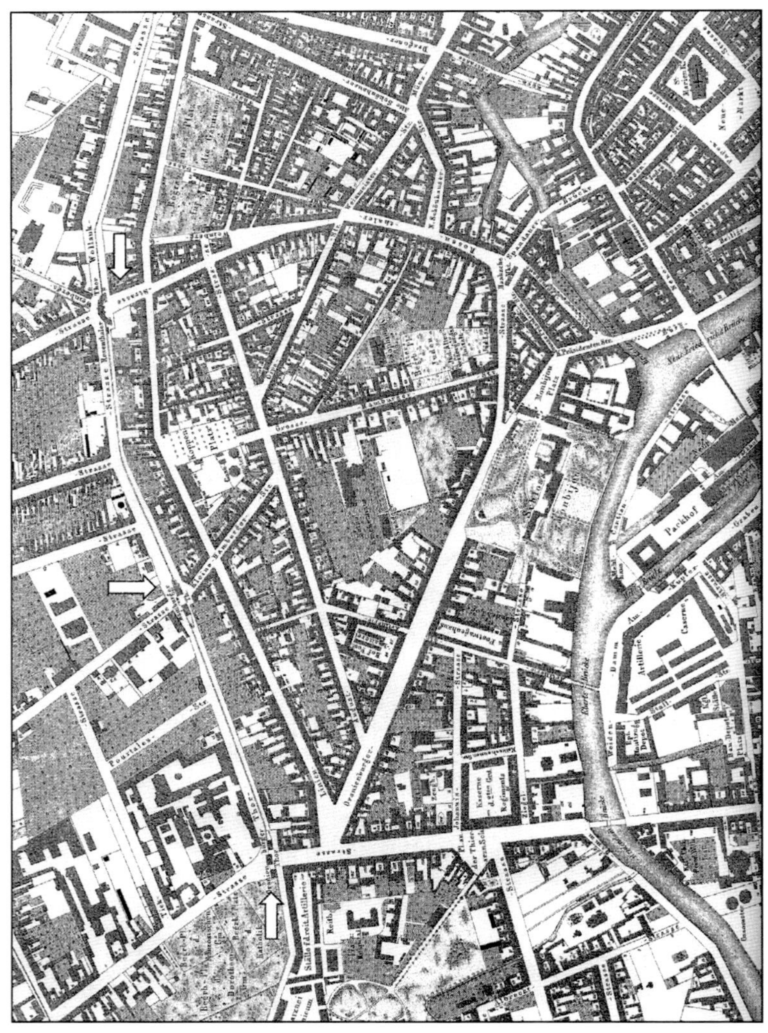

^ *Oranienburger, Hamburger und Rosenthaler Tor (von unten). Stadtplan von Sineck. 1856. Auszug*

Ort Ecke Linienstraße verblieben war, in die neue Toranlage einbezogen. (Analoges gilt für das Hamburger, das Rosenthaler und das Schönhauser Tor). Das neue Oranienburger Tor wird – noch auf Ordre Friedrichs des Zweiten – von Carl von Gontard in Form eines römischen Triumphtors erbaut. Die Amtsgebäude des Torschreibers und der Wache sind nach einem ursprünglichen Entwurf direkt an das Tor angefügt. Zur Ausführung gelangt indes ein vermutlich von Carl Gotthard Langhans (d. Ä.) beeinflusster Entwurf, bei dem sich zwischen dem Triumphbogen und den Torhäusern unüberdachte Durchfahrten befinden.

F. Albert Schwartz fotografiert das Tor aus der Dachluke seines Wohnhauses Friedrichstraße 115 heraus. Die Torflügel samt Halterungen zur Sperrung der Passage links vom Tor (s. Foto S. 72) sind bereits entfernt, der Abriss des Bauwerks steht unmittelbar bevor.

Der Blick über das Tor hinweg in die Chausseestraße eröffnet zwei Welten, wie sie gegensätzlicher nicht sein können.

In nordwestlicher Richtung grenzt das Reich der Vergangenheit an das Tor. Von hier geht Ruhe aus, es sei denn, dass » ... wie gewöhnlich in dieser kirchhofreichen Gegend ein großes Begräbnis die Straßenpassage hemmte.«[1] Insgesamt vier Friedhöfe liegen damals hier nebeneinander, von denen zwei noch vorhanden sind, der Begräbnisplatz des Französischen Gemeinde und der weltberühmte Friedhof der Dorotheenstädtischen und Friedrich-Werderschen Gemeinden. Westlich an letzteren schloss sich – größer als die anderen drei zusammen – der Begräbnisplatz der Charité an. Der vierte ist der Friedhof der katholischen St. Hedwigs Gemeinde.

Direkt daneben, nur durch die Straße getrennt, präsentiert sich die Welt der Zukunft – und des Lärms. Es ist das damals größte Industriegebiet Berlins, das sich bereits seit den zwanziger Jahren herausgebildet hat. Die Unternehmen, durchweg Maschinenbau-Anstalten, siedeln sich hier aus mehreren Gründen an – wegen der Nähe zum Rohstofflieferanten, der Königlichen Eisengießerei in der Invalidenstraße und weil sie vor der Stadtmauer hinreichend billigen Grund und Boden erwerben können. Im Jahre 1847 sind 6.000 Arbeiter in elf Betrieben tätig. Namen wie Egells, Freund, Wöhlert, Pflug, Schwartzkopff und Borsig stehen für das Berliner Unternehmertum in der Chausseestraße, für eine der Wiegen der industriellen Revolution in Deutschland. Hier im Feuerland, wie das Areal von den Berlinern bald genannt wird, entsteht 1841 die erste Lokomotive, die den bis dahin als unerreichbar geltenden englischen Vorbildern überlegen ist.

[1] Theodor Fontane, Stine, Werke in fünf Bänden, Zweiter Band, Berlin 1986, S. 300.

^^ *Unbekannt, Wochenmarkt am Oranienburger Tor. 1885*
^ *F. Albert Schwartz, Das Oranienburger Tor. 1867*

Hergestellt wird die Lokomotive bei August Borsig, dessen Fabrik rechts auf der Fotografie von Schwartz teilweise abgebildet ist (besser zu erkennen auf dem Bild S. 91). Zunächst arbeitet und wohnt Borsig bei Franz Anton Egells, einem Pionier des Berliner Maschinenbaus – dessen Wohnhaus wird auf Schwartz' Bild vom Sockel des Torobelisken und der linken Trophäe eingerahmt. Im Jahre 1837 macht sich Borsig selbständig und übernimmt seinen ersten Auftrag – Schrauben für Eisenbahnschwellen –, zehn Jahre später bauen seine nunmehr 1.500 Beschäftigten die einhundertste Lokomotive zusammen. Mit 50 Jahren, am 6. Juli 1854 stirbt August Borsig an den Folgen eines Gehirnschlags. Sein Grab befindet sich schräg gegenüber seiner Wirkungsstätte, auf dem Dorotheenstädtischen Friedhof, Chausseestraße 126.

Die Borsigsche Arkadenhalle am Haupteingang Chausseestraße 1 sowie das Direktionsgebäude wird 1858 von Johann Heinrich Strack entworfen – das Bauwerk ist damals eine herausragende Berliner Sehenswürdigkeit, eines der frühesten Beispiele Berliner Industriearchitektur. Ein Teil der Halle befindet sich heute auf dem Gelände der Technischen Universität in Charlottenburg. Die Fabrikanlage wird 1887 abgerissen. Ganz Feuerland muss in den folgenden Jahren Mietshäusern weichen.

Mit dem Episodenroman »Leberecht Hühnchen« wird dem Feuerland durch Heinrich Seidel, als junger Ingenieur selbst einige Zeit in der Wöhlertschen Maschinenfabrik tätig, ein literarisches Denkmal gesetzt.

Die gesamte Buntheit, ja Gegensätzlichkeit des Lebens rund um das Oranienburger Tor wird jedoch erst angesichts des an diesem Ort massiv vertretenen Militärs deutlich.

Auf die Rolle, die die unmittelbar an die Innenseite des Tores grenzende Kaserne der Reitenden Artillerie (Friedrichstraße 118-119) während der Märzrevolution 1848 spielt, wurde im Kapitel »Polizei-Mauer« bereits eingegangen. Nur dreihundert Meter von diesem aus dem Jahre 1802 stammenden Bau entfernt, in der Friedrichstraße 107, befindet sich eine weitere Soldatenunterkunft. Sie ist eine der ältesten »Kasarmen« Berlins, die 1764 unter Friedrich II. auf dem Gelände des ehemaligen dorotheenstädtischen Friedhofs errichtete Kaserne des Ersten Artillerie-Regiments. In ihr verbringt Karl Friedrich Klöden ab 1790 einige seiner Kinderjahre (vgl. Kapitel »Militär-Mauer«), und er erinnert sich:

»Des Abends wurde zum Zapfenstreich nach der Wache am Oranienburger Tor gelaufen. Den Tambour begleitete der helle Haufen (der Kinder – H. Z.) auf seinem Gange, und sowie er fertig war, wurde mit einem gellenden Gejauchze die Mütze hoch in die Höhe geworfen und dann fortgelaufen. Dies war herkömmliche Sitte ...«.[1]

Es sind noch friedliche Zeiten am Oranienburger Tor. Sie ändern sich schon bald mit der Besetzung Berlins durch die Franzosen im Jahre 1806 und den nachfolgenden Befreiungskriegen 1813. In der Revolution 1848 noch als strategischer Ort umkämpft, wird das Tor knapp zwei Jahrzehnte später zum vermeintlich überflüssigen und störenden Objekt.

Musste das stadtarchitektonisch wertvolle Oranienburger Tor abgerissen werden? Die Antwort ist ein klares »Nein«. Die Aussagen der Sineck-Karte und des Bildes von Schwartz unterstützen diese

[1] Karl Friedrich Klöden, Von Berlin nach Berlin, Berlin 1976, S. 57.

^ *Franz Krüger, August Borsig, 1804–1854. Gemälde*

Auffassung. Warum sollte der Nord-Süd-Verkehr nicht weiterhin zwischen Tor und Einnehmerhaus (Friedrichstraße 117) fließen? Für den Gegenverkehr stehen das Tor selbst und vor allem dessen östliche Außenseite zur Verfügung.

Für die aus dem Westen kommenden Fahrzeuge stellen die drei Torgebäude keinerlei Hindernis dar. Das Einnehmerhaus steht in einer Front mit der Stadtmauer, die hier zugleich den Friedhof begrenzt. Das Tor selbst ist sogar um die halbe Tiefe der beiden Nachbarbauten nach Norden versetzt. Nur der aus dem Osten kommende Verkehr, der in Höhe des Tores auf eine schmaler werdende Fahrbahn eingeengt werden muss, findet im Wachthaus ein schwer zu umgehendes Störobjekt.

Das eigentliche Oranienburger Tor und das westliche Torhaus hätten somit erhalten bleiben können. Dazu hätte es allerdings einer grundsätzlich anderen Haltung der Verantwortlichen des preußischen Staates zum architektonischen Erbe Berlins bedurft. Der Abriss der nördlichen Schmucktore der Ringmauer ist in eine damals einsetzende Welle der respektlosen Vernichtung Alt-Berliner Baussubstanz einzuordnen, die die nachfolgenden staatlichen Machthaber zur Tradition machen – von Stadtverordnetenversammlung und Magistrat in der Regel jeweils tatkräftig und initiativreich unterstützt.[1]

Vom Oranienburger Tor, das 1868 abgerissen wird, überleben die beiderseits des Obelisken angebrachten Trophäen. Albert Borsig, Nachfolger des Firmengründers, erwirbt sie für sein im Havelland gelegenes Gut Groß Behnitz. Dort schmücken sie bis heute das Eingangstor des Grundstücks.

Das östliche Torhaus, Friedrichstraße 117 wird im Jahre 1871 entfernt. Das westliche (117a) wird noch kurze Zeit zum Träger des gesellschaftlichen Wandels: es dient bis 1874 als Telegrafenstation.

^ *Nachbildung des Oranienburger Tores an der Brandmauer des Hauses Friedrichstraße 115 und Neubau (1998) Friedrichstraße 118-119 mit erhöhtem Eckbereich als symbolischer Andeutung des Stadteingangs. 1999*

^ *Gräberfreilegung auf dem ehemaligen St.-Hedwigs-Kirchhof, Chausseestraße 128-129. 1997*

^ *Teil der Strackschen Eingangshalle zur Borsig-Fabrik, wiedererrichtet auf dem Gelände der Technischen Universität, Charlottenburg. 2002*

^ *Die Trophäen vom Oranienburger Tor in Groß Behnitz, Havelland. 2000*

[1] vgl. Benedikt Goebel, Der Umbau Alt-Berlins zum modernen Stadtzentrum, Berlin 2003.

DAS HAMBURGER TOR

Die Abstände zwischen den Nordtoren sind klein. Zwischen dem Oranienburger und dem östlich davon gelegenen Hamburger Tor liegen lediglich 520 Meter.

Einen offiziellen Namen trägt dieser Abschnitt der Communication ein Dreiviertel-Jahrhundert hindurch, zu einer Zeit, in der die »Sahara« noch fast bis an die Palisade heranreicht, nicht. Dann, um 1801 erhält die breitere äußere Communication, für die sich inzwischen der Name »Straße vor den Toren« eingebürgert hatte, zwischen Oranienburger und Rosenthaler Tor offiziell die Bezeichnung »Thorstraße«.

Die innere Communication bleibt weiterhin namenlos, so wie es wohl auch die aus den umliegenden Straßen zusammentreffenden Halbwüchsigen beiderlei Geschlechts bleiben wollen, die nach der Abendschule dort, unbeobachtet zwischen Mauer und Hausgärten die Formen und Varianten körperlichen Näherkommens üben. Erst kurz vor Abriss der Mauer setzten sich die inoffiziellen Bezeichnungen »Oranienburger Communication«, jenseits des Hamburger Tores »Hamburger Communication« usw. durch.

Im Siegesrausch des deutsch-französischen Krieges wird 1873 aus der Thor- die Elsässer Straße. Dieser Name hält sich über drei deutsche Reiche hinweg. Erst 1951 kommt es zur nächsten Umbenennung in Wilhelm-Pieck-Straße – diesmal für den gesamten Nord-Viertelring bis zum Prenzlauer Tor. In dieser Abmessung ist die Straße nunmehr, im Jahre 1994, nach fast zwei Jahrhunderten und trotz zwischenzeitlich diverser politischer Ambitionen zu ihrem ursprünglichen und unverfänglichen Namen »Torstraße« zurückgekehrt.

Für den heutigen Linienbus ist es die Strecke von einer Station zur nächsten. Wer die kurze Strecke von Tor zu Tor nicht flanieren will, steigt an einem Haltepunkt ein, der – seinen Erwartungen entsprechend – »Oranienburger Tor« heißt – und verlässt das Fahrzeug enttäuscht an einer Station namens »Tucholskystraße«. Letztere ist eine Einmündung in die Torstraße, die mit dem Hamburger Tor nichts zu tun hat, die überdies zu Zeiten der Stadtmauer noch gar nicht vorhanden war. Das Tor stand nur wenige Schritte in Fahrtrichtung entfernt, aber es ist längst vergessen, nicht nur von den Stationsplanern der BVG. Die Ursache liegt auf der Hand: Es hat, im Unterschied zu fast allen anderen Toren der alten Ringmauer, so gut wie keine Spuren hinterlassen. Es fehlt scheinbar jede Andeutung eines Platzes; mehr als eine ganz normale Straßenkreuzung ist auf den ersten Blick nicht auszumachen.

Dieser Eindruck wird durch die Straße, die von der Stadt zum Tor führt, verstärkt. Die im Jahre 1708 angelegte Kleine Hamburger Straße – schon der Name lässt es vermuten – ist die unbedeutendste aller von innen zu einem Tor der Ringmauer führenden Straßen. Sie ist schmal, aber vor allem fehlt ihr das Typische einer durch ein Tor führenden Ausfallstraße, der Beginn im Zentrum, am Tor der alten Festungsanlage. Die Kleine Hamburger findet – vom Tor aus betrachtet – nach Überquerung von nur einer einzigen Querstraße, der Linienstraße, schon wieder ihr Ende als Einmündung in die Auguststraße. Sie ist als Verkehrsweg so unwichtig, dass sie durch einen nach dem zweiten Weltkrieg quer über sie gelegten Sportplatz problemlos in zwei Sackgassen verwandelt werden kann.

Vielleicht gab es in der Entstehungszeit der Spandauer Vorstadt unter Kurfürst Friedrich III. die Überlegung, vom Spandauer Tor der Festung aus eine über Sophienstraße und Kleine Hamburger Straße führende Verbindung nach nordwestlich von Berlin liegenden Reisezielen zu schaffen. Jedenfalls fällt ins Auge, dass beide Straßen auf ein und derselben Linie liegen. Falls dieser Plan jemals existierte, hat ihn das wilde Wachstum der Vorstadt schnell überrollt.

Die Unentschlossenheit und Zaghaftigkeit, die die zum Hamburger Tor führende innerstädtische Straßenführung aufweist, setzt sich außerhalb der Stadtmauer fort. Es gibt keine eigenständige Straße von Berlin nach Hamburg, die durch das gleichnamige Tor führt. Jenseits des Tores gelangt man auf der Gartenstraße zur Scharfrichterei (später befindet sich dort der Stettiner Bahnhof) und zum Berliner Hochgericht (Gartenplatz). Die Verlängerung der Gartenstraße ist die nordwestlich verlaufende Gerichtstraße, die in die alte Rup-

piner Straße mündet. Letztere ist eine wahre Ausfallstraße; sie heißt später Müller-, weiter südlich Chausseestraße und kommt vom Oranienburger Tor.

Wozu wird ein Tor errichtet, das weder nach innen noch nach außen ein eigenständiges Marschziel anbietet? Geht es nur um den kurzen Weg zum Volksfest Hinrichtung? Es ist wohl die in der Spandauer und der Georgenvorstadt frühzeitig einsetzende äußerst dichte, bis an die Palisade und absehbar darüber hinaus reichende Besiedlung, die die Wahl von kurzen Abständen bei der Einrichtung von Toren erzwingt, auch wenn es – wie beim Hamburger Tor – nur um den »kleinen Grenzverkehr« geht.

Die vergleichsweise niedrigen Ansprüche an die Verkehrs-Durchlässigkeit finden in der Gestaltung des Tores ihren Niederschlag. Georg Christian Unger, der das Hamburger Tor 1789 erbaut, konzipiert nur eine einzige, für Fahrzeuge und Fußgänger gleichermaßen zu benutzende Öffnung von nicht mehr als eineinhalb Wagenbreiten. Das Tor ist insgesamt bescheidener ausgeführt als seine beiden unmittelbaren Nachbarn. Es ist das einzige der vier Schmucktore, bei dem auf eine Überdachung der Durchfahrt verzichtet wird. Dafür streben zwei Obelisken gen Himmel, die das Torensemble zu einem durchaus attraktiven Bauwerk machen. Sie stehen auf mauerhohen (4,20m) Podesten und erreichen zusammen mit diesen eine Höhe von beachtlichen 21 Metern. Am Fuß sind sie mit dem Namenszug des Königs Friedrich Wilhelm II. und mit Kriegsarmaturen geschmückt. Mittels einer geschwungenen Mauer werden die Obelisken an die beiden Torhäuser angebunden. Dieses Mauerband wird später neben den Podesten zuerst im Westen, dann im Osten zugunsten von Fußgängerpforten durchbrochen.

Die Radierung von Serrurier, acht Jahre nach der Errichtung des Tores angefertigt, zeigt den ursprünglichen Zustand; interessant auch links die gartenartige Ecke eines Grundstücks, das von der Kleinen Hamburger Straße und der inneren Communication begrenzt wird.

Mit dem Oranienburger Tor verbinden sich für den Berliner des Vormärz das Feuerland, die Friedhöfe und die Kasernen. Rings um das Hamburger Tor fehlt diese Buntheit des Lebens. Der Berliner des »Biedermeier« assoziiert mit dieser Gegend nur Schattierungen ein und derselben Farbe: grau in grau, Elend und Tod.

Stadteinwärts nahe dem Tor in der Hospitalstraße (Auguststraße), gegenüber der Einmündung der Großen Hamburger Straße, die zu dieser Zeit dort endet, steht das »Koppe'sche Armenhaus«, im Volksmund nur das »Türmchen« genannt.

»Es war ein Hospital der traurigsten Art. 20 bis 24 alte Weiber fanden in demselben ihr Unterkommen. Sie waren in drei gar nicht besonders große Stuben zusammengepfercht ... Der Armen-Totengräber führte über sie die Aufsicht. Wahrlich ein trauriges Amt, denn nur die Ärmsten, denen kein anderes Mittel blieb, das Leben zu erhalten, suchten in dem unheimlichen Türmchen ihre letzte Zuflucht. Hinter dem Hofe des Armenhauses dehnte sich ein wüster Platz, der Armenkirchhof aus, der Begräbnisplatz der Unglücklichen, deren Angehörige für die letzte Ruhestätte nicht die schweren Abgaben anderer Kirchhöfe opfern konnten oder wollten. In einem abgelegenen Win-

L. Serrurier, Das Hamburger Tor. 1797. Aquarellierte Radierung ^

kel ruhten diejenigen, welche Verzweiflung zum Selbstmorde getrieben hatte.«[1]

Der Armenkirchhof, der auch die Hingerichteten aufnimmt, wird im Jahre 1840 geschlossen. Ein Teil von ihm ist der heutige Koppenplatz.

Nicht minder bringen die Scharfrichterei und das Hochgericht den gesitteten Bürger dazu, die Gegend um das Hamburger Tor zu meiden. Die Mitteilung, mit dem Scharfrichter zu verkehren, öffnet Türen, wie der volkstümliche Mediziner und Hofrat Ernst Ludwig Heim bestätigen kann. Als er einmal seine wertvolle Zeit wartend im Vorzimmer der – ohnehin nicht kranken – »Prinzessin Ferdinand« zubringen muss, nimmt er sich den Kammerherrn vor:

»Hören Sie mal, Baron, sagen Sie ihrer Königlichen Hoheit, ich will erst zum Scharfrichter Brand vors Hamburger Tor. Da wird die Kindsmörderin seziert, ein prächtiger Kadaver. Wenn ich zurück bin, wird die Prinzessin wohl fertig sein.«

Es vergeht nun keine weitere Minute mehr, bis Heim vorgelassen wird.[2]

Einen nachgerade traurigen Ruhm erlangt das Hamburger Tor jedoch durch die direkt benachbarten sogenannten Familienhäuser (vgl. Kapitel »Polizei-Mauer«). Hier, auf der westlichen Ecke der Garten- zur Thorstraße leben seit 1824 bis zu 3.800 Personen auf engstem Raum und unter weiteren selbst für damalige Verhältnisse außergewöhnlich schlechten Bedingungen.

Die hohen Mieten in der schnell wachsenden Innenstadt sind für die Armen unbezahlbar. Billiger wohnt man nahe, am billigsten außerhalb der Stadtmauer. Der Kammerherr von Wülcknitz spekuliert mit dieser Wohnungsnot, erwirbt vom Gärtner Christian in der Gartenstraße günstig ein großes Stück Land und errichtet darauf fünf Mietshäuser – die ersten ihrer Art in Berlin, von vorangegangenen zeitweiligen Belegungen einer Kaserne am Schlesischen Tor durch Arbeitslose und deren Familien abgesehen. Die Mietskasernen haben vier Stockwerke, zusätzlichen Gewinn zieht der Kammerherr aus der Belegung der Keller und Dachmansarden. In die Zimmer kommt man – ebenfalls wie in einer Kaserne – über einen Mittelgang, über den auch die Gemeinschaftsküche zu erreichen ist. Und so sieht es in den Zimmern aus:

»Kreuzweis wird durch die Stube ein Seil gespannt, in jeder Ecke haust eine Familie, wo die Seile sich kreuzen, steht ein Bett für den noch Ärmeren, den sie gemeinschaftlich pflegen.«[3]

In diesem Viertel des Zimmers spielt sich nicht nur das gesamte private und intime Leben der Familie ab, oft müssen hier auch noch ein Webstuhl oder andere Arbeitsinstrumente Platz finden.

Der sanitäre Komfort besteht aus zwei Wasserbrunnen. Sie befinden sich auf dem Hof, gleich daneben das offene Klosett mit achtundvierzig Sitzen und einer Senkgrube, in der sich Abfälle und Abwässer stauen, die nicht selten über die Straße fließen.

Dem adligen Spekulanten folgte ein bürgerlicher namens Wiesecke, der den ehemaligen Wülcknitzschen Hausbesitz ersteigert. Ihm folgen viele andere Eigentümer, bevor die Häuser 1881 abgerissen werden.

Bettina von Arnim, die in dem anfangs als liberal geltenden Regenten Friedrich Wilhelm IV. einen Volkskönig sehen will, richtet 1843 an den Herrscher unter dem Titel »Dies Buch gehört dem König« eine Denkschrift, mit der sie für politische und soziale Veränderungen wirbt. Als Anhang nimmt sie in dieses Buch die »Erfahrungen eines jungen Schweizers im Voigtlande« auf, eine soziologische Studie über die Zustände in den Familienhäusern, die indes keine nachweisbaren Impulse zur Verbesserung der Situation auslöst. Seit den achtziger Jahren erinnert auf einer benachbarten buntbemalten Brandmauer ein Buch mit dem Signum »B« an den Einsatz Bettinas für die sozial Benachteiligten.[4]

Bei der Suche nach Spuren der rings um das Tor herrschenden historischen Gegebenheiten hilft ein Blick auf den Sineck-Stadtplan von 1856. Er zeigt, dass das Grundstück, auf dem die Familienhäuser

---

[1] Adolf Streckfuß, 500 Jahre Berliner Geschichte, Berlin 1900, S. 586.
[2] Willibald Alexis, Ruhe ist erste Bürgerpflicht, Bd. 1, Berlin 1969, S. 58.
[3] Bettina von Arnim, Dies Buch gehört dem König, Anhang. Zit.n. Johann Friedrich Geist, Klaus Kürvers, Das Berliner Mietshaus 1740-1862, München 1980, S. 9.
[4] Gerhard Heinicke, Vor dem Rosenthaler Tor, Berlin 1999, S. 12.

stehen, tiefer in die Thorstraße hineinreicht als es die aus dem Westen vom Borsig-Grundstück kommende Bauflucht vorgibt. Was der sonst punktgenaue Sineck übersieht, ist, dass außerdem die Stadtmauer an dieser Stelle leicht nach links abknickt, um Anschluss an das Tor zu finden. Das Resultat ist eine von beiden Seiten ausgehende Verengung der Thorstraße, wie der Blick aus dem Westen in Richtung Tor und Familienhäuser (s. Abbildung) zeigt.

Die Straßenbreite erreicht dort – im Widerspruch übrigens zur Akziseordnung – nicht mehr als acht bis zehn Meter.[1]

Umgekehrt findet sich auf der Stadtseite des Tores vergleichsweise viel Platz. Der freie Raum entsteht dadurch, dass die beiden ersten Häuser links und rechts der Kleinen Hamburger Straße weit zurückgebaut sind. Diese steinernen Zeugen der Ringmauer sind erhalten geblieben! Das Haus Torstraße 180 sah noch bis Anfang des Jahres 2006 fast genau so aus wie um das Jahr 1860 (vgl. das Bild vom Hamburger Tor auf S. 83). Gegenüber das Haus Nr.178 steht immerhin noch auf seinen ursprünglichen Grund- und Erdgeschossmauern, wurde allerdings von der ersten Etage ab Anfang der neunziger Jahre des 20. Jahrhunderts neu aufgestockt und dabei stark verändert.

Die vorspringende Grundstücksgrenze der Familienhäuser wird bei der Anlage des Boulevards nicht korrigiert, sondern in Kauf genommen. Die Alternative wäre Enteignung und (Teil)abriss der Familienhäuser, wozu sich der Magistrat wegen des ohnehin gravierenden Mangels an billigem Wohnraum nicht entschließen kann. Man zieht es vor, die neue Straße nicht exakt gradlinig, sondern mit einem leichten Knick über den ehemaligen Standort des Hamburger Tores zu führen. Heute ist diese minimale Richtungskorrektur auf der Fahrbahn kaum sichtbar, allenfalls in einer Abweichung der beiden Baufluchten der Torstraße rechts und links der Gartenstraße.

Stadteinwärts ist für diesen Knick so viel Platz, dass er nur durch einen an dieser Stelle besonders breiten Bürgersteig ausgeglichen werden kann. Insoweit erscheinen noch heute die äußerst verschwommenen, aber eben doch sichtbaren Konturen eines Platzes, der sich auf der Stadtseite des Tores befand.

Die westliche Begrenzung dieses Platzes, das Steuergebäude, ist noch bis 1867 von Beamten belegt. Die dortigen Bediensteten sind indes ihrer eigentlichen Aufgabe schon seit Jahrzehnten weitgehend enthoben. Seit dem 1. Oktober 1820 ist am Hamburger und am Schlesischen Tor die Einfuhr von Mühlenerzeugnissen, Brot, Schlachtvieh und Fleisch bei Strafe verboten. Nach 1867 wird das Steuerhaus bis zu seinem Abbruch im Jahre 1872 privat vermietet. Das als solches nicht mehr genutzte Wachhaus existiert nur bis 1866.

Dass das Hamburger Tor als Ensemble von Torhäusern und Obelisken nicht an seinem angestammten Ort verbleiben konnte, mag nachvollziehbar sein, die totale Vernichtung dieses Bauwerks ist es keineswegs. Selbst die für den Abriss Verantwortlichen müssen nicht frei von Gewissensbissen gewesen sein; jedenfalls lässt man, wie

[1] vgl. Johann Friedrich Geist, Klaus Kürvers, Das Berliner Mietshaus, München 1980, S. 95.

^ *Die Thorstraße mit dem Eckturm der Borsig-Fabrik, den Wülcknitzschen Familienhäusern und dem Hamburger Tor. 1860*

eine Vogelschauansicht von Robert Geissler aus dem Jahre 1868 zeigt, zunächst einen der Obelisken mitten auf der Kreuzung, gewissermaßen als Verkehrsinsel, stehen. Warum wurde schließlich auch dieses letzte Zeugnis feudaler Steuer- und Militärpolitik entfernt? Für einen der Obelisken hätte sich gewiss auch in der Umgebung so mancher geeignete Standort, z.B. der damals noch junge Koppenplatz, finden lassen. Noch heute ist in Potsdam ein mit reichem Hieroglyphenschmuck ausgestatteter, von Knobelsdorff entworfener Obelisk zu bewundern, der ursprünglich Bestandteil des Neuen Tores war und entlang der Breiten Straße stadteinwärts verlagert wurde.

^ *Eckhaus der Kleinen Hamburger zur Torstraße (Nr. 180). März 2007*

^ *Heutige südöstliche Begrenzung des Grundstücks der fünf Familienhäuser, Torstraße 183 Ecke Gartenstraße. 2007*

^ *Brandmauer mit aufgemaltem Buch und dem Buchstaben »B« für »Bettina«, Torstraße 193. 2006*

DAS ROSENTHALER TOR

Auf dem Weg zum Rosenthaler Tor stößt man, nur sieben Grundstücke von der Einmündung der Kleinen Hamburger Straße entfernt, auf ein Gebäude, das deswegen auffällt, weil es 3,40 Meter in den Bürgersteig hineinragt. Allein dieser Umstand spricht für ein Baujahr, in dem noch niemand an den Abriss der Ringmauer und die Festlegung einheitlicher Baufluchten gedacht hat.

In der Tat steht der speicherartige Ziegelbau bereits seit dem Jahre 1834 an der Rosenthaler Communication. Wie der Sineck-Plan zeigt, grenzt er damals in gerader Linie zum Eckhaus der Kleinen Hamburger Straße die dazwischen liegenden Gärten ab. Seine »herausragende« Position erlangt das Gebäude erst anlässlich der Festlegung von Baufluchtlinien für den neuen Boulevard und der Bebauung dieser Gärten; warum diese Bebauung (Torstraße 166-176) dann eher einer Schlängellinie als einer Bauflucht folgt, bleibt das Geheimnis der Straßenplaner.

Bei dem vorstehenden Bau handelt es sich um einen kompakten Block, den historisch ersten, der von der Torstraße (Nr. 164) bis zur Linienstraße (Nr. 98) reicht und der auch von beiden Straßen für jedermann zugänglich ist. Die Räume des um zwei Höfe gruppierten Komplexes sind so angelegt, dass in ihnen möglichst viele, auch unterschiedliche Sachen und Gegenstände untergebracht werden können.

Der ursprüngliche (und langjährige) Verwendungszweck des Gebäudes gibt keine Rätsel auf, er ist in großen, erneuerten Lettern über dem Eingang Linienstraße angebracht: »KOENIGLICHES LEIH-AMT II. ABTH.« Obwohl in der Jägerstraße 64 bereits eine »I. Abtheilung« existiert, sieht sich der preußische Staat angesichts zunehmender Verarmungstendenzen innerhalb der Berliner Bevölkerung gezwungen, ein weiteres Pfandleihhaus zu eröffnen – diesmal in einer Gegend, die regen Publikumsverkehr garantiert. Es geht dem Staat nicht darum, Gewinn zu machen, vielmehr sollen die staatlichen Häuser den in buchstäblich jeder zweiten Straße der Stadt wuchernden privaten Instituten Konkurrenz machen.

Der Erfolg hält sich in engen Grenzen. Das königliche Amt nimmt mit drei Pfennig vom Taler pro Monat zwar weniger Prozente, aber es ist – wie so oft, wenn sich der Staat als Unternehmer betätigt – auch weniger flexibel als die Privaten: Es zahlt weniger auf die Pfänder, es macht keine Geschäfte unter einem Taler Gegenwert und es beendet den Geschäftstag bereits nachmittags um 15 Uhr, so dass es von vielen Arbeitenden, die zum Abend noch etwas Geld benötigen, gar nicht aufgesucht werden kann.

»Die Privat-Pfandleihen existiren daher ungestört fort und beschäftigen sich auf die häßlichste Weise mit der Aussaugung und Ausbeutung der hülfsbedürftigen Klassen. Tausendfach kommt es vor, dass unsere Arbeitsleute, Weber, Seidenwirker, Schneider, Schuster u.s.w. regelmäßig 52mal im Jahre das in der Woche auf die Pfandleihe bringen, was sie am Sonntag wieder auslösen und so also einen sehr beträchtlichen Teil ihres Arbeitslohns an Zinsen bezahlen müssen.«[1]

Das Leihamt existiert bis weit in die DDR-Zeit hinein, aber die Bezeichnung »königlich« ist wohl schon vor dem Jahr 1918 nicht mehr aktuell. Irgendwann überträgt der Staat das unrentable Geschäft der Stadt, wie die im Innenhof – inzwischen vergilbte – Aufschrift »Leihamt der Stadtgemeinde Berlin« bezeugt.

Wer in damaliger Zeit den Fußmarsch zum Rosenthaler Tor von der Gartenstraße aus, also entlang der Außenseite der Mauer antritt, genießt mehr Laufkomfort als auf der Innenseite. Dies ist bei Karl Ludwig Zeitler zu erfahren, einem Berliner, der seine Jugenderinnerungen aufgeschrieben hat. Zusammen mit einem Schulfreund unternimmt er um 1840 vom Prenzlauer Tor aus eine Rundwanderung entlang der Außenmauer – einerseits ein abenteuerliches Unternehmen, denn weiter als bis zum zweiten oder dritten benachbarten Tor sind die Jungen bisher noch nie gekommen, andererseits ein Vorhaben mit Rückversicherung, denn man kann sich nicht verlaufen; nach drei bis vier Stunden muss der Ausgangspunkt wieder auftauchen.

Die Beiden wenden sich hinterm Tor nach links, und gleich die ersten Stationen bringen unterschiedlichste Erfahrungen mit dem Zustand des Fußwegs:

»Bis zum Schönhausertore war der Weg ungepflastert; in dem Lehm blieben die Stiefel fast stecken. Von da bis zum Hamburgertore war der Weg auf einer Seite mit Steinen etwas befestigt und auch ein Rinnstein ...«.[2]

Die Jungen ahnen nicht, welche Wegverhältnisse sie später, im südlichen und östlichen Abschnitt ihrer Route erwarten. Dort werden sie dem Lehmweg am Prenzlauer Tor nachtrauern!

Die Begründung Zeitlers für den vergleichsweise guten Zustand der nördlichen äußeren Communication ist so einfach wie zutreffend: Die Außenseite der Stadtmauer ist hier bebaut, am dichtesten westlich vom Rosenthaler Tor. Hier

[1] Friedrich Saß, Berlin in seiner neuesten Zeit und Entwicklung, Leipzig 1846, S. 292.
[2] Karl Ludwig Zeitler, Erinnerungen eines Berliners aus den letzten 70 Jahren des 19. Jahrhunderts, Teil I, Berlin 1909, S. 48.

befindet sich die bereits ab 1752 abgesteckte und damit historisch erste, außerhalb der Mauer angelegte Vorstadt, die zunächst Neu-Voigtland, bald nur noch Voigtland heißt. (In diese Bezeichnung werden später auch die Familienhäuser einbezogen).

Im Unterschied zur benachbarten Spandauer Vorstadt wird die Wohnkolonie Neu-Voigtland planmäßig angelegt. Die jungen Bauhandwerker aus dem sächsischen Voigtland müssen, so der Wille des Königs Friedrich II., ansässig werden, damit sie das Geld an dem Ort ausgeben, wo sie es im Sommer verdient haben. Dort, wo sie siedeln sollen, muss sowieso befestigt werden, um der dort nach dem Abholzen des Waldes entstandenen Wüstenei Herr zu werden. Den Boden zu kultivieren setzt voraus, eine dicke Sandschicht abzutragen.

Es entstehen insgesamt 116 einstöckige Kolonistenhäuser. Nach Fertigstellung erstreckt sich das Viertel in vier Häuserzeilen von der Westseite der Brunnenstraße über die Ackerstraße bis zur Ostseite der Bergstraße. Die Nordgrenze ist die Invalidenstraße. Grundbriefe überschreiben den Voigtländern Land und Haus zum Eigentum, wobei eine kleine Hypothek von zweihundert Talern die Neusiedler zusätzlich an ihren Besitz binden soll. Dass die Angeworbenen, da außerhalb der Mauer wohnend, von der Akzise befreit sind, bedeutet eine weitere Vergünstigung. Außerdem sind sie, wie die Berliner innerhalb der Mauer, vom Militärdienst befreit.

Schon bald werden die normierten Typenbauten geteilt, aufgestockt, mit Seitenflügeln versehen oder anderweitig umgestaltet. Eine um 1800 entstandene anonyme Radierung, gefertigt auf dem Wollankschen Weinberg, zeigt, dass in der Brunnenstraße keines der ehemaligen Kolonistenhäuser noch allein steht und eingeschossig bzw. ohne Dachausbau geblieben ist. Dieses Bilddokument ist außerdem deswegen besonders wertvoll, weil es die wohl einzige Außenansicht des Rosenthaler Tores und rechts wie links von diesem eine der seltenen Darstellungen der Stadtmauer enthält.

Vom alten Voigtland zeugt heute nur noch die fünfachsige Vorderfront vieler Häuser, wie sie sich vor allem in der Ackerstraße finden. Die Häuser stammen aus dem 19. Jahrhundert, aber ihre Breite entspricht dem seinerzeit abgesteckten Parzellenmaß.

Mit der ursprünglichen Bebauungsstruktur verschwindet auch die Kolonistenidylle. Wegen der niedrigen Wohnungsmieten siedelt sich mehr und mehr die Stadtarmut an. Um 1800 ist das Voigtland dann bereits eine ausgesprochen verrufene Gegend. Seine Bewohner stellen zusammen mit denjenigen der Familienhäuser die Stammkundschaft des königlichen Leihhauses. Die Umbenennung des Voigtlands in Rosenthaler Vorstadt dient optischen Zwecken und wird von den Berlinern lange nicht akzeptiert. Sie macht ja auch das Elendsgebiet nicht attraktiver.

Die 560 Meter vom Hamburger bis zum Rosenthaler Tor sind in wenigen Minuten zurückgelegt. Die kurze Strecke reicht indes aus, ein Extrem mit dem anderen zu verbinden. Was das Hamburger Tor vermissen lässt, zeichnet das Rosenthaler Tor aus.

Im Unterschied zur Kleinen Hamburger ist die seit 1723 so benannte Rosenthaler Straße eine – vom Spandauer Tor der Festungsanlage kommende

Unbekannt, Der Wollanksche Weinberg vor dem Rosenthaler Tor. Um 1800. Radierung. ^

– Ausfallstraße mit Zielen, die zu Zeiten der Ringmauer für Benutzer von rollenden Verkehrsmitteln nur über sie zu erreichen sind. Es geht dabei nicht so sehr um ferne Orte, auch nicht primär um das heute längst zur Stadt gehörende Dorf, das als Namensgeber für Straße und Tor dient. Hauptziel ist der an einer 1701 entdeckten Quelle errichtete Gesundbrunnen (Friedrichsbrunnen, Luisenbad). Ihm verdanken die Brunnen- und Badstraße ihren frühzeitigen, von Friedrich II. veranlassten Ausbau, nachdem auf dem alten unbefestigten Weg die Kutsche des Königs einmal umgestürzt war.

Was das Rosenthaler jedoch gegenüber allen anderen nördlich der Spree liegenden Toren heraushebt, ist, dass bei ihm zwei von außerhalb kommende Straßen zusammentreffen. Neben der Brunnenstraße ist dies der Weinbergsweg. Er hat zwar um die Mitte des 19. Jahrhunderts noch keine Bedeutung für den Verkehr; seine Durchlegung zur Kastanienallee, die ihrerseits die Verbindung zur Schönhauser Allee gewährleistet, steht erst kurz bevor. Aber er benötigt bereits jetzt unmittelbar vor dem Tor seinen eigenen Raum, aus dem im Zusammentreffen mit der Brunnenstraße zwangsläufig ein Torplatz entsteht. Dieser heißt zunächst »Platz vor dem Rosenthaler Thore« und wird 1910 in »Rosenthaler Platz« umbenannt.

L. Serrurier, Das Rosenthaler Tor. 1797. Aquarellierte Radierung ^

Wie das Hamburger ist auch das Rosenthaler Tor eine Schöpfung Georg Christian Ungers, und die erste bildkünstlerische Darstellung dieses Bauwerks stammt wiederum von Serrurier.

Das fantasievolle, spätbarocke Triumphtor, das »einige militairische Zierrathen hat« (Zedlitz), wird 1788 fertiggestellt. Unter den drei Schmucktoren der Nordmauer ist es das einzige, bei dem das eigentliche Torgebäude direkt mit den Torhäusern verbunden ist. Optisch wird diese Geschlossenheit durch vierzehn gleichartige Bögen – zehn zur Begrenzung eines Laubengangs, je zwei an den Stirnwänden der Torhäuser – herausgehoben. Der geschwungene Grundriss dieser Torhäuser verleiht dem kompakten Baukörper die Form eines Halbmonds, der sich stadtauswärts wölbt.

Der Letzte, der sich aufmacht, das Tor abzubilden, findet ein bereits verstümmeltes Objekt vor. Der genaue Zeitpunkt, zu dem die Aufnahme von L. Albert Schwartz entsteht, ist nicht bekannt. Das früheste Datum ist 1865, das Jahr, in dem das östliche Torgebäude abgetragen wird. Es dient schon seit den dreißiger Jahren nur noch zeitweilig als Wachhaus, ist teilweise privat vermietet und wird seit den fünfziger Jahren zusätzlich für die Steuerbehörde verwendet. An seiner Stelle wird ein primitiver Holzzaun mit einem zweiflügeligen Durchgang gezogen, der das unkontrollierte Passieren steuerpflichtiger Mahl- und Schlachtware verhindern soll. Bereits nach einigen Monaten verlieren Tor und Zaun diese Aufgabe; die Steuerbeamten verlagern ihren Kontrollposten an den Stadtrand.

Durch die Beseitigung des rechten Torflügels wird auf dem Bild ein schmaler Blick auf die Rosenthaler Vorstadt freigegeben. Er fällt im Hintergrund auf Baustellen in der Brunnenstraße; die ursprüngliche Belegung des alten Voigtlands wird durch vierstöckige Häuser ersetzt. Das im Vordergrund, am Zusammentreffen von Brunnenstraße und Weinbergsweg stehende Giebelhaus, dessen einstöckiger Anbau schon auf dem Foto als Laden für Tabakwaren dient, wird einige Jahre später zum Stammsitz der mit zeitweilig 60 Filialen in Berlin vertretenen Zigarrenfirma Loeser & Wolff.

Der Abriss des Rosenthaler Tores vollzieht sich in Etappen von Ost nach West. Nach dem Abbruch des Mittelbaus im Jahre 1868 – er hätte, wie die Sineck-Karte zeigt, nach Beseitigung der beiden Torhäuser kein unüberwindbares Verkehrshindernis dargestellt! – tritt eine Pause ein. Räume des ehemaligen königlichen Steuergebäudes werden ab 1866 an einen, zeitweilig auch zwei Private vermietet; lange zuvor waren mehrere Dachmansardenfenster und ein Schornstein eingebaut und dadurch Voraussetzungen für ganzjährige Nutzung geschaffen worden. Im Jahre 1871 wird das Gebäude letztmalig als – von einer Witwe Kobierski – bewohnt und ein Jahr danach als unbewohnt ausgewiesen. Im Jahre 1873 erfolgt dann schließlich der Abriss des Hauses Rosenthaler Straße 1, es überlebt das östliche Torhaus Rosenthaler Straße 73 um acht Jahre.

Heute erinnert an das Rosenthaler Tor nur noch der verkehrsreiche und wenig attraktive Platz, der den gleichen Namen trägt. Verschwunden ist auch die Judenherberge, ein Haus, das unmittelbar zur Geschichte dieses Tores gehört (vgl. Kapitel »Polizei-Mauer«). Der im Adressbuch Neanders von Petersheiden 1801 ausgewiesene, direkt neben dem Tor liegende »Garten, der Judenschaft

L. Albert Schwartz, Das Rosenthaler Tor. Um 1866 ^

gehörig«, ein Grundstück, das 1856 laut Sineck-Karte noch immer leer steht, wird kurz danach mit einem vierstöckigen Wohnblock bebaut, der, da die Nummer 1 vom Torhaus beansprucht wird, die Adresse Rosenthaler Straße 1a erhält (heute Nr. 1). Diesem schließt sich ein äußerlich ähnlicher Block (Rosenthaler Straße 2, Linienstraße 75) an, der jenen Platz einnimmt, an dem sich das »jüdische Armenhaus, auch Herberge« (Neander) befand.

^ *Das Koenigliche Pfandleih-Amt, Torstraße 164. 2006*

^ *Ehemaliger Standort der Judenherberge, Linienstraße 75, Rosenthaler Straße 2. 2006*

^ *Fünfachsige Häuser Ackerstraße 9 bis 13. 2006*

DAS SCHÖNHAUSER TOR

Die 570 Meter kurze Strecke vom Rosenthaler bis zum Schönhauser Tor trägt innerhalb der Stadtmauer die Bezeichnung Schönhauser Communication. Diese ist bis in die Jahre unmittelbar vor dem Abriss der Mauer noch fast vollständig unbebaut, sie wird von den Gärten der auf der Nordseite der Linienstraße liegenden Grundstücke begrenzt. Die Südseite der Linienstraße beansprucht in diesem Torabschnitt größtenteils – zwischen Weinberggasse (Kleine Rosenthaler Straße) und Wüste Gasse (Rückerstraße) – der 1722 angelegte Alte Garnisonfriedhof (vgl. Sineck-Plan). Der für Offiziere bestimmte Teil mit den Gräbern solch bekannter Persönlichkeiten wie Ernst Sigismund von Boyen, Friedrich Freiherr de la Motte Fouque oder Adolf Freiherr von Lützow ist heute noch vorhanden – einer von zwei Friedhöfen, die sich innerhalb der ehemaligen Ringmauer befinden.

Außerhalb der Stadtmauer trägt dieser Torabschnitt ab 1832 die Bezeichnung Wollankstraße, benannt nach dem Besitzer der nördlich davon liegenden Weinberge. Im Jahre 1873 erfolgt dann die nächste Umbenennung in Lothringer Straße; es ist auf diesem Teilstück bereits der dritte Name der alten Thorstraße.

Der aus dem 17. Jahrhundert stammende Weinberg ist zu dieser Zeit längst einer der beliebtesten Vergnügungsorte Berlins mit Belvedere, Kaffeehaus und dem Schmalzstullentheater von Mutter Gräbert. Das soziale Elend liegt zwar in Form des Voigtlandes direkt nebenan, aber derart vom Leben gehetzte Menschen wie Franz Biberkopf aus Döblins Roman »Berlin Alexanderplatz«, der hundert Jahre später ruhelos über den Rosenthaler Platz und durch die umliegenden

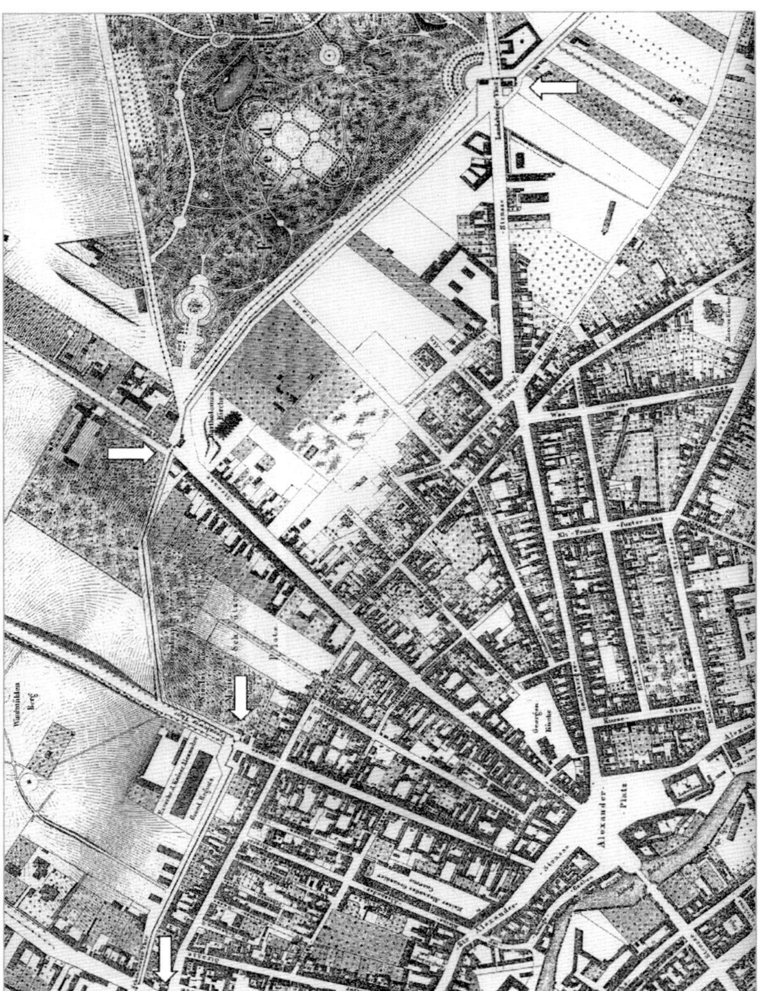

Straßen zieht, müssen damals dennoch seltener gewesen sein.

Auf halber Strecke zum Schönhauser Tor stößt man in der Torstraße 85 und 87 – damals Wollankstraße 8-9 – auf steinerne Zeugen eines bemerkenswerten Versuchs, das immer dringlicher werdende Wohnungsproblem zu lösen. Die beiden Häuser, bei denen man zugunsten niedriger Mieten sogar den Putz eingespart hat, sind von der »Berliner gemeinnützigen Baugesellschaft« errichtet und seit dem 1. Januar 1850 bewohnt. (Von gleichem Alter – 1851/52 – ist übrigens das Nachbarhaus Nr. 83 mit der breiten rundbogigen Einfahrt).

Gegenüber den Verhältnissen in den Familienhäusern am Hamburger Tor ist der Fortschritt für die Mieter der »gemeinnützigen« Wohnungen enorm. Jede Familie verfügt über ein abgeschlossenes Quartier. Für Kochen und Schlafen sind getrennte Räume vorgesehen. Die einzelnen Zimmer sind über einen Vorraum zugänglich. Für die überschaubare, kaum zweistellige Anzahl von Mietsparteien eines Hauses steht ein eigener Hof zur Verfügung.

Aus eigentumslosen Arbeitern sollen – so die Intention der Schöpfer der »Gemeinnützigen« – arbeitende Eigentümer werden. Die Familien können nach vier Probejahren, in denen ihnen kein Guthaben angeschrieben wird, 30 Jahre später Eigentümer der Wohnung werden, die dann durch die Miete amortisiert ist. Als Gegenleistung wird ein Verhalten erwartet – und von dem in jedem Haus wohnenden »Vice-Wirt« überwacht –, das den obrigkeitlichen sittlich-moralischen wie politischen Vorgaben entspricht. »Liederlicher Lebenswandel«, »unreelles Verhalten im Arbeitsleben« oder »Verkehr mit verrufenen Personen in der Wohnung« sind mit dem Risiko der Kündigung des Mietsvertrags unter Verlust aller erworbenen Ansprüche verbunden. Natürlich zählen auch Sozialisten zu den verrufenen Personen.

Der Spaziergang zum Schönhauser Tor endet an einem großen, heute von drei Straßen, der Angermünder, der Lottumstraße und der Schönhauser Allee umrahmten Areal, das zum Zeitpunkt des Abrisses der Stadtmauer bereits weit über eineinhalb Jahrhunderte bebaut ist. Das »Königliche Vorwerk vor der Schönhausischen Landwehr« – so die

^ *Schönhauser, Prenzlauer, Königs- und Landsberger Tor (von unten). Stadtplan von Sineck. 1856. Auszug*

So manches dieser Lokale dient vor 1848 den mittelalterlich verkleideten Teilnehmern am jährlich im Juni stattfindenden Fliegenfest der Zeug- und Raschmacher – einem Innungsritual der Feinwollweber – auf ihrer Fahrt nach Pankow als willkommener Zwischenrast.

Bezeichnung seit 1709 – ist eine Ansammlung von Wirtschaftsgebäuden für die umliegenden landwirtschaftlichen Nutzflächen. Mehrfach wechselt der Name des Anwesens mit dem Eigentümer; zu Zeiten der »von Eisenhardtschen Meierei« entsteht 1796 eine Abbildung.

Der Blick fällt vom Süden auf die Giebelseite des erst wenige Jahre alten Gutshauses. Rechts im Hintergrund eine der Windmühlen auf dem gleichnamigen Berg. Im Vordergrund verläuft quer die (demnächst so benannte) Thorstraße. Ganz unten im Bild die Oberkante der Palisade, vom Künstler zur Harmonisierung der Ansicht als Holzwand aus Pfeilern und Querbohlen interpretiert. Weiter links auf der Strecke zum Rosenthaler Tor wird die Palisade zu diesem Zeitpunkt bereits von der steinernen Mauer abgelöst.

Der Gutshof wird im Jahre 1823 von Wilhelm Griebenow erworben, der die zugehörigen Ländereien um ein Vielfaches vermehrt. Griebenow legt später die Kastanien- und die Pappelallee an, er verwandelt das Vorwerk in eine Keimzelle der Besiedlung des Prenzlauer Bergs.

Die Pankower Chaussee, wie die Schönhauser Allee bis 1841 heißt, steht indes nicht nur für das Griebenowsche Gutshaus und dessen umfangreiche Ländereien. Nicht minder kennzeichnend für diese bis in die sechziger Jahre wenig bebaute Straße ist die große Zahl der Vergnügungslokale, von der Wagnerschen Brauerei (Königstadt) und der Pfefferbergbrauerei bis zum Ausschank der Brauerei von Ley gegenüber dem jüdischen Friedhof, dem Puhlmannschen Kaffeelokal, der Schultheißbrauerei und dem »dreieckigen Hut« an der Ecke der Kastanienallee.

Aber auch Einsame zieht es in die Lokale vor dem Schönhauser Tor. Gedankenversunken sitzt der Student Hermann in Wilhelm Raabes Erzählung »Holunderblüte« am sonnigen neunten Mai des Jahres 1820 in einem dieser Gärten. Er muss sich eingestehen, dass er den gesamten strengen Winter nur deshalb so emsig studiert hat, um sich von seiner Liebe zu dem Mädchen Jemima abzulenken. Dessen Zuhause war von Kindheit an der alte jüdische Friedhof zu Prag mit den duftenden Holunderblüten – und ist es inzwischen für immer ...

Der Rundgang entlang der Berliner Ringmauer führt nach drei Schmucktoren erstmalig zu einem einfachen, 1802 unter Friedrich Wilhelm III. errichteten Tor. Dessen unscheinbare äußere Gestalt für die Nachwelt festzuhalten, erscheint kaum jemandem reizvoll. Es gibt wohl nur ein einziges Bild, und das lässt wegen seiner schlechten Qualität das Schönhauser Tor mehr erahnen als erkennen.

Im Mittelpunkt des aus dem Jahre 1864 stammenden Bildes, das einen Blick auf die Westseite der Schönhauser Allee gewährt, steht das alte

^ *Unbekannt, Die von Eisenhardtsche (ehemals königliche) Meierei vor dem Schönhauser Tor. 1796 (o.). Altes Vorwerksgutshaus und Schönhauser Tor. 1864 (u.).*

Gutshaus des Vorwerks, das um 1790 errichtet und 1882/83 abgerissen wird. Es ist das zweite Haus von rechts; die Toreinfahrt befindet sich links neben dem Gebäude. Vom Schönhauser Tor ist nur die westliche Hälfte erfasst, ein – soweit erkennbar schmuckloser – Torpfeiler und die Fußgängerpforte in der Mauer.

Direkt in die Mauer eingebaut ist das Wachhaus. Dieses Gebäude, die Nummer 1 der seit 1707 so benannten Alten Schönhauser Straße, steht nach Abbruch der Mauer kurze Zeit allein mitten auf der heutigen Torstraße und verschwindet im Jahre 1871. Das Gebäude Alte Schönhauser Straße 2 gehört ebenfalls zum Torensemble. Es ist ein der Steuerbehörde unterstehendes Mehlwaagehaus. (Solche Mehlhäuser gibt es in den vierziger Jahren des 19. Jahrhunderts außerdem an folgenden Toren: Frankfurter Tor, Cottbuser Tor, Hallesches Tor, Potsdamer Tor, Oranienburger Tor sowie Ober- und Unterbaum). Nach kurzzeitiger privater Vermietung wird es 1873 entfernt. Auf der anderen Straßenecke, Alte Schönhauser 61, befindet sich das königliche Steuergebäude. Es wird 1873 durch ein Mietshaus ersetzt.

Nachzutragen bleibt, dass die Hinausschiebung der Palisade von der Linien- zur Torstraße, die in den zwanziger Jahren des 18. Jahrhunderts erfolgte, von den beiden Torhäusern nicht mitvollzogen worden war. Wach- und Torschreiberhaus werden noch im Jahre 1801 von Neander von Petersheiden in seinen »Neuen Anschaulichen Tabellen« am alten Ort, d.h. an den beiden Nordecken, die die Linienstraße mit der Alten Schönhauser Straße bildet, ausgewiesen. Erst als im Jahr darauf die Stadtmauer, beginnend in der »Gegend des Schönhauser Thores massiv (weiter) gebaut« wird (Fidicin), kommt es zur Nordwanderung der Torhäuser.

^ *Grabmal von Baron de la Motte Fouque auf dem Alten Garnisonfriedhof. 2006*

^ *Häuser der Gemeinnützigen Baugesellschaft, Torstraße 83 und 87. 2006*

^ *Metallrelief über dem Torweg des Wohn- und Geschäftshauses Schönhauser Allee 8, das ehemals schräg gegenüber liegende Griebenowsche Gutshaus darstellend. 2006*

Kein Torabschnitt ist fotografisch so gut dokumentiert wie die Südseite der 500 Meter langen Strecke vom Schönhauser zum Prenzlauer Tor. Die Aufnahme der Häuser Lothringer Straße 84 bis 90 von F. Albert Schwartz stammt aus dem Jahre 1888; das ist vom Standpunkt der Lebensdauer der Stadtmauer zu spät. Gemessen jedoch an dem, was dann 1906 einsetzt – der Abriss des Scheunenviertels zugunsten der Durchlegung der Luxemburgstraße zum Schönhauser und der Weydingerstraße (heutige Bezeichnungen) zum Prenzlauer Tor – entstehen die Bilder durchaus rechtzeitig.

Die Wahl des Zeitpunktes erweist sich in gewisser Weise sogar als vorteilhaft. Liefert sie doch den Beleg dafür, dass der mit dem Abriss der Mauer vorgesehene neue Boulevard zwanzig Jahre später noch immer nicht überall in der geplanten Breite zustande gekommen ist. Unmittelbar anschließend an das östliche Eckgrundstück Alte Schönhauser/Lothringer Straße folgen – im Bild ganz rechts – mit Nummer 84 und 85 zwei schlichte einstöckige, um die Jahrhundertwende gebaute Häuser. Ein ähnliches Paar, Nr. 89 und 90, findet sich nahe dem linken Bildrand. Diese vier Häuser stellen den außergewöhnlichen Fall einer (annähernd) zusammenhängenden und eigenständigen Bebauung auf dem Hinterland der nördlichen Linienstraße mit (ehemals) Front zur Stadtmauer dar. Wie sehr sie in den geplanten neuen Boulevard hineinragen, ist an der Bauflucht der jüngeren vier- bis fünfstöckigen Gebäude inmitten des Bildes und im Hintergrund erkennbar. Der vom Magistrat seinerzeit zur Straßenverbreiterung vorgesehene Zwangsverkauf von Grundstücken lässt sich offenbar schwer oder gar nicht durchsetzen.

In Höhe des linken Bildrandes zweigt rechtwinklig nach Norden die Straßburger Straße ab, die vor 1874 Mühlenweg heißt und primitiv mit Feldsteinen bepflastert ist. Sie führt zum Windmühlenberg, einem Ort, der schon um die Mitte des Jahrhunderts, als die Brauereien noch nicht dorthin gezogen sind, von beachtlicher wirtschaftlicher Bedeutung ist.

Der erste Wirtschaftszweig, der sich dort ansiedelt, ist das Mühlengewerbe. Die ältesten acht Windmühlen stammen aus den Jahren 1748 bis 1751. Nicht zufällig befindet sich daher das Mehlwaagehaus an einem der beiden nächstgelegenen Stadttore, dem Schönhauser Tor. Der »Blick vom Mühlenberg«, ein Gemälde von Johann Georg Rosenberg, zeigt das Panorama der Stadt und deren Begrenzung durch die Palisade – rechts und links neben der im Bau befindlichen Mühle gut auszumachen.

Ein weiterer auf dem Mühlenberg ansässiger Wirtschaftszweig ist die Wasserversorgung. Am 1. Juli 1856 werden durch die englische Wasserwerksgesellschaft »Berlin-Waterworks-Company« Anlagen in Betrieb genommen, zu denen ein großer offener Vorrats- und Hochbehälter mit einem Fassungsvermögen von 3.000 Kubikmetern und ein weithin sichtbarer Standrohrturm gehören. Das dritte Gewerbe ist die Gastronomie mit dem beliebten Ausflugslokal »Würts's Bürger-Taba-

^ *F. Albert Schwartz, Die Häuser Lothringer Straße 84 bis 90. 1888*

gie«. Zeitlich vor Theodor Würsts Gasthaus muss es aber schon den »Wieseckeschen Saal auf dem Windmühlenberge« gegeben haben, wo Fontane in seinem Roman »Vor dem Sturm« nicht ohne Ironie den Schornsteinfegermeister Rabe, den Bürstenmacher Stappenbeck, den Posamentier Niedlich und den Mehl- und Vorkosthändler Schnökel mit dem Ex-Feldwebel Klemm am Neujahrstag 1813 die politische Lage nach der Niederlage Napoleons in Russland sezieren lässt.

Die Mühlen auf dem Berg brennen gelegentlich ab, vier von ihnen allein zwischen 1840 und 1844. Eine mögliche Ursache ist, dass kein Getreide zwischen die Mahlsteine nachgeschüttet wird, etwa wenn der Geselle seinen Dienst beendet und der Meister zur Ablösung nicht rechtzeitig vom Wirtshaus in die Mühle findet. Die trocken aneinander reibenden Steine verursachen Funken, die den Brand auslösen können. Für die Anwohner bietet eine brennende und gleichzeitig im Wind rotierende Mühle ein seltenes und daher ausgiebig genossenes Schauspiel. Besonders begehrt ist dabei der freie Blick über die Stadtmauer von den Hinterfenstern der Häuser an der Nordseite der Linienstraße aus, und zu den privilegierten Inhabern eines solchen Logenplatzes gehört Karl Ludwig Zelter, jener umtriebige Junge, der um 1840 mit seinem Freund den Rundgang entlang der Außenmauer wagt und gleich auf der ersten Station, zwischen Prenzlauer und Schönhauser Tor, mit dem Frühjahrsschlamm der Thorstraße zu kämpfen hat.

Hochinteressant ist, wie Zelter den Alltag an der Innenseite der Mauer, also auf der Prenzlauer Communication, laut Adressbuch auch »An der Mauer« genannt, beschreibt:

»Der Garten des Hauses Linienstraße 20 grenzte an den Weg, der sich innerhalb der Stadtmauer in durchschnittlich zwei Ruthen – 7 ½ m (Breite) – hinzog. ... Der Weg war in etwa 2 ½ m Entfernung von der Stadtmauer mit Balken-Rähmen besetzt, an deren spitzen Haken die Tuchmacher ihre gefärbten, nassen Waren zum Trocknen aufhingen ... Dahinter waren die leichten Gestelle für die Kannevasweber, auf denen sie ihre Waren stärkten ... und trockneten. Dahinter kamen dann die Gänge, dicht an der Mauer, für Bindfäden und Taue drehende Seiler ...«[1]

Der Mauerstreifen als Gewerbefläche – eine solche Situation ist nur vorstellbar unter Bedingungen, bei denen die Mauer und ihre Aufgaben von keiner Seite mehr so recht für ernst genommen werden. Die Revolution vom März 1848 und eine letztmalige Bedeutungsaufwertung dieses Bauwerks stehen allerdings noch bevor.

---

1 Karl Ludwig Zeitler, Erinnerungen eines Berliners aus den letzten 70 Jahren des 19. Jahrhunderts, Teil I, Berlin 1909, S. 45-46.

^ *Johann Georg Rosenberg, Blick vom Mühlenberg nach Berlin.*

Eine zweite Aufnahme von F. Albert Schwartz, ebenfalls aus dem Jahre 1888, zeigt die Situation am Prenzlauer Tor. Ganz rechts im Bild endet die Lothringer Straße an der von halbrechts kommende Prenzlauer Straße (alter Name Heinersdorfer Straße). Letztere setzt sich links als Prenzlauer Allee (vorher Am Prenzlauer Thor, Prenzlauer Chaussee bzw. Heinersdorfer Weg) fort, ein alter Handels- und Heerweg, der bis nach Stettin führt.

Das freistehende Gebäude mit der verlockenden Aufschrift »Prenzlauer Berg – Schlösschen« ist das ehemalige Wachhaus der Toranlage. Es dient zwischen 1873 und 1884 als Restaurant, wegen seines Walmdachs und in Anbetracht des benachbarten Friedhofs allgemein »Zum Sargdeckel« genannt, danach bis 1889 Wohnzwecken. Vom Jahre 1890 ab verläuft über dieses Grundstück Prenzlauer Straße 61 die Jostystraße, später die wesentlich breitere Mollstraße. Die beiden alten Gebäude rechts vom Wachhaus, Prenzlauer Straße 59 und 60, gehören zusammen mit dem dahinter liegenden Gelände zur Brauerei Josty. Ganz links im Bild, Prenzlauer Straße 62, ist das Totengräberhaus des St.-Nicolai- und St.-Marien-Kirchhofs zu sehen. Es muss 1909 dem heute noch vorhandenen Neubau des Inspektor-Wohnhauses weichen.

Gegenüber dem Wachhaus stand mit der Adresse Prenzlauer Straße 1 das Steuerhaus. Es wurde bereits 1872 abgebrochen. Die Stadtmauer lief, wie der Sineck-Karte entnommen werden kann, vom Schönhauser Tor kommend außen um diese beiden Torhäuser herum. Das Tor selbst war »eine ganz einfache Eingangspforte« (Zedlitz).

Die Wanderung vom Oranienburger Tor aus ostwärts hat an manchen bemerkenswerten Baulichkeiten vorbeigeführt. Nun stößt man an der Nordwestecke der Straßenkreuzung am Prenzlauer Tor auf ein Einzelgebäude, das – wie der Stadtplan von Sineck zeigt – hinsichtlich der Größe seiner Grundfläche alles bisher am Wege liegende in den Schatten stellt. Es handelt sich um das Exerzierhaus für das Kaiser-Alexander-Regiment, das mit seiner Längsseite fast die halbe Entfernung zwischen Tor und Mühlenweg beansprucht. Es wird in den Jahren 1828 und 1829 errichtet. Genau einhundert Jahre später wird am gleichen Ort ein jüdisches Kreditwarenhaus gebaut, das nach seiner Enteignung durch die Nazis zuerst Sitz der Zentrale der Hitlerjugend, dann des Zentralkomitees der SED wird, anschließend das Institut für Marxismus-Leninismus beherbergt und ab 1995 leer steht.

^ *Der Standrohrturm auf dem Windmühlenberg. 2006*

^ *F. Albert Schwartz, Das ehemalige Prenzlauer Tor. 1888*

^ *Am ehemaligen Prenzlauer Tor. Inspektor-Wohnhaus am Standort des alten Totengräberhauses. 2006*

^ *Das ehemalige Kredit-Warenhaus Torstraße Ecke Prenzlauer Allee, vorher Standort des Exerzierhauses des Kaiser-Alexander-Regiments. 2006*

DAS KÖNIGSTOR

Jenseits des Prenzlauer Tores unterscheiden sich für ein kurzes Stück die Verläufe der Palisade einerseits und ihrer Nachfolgerin, der Mauer andererseits. Die Palisade hatte sich noch einige Meter in der alten West-Ost-Richtung fortgesetzt. Erst am Rande des Schießplatzes der Berliner Schützengilde, einer Stätte beliebter Volksfeste, war sie dann rechtwinklig nach links abgeschwenkt (vgl. Kapitel »Ring-Mauer«).

Im Unterschied zum Verlauf der Palisade soll die Mauer nach den Planungen der königlichen Baubehörden auf kürzestem Wege zum Bernauer Tor führen und dabei die dazwischen liegenden Ackerflächen diagonal schneiden. Das widerspricht den Interessen der St.-Nicolai- und St.-Marien-Gemeinde, die auf dem teils in kirchlichem Besitz befindlichen Ackerland ihren neuen Friedhof anlegen will und eine staatliche Entschädigung ablehnt. Der beengte in der Stadt liegende Kirchhof dieser Gemeinden steht vor der Schließung. Erste Verhandlungen im Jahre 1789 werden abgebrochen, weil der König das Vorhaben eines Neubaus der Stadtmauer zurückstellt. Es tritt eine Pause von zehn Jahren ein. Danach wird weiterverhandelt, und zugleich interveniert der Probst von Berlin Johann Friedrich Zöllner bei Friedrich Wilhelm III: Der König möge den Verlauf der Mauer so korrigieren lassen, dass der Friedhof eingefasst wird und der Kirche die Umfriedungskosten weitgehend erspart bleiben. Dem stimmt der König zu; der Bau der Mauer beginnt im Jahre 1800 und endet ein reichliches Jahr später. Der Friedhof wird am 27. Juli 1802 eingeweiht.

Zwischen Mauer und Friedhof entsteht eine neue innere Communication, die auf der Karte von Sineck gut zu erkennen ist. Sie dient allein militärischen Zwecken; Pulverkästen werden hier gelagert und Pferdedecken zum Verdruss der Trauernden lautstark ausgestaubt. Die Friedhofsgrenze im engeren Sinne ist ein im April 1802 fertiggestellter Holzzaun. Dessen Kosten gehen mit Ausnahme der Ostseite ebenfalls zu Lasten der königlichen Kasse.

Gegenüber dem Exerzierhaus, am Ostrand der Straße Am Prenzlauer Thor (Prenzlauer Allee) verlaufend, ist die Akzisegrenze hier also zugleich Friedhofsmauer. In letzterer Eigenschaft lässt man sie wohl auch dann noch stehen, als ihre Zollfunktion längst erloschen ist – im Falle der Mauer bei den Friedhöfen am Oranienburger Tor wurde jedenfalls so verfahren. Die heutige mit dem schönen Tor ausgestattete Friedhofsmauer an der Prenzlauer Allee wird in den Jahren 1911/12 gebaut.

Die virtuelle Wanderung vom Schönhauser zum Prenzlauer Tor konnte sich auf zuverlässige fotografische Informationen stützen. Die 710 Meter lange Strecke vom Prenzlauer bis zum Königstor ist demgegenüber vergleichsweise reichhaltig

mit Werken illustriert, die in Zeiten vor der Erfindung der Ablichtung entstanden. Zwei Motive sind es, die das Interesse der bildenden Künstler hervorrufen: der unkonventionelle, von der Geraden mehrfach abweichende Verlauf der Mauer und die Rolle des Königstors als Empfangspforte für – mit einem heutigen Wort – Prominente.

Der Landschaft unmittelbar vor dem Prenzlauer Tor hat sich mehrfach der Maler Heinrich von Olivier gewidmet. Für sein Aquarell aus dem Jahre 1847 sucht er sich einen Standort, der etwa 300 Meter vor dem Tor liegt.

Das ist dicht genug, um die beiden architektonischen Hauptmerkmale des Tores zu verdeutlichen: schlicht und schmucklos. Auch zu Lasten der Fußgänger wurde gespart; für sie gibt es nur auf der Westseite einen Durchgang.

Zugleich ist der Standort so gewählt, dass im linken Drittel des Bildes von der Stadtmauer nicht nur die gesamte westliche, sondern auch ein kleines Stück der nördlichen Begrenzung des Friedhofs zu sehen ist.

Die nördliche Begrenzung des Friedhofs führt zunächst steil bergauf. Abschließend fällt das Gelände nicht minder schroff bis zum Königstor ab. Diese Tal-Berg-Tal-Straße trägt seit 1913 den Namen Prenzlauer Berg, vorher, ab 1872, war sie Teil der Friedenstraße. Auf dem höchsten Punkt,

^ *Heinrich Olivier, Die Gegend vom Prenzlauer Tor. 1847. Aquarell*

dicht neben einem weiteren kleinen Rechtsknick von Mauer und Straße befand sich die Lärmkanone, mit der bis Anfang des 19. Jahrhunderts die Bauern der Umgebung zur Jagd nach entlaufenen Soldaten aufgefordert wurden (vgl. Kapitel »Militär-Mauer«). Das für die Kanone errichtete Fundament hält sich bis in die letzten Jahre der Mauer, und Sineck trägt es gewissenhaft in seine Karte ein.

Die erste bedeutende Persönlichkeit, die Berlin durch das Königstor betritt, kommt in hoher diplomatischer Mission. Es ist der Gesandte Achmet Resmi Effendi, der am 9. November 1763 in der Stadt eintrifft, um dem Sieger des Siebenjährigen Krieges, Friedrich II., im Auftrag des türkischen Sultans seine Aufwartung zu machen. Der Besuch, der neue europäische Kräftekonstellationen begründen soll, ist mit beträchtlichem Aufwand verbunden. Diesen zu zeigen, ist das Hauptanliegen eines zeitgenössischen Stiches.

Der Effendi, so wird berichtet, reist mit großem Gefolge, darunter fünf mit je sechs Pferden bespannten Karossen. Mehr als siebzig Personen bilden seine Begleitung. Noch vor dem Tor kommt es in einem ausdrücklich zu diesem Zweck errichteten Zelt zu einer letzten Kaffeepause. Erst dann erfolgt der pomphafte Einzug in die Stadt.

Nebenbei vermittelt das Bild eine Vorstellung vom Aussehen der »Bernauischen Landwehr«, wie dieser Torabschnitt im 18. Jahrhundert oft noch genannt wird. Man sieht, wie die Palisade rechts den Hang herunterklettert und auf das am tiefsten Punkt des Geländes befindliche Tor zustrebt. Dort befindet sich nur ein Gebäude, das sich Torschreiber und Wache offenbar teilen. Es weist allerdings bereits optisch durch den L-förmigen Grundriss eine Zweigliederung auf.

Links vom Tor steigt die Palisade allmählich wieder an. Parallel zu ihr, die andere Grenze der inneren Communication bildend, verläuft der Zaun eines vom unbekannten Künstler als Obstgarten dargestellten Terrains, das in Wirklichkeit aber wohl einer der ältesten Berliner Weinberge ist, damals der Lessmannsche genannt. Zu ihm gehört wohl auch das Gebäude, das hinter dem Torhaus zu sehen ist. Sehr viel später, aber noch in der »Mauerzeit« – 1854 bis 1858 – entsteht an dieser Stelle nach Entwürfen von Friedrich August Stüler die Bartholomäuskirche.

Das Königstor liegt an einer Straße, die stadteinwärts geradlinig durch eines der alten Festungstore direkt zum Schloss und auswärts bis ins ferne Königsberg führt. Damit sind eine prominente Nutzung von Toren und Straßen garantiert – und mehrere Umbenennungen.

^ *Anonym, Einzug des türkischen Gesandten Achmet Effendi durch das Königstor am 9. November 1763*

Das Festungstor trägt zunächst den Namen der benachbarten St.-Georgen-Kirche. Nach dem feierlichen Einzug des ersten preußischen Königs Friedrich I. am 6. Mai 1701 wird es in Königstor umbenannt, die zum Schloss führende Straße wird zur Königsstraße und die Georgenvorstadt zur Königs(vor)stadt.

Als die Festungswälle und mit ihnen das Königstor im Jahre 1746 beseitigt werden, ist die Stadt längst neu eingegrenzt. Die 1705 entlang der Linienstraße angelegte Circumvallation Friedrichs I. kreuzt in Höhe der heutigen Mollstraße die damalige Bernauer Straße. Das dortige Bernauer Tor wird dann in den zwanziger Jahren des 18. Jahrhunderts entlang der gleichnamigen Straße bis zu seinem endgültigen Standort hinausgeschoben.

Außerhalb des Tores heißt der Weg zunächst Bernauische Landstraße. Nach deren Befestigung in den Jahren 1800 bis 1803 erfolgt die Umbenennung in »Chaussee nach Weißensee« und 1859 in »Vor dem Königs-Thore«. Der heutige Name Greifswalder Straße stammt aus dem Jahre 1868.

Das Bernauer Tor behält für etwa achtzig Jahre Namen und Gestalt. Die Namensänderung wird am 22. Dezember 1809 ausgelöst, als Friedrich Wilhelm III. im Gefolge des Tilsiter Friedens aus dem ostpreußischen Exil zurückkehrt. Aus Anlass dieses Einzugs erhält das Bernauer Tor am 27. März 1810 den Namen Neues Königstor (der Zusatz »neu« verliert sich im Zeitverlauf), die Bernauer wird zur Neuen Königsstraße (heute weitgehend verschwunden und 1966 durch eine etwas weiter östlich durchgelegte Straße namens Hans-Beimler-Straße, ab 1. November 1995 Otto-Braun-Straße, ersetzt).

Wenige Jahre zuvor, 1801 oder 1802, ist aus dem Holz- ein Steintor geworden. In die Mauer, die bei gleicher Gelegenheit an Stelle der Palisade entsteht, wird rechts vom Tor – stadtauswärts gesehen – ein einfaches Wachhaus mit Mitteltür und vier Fenstern eingefügt.

Das Wachhaus, Neue Königstraße 96, ist laut Berliner Adressbuch im Jahre 1865 vom Militärfiscus für Wohnzwecke vermietet und wird 1872 zugunsten der Begradigung der Friedenstraße abgerissen. Auch die Räume des Steuergebäudes, Neue Königstraße 1, werden zunächst privat vermietet. Im Jahre 1873 wird das Haus verkauft; der Eigentümer ist ab 1880 ein Schankwirt. Erst ab 1895 wird unter dieser Adresse ein Neubau ausgewiesen.

^ *Östliche Mauer des Alten Friedhofs der St.-Nicolai- und St.-Marien-Gemeinde neben dem Schießplatz der Berliner Schützengilde. 2006*

Ludwig Leopold Müller, Das neue Königs-Tor (ehemals Bernauer Tor), Lithografie ^^

^ *Grabmal Karl Ludwig Friedrich von Hinckeldey auf dem Alten Friedhof der St.-Nicolai- und St.-Marien-Gemeinde. 2006*

^ *Die Bartholomäuskirche. 2006*

DAS LANDSBERGER TOR

Wenige Meter rechts vom Königstor schwenkt die Stadtmauer in Richtung Südosten um. Ihr Verlauf bis zum Landsberger Tor und darüber hinaus wird heute durch die Friedenstraße markiert. Ähnlich wie im Falle von Elsässer und Lothringer Straße steht auch hinter diesem Namen der Deutsch-Französische Krieg, dem am 10. Mai 1871 der Frankfurter Frieden folgte. Der vom Königs- bis zum Landsberger Tor reichende Teil der Friedenstraße erhielt seinen Namen am 28. Mai 1872.

Wie dem Stadtplan von Sineck aus dem Jahre 1856 entnommen werden kann, verläuft hier die Mauer so, dass die innere Communication schmal ausfällt. Die äußere ist dagegen so breit, dass zwei Baumreihen auf ihr bequem Platz finden.

Dieser Mauerabschnitt ist der erste seit Beginn des Rundgangs, dessen Innenseite überwiegend weiße, ungenutzte Flächen zeigt. Nach der Bartholomäuskirche folgen auf der Sineck-Karte bis zur Weinstraße Weingärten, danach bis zum Landsberger Tor fast durchweg Bauland. Grundsätzlich besteht diese Situation auch noch in den sechziger Jahren, wenngleich sich die Hochbebauung von der Innenstadt her etwas näher an die Mauer heranschiebt; unter anderem in Form der Errichtung des Schuldgefängnisses Barnimstraße im Jahre 1863, das zehn Jahre später zur »Gefängnisanstalt für Frauen« – 1915/16 beispielsweise für Rosa Luxemburg – wird.

Auf der Außenseite der Mauer wird zwischen 1846 und 1848 mit einem Kostenaufwand von 30.000 Talern ein Park angelegt. Er erhält den Namen von König Friedrich II., dessen Denkmal die Anlage seit dem 17. August 1848 – mit einer langen Unterbrechung zwischen 1949 und 1998 – ziert. Den Wettbewerb zur Gestaltung des Friedrichshains gewinnt Gustav Meyer, Schüler des berühmten Gartenarchitekten Peter Joseph Lenné und später Berlins erster Gartenbaudirektor.

Bei dem Beschluss der Berliner Stadtverordnetenversammlung, im Osten ein städtisches Gegenstück zum staatlichen Tiergarten anzulegen, steht das Ziel im Vordergrund, den Bewohnern der Stadt, vor allem jenen aus der Königstadt, der Stralauer Vorstadt und den benachbarten Vierteln, eine Stätte der körperlichen und geistigen Erholung zu schaffen. In späteren Jahren, mit zunehmendem Mietskasernen-Elend gewinnt der soziale Aspekt an Bedeutung, die vage Hoffnung, der Aufenthalt in gepflegter Naturumgebung möge geeignet sein, den Sinn über die Sorge um die materielle Existenz zu erheben.

Noch im Jahr der Einweihung des Friedrichshains wird nahe dem Landsberger Tor der Friedhof der Märzgefallenen eingerichtet und in den Park einbezogen. Hier sind 254 zivile Opfer der Barrikadenkämpfe vom 18. und 19. März 1848 begraben. Zum ersten Jahrestag der Revolution errichten Borsigarbeiter für ihre gefallenen Kameraden an den vier Ecken des Friedhofs je ein eisernes Denkmal, bestehend aus einer Säule mit zwei Fackeln. Im November und Dezember 1918 nimmt diese Stätte auch 32 Tote der Novemberrevolution auf. Der Friedhof, eine Wallfahrtsstätte der Berliner Arbeiter, ist den Herrschenden von Anbeginn ein Dorn im Auge. Demonstrativ wird eine Gedenkstätte für die militärischen Opfer der Märzrevolution eingerichtet – weit entfernt vom Friedrichshain, vor dem Neuen Tor.

Zu den wichtigsten Veränderungen, die der Friedrichhain im Laufe der Jahrzehnte erfährt, gehört der im Jahre 1901 von Stadtbaurat Ludwig Hoffmann entworfene Märchenbrunnen, der prächtige Eingang in den Park vom Königstor her. Am entgegengesetzten Ende der Parkanlage wird im Jahre 1868 – veranlasst durch eine private Schenkung von Jean Jaques Fasquel in Höhe von 50.000 Talern – mit dem Bau des ersten städtischen Krankenhauses begonnen, einem Pendant zur staatlichen Charité. In den Jahren 1946 bis 1950 schließlich wachsen im Friedrichshain um zwei gesprengte Flakbunker zweieinhalb Millionen Kubikmeter Trümmerschutt zu Bergen von 78 bzw. 68 Metern Höhe, die sich bald zu beliebten Aussichtspunkten entwickeln.

^ *Haag, Der Geist der Märzkämpfer befragt Bürger nach den Revolutionsergebnissen. 1848. Lithografie*

Als Friedrich Wilhelm III. 1802 im Osten den Bau der neuen Akzisegrenze mit der Begradigung ihres Verlaufs verbindet, geht es ihm vor allem um niedrige Kosten für Mauer und Tore. Eine durchaus willkommene Nebenwirkung dieser Maßnahme ist, dass zusätzliches Wirtschaftspotenzial in das Zollgebiet eingebunden wird.

Die Gegend ist traditionell ein Zentrum des Viehhandels. Schon Nicolai weiß 1786 »vor dem Landsberger Thore rechter Hand« von einer »Auftrift für fremde, sonderlich moldauische Schweine« zu berichten, »welche nach Berlin zur Konsumtion gebracht werden.«[1] Nunmehr liegt dieses Areal, das sich zwischen Palisaden- und Friedenstraße befindet, innerhalb der Mauer. Das Adressbuch weist für die rechte Seite des neuen Abschnitts der Landsberger Straße – er ist fast genau so lang wie der alte, vom Alexanderplatz kommende – einen Viehhändler neben den anderen aus. Aber auch die linke Seite der Straße, die Grundstücksnummern 1a-e, sind von Personen dieses Berufsstands belegt.

Überhaupt steht das Landsberger Tor im Zeichen der Ansammlung von Tieren – Platz ist ausreichend vorhanden. Links vor dem alten Tor, an der Einmündung der Barnimstraße, von dieser zugänglich, aber unter der Adresse Landsberger Straße 1g (nach neuer Nummerierung 13-16) befindet sich die Droschkenanstalt des Bankiers Henoch. Sie wird bereits im Jahre 1814 gegründet und ist die erste ihrer Art. Sie muss über lange Zeit

[1] Friedrich Nicolai, Beschreibung der königlichen Residenzstadt Berlin, Berlin 1987, S. 82.

^ *Unbekannt, Die Droschkenanstalt zu Berlin*

auch die größte der Stadt gewesen sein, wie der folgende Rückblick aus dem Jahre 1930 belegt:

»Denn noch vor etwa 100 Jahren boten die Droschken, wenn sie nachts elf Uhr in langen unabsehbaren Zügen über den Alexanderplatz und durch die Landsberger Straße nach ihrer Heimat sich bewegten, ein ergötzliches Schauspiel. Man glaubte dann, einem gespenstischen Leichenzuge zu begegnen, einem Trugbild, das durch die Kutscher noch erhöht wurde, deren müde Häupter auf der Brust gesenkt waren und die daher kraftlos erschienen. ... Das Pferd schlich langsam und pflastermüde einher. ... Wenn es endlich die Droschkenanstalt erreicht hatte, zog es die Droschke bis direkt an das Lager seines Kutschers, so dass dieser vom Bocke gleich in sein Bett plumpsen konnte.«[1]

Nüchterne Eindrücke von den Arbeitsbedingungen, denen Mensch und Tier ausgesetzt sind, trüben den Genuss des ergötzlichen Schauspiels eines gespenstischen Leichenzugs.

Die Landsberger Straße trägt ihren Namen bis 1950, danach, bis 1966, wird sie zur Leninallee, bevor sie im Zuge umfassender Umgestaltungen im ehemaligen Grenzbereich von Königstadt und Stralauer Vorstadt weitgehend verschwindet. Den gleichen Namenswechsel erlebt 1950 der 1863 angelegte Landsberger Platz. Im Jahre 1992 wird dann aus dem – inzwischen vergrößerten und etwas westlich verlagerten – Leninplatz der Platz der Vereinten Nationen.

Die Landsberger Allee war ursprünglich der Landsbergische Landweg und erhielt 1854 nach seiner Pflasterung den Namen Landsberger Chaussee. Nach der Beseitigung des Tores trägt ein kurzes Stück dieser Straße vorübergehend die Bezeichnung »Am Landsberger Thor«, bevor 1875 der Name Landberger Allee folgt. Zwischenzeitlich – 1950 bis 1992 – heißt die Straße Leninallee. Wie alle hinter dem jeweiligen Tor steil bergauf führenden Alleen (Schönhauser und Prenzlauer Allee, der heutige Mehringdamm) wird sie um die Zeit der Beseitigung der Mauer zur Brauereistraße. Im Jahre 1868 entsteht hier das Böhmische Brauhaus, das den erhöhten Standort für die Einrichtung voluminöser Kühlkeller benötigt.

Kurz vor dem Landsberger Platz wird die schräg von links kommende, insgesamt 930 Meter lange Mauer so geführt, dass das Tor rechtwinklig zur Straße steht. Das Tor, dessen auffälligster

Das Landsberger Tor. Carl Glück Verlag, Plan monumental von Berlin. 1860 ^

[1] Willi Gensch, Hans Liesigk, Hans Michaelis, Der Berliner Osten, Berlin 1930, S. 187-189.

Schmuck sein am Pfeiler in vergoldeten Lettern auf blauem Untergrund angebrachter Name ist, verschwindet wahrscheinlich schon 1866. Jedenfalls muss das nördliche Torhaus, es ist das schon seit Jahrzehnten unbesetzte Wachgebäude Landsberger Straße 1, bereits in diesem Jahre einer Baustelle weichen. Das königliche Steuergebäude, Landsberger Straße 126, bleibt dagegen bis zum Jahre 1874 stehen.

^ *Grabmal auf dem Friedhof der Märzgefallenen. 2006*

^ *Wiederentdeckte Teile des Friedrich-Denkmals im Friedrichshain. November 1997*

DAS FRANKFURTER TOR

Spätestens auf der 970 Meter langen »Communication am Landsberger Thor«, die zum Frankfurter Tor führt (und nach Beseitigung der Mauer, ab 1. März 1875 Friedenstraße heißt), wird dem Wanderer deutlich, dass er sich in einer Landstadt befindet. Nicht anders ergeht es dem Fremden, der die Stadt vom Osten aus betritt:

»Hat man im (Frankfurter – H. Z.) Tor die unleidliche Revision der Akzisebedienten überstanden und dem wachhabenden Offizier seine hundert Fragen beantwortet ... , so sieht man sich in die Mitte ärmlicher Hütten, Wiesen und Felder versetzt ..., oft sieht man aber nichts, denn der kleinste Zephyr erregt einen so unerträglichen Staub, dass man die Augen fest zudrücken muss.«[1]

Diese Reiseschilderung stammt bereits aus dem Jahre 1808, aber sie verliert bis in die Jahre vor dem Abbruch der Stadtmauer nur wenig an Aktualität. Auch 1856 findet sich laut Sineck-Karte auf der Mauerinnenseite so gut wie keine Bebauung.

Dicht außerhalb der Mauer liegen vier Friedhöfe. Die drei kirchlichen unter ihnen – es sind die Friedhöfe der Parochial-, der Petri- und der Georgen-Gemeinde – existieren bis heute. Der Komplex hat sich inzwischen längst bis an die Landsberger Allee ausgedehnt.

Auf dem Gelände des vierten steht heute die Auferstehungskirche. Nichts erinnert hier mehr an den um 1825 von der Stadtgemeinde angelegten und 1881 nach Friedrichsfelde verlagerten Armenfriedhof. Dessen Lage wird seinerzeit nicht zufällig gewählt. Nur einige hundert Meter entfernt, zwischen Palisaden- und Großer Frankfurter Straße und von dort weiter bis zum Alexanderplatz reichend, befinden sich Einrichtungen der

---

[1] Friedrich von Cölln, Wien und Berlin in Parallele, Amsterdam und Köln 1808: Zit. n.: Ruth Köhler, Wolfgang Richter (Hrsg.), Berliner Leben 1806-1847, Berlin 1954, S. 3.

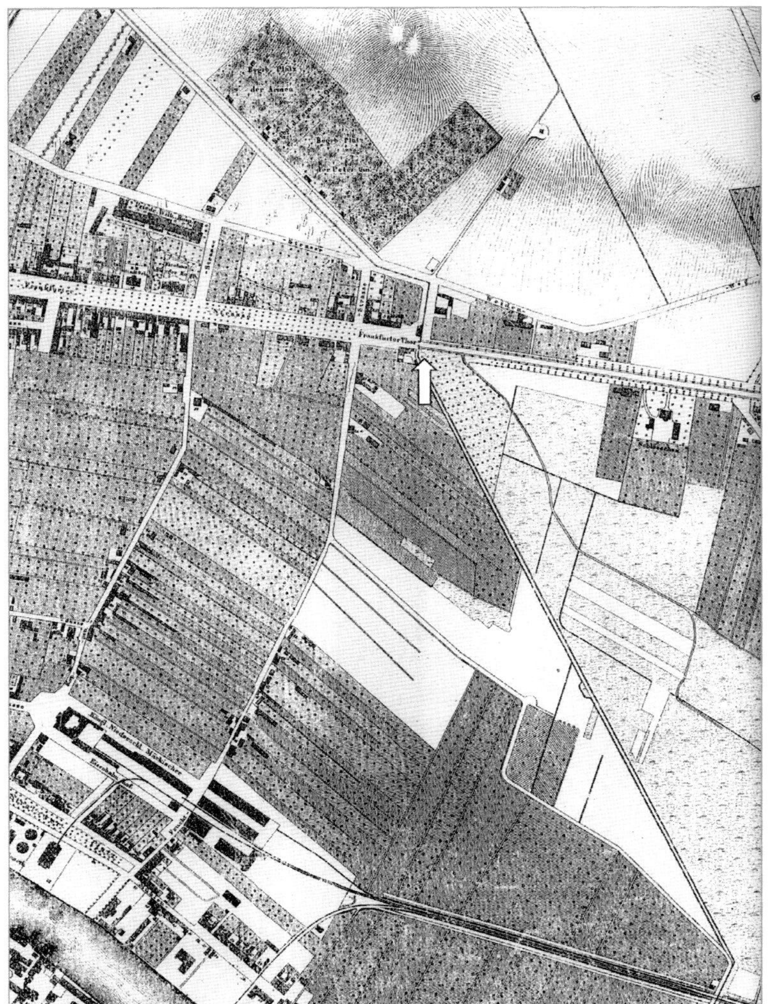

Armen- und Altenpflege in einer Konzentration, wie sie für Berlin um die Mitte des 19. Jahrhunderts einmalig ist.

Schon im Jahre 1758 wird der Neubau des Arbeitshauses (»Ochsenkopf«) für insgesamt 1.000 Arme und Bettler an den Wollmarkt (Alexanderplatz) verlegt. Nicht weit entfernt von diesem Ort entstehen die königliche Blindenanstalt und die Alexandrinenanstalt für 24 Kindermädchen. Im Jahre 1819 eröffnet die Wadzeckanstalt, ein Heim für 400 arme Kinder. Im Jahre 1837 werden in der Großen Frankfurter Straße die Weydinger- und Schreinersche Stiftung, 1838 das Nicolaus-Bürger-Hospital, 1839 die 3. Communal-Armenschule und 1843 für 600 Pflegebedürftige das FriedrichWilhelm-Hospital gegründet. Schließlich entsteht im März 1861 in der Koppenstraße 38/40 für 55 Insassen ein Gesindehospital. Als im Jahr 1831 eine schwere Cholera-Epidemie ausbricht, werden in der Palisadenstraße und im sogenannten Schlößchen an der Frankfurter Chaussee Seuchenlazarette eingerichtet, und der nahe Armen-Friedhof ist zugleich Begräbnisstätte der Seuchen-Opfer.

Armen- und Altenpflege verändern zu dieser Zeit wesentlich die städtebauliche und soziale Ausprägung des Stralauer Viertels von einem ursprünglich vorstädtisch-gärtnerischen Stadtraum – beispielsweise hatte in der alten Lehmgasse (später Blumenstraße) Friedrich Nicolai sein Sommerhaus – in ein Quartier der kleinen Leute.

Das vorübergehend in ein Cholera-Lazarett verwandelte »Schlösschen« verdankt seinen Namen der Gewohnheit von König Friedrich I., an diesem Ort zu frühstücken, wenn er zum Markgrafen Albrecht Friedrich fährt. Die ursprüngliche, von sumpfigen Wiesen umgebene Meierei verwandelt sich im Zeitverlauf in eine gastliche Stätte. Heute verläuft dort die Graudenzer Straße.

Markgraf Albrecht Friedrich von Schwedt besitzt das Lustschloss in Friedrichsfelde. Anfang des 18. Jahrhunderts lässt er die Frankfurter Straße, beginnend am heutigen Strausberger Platz, um diese Zeit Standort des Frankfurter Tores, mit vier Reihen Linden bepflanzen. In den achtziger Jahren, das Tor ist längst bis zur Fruchtstraße (Straße der Pariser Kom-

^ *Frankfurter Tor*
Stadtplan von Sineck. 1856. Auszug

mune) hinausverlegt, verändert die prachtvolle Baumallee ihren Namen in Große Frankfurter Straße. Im Sprachgebrauch der Berliner bleibt indes alles beim alten: die »Frankfurter Linden« überleben sogar für einige Zeit noch das Fällen der Bäume im Jahre 1872.

Schräg gegenüber vom »Schlösschen« befindet sich die »Neue Welt«, ein beliebtes Ausflugs- und Tanzlokal. Es wird aber auch gern als Zwischenrast von denen genutzt, die aus der Stadt kommend in Richtung Osten unterwegs sind. Lewin von Vitzewitz aus Fontanes »Sturm« verharrt indes trotz der Kälte des Winterabends nur kurz vor dem Gasthaus; die Gesellschaft von lustigen, tanzenden Menschen ist ihm unerträglich. Noch vor wenigen Tagen hat er mitleidig einen Trupp abgerissener französischer Soldaten nach Berlin in ihre Unterkunft begleitet (vgl. Kapitel »Militär-Mauer«). Jetzt, auf dem Rückweg in den heimatlichen Oderbruch ist er tief verzweifelt. Seine geliebte Kathinka hat sich endgültig für einen Anderen entschieden. Einfache Leute retten den jungen Herrn von Hohen-Vietz vor dem Erfrieren.

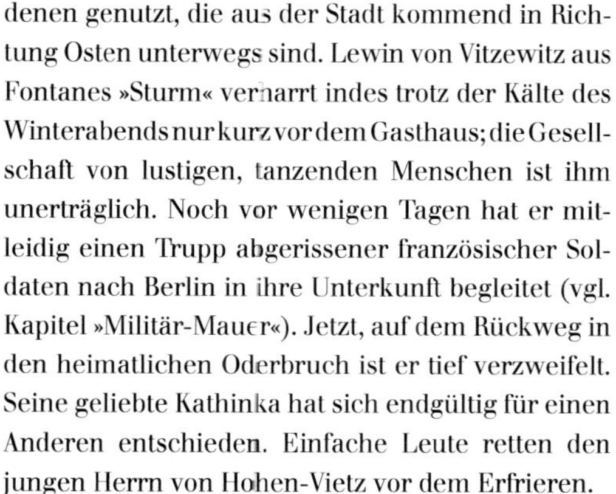

Die Neue Welt befand sich dort, wo heute die Petersburger Straße auf die vom Westen kommende Karl-Marx-Allee trifft; letztere setzt sich dann nach Osten als Frankfurter Allee fort. Zwischen 1950 und 1961 hieß dieser Straßenzug Stalinallee. Ein Frankfurter Tor hat es dort nie gegeben, auch wenn diese Gegend allgemein so bezeichnet wird.

Das letzte Frankfurter Tor von 1802 liegt nur etwa 110 Meter von seinem aus den zwanziger Jahren des 18. Jahrhunderts stammenden Vorgänger entfernt. Seine genaue Lokalisierung stösst indes auf Schwierigkeiten, weil beiderseits des Tores die Straßen, auf denen die Mauer verlief, beim Bau der Stalinallee verschwunden sind.

Einige Orientierungspunkte sind immerhin verblieben. Wie die Stadtkarte von Sineck zeigt, biegt die vom Landsberger Tor kommende Stadtmauer am Ende der Friedenstraße – also dort, wo bis zum Mauerbau die Palisade, auf der Palisadenstraße verlaufend, nach rechts auf die Fruchtstraße abzweigte – nach links, Richtung Osten, in den Weidenweg ein. Sie verlässt diesen Weg aber schon bald wieder, indem sie annähernd rechtwinklig nach Süden, auf die Große Frankfurter Straße schwenkt. Der Ort dieses Schwenks befindet sich heute in Höhe der Einmündung der Auerstraße. Diese hieß vorher Richthofenstraße und führte über den Weidenweg hinweg bis zur Großen Frankfurter. Heute muss man sich den Verlauf dieses letzten kurzen Stücks der Richthofenstraße etwa in Höhe der Nummern 97 und 99 des langgestreckten Wohnblocks der alten Stalinallee vorstellen. Nicht weniger Fantasie ist vonnöten, an dieser Stelle eine Mauer zu sehen; auf dem Bild aus dem Jahre 1804 ist es offenbar deren linker, heller Teil.

Auf der Südseite des Tores ist es der Bereich der Blockeingänge Nr. 96 und 98, der den Mauerverlauf markiert. Früher mündete hier die seit 1876 so genannte Memeler Straße in die Große Frankfurter; heute endet diese 1950 in Marchlewskistraße umbenannte Verbindung als Sackgasse direkt hinter dem Block. Weit und breit einziger steinerner Zeuge der früheren Situation ist die in ihrem Erdgeschoss äußerlich noch original erhaltene Feuerwache, Marchlewskistraße 6.

Das Torensemble ist äußerlich so bescheiden wie seine Umgebung. Auf dem anonymen Bild ist als einziger Schmuck die Königskrone auf dem Gittertorflügel zu erkennen. Fast schon als komfortabel hat zu gelten, dass in der Mauer nicht nur ein, sondern zwei Durchgänge für Fußgänger angebracht sind. Die Vorderfront des Wachhauses

Die Gegend am Weidenweg mit Blick auf die Stadtmauer. 1804

wird durch einen Mittelrisalit aufgelockert. Die »Frankfurter Linden« begrenzen den inneren Torplatz im Westen.

Große historische Ereignisse, wie der Empfang hochgestellter Persönlichkeiten, bleiben dem Frankfurter Tor versagt oder werden doch durch unvorhersehbare Störungen getrübt. So findet nach der Krönung Wilhelms I. in Königsberg der Einzug des Herrscherpaars durch das Tor am 22. Oktober 1861 zwar statt. Aber fast gleichzeitig brechen aus formal nichtigem Anlass am Alexanderplatz mehrtägige Tumulte aus, in deren Verlauf auch die dort errichteten Empfangspforten niedergerissen werden.

Besonders feierlich soll es nach den Vorstellungen des Magistrats am 30. März 1763 zugehen. Vor dem Frankfurter Tor hat er eine pompöse Ehrenpforte errichten lassen. Doch Friedrich II., der Sieger des Siebenjährigen Krieges, kommt erst am Abend. Er schlägt den Umstieg in den Siegeswagen aus und gelangt auf Umwegen durch ein anderes Tor fast unbemerkt in das Schloss. Preußen ist zur Großmacht geworden, aber wirtschaftlich ruiniert und personell ausgeblutet.

Der Abbruch des Tores beginnt bereits am 11. November 1866, während beiderseits die Mauer noch etwa zwei Jahre stehen bleibt. Am längsten halten sich die Torhäuser. Das dem Militärfiskus gehörende, aber nicht mehr als solches genutzte Wachhaus Große Frankfurter Straße 1 – anders als auf dem Bild auf der Nordseite des Tores – wird bis 1865 von privaten Mietern bewohnt und steht dann bis zu seinem Abriss im Jahre 1875 leer. Das Steuergebäude bleibt noch bis 1867 in Betrieb. Ab 1877 wird unter der Adresse Große Frankfurter Straße 138 ein neues privates Mietshaus ausgewiesen.

^ *Dicht am ehemaligen Berührungspunkt von Palisade und Mauer gelegen: Das Umspannwerk Palisadenstraße 48 (Baujahr 1900). 2006*

^ *Die ehemalige Feuerwache an der als Sackgasse endenden Marchlewskistraße. 2006*

^^ *Unbekannt, Das Frankfurter Tor*

STRALAUER TOR UND OBERBAUM

Der Weg vom Frankfurter zum Stralauer Tor birgt gleich mehrere Rekorde. Die Frankfurter Communication ist erstens mit 1.950 Metern der längste aller Torabschnitte. Das ist nicht verwunderlich, denn hier wohnt niemand, hier läuft sich keine Straße an der Mauer tot. Es gibt keinen Grund für einen späteren verkehrsbedingten Mauerdurchbruch. Es existiert, wie die Sineck-Karte zeigt, auf der Linie der heutigen, daher vergleichsweise schmalen Marchlewskistraße nicht einmal eine äußere Communication. Diese findet sich erst wieder nach dem Rechtsknick der Mauer, nachdem sie wieder auf der Trasse der alten Palisade entlang der heutigen Warschauer Straße verläuft. Der Torabschnitt kann somit zweitens als der ländlich ruhigste des gesamten Ringmauer gelten.

Und es gibt noch eine dritte Besonderheit: Der Mauerweg ist nicht zu allen Jahreszeiten zu begehen. Das müssen die beiden schon mehrfach erwähnten Jungen erfahren, die sich für ihren abenteuerlichen Mauerrundgang (entgegengesetzt der hier beschriebenen Richtung) ausgerechnet den Tauwasser-Monat März (wahrscheinlich 1840) ausgesucht haben:

»Am Stralauertor stand das Wiesenwasser so dicht an der Stadtmauer, dass kein Weg aussen, auch nicht an der inneren Seite möglich war. Der Weg ging deshalb nun durch die Mühlenstraße in die zum Teil ungepflasterte Fruchtstrasse. Auf einer Stelle lagen Bohlen über einem die Straße kreuzenden Wiesengraben, der, ... die Stadtmauer mittels einer mit Eisenstäben vergitterten Öffnung durchbrechend, die Wiesen innerhalb der Stadtmauer be- und entwässerte.«[1]

Über die Jahrhunderte hinweg hat sich in der Gegend viel Schwemmland angesammelt. Sie ist fruchtbar, so recht für den gärtnerischen Anbau geeignet. Der Garten des Hugenotten Bouché in der Schillingsgasse Ecke Blumenstraße ist stadtbekannt. Auch weitere Straßenna-

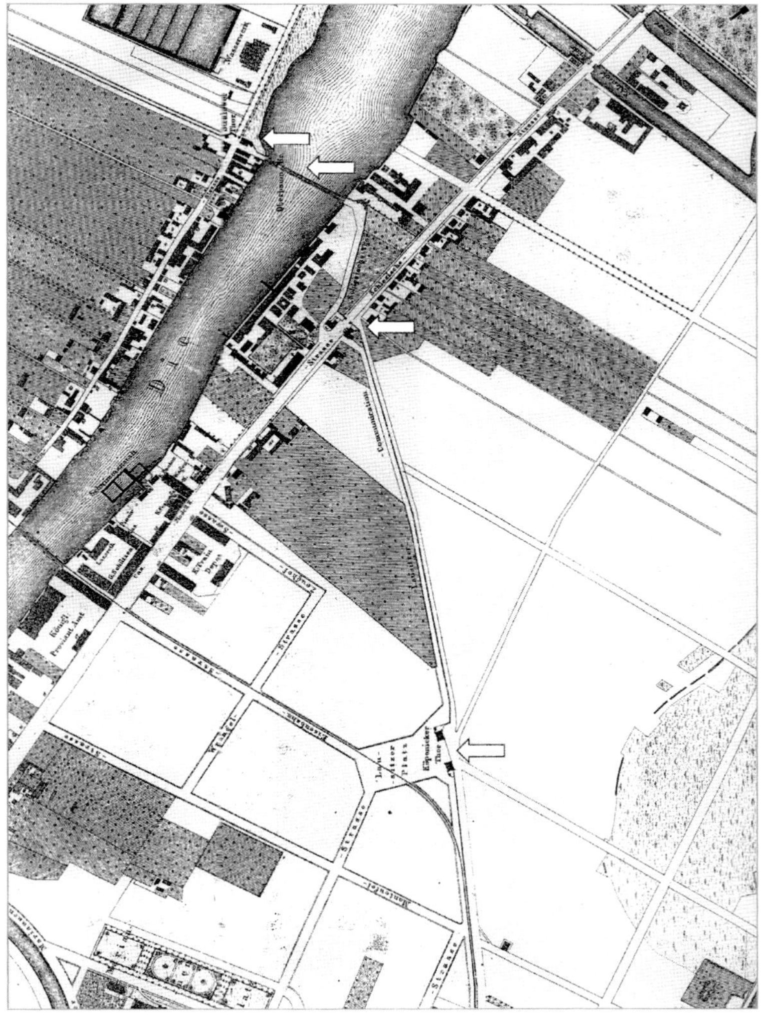

^ *Stralauer Tor, Oberbaum, Schlesisches und Köpenicker Tor (von oben). Stadtplan von Sineck. 1856. Auszug*

[1] Karl Ludwig Zeitler, Erinnerungen eines Berliners aus den letzten 70 Jahren des 19. Jahrhunderts, Teil I, Berlin 1909, S. 49-50.

Wucht Ende der sechziger Jahre ein, etwa zeitgleich mit dem Abriss der Ringmauer.

Die wenigen Anwohner haben sich inzwischen an die Züge, die an ihren Gärten vorbeirattern, gewöhnt, da folgt direkt an der Außenmauer auf dem Stralauer Anger – zwischen Gleiskörper, dem an der Spree entlangführenden Weg nach Stralau (Vor dem Stralauer Thor, Stralauer Allee) und der heutigen Lehmbruckstraße – eine weitere »Großinvestition«. Im Frühjahr 1856 geht das erste Berliner Wasserwerk in Betrieb. Eine Wasserversorgung auf großtechnischer Grundlage stand allerdings auch dringend auf der Tagesordnung. Die Stadt nähert sich mit Riesenschritten der Einwohnerzahl von einer halben Million Menschen. Eine weitere Vergrößerung der Anzahl der Brunnen, von denen bereits gut 7.000 existieren, kann den rasch wachsenden individuellen und gewerblichen Bedarf nicht mehr decken.

Das mehr als zehn Hektar Fläche beanspruchende Werk, dessen Maschinenausrüstung teilweise von Borsig am Oranienburger Tor stammt, saugt das Spreewasser mit Hilfe von Pumpen auf die Filter. Nach der Reinigung wird das Wasser auf den Windmühlenberg vor dem Prenzlauer Tor geleitet, von wo es in die Haushalte strömt. Das »Wasserwerk vor dem Stralauer Thor« gehört zunächst der englischen Waterworks Company. Im Jahre 1873 erwirbt die Stadt die inzwischen um zwei Filter und ein Maschinenhaus erweiterte Anlage, deren Reinigungskapazität indes wegen der rasch zunehmenden Flussverschmutzung bald erneut an Grenzen stößt. Die Stilllegung erfolgt 1893, dem Jahr der Eröffnung des größten Berliner Wasserwerks in Friedrichshagen. Schon 1894/95 werden auf dem Gelände Versuche zur Müllverbrennung angestellt, die aber unbefriedigend verlaufen. Fünfzig Jahre später errichtet die Auer-Gesellschaft dort ein Werk für Glühlampen

men wie Grüner Weg (Singerstraße) oder Fruchtstraße (Straße der Pariser Kommune) zeigen an, was dort betrieben wird.

»Haben Sie, Demoiselle Jettchen, schon die Hyazinthen in der Fruchtstraße gesehen?«, wird Jettchen Gebert im gleichnamigen Roman Georg Hermanns gefragt. »Oh, wenn sie jetzt mehr in Blüte sind! So in acht bis vierzehn Tagen – da müsse Sie hinfahren. Es ist da eine hohe Tribüne, und von dort schaut man über ein Meer von Farbe fort.«[1]

Das Jahr 1842 markiert dann mit der Eröffnung der Eisenbahn nach Frankfurt den Beginn eines neuen Kapitels in der Entwicklung dieses Teils der Stralauer Vorstadt. Angesichts der großen unbesiedelten Flächen kann die Bahnlinie ein großes Stück in das Stadtgebiet hineingelegt werden. Es gibt in Berlin nur diesen einen Fall, dass das neue Verkehrsmittel die Stadtmauer nicht nur symbolisch, sondern real durchbricht. Im Herbst 1843 entsteht an der Nordwestecke der Bahn-Mauer-Kreuzung ein Steuergebäude. Dennoch erfolgt die Akzisekontrolle auf dem Bahnhof – bis 1875. Im gleichen Jahr wird die erste Warschauer Brücke über damals schon fast dreißig Gleise fertiggestellt. Im Jahr zuvor erhält die darüberführende Straße ihren Namen.

Die Industrialisierung des Viertels – nicht zuletzt von den Möglichkeiten, die der Eisenbahntransport bietet, ausgelöst – und die damit verbundene dichte Wohnbesiedlung setzen mit voller

[1] Georg Hermann, Jettchen Gebert, Berlin 1985, S. 18.

^ *Der Frankfurter Bahnhof*

dabei zu sein. Hauptnahrungsmittel sind Knoblauchwürste, Kümmel und die saure Weiße, die zwischen Schau-, Würfel-, Karussell- und anderen Buden oder auch auf den gut zum Sitzen geeigneten Gräbern des Stralauer Kirchhofs eingenommen werden.

Nur an diesem Tag gibt es reichlich Arbeit für die Bediensteten am Stralauer Tor. Das gesamte Jahr über ist wenig Betrieb. Nur wer von der Halbinsel kommt

(später Osram, zuletzt Narva). Bis 1992 steht der Standort im Zeichen dieser Elektrosparte.

Auf dem Rundgang von Tor zu Tor ist das Wasserwerk bereits das zweite Fallbeispiel dafür, dass Einrichtungen gesamtstädtischer Versorgung bzw. allgemein benötigter Dienstleistungen wegen ihres großen Platzbedarfs und der hohen Grundstückskosten außerhalb der Stadtmauer angesiedelt werden müssen. Ein erstes, bescheidenes Beispiel dieser Art war die Droschkenanstalt vor dem alten Landsberger Tor. Ein ganz massiver dritter Fall folgt im weiteren Verlauf dieses Rundgangs.

Aber die Gegend am Stralauer Tor steht nicht nur für Versorgung und Gewerbe (außer dem Wasserwerk wäre beispielsweise die hier bereits 1749 gegründete erste Berliner Zuckersiederei zu nennen oder auch, dass der Vater des Berliner Maschinenbaus, Franz Anton Egells 1821 in der Mühlenstraße zu produzieren beginnt und erst vier Jahre später vor das Oranienburger Tor zieht), sie steht auch für Vergnügen und Erholung.

Schon im Sommer 1740 wissen die Gäste der Krönungsfeierlichkeiten bei der Inthronisierung Friedrichs II. die landschaftlichen Reize der Dorfumgebung Stralaus zu schätzen, indem sie » ... sich einer Plaisir-Fahrt zu Schiffe in den nechsten Gärten vor dem Stralauer Thor, oder selbst nach Stralau und Trepto bedienen.«[1]

Eine wahre Völkerwanderung löst seit 1780 alljährlich am 24. August der Stralauer Fischzug aus. Wer nicht schon am Vormittag hinauspilgern kann, beendet spätestens am Mittag die Arbeit und zieht mit Weib, Kind und Kegel auf die Halbinsel, um bei diesem beliebten Volksfest der Berliner

oder dorthin gelangen will, muss das Stralauer Tor (lange Zeit auch Mühlentor genannt) passieren. Fremde Einreisende oder Händler benutzen andere Stadteingänge. Kein Wunder also, dass das Akzise- und Wachpersonal gleichzeitig auch für den direkt daneben liegenden Oberbaum zuständig ist. Der historisch erste Standort dieser Land-Wassertor-Kombination an der Waisenstraße ist noch Bestandteil der Festungsanlage. Es folgt eine kurzzeitige Zwischenstation an der Mühlenstraße (die allerdings erst ab 1786 diesen Namen trägt) in Höhe des späteren Rummelsburger Platzes, bevor das Torpaar 1724 jenen Standort bezieht, den noch heute die Oberbaumbrücke markiert.

Erst hier wird der Oberbaum in Form einer hölzernen Brücke gebaut. Am alten Ort ragten Pfähle von den Ufern bis fast zur Flussmitte. Sie ließen nur eine schmale Durchfahrt zu, die nachts durch einen mit Nägeln gespickten Baumstamm gesperrt wurde, um die illegale Einfuhr von akzisepflichtigen Gütern am Oberlauf des Flusses zu verhindern. Dieses so einfache wie wirkungsvolle Prinzip nächtlicher Kontrolle wird auch nach dem Brückenbau beibehalten. Tagsüber reguliert eine Klappbrücke die Durchfahrt, die sich in der Mitte der 8,50 Meter breiten, von 23 Jochen getragenen und mit einer Länge von 154 Metern längsten Brücke Berlins befindet. Die Klappe wird nach Erledigung der Steuerformalitäten zum Durchlass der mit Getreide, Obst, Dörrfleisch, Bauholz, Sand, Kalk, Kohle, Torf und vielem anderen beladenen Schiffe und Kähne aufgezogen. Die Brücke passieren darf man unentgeltlich nur zu Fuß. Für Wagen und Pferde ist Brückenzoll zu entrichten, und zwar

[1] zit. n.: Ernst Consentius, Alt-Berlin. Anno 1740, Berlin 1907, S. 3.

^ *T. Dettmers, Das erste Berliner Wasserwerk vor dem Stralauer Tor. Um 1856. Farbdruck nach einer Zeichnung*

für einen Frachtwagen ein Groschen (zwölf Pfennige), für eine Kutsche sechs, für einen leichten einspännigen Wagen drei und gesondert für jedes Pferd drei Pfennige. Die Oberbaumbrücke bleibt lange Zeit der einzige Spreeübergang östlich der Waisenbrücke, die einzige Verbindung zwischen Stralauer Vorstadt und Luisenstadt. Heute ist sie eine starke Klammer der Ortsteile Friedrichshain und Kreuzberg, nachdem sie zwischen 1961 und 1989 ins Niemandsland verbannt worden war.

Eine alte, um 1860 entstandene Fotografie zeigt das gesamte, von außen aufgenommene Torensemble – die Oberbaumbrücke, einige Meter Stadtmauer, eines der Torhäuser und ganz rechts die beiden Pfeiler des Stralauer Tores. Die Entfernung vom Land- bis zur Mitte des Wassertores beträgt ganze 140 Meter.

Die Brücke von 1724 muss immer wieder ausgebessert und erneuert werden. Zu einem völlig veränderten Neubau kommt es schließlich, als die Hochbahnpläne von Siemens & Halske auftauchen. Stadt und Firma einigen sich, die Bahn auf einem steinernen Viadukt über den östlichen Bürgersteig der neuen Brücke zu legen. In Anlehnung an die alte Wassertor-Funktion wird die Brücke so gestaltet, dass sich stadtauswärts mächtige altmärkische Stadttürme in Ziegeln mittelalterlichen Formats auf Granitunterbauten erheben. Die Schlusssteinfeier findet am 24. August 1895 statt. Der Bau der Hochbahn zieht sich noch bis zum 18. Februar 1902 hin. Dies ist für die erste U-Bahn Berlins der Tag ihrer Jungfernfahrt zwischen den Endstationen Potsdamer Platz und Stralauer Thor. Letzterer Bahnhof befand sich am Ende der backsteinernen Brücke auf Friedrichshainer Seite, heute noch erkennbar an vier Paaren mit Sandstein verkleideter Stützpfeiler, die die zweigleisige Bahnsteighalle trugen. Links gegenüber, an der Ecke Am Oberbaum und Mühlenstraße, war einer der Zugangstürme. Der Bahnhof wurde 1924 in Osthafen umbenannt, im Krieg zerstört und nicht wieder aufgebaut.

Hier, am Ort der Bahnhofshalle und des stadtseitigen Zugangsturms sind die insgesamt drei Torhäuser – »zuständig« für beide Tore – zu suchen. Die beiden königlichen Steuergebäude Am Oberbaum 1-2, in einem davon befindet sich die Mehlwaage, behalten ihre Aufgabe bis zur Ab-

^ *Unbekannt, Oberbaumbrücke und Stralauer Tor. Um 1860*

U-Bahnhof Stralauer Thor. 1902 ^

schaffung der Akzise im Jahre 1875. (Außerdem verwaltet der Torschreiber am Oberbaum den Rettungsapparat zur Wiederbelebung Scheinertrunkener!). Nach diesem Datum ziehen private Mieter ein, im Jahre 1890 wird das dem Fiskus gehörende Grundstück verkauft, und ab 1895 erhebt sich an gleicher Stelle ein Neubau. Im ehemaligen Militär-Wachgebäude, Am Oberbaum 3, sitzt zeitweilig der »Brückenaufzieher«, vermutlich gleichzeitig Brückenzolleinnehmer. Ab Mitte der fünfziger Jahre werden dort private Mieter ausgewiesen, danach steht das Gebäude einige Jahre leer, und 1875 ist es verschwunden.

^ *Pfeilerkonstruktion des ehemaligen U-Bahnhofs Stralauer Tor, vorher Standort eines Torhauses. 2006*

^ *Standort des ersten Berliner Wasserwerks. 2006*

^ *Die Oberbaumbrücke. 2006*

DAS SCHLESISCHE TOR

Vom Oberbaum schlängelt sich die Stadtmauer in S-förmigem Verlauf über die kurze Distanz von 320 Metern bis zum Schlesischen Tor. Es existiert auf dieser Strecke nur innen eine – namenlose – Communication. Erst ab 1896 gibt es eine Bezeichnung: Oberbaumstraße.

Dieser Abschnitt der Zollgrenze ist südlich der Spree der einzige, der ursprünglich als Palisadenzaun errichtet wird. Der Bau einer stabilen Steinmauer ist auf dem sumpfigen Untergrund kostspielig und mit erheblichen Schwierigkeiten verbunden. Prompt nutzen die Österreicher am 16. Oktober 1757 diese schwächste Stelle der südlichen Ringanlage, zerschießen die Palisade und dringen in Berlin ein (vgl. Kapitel »Militär-Mauer«).

Ab 1802 steht dann hier eine Mauer, und erneut sollte dieser Abschnitt eine Sonderstellung erhalten. Er bleibt nämlich bis 1881 stehen und überdauert den Abriss der sonstigen Südmauer (von wenigen Metern am Unterbaum abgesehen) um eineinhalb Jahrzehnte.

Gleichzeitig mit dem Ersatz der Palisade durch die Mauer wird auch das Schlesische Tor erneuert. Sein ursprüngliches Aussehen ist zumindest teilweise einem alten Bild zu entnehmen. Danach ragten die viereckigen Torpfeiler weit über die östlich anschließende Palisade bzw. die Mauer im Westen hinaus. Sie erreichten die Höhe der benachbarten Häuser. Ihre Spitzen waren mit hoheitlichen Symbolen – wahrscheinlich Königskrone und preußischem Adler – geschmückt. Dieses, vermutlich mit weiteren Details barocker Ausstattung versehene Tor muss nun also 1802 einem nüchternen Bau von der Art der Tore jenseits des Oberbaums weichen.

Die aus der Stadt zum Tor führende Köpenicker Straße, als Dammweg bereits 1589 angelegt,

verbringen hier weitgehend ihr Leben; sie nennen sich Bartholdy. Eine weitere Generation später gelangt dieser Name durch Verheiratung in den protestantischen Zweig der Familie Mendelssohn.

Seit Beginn des 19. Jahrhunderts wohnen im tornahen Teil der Köpenicker Straße viele Fabrikbesitzer in ihren von Gärten umgebenen Villen. Ihre Fabriken befinden sich auf den gleichen Grundstücken, verfügen aber über eine gesonderte Zufahrt. Wegen des Standortvorteils, den die Spree bietet – Transport, Wasser, Abwasser – kommt es an der seit langem gepflasterten Köpenicker Straße, aber auch vor dem Tor in der Schlesischen Straße, zu einer Anhäufung von Produktionsstätten, zahlenmäßig kaum weniger als in der Chausseestraße vor dem Oranienburger Tor.

gilt bis ins 19. Jahrhundert hinein als schönste und vornehmste Straße der Luisenstadt.

Auf dem Grundstück Nr. 168, nicht weit vom Tor entfernt, befindet sich Berlins prächtigster Barockgarten, ausgestattet mit Skulpturen und kunstvoll angelegten Hecken. Als »Altes Judenhaus« ist das Gebäude ein Begriff in Berlin. Das Anwesen gehört dem Münzpächter Daniel Itzig, der es im Jahre 1761 vom Leibarzt und Charitédirektor Theodor Eller erworben hat. Das dazugehörige Landhaus lässt der neue Eigentümer 1773 aufstocken, umbauen und erweitern. An einer der Wände wird eine der damals seltenen Sonnenuhren angebracht, von den Besuchern und Freunden gebührend bewundert.

Im Jahre 1777 kauft Itzig eine Meierei mit Brennerei und Brauerei, gelegen am Cöpenicker Heerweg (ab 1839 Schlesische Straße) in der Nähe des 1705 zur Spree durchgelegten Landwehrgrabens. Bisheriger Eigentümer ist der Cöllner Bürgermeister Bartholdi. Zwei Nachkommen Daniel Itzigs

Schon im Jahre 1812 entsteht direkt am Tor, Köpenicker Straße 3, die Dannenbergersche Kattunfabrik, die nach zwanzig Jahren bereits 350 Arbeiter und Angestellte beschäftigt. Wegen ihrer modernen Ausstattung und der hohen Qualität der Erzeugnisse – Bekleidungsstoffe, Möbelbezüge, Tücher, Shawls – ist die »Wollendruckerei« schon um die Mitte des 19. Jahrhunderts weit über die Grenzen Berlins bekannt. In den siebziger Jahren gehört das Textilunternehmen zu den größten des Deutschen Reiches. Bemerkenswert für das damalige Verständnis von der Anlage einer Produktionsstätte ist, dass sich auf dem trapezförmigen Gelände zwischen Köpenicker Straße, Spree, Oberbaumstraße und Pfuelstraße (letztere ist damals nur ein Bretterzaun) nicht nur Fabrikgebäude – Druckerei, Färberei, Farbküche, Appretur, Bleiche, Trockenkammern, Graveuranstalt und Lagerräume – befinden. Auch ein kleiner Park mit altem Baumbestand und ein Obstgarten gehören zum »Etablissement«.

Weiter stadtauswärts gründet Carl Justus Heckmann im Jahre 1837 an der Schlesischen Straße ein Kupfer- und Messingwalzwerk, das sich zuletzt bis an die Görlitzer Straße und an den

^^ *Ansicht vom Oberbaum nach dem Schlesischen Tor. Ganz rechts die Palisade.*
^ *Albert Schwartz , »Altes Judenhaus« in der Köpenicker Straße. 1870*

Landwehrkanal erstreckt. Heckmann widmet sich frühzeitig der Konstruktion von Apparaten für die damals expandierende Zuckerindustrie und errichtet deshalb später sogar eine Filiale auf Kuba. Darüber hinaus kann alles, was zu dieser Zeit aus Kupfer und Messing hergestellt wird, von der Firma bezogen werden, chemische Destillieranlagen, Geräte für Gerbereien, Kupferaggregate für Brauereien, Feuerbuchsen für Lokomotiven usw. Heckmann und seine Söhne engagieren sich überdies stark auf sozialem Gebiet. Invalide Mitarbeiter werden aus einer beitragsfreien Unterstützungskasse versorgt, außerdem wirken Mitglieder der Familie langjährig in der Armenkommission und einer Kinderbewahranstalt der Luisenstadt mit.

Den damaligen Gewohnheiten entsprechend lässt sich Carl Justus Heckmann bei seiner Fabrik, in der Schlesischen Straße 18/19 eine Villa bauen. Auf den gegenüberliegenden Grundstücken Schlesische Straße 21/22 und 23/24 wohnen seine Söhne August und Friedrich, die 1869 die Geschäftsleitung übernehmen. August und dessen Frau Mathilde begegnet man in Fontanes Roman »Frau Jenny Treibel«. Der mit der Familie befreundete Schriftsteller schafft eine genaue Kopie des Hauses und verlegt es als Villa Treibel stadteinwärts in die Köpenicker Straße.

Der Name Späth steht für eine weitere Unternehmerdynastie. Die Späthsche Gärtnerei, im Jahre 1760 in der Köpenicker Straße 148-149 gegründet und zuletzt ca. 12.500 Quadratmeter groß, verbleibt ungefähr ein Jahrhundert an gleicher Stelle, wandelt sich dabei aber immer mehr zu einer international anerkannten Blumen- und Baumzucht. Bis Ende des Jahrhunderts wird sie zur größten Baumschule der Welt. Vorher, im Jahre 1863, siedelt die Späthsche Unternehmung nach Treptow um; der Ortsteil erhält bald den Namen Baumschulenweg.

Die Köpenicker Straße ist nicht zuletzt eine Militärstraße; Sineck führt die einzelnen Objekte gewissenhaft auf. Auf den Grundstücken Nummer 13-15 liegen die Garde-Pioniere und die sogenannten Neufchateller, das Garde-Schützen-Bataillon. Beide Einheiten werden bevorzugt von Freiwilligen ausgewählt. So entscheidet sich im Jahre 1818 der zwanzigjährige Gustav Parthey, Enkel des Verlegers Friedrich Nicolai, für den Pionierdienst, von dem er mehr als eintöniges Exerzieren erwartet. Außerdem wird ihm zugesagt, dass er während des Dienstjahres durchaus an der Universität einige »Collegia« hören könne.

Auf den Grundstücken 11 und 12 befinden sich ein Ponton-Wagen-Haus und das Königliche Armatur-Magazin für die Armee, 1773 von Johann Boumann dem Älteren erbaut. In letzterem werden ab 1859 französische Festungsmodelle aufbewahrt. Das im Zweiten Weltkrieg zerstörte Gebäude trägt den 1777 angebrachten ersten Blitzableiter Deutschlands. Gegenüber, Köpenicker Straße 161-163 liegt das Königliche Train-Depot.

Vom Proviantsamt in der Köpenicker Straße 16-17 haben sich Teile erhalten. Bereits in den Jahren 1802 bis 1805 wird hier ein Magazin zur Lagerung von bis zu 100 Tonnen Brotgetreide und Mehl gebaut und nach einem Brand 1862 wieder hergestellt. Zwischen 1888 und 1890 kommen eine Bäckerei und ein Brotmagazin hinzu. Die winklig zueinander stehenden Backsteinflügel werden durch einen Kopfbau verbunden, durch den gegenüber der Einmündung der Eisenbahnstraße ein kleiner Vorplatz entsteht. Die ältesten noch vorhandenen Gebäude sind das ehemalige Brotmagazin mit dem Dienstwohnhaus. Seit 1937 gehört der unter Denkmalschutz stehende Komplex unter der Bezeichnung Viktoriaspeicher zur BEHALA.

Unter militärischem Aspekt ist schließlich auch die Pfuelsche Schwimmanstalt zu nennen. Der Einfluss der Sportbewegung unter Jahn und Friesen löst bei den Behörden allmählich eine Wendung in der Einstellung zum Sport allgemein und ganz speziell zum Baden und Schwimmen aus. Der spätere General von Pfuel legt die weitere Richtung fest, als er 1817 in der Spree in Höhe der Köpenicker Straße 12 eine hölzerne Flussbadeanstalt für das Militär errichtet, die auch Zivilisten nutzen dürfen. Parthey über Pfuel und dessen Schwimmschule:

»Er selbst, als einer der besten Schwimmer, unterrichtete nach seiner neuen Methode zuerst eine Anzahl von Unteroffizieren, die dann als Lehrer der Gemeinen eintraten. Hier habe ich auch während meines Pionierjahres schwimmen gelernt. Die neue Methode unterscheidet sich von

der alten dadurch, dass wir schwimmen wie die Frösche, nicht wie die Hunde.«[1]

Ernst von Pfuel, Jugendfreund Heinrich von Kleists (der am Schlesischen Tor als Schillscher Offizier den Franzosen in die Hände fällt) ist am 20. Februar 1813 auf Seiten der Kosaken einer der Erstürmer Berlins. Im Revolutionsjahr 1848 macht er sich durch sein besonnenes Auftreten als kurzzeitiger Gouverneur von Berlin und Ministerpräsident von Preußen einen Namen.

Lange Zeit hat das Schlesische Tor neben seinem offiziellen zwei weitere Namen. Bei seiner Erbauung im Jahre 1735 wird es »Wendisches Tor« getauft. Aber schon nach dem ersten Schlesischen Krieg verfügt Friedrich II. im September 1742 eine Namensänderung zugunsten der neuen preußischen Provinz. Nebenher kursiert außerdem die Bezeichnung »Köpenicker Tor«, gibt es doch eine direkte Straßenverbindung zum gleichnamigen Tor der ehemaligen Festung. Etwa ein Jahrhundert später entsteht dann ein neues Köpenicker Tor, die nächste Station dieses Rundgangs. Für das Schlesische Tor bleibt festzuhalten, dass es hinsichtlich der Zahl von Veränderungen, die es in seiner Geschichte durchmacht, unter allen zwanzig Toren den obersten Platz einnimmt: Es hatte drei Namen und zwei bauliche Gestalten.

Eine weitere Besonderheit dieses Tores ist, dass die Straßennummerierung nicht mit einem der beiden Torhäuser beginnt. Das Wachhaus auf der Nordseite der Köpenicker Straße adressiert unter Nummer 2. Die Nummer 1 trägt ein Anbau, ein Marketenderhaus.

Diesem unscheinbaren Häuschen ist es beschieden, die Toranlage um eine ganze Anzahl von Jahren zu überdauern. Zuerst, im Jahre 1866, fällt die Mauer westlich vom Tor. Dann folgt 1872 das königliche Steuerhaus, Köpenicker Straße 173/174, das wie das Hamburger Tor seit 1820 hauptsächlich der Einfuhrverhinderung landwirtschaftlicher Erzeugnisse dient. Im Jahre 1873 wird das Wachhaus abgerissen, das allerdings schon seit 1822 nicht mehr als solches dient. Schließlich wird 1881 die Mauer östlich vom Tor niedergelegt. Was danach von der gemütlichen Stadtmauerzeit in einer völlig veränderten Umgebung verbleibt, hält F. Albert Schwartz im Jahre 1882 fotografisch fest.

Längst haben Industrie und Mietskasernen eine neue Stadtlandschaft geschaffen. Der Blick aus Richtung Westen zeigt links die Dannenbergersche Kattunfabrik am Beginn der Köpenicker Straße mit ihrem fast drohend in den Himmel ragenden Schornstein. Direkt hinter dem Häuschen führt die Oberbaumstraße zur Brücke. Rechts verweist das Eckhaus Oberbaum-/Schle-

[1] Gustav Parthey, Das Haus in der Brüderstraße, Berlin 1955, S. 303.

^ *F. Albert Schwartz, Am Schlesischen Tor. 1882*

sische Straße auf die inzwischen zeitgemäß gewordenen Höhen- und Breitendimensionen geschlossener Grundstücksbebauung. Geduckt und allein gelassen steht das längst zur Kutscherkneipe degradierte Torhäuschen auf ödem Platz. Im Jahre 1888 wird es abgerissen. Knapp eineinhalb Jahrzehnte hätte ihm ein gütiges Schicksal noch gewähren können. Dann, ab 1902 verläuft an dieser Stelle die Trasse der Hochbahn. Weniger als eine Zuglänge beträgt die Entfernung zwischen dem Standort des Torhäuschens und dem Bahnhof Schlesisches Tor, einem im deutschen Renaissancestil gehaltenen Bau mit Natursteinornamenten, Erkern, Arkaden und der Wetterfahne, die die Initialen »SH« (Siemens und Halske) trägt.

^ *U-Bahnhof Schlesisches Tor. 2006*

^ *Torzitat. Schlesische Straße 3, 2006*

^ *Ältestes Haus Kreuzbergs (1813), Schlesische Straße 13. 2006*

^ *Brotmagazin des Proviantamts des Garde du Corps, Köpenicker Straße 16/17. 2006*

DAS KÖPENICKER TOR

Das Bild, das die Luisenstadt an ihrem östlichen, vom Fluss begrenzten Rand bietet, ändert sich schlagartig, wenn man der Köpenicker Straße und dem Schlesischen Tor den Rücken kehrt. Keineswegs zufällig trägt dieser südöstliche Teil der Luisenstadt den Namen Köpenicker *Feld* (nicht zu verwechseln mit Köpenicker Vorstadt, eine ältere, alternativ mit Cöllnische V. verwendete Bezeichnung für die gesamte ab 1802 so genannte Luisenstadt).

Berlin ist bis gegen Mitte des 19. Jahrhunderts eine Landstadt, und hier ist dies genauso deutlich zu sehen wie im Osten der Stralauer Vorstadt. Das einzige, was den ländlichen Charakter der Gegend »stört«, sind die seit den vierziger Jahren des 19. Jahrhunderts planmäßig, im rechteckigen Muster angelegten, aber unbebauten Straßen, die sich ihrerseits schlecht mit dem Verlauf von Ringmauer und alten Ausfallstraßen vertragen (vgl. Kapitel »Das Ende der Mauer«). Wie die Sineck-Karte von 1856 zeigt, sind dies im äußersten Südosten die Zeughof-, Eisenbahn- und Manteuffel- sowie die Wrangel-, Waldemar- und Oranienstraße. Sie laufen unmittelbar oder mittelbar auf den schon 1826 vom Geheimen Baurat Johann Carl-Ludwig Schmidt vorgesehenen und direkt an die Stadtmauer gelegten »Thorplatz«, den Lausitzer Platz zu.

Das Neue Köpenicker Tor am Rande dieses für lange Zeit öden, nur von der Verbindungsbahn durchschnittenen Platzes ist also Bestandteil der Bebauungsplanung. Es entsteht im Jahre 1847. Zwei Jahre später erhält der 760 Meter lange Innenweg zum Schlesischen Tor die offizielle Bezeichnung Lausitzer Communication. Im Jahre 1868, kurz nach der Beseitigung der Mauer wird der verbreiterte Torabschnitt zur Skalitzer Straße, sie reicht vom Schlesischen über das Köpenicker Tor hinaus bis zum Wassertorplatz. Geteilt wird sie der Länge nach durch einen Grüngürtel. Dieser muss später der Hochbahn weichen, deren Station am Köpenicker Tor zuerst »Oranienstraße«, dann ab 1926 »Görlitzer Bahnhof (Oranienstraße)« und seit 1982 nur noch »Görlitzer Bahnhof« heißt. Als noch nicht angelegt, aber geplant trägt Sineck bereits zwei im rechten Winkel zueinander von außen auf das Köpenicker Tor treffende Straßen ein, die Lausitzer und die Görlitzer Straße.

Zwischen 1849 und 1864 vervierfacht sich die Bevölkerung der Luisenstadt auf 119.000 Personen. Aber die Gegend nördlich und östlich vom Lausitzer Platz wird von diesem Wachstum kaum berührt; sie bleibt bis zum Abriss der Mauer und darüber hinaus unbebaut. Das Köpenicker Tor, das ja nicht auf Grund eines akuten Mobilitätsbedürfnisses entsteht, ist weiterhin das vermutlich am wenigsten genutzte aller Berliner Landtore. In »Berlin und seine Bauten«, Ausgabe von 1877 wird sogar behauptet, dass das Tor »niemals zur wirklichen Benutzung gelangt ist«.[1]

Dem ist nun allerdings nicht so. Das großzügig und sehr breit angelegte Tor verfügt, ganz der Tradition verpflichtet, über zwei Torhäuser, zwar ohne Hausnummer, aber mit Adresse »Lausitzer Platz (am Köpenicker Thore)«. Die Gebäude gehören zu den größten aller Torhäuser. Die quaderförmigen Bauten verfügen über zwei Stockwerke, drei Fensterachsen an der Schmal- und wohl fünf Achsen an der Längsseite. An eine provisorische Lösung scheint man beim Bau also nicht gedacht zu haben. Das Steuergebäude erscheint erstmalig 1852 im Adressbuch, es ist bis 1865 mit Personal besetzt. Ab 1856 findet sich in diesem Nachschlagewerk auch ein »Wachtgebäude«, in dem allerdings ein Herr Bree, Bauaufseher sitzt. Beide Häuser werden 1868 letztmalig und bereits als ungenutzt ausgewiesen.

Der große Bedarf, das Tor tatsächlich zu passieren, kommt ausgerechnet zu jenem Zeitpunkt, an dem es abgerissen wird. Auslöser für diesen Bedeutungswandel ist eine neue Eisenbahnverbindung. Unmittelbar vor dem Tor wird am 31. Dezember 1867 auf noch weithin freiem Felde der Berliner Endbahnhof der 1864 konzessionierten Berlin-Görlitzer-Eisenbahngesellschaft, ein Unternehmen des »Eisenbahnkönigs« Bethel Henry Strousberg, eröffnet. Das Empfangsgebäude entsteht nach Entwürfen des Baurats August Orth, der diesem Zweckbau die Gestalt einer Kathedrale des Industriezeitalters verleiht. Davor wird später der Spreewaldplatz eingerichtet, der über die Wendenstraße diagonal mit der Skalitzer Straße und dem Lausitzer Platz verbunden ist. Auf letz-

[1] Architektenverein zu Berlin (Hrsg.), Berlin und seine Bauten, Berlin 1877, Erster Theil, S. 62.

Das Köpenicker Tor. Carl Glück Verlag, Plan monumental von Berlin. 1860 ^

terem errichtet Orth zwischen 1891 und 1893 die Emmauskirche, die mit 2.400 Sitzplätzen sogar das Fassungsvermögen des Berliner Doms übertrifft.

Der Bahnhof wird zum Einfallstor für die Menschen vom Lande, aus der Lausitz und aus Schlesien, die in Berlin ihr Glück suchen. Dabei bleibt so mancher von ihnen dort hängen, wo er den Zug verlassen hat. Die Namen der umliegenden Straßen – Sorauer, Oppelner, Reichenberger, Ohlauer, Liegnitzer – zeugen von der Herkunft ihrer Bewohner.

^ *Der Görlitzer Bahnhof*

^ *Görlitzer Güterbahnhof. 2006*

^ *Görlitzer Straße und Emmauskirche auf dem Lausitzer Platz. 2006*

^ *Hausfassadenschmuck Spreewaldplatz 8, seit 1911 Hotel Wendenhof. 2006*

DAS COTTBUSER TOR

Das Cottbuser Tor – vom Köpenicker Tor aus über die 960 Meter lange Cottbuser Communication zu erreichen – gehört zu den ältesten der gesamten Ringmauer. »Es ist 1735 ganz einfach erbaut ...«, schreibt der Chronist der Luisenstadt Johann Friedrich Bachmann[1], was im Vergleich zum Brandenburger und den anderen Schmucktoren der Ringmauer natürlich zutrifft. Immerhin sind

[1] J. F. Bachmann, Die Luisenstadt. Versuch einer Geschichte derselben und ihrer Kirche, Berlin 1838, S. 218

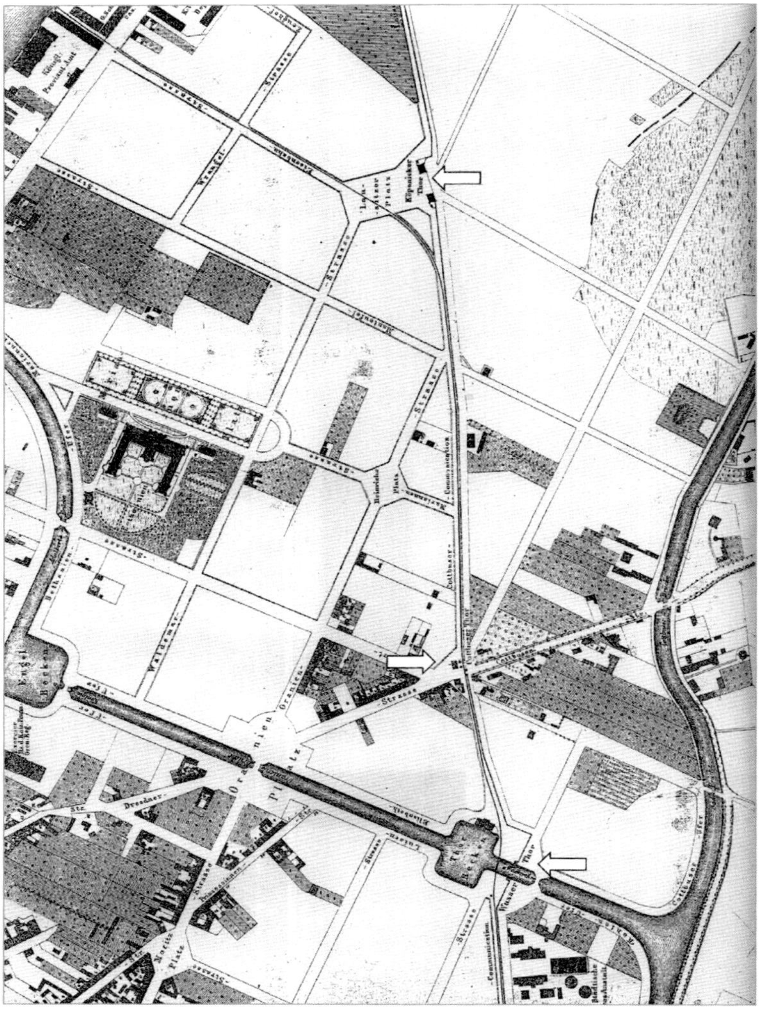

die Torpfeiler aufwendig geschmückt, einem alten Bild zufolge offenbar mit römischen Söldnerrüstungen und Trophäen, ein Aufwand, der 1802 beim Neubau der Nord- und Osttore – vom Schönhauser bis zum Schlesischen Tor – als überflüssig erachtet wird.

Dort, wo das Cottbuser Tor die Stadtmauer öffnet, verläuft schon seit dem 16. Jahrhundert der alte Rixdorfer Damm. Dieser verändert seinen Namen später in Rixdorfer Straße, danach, ab 1772 innerhalb der Stadtmauer in Dresdener Straße (heute teils verschwunden, teils zu Sackgassen degradiert) und vor dem Tor ab 1839 in Kottbusser Straße.

Das Tor liegt an einer alten Handelsstraße, aber es dient nicht nur der Kontrolle der aus Richtung Cottbus und Dresden kommenden Waren. Durch seine Pforten ziehen in beiden Richtungen auch so manche bunten Heereszüge in Krieg und Frieden. Und wenn der Soldatenkönig Friedrich Wilhelm I. alljährlich auf der Ebene vor den Tempelhofer Bergen die Hauptmusterung der Berliner Truppen abhält, dann ist es neben dem Halleschen das Cottbuser Tor, durch das sich ein gewaltiger Strom von Berlinern ergießt, die in festlicher Stimmung den Vorbeimärschen und Übungen beiwohnen.

Bis zum Abriss der Mauer und noch einige Jahre danach bleibt das Bild der Kottbusser Straße weitgehend unverändert. Holzplätze wechseln sich auf beiden Straßenseiten mit Gärtnereien ab. Hinter dem Gasthaus Rollkrug am heutigen

^ *Köpenicker, Cottbuser und Wassertor (von oben). Stadtplan von Sineck. 1856. Auszug*

Unbekannt, Soldaten vor dem Cottbuser Tor ^

Hermannplatz folgt weitgehend freies Gelände. Indes nimmt der Verkehr auf dieser Straße in den sechziger Jahren derart zu, dass das sperrige, über 130 Jahre hinweg äußerlich unverändert gebliebene Cottbuser Tor im Sommer 1865 zu den ersten Segmenten der gesamten Berliner Stadtmauer gehört, die entfernt werden. Ganze Wagenreihen, beladen mit Kies oder Lehm aus den Rixdorfer Sandgruben, bringen Baumaterial in die aufstrebende Stadt. Ein anderes Verkehrshindernis bleibt den Wagenkolonnen allerdings noch bis 1893 erhalten. Die Brücke über den Landwehrkanal – im Volksmund wegen der hinter dem Rollkrug liegenden Friedhöfe nur Leichenbrücke genannt – ist eine schmale Holzkonstruktion, deren Klappen bei jedem passierenden Schiff hochgezogen werden müssen. Das geschieht oft; die Versorgung der Stadt mit Ziegeln oder Äpfeln erfolgt zu bedeutenden Teilen auf dem Wasserweg.

Selbst innerhalb der Mauer lässt eine geschlossene Bebauung des tornahen Abschnitts der schon frühzeitig gepflasterten, aber danach total zerfahrenen Dresdener Straße bis weit über die Mitte des 19. Jahrhunderts hinweg auf sich warten. Ansätze hierzu finden sich allenfalls am Ende der Straße dicht an der Innenseite des Cottbuser Tores – schon kurz nach Mauerabriss durch einen annähernd halbrunden, bis heute namenlos gebliebenen Platz ersetzt – und in dem spitzen Winkel, den die Dresdener Straße bis zur Nachkriegsüberbauung mit der Adalbertstraße bildet. Der Oranienplatz, entstanden als Kompromisslösung zwischen dem rechtwinklig geplanten Straßensystem des Köpenicker Felds und der diagonal verlaufenden Dresdener Straße ist noch völlig unbebaut. Die von dort aus gesehen nächsten Gebäude in westlicher Richtung sind die schon aus dem Jahre 1826 stammenden sogenannten Böllertschen Häuser, Oranienstraße 48-51, als frühe Beispiele für den in der Luisenstadt einsetzenden Mietshausbau.

Nördlich vom Cottbuser Tor, am späteren Mariannenplatz 1-3 beginnen im Frühjahr 1845 die Bauarbeiten für ein »Institut zur Ausbildung evangelischer barmherziger Schwestern« mit angegliedertem Krankenhaus. König Friedrich

^ *Eduard Barth, Blick auf Berlin von den Rollbergen. Im Hintergrund die Stadtmauer beiderseits des Cottbuser Tors. 1834. Deckfarben*

Wilhelm IV., seit Juni 1840 auf dem Thron, nimmt nicht nur maßgeblichen Einfluß auf die Baupläne, die von Hofbaurat Ludwig Persius, dem Geheimen Baurat Friedrich August Stüler und von Baurat Theodor Stein erarbeitet werden. Voller christlichem Sendungsbewusstsein und von der Idee des Gottesgnadentums durchdrungen, sieht der König in dem Vorhaben einer Ausbildungs- und Krankenpflegeanstalt ein Mittel der inneren Mission; durch tätige Nächstenliebe soll der zersetzende Einfluss liberaler, demokratischer und sozialistischer Ideen eingedämmt werden.

Im Jahre 1847 wird das »Krankenhaus der Diakonissen-Anstalt Bethanien zu Berlin« fertiggestellt, eine von mittelalterlichen Kloster- und Spitalbauten inspirierte Anlage aus gelbem Ziegelwerk mit Rundbogenfenstern. Der Bau Bethaniens fällt in die Zeit, in der sich aus Asyl und Spital das Krankenhaus mit ärztlicher Behandlung entwickelt, in der ausgebildete Schwestern die oft rohen Krankenpfleger ersetzen. Bethanien ist für damalige Verhältnisse fortschrittlich konzipiert; die Sonne gelangt in jeden Krankenraum, die Zimmer verfügen über Wasserklosetts. Zugleich herrscht im Haus eine »widerwärtige Frömmelei«, wie es Karl August Varnhagen von Ense einmal nennt, Beten und Singen würden oft eifriger betrieben als die Krankenpflege. Theodor Fontane, der vom 4. November 1848 ab für ein Jahr als Apotheker eingestellt wird, zeichnet ein differenzierteres Bild. Über den Anstaltspfarrer Ferdinand Schultz, eigentlicher Regent des Hauses und »einer der Bestgehassten jener Zeit« schreibt er: »Er war nicht mein Geschmack, aber ein Gegenstand meiner Hochachtung«.[1]

Bethanien bleibt bis zum Jahre 1970 Krankenanstalt und wird anschließend zu einem »Künstlerhaus« umgestaltet.

An das alte Cottbuser Thor erinnert nur noch der U-Bahnhof Kottbusser Tor, dessen Hochbahnstation von 1902 im Jahre 1929 einhundert Meter westwärts verlegt wird, um das Umsteigen zur neuen unterirdischen Station gleichen Namens zu erleichtern.

Das Wachgebäude des Tores, Dresdener Straße 1, schon längere Zeit von privaten Mietern genutzt, verschwindet noch vor der Mauer, bereits im Jahre 1863. Das Steuerhaus Dresdener Straße 137, das noch bis 1870 mit Beamten besetzt ist, folgt im Jahre 1871.

^ *Sackgasse Dresdener Straße. 2006*

^ *Bethanien. 2006*

DAS WASSERTOR

Nur 350 Meter westlich vom Cottbuser Tor wird auf der Halleschen Communication ab 1848 in die Stadtmauer ein Durchlass eingefügt und 1852 eröffnet. Mit ihm erhält Berlin neben den beiden Absperrungen auf der Spree ein drittes Wassertor – namens »Wasser Thor«. Es kontrolliert die Zufahrt vom Landwehr- zum Luisenstädtischen Kanal.

Die Anlage eines Kanals ist von Beginn an Bestandteil der Bebauungsplanung für das Köpeni-

[1] Theodor Fontane, Von Zwanzig bis Dreißig, Berlin 1998, S. 389.

Letzterer ist eine gelungene Synthese von Land- und Wasserfläche mit der 1853 bis 1856 von August Soller ursprünglich als katholischer Garnisonkirche errichteten Sankt-Michaelkirche als optischem Höhepunkt und dem davorgelagerten Engelbecken.

Auch in Richtung Süden, unmittelbar vor dem Wassertorplatz, verbreitert sich der Kanal zu einer rechteckigen Fläche. Die nördliche Begrenzung dieses »Thor Becken« ist bis heute gut zu identifizieren: Die beiden Straßen Luisen- und Elisabethufer (heute Segitz- und Erkelenzdamm) streben an dieser Stelle auseinander, aus Ufer- werden Hafenstraßen. Den Südrand des Beckens, zugleich Beginn des Wassertorplatzes bildet eine Linie, die man sich als verlängerte nördliche Bauflucht der vom Westen her einmündenden Wassertorstraße denken kann.

Wie der Sineck-Karte zu entnehmen ist, wird die Akzisemauer am Wassertorplatz so verlegt, dass sie – bzw. das Tor – im rechten Winkel über den Kanal geführt werden kann. Noch heute lässt die ansonsten gradlinig verlaufende Fahrbahn hier eine gewisse Schwingung erkennen, die sofort wieder korrigiert wird. Eine Photographie von Schwartz zeigt die Details der Toranlage: rechts und links vom Kanal die beiden würfelförmigen Torhäuschen und die für Fuhrwerke gedachten Gitterdurchlässe, die auf dem Platz die Mauer ersetzen; von letzterer ist ganz links im Bild ein kleines Stück erfasst.

Auch die beiden über den Kanal führenden Brücken sind in das Bildmotiv einbezogen, in der Mitte die 23,85 Meter lange Drehbrücke der 1851 in Betrieb genommenen Verbindungsbahn und – am linken Bildrand – die 1850 errichtete hölzerne Klappbrücke mit einem 4,70 Meter breiten Klappenpaar. Letztere bleibt am Wassertorplatz

cker Feld. Der Kanal soll das größte noch unbebaute innerstädtische Areal entwässern und den Antransport von Baumaterial, später auch die Beförderung von Waren gewährleisten, die in dem neuen Stadtviertel hergestellt werden.

Nach der Planung von Peter Joseph Lenné beginnt der Kanal an der Spree neben der Schillingbrücke. Von dort führt er bogenförmig zu einem Hafen, dem Engelbecken. Weiter geht es rechtwinklig zum bisherigen Verlauf nach Süden über den Oranienplatz durch das Wassertor bis zum Landwehrkanal. An dessen nördlichem Ufer ist noch heute an dieser Stelle – gegenüber dem Urbankrankenhaus – eine mit Bäumen und Sträuchern bepflanzte Ausbuchtung zu erkennen.

Die Bauarbeiten beginnen im Sommer 1848 und dauern fast vier Jahre an. Überschattet werden sie durch den gewaltsamen Tod von zehn Arbeitern, die am 16. Oktober 1848 bei Auseinandersetzungen mit der Bürgerwehr umkommen. Die Unruhen entstehen, als gleichzeitig mit der Aufstellung einer zum Abpumpen von Grundwasser vorgesehenen Dampfmaschine Entlassungen angekündigt werden.

Schon bald nach der Einweihung am 15. März 1852 wird der Kanal allgemein als stadtlandschaftliche Bereicherung der Luisenstadt gewürdigt. Als besonders attraktiv erweisen sich dabei die drei direkt vom Wasser berührten Plätze: Wassertorplatz, Oranienplatz und Michaelkirchplatz.

^ *F. Albert Schwartz, Das Wassertor am Luisenstädtischen Kanal. 1865*

tungen. Mit fortschreitender Bebauung des Köpenicker Feldes wird er vom Schiffsverkehr kaum mehr genutzt, muss aber ständig beräumt werden. Das Wasser stinkt wegen der geringen Fließgeschwindigkeit, die zu Schlammablagerungen führt. Letztendlich beschließt der Magistrat, den Luisenstädtischen Kanal zu verfüllen. In den Jahren 1926 bis 1928 wird er bis auf einen Meter über Wasserspiegel zugeschüttet. Als Material dient der Aushub vom Bau der U-Bahn-Linie Gesundbrunnen-Neukölln. Im ehemaligen Kanalbett entsteht eine Grünanlage, die allerdings nach dem Krieg teilweise zugeschüttet wird. Seither ist im nördlichen Abschnitt des ehemaligen Kanals viel geschehen, um die parkähnliche Situation wieder in ihrem alten, schönen Zustand herzustellen.

45 Jahre lang die einzige, vergleichsweise bescheiden ausgelegte Verbindung für Straßenfahrzeuge und Fußgänger über den Kanal. Erst im Jahre 1895 wird in geringer Entfernung zur alten, längst überforderten eine neue Brücke gebaut, die mit einer allein für die Fahrbahnen vorgesehenen Breite von zehn Metern und mit 22,70 Metern Spannweite den aktuellen Verkehrsanforderungen annähernd entspricht.

Um 1890 taucht ein vom Magistrat befürworteter Plan auf, den Neubau der St.-Simeons-Kirche auf dem Wassertorplatz zu errichten. Dazu wäre der Luisenstädtische Kanal durch das freistehende Gotteshaus und die davorliegende, am Becken entlangführende Straße überbaut worden. Es hätte sich ein ähnlich anschauliches Bild wie das Zusammenspiel Michaelkirche-Engelbecken ergeben. Die Stadtverordnetenversammlung bringt das Vorhaben zu Fall; die Kirche entsteht, eingeklemmt zwischen Mietshäusern, auf dem Grundstück Wassertorstraße 22.

Die Ringmauer samt Toranlagen stört zu diesem Zeitpunkt längst nicht mehr. Das Steuergebäude wird letztmalig im Jahre 1865 als mit Beamten besetzt ausgewiesen. So lange bleibt auch das Wassergitter, mit dem die Durchfahrt im Kanal reguliert wird, in Funktion. Zwei weitere Jahre bleiben die Torhäuschen ungenutzt. Im Jahre 1868 ist dann die Adresse »Am Wasserthor« gelöscht.

Der Kanal überlebt das Wassertor um sechzig Jahre. Er erfüllt von Anfang an nicht die Erwar-

In Höhe des Wassertorplatzes wird die Skalitzer zur seit 1868 so genannten Gitschiner Straße. Der Spaziergänger entdeckt rechts wie links eine von Anwohnern, Kindergarten-Gruppen und Radfahrern gern genutzte schmale Parkanlage, die kaum auf eine alte, von einem Tor unterbrochene Wasserstraße samt Hafen schließen lässt.

Die heutzutage stark genutzte, seit mehr als hundert Jahren von der Hochbahntrasse geprägte Gitschiner Straße heißt in alten Zeiten auf der Mauerinnenseite Communication am Halleschen Thore oder einfach Hallesche Communication. (Diesen Namen trägt auch der kurze, zwischen Cottbuser und Wassertor liegende Teil der heutigen Skalitzer Straße). »Vor dem Halleschen Thore« heißt der äußere Pfad. Seine Benutzung ist allerdings nur begrenzt möglich, trockenen Fußes im Frühjahr nur ganz dicht an der Mauer, wie der schon oft zitierte jugendliche Mauerwanderer Karl-Ludwig Zeitler erfahren muss. Erst 1852, offenbar nach Befestigungsarbeiten, taucht die Bezeichnung Hellweg auf.

^ *Die englische Gasbeleuchtungsanstalt am Landwehrgraben. 1832*

Der Hellweg hat nur neun Hausnummern, aber die Bebauung dieses langgestreckten dreieckigen Geländestreifens zwischen Mauer, Landwehrgraben und Luisenstädtischem Kanal ist äußerst auffällig. Was auf diesem Areal, riesigen Kesseln ähnlich, entsteht, sind Versorgungskapazitäten eines neuartigen Bedarfs. Das hier Produzierte wird für die Stadt bald genau so unentbehrlich sein wie das vor dem Stralauer Tor aufbereitete Wasser.

Es beginnt mit einem Vertrag vom 21. April 1825. In ihm verpflichtet sich die englische Gesellschaft Imperial Continental Gas Association (ICGA) gegenüber dem preußischen Ministerium des Innern, der vorgesetzten Dienststelle des für die öffentliche Beleuchtung zuständigen Berliner Polizeipräsidiums, jährlich 1.300 Stunden hindurch Straßen und Plätze innerhalb der Ringmauer mit Gas zu beleuchten. Sie erhält dafür eine Entschädigung von 31.000 Talern. Auf der Grundlage dieses Abkommens wird die erste Gasanstalt gebaut. Heute befindet sich dort das Sommerbad Prinzenstraße, Warmwassertümpel hat aber auch die Fabrik, die vom jugendlichen Abenteuerwanderer Zeitler und dessen Freund selbstverständlich einer Prüfung unterzogen werden.

Am Abend des 19. September 1826 flanieren die Berliner durch ihre Prachtstraße Unter den Linden, um eine Sensation zu bestaunen: die Straßenbeleuchtung mit Gas. Die leise fauchenden Gasbrenner verbreiteten ein gelbliches Licht, das die alten Öllaternen an Helligkeit weit übertrifft. Bis 1829 sind alle Rohrleitungen verlegt und die vertraglich festgelegten Straßenzüge mit Gaslaternen versehen. Berlin gehört damit zu den ersten europäischen Großstädten mit dieser modernen Beleuchtung. Von den 2.719 Straßenlaternen der Stadt werden 1.789 mit Gas betrieben, und in immer mehr öffentlichen Gebäuden, Geschäfts- und Privaträumen findet man die damals üblichen Zwölf-Loch-Brenner. Wegen des steigenden Gasbedarfs errichtet die Gesellschaft 1838 eine zweite Anstalt an der Holzmarktstraße. Bald allerdings bekommt Berlin die Monopolstellung der britischen Firma zu spüren. Eine Erhöhung der jährlichen Brennzeit auf 2.000 Stunden berechnet sie der Kommune mit 56.000 Taler, und für Privatkunden hebt sie den Gaspreis mehrfach an.

Ab 1847 beliefert daher eine zweite, nunmehr städtische Gasgesellschaft die kommunalen und privaten Verbraucher. Sie befindet sich dicht neben der englischen am Wassertor, auf dem Gelände des heutigen Böcklerparks. Noch heute befindet sich dort – Gitschiner Straße 48, ursprünglich Hellweg Nummer 9 – das ehemalige Wohnhaus des Betriebsvorstehers, das auch einen Ingenieur und den Pförtner beherbergte. Das heute unter Denkmalschutz stehende Gebäude wird im Jahre 1848 gebaut; ein steinerner Zeuge der Gasanstalt – und der Ringmauer.

Angesichts der Konkurrenz durch das städtische Werk muss die englische ICGA den Gaspreis von 35,5 auf 17,7 Pfennige je Kubikmeter halbieren und späterhin weitere Rabatte einräumen. Berlin hat über Jahrzehnte hinweg einen der niedrigsten Gaspreise in ganz Europa.

Zu diesem Zeitpunkt ist auf der anderen Straßenseite seit bereits über eineinhalb Jahrzehnten eines der größten Gebäude der Hauptstadt zu bewundern. Das in den Jahren 1903 bis 1905 im Stil der Neorenaissance errichtete und unter Denkmalschutz stehende Kaiserliche Patentamt beansprucht sieben ehemals eigenständige Grundstücke (Nr. 93-103) und nimmt die gesamte Straßenfront zwischen Alexandrinenstraße und Alter Jacobstraße ein. Das Gebäude enthält 850 Zimmer sowie acht Sitzungssäle. Die Korridore erreichen aneinandergereiht eine Länge von acht Kilometern. Im Jahre 1919 wird es in Reichspatentamt umbenannt; seit 1951 ist es die Außenstelle Berlin des heutigen Patent- und Markenamts, München.

^ *Ehemaliger Luisenstädtischer Kanal. Im Hintergrund die St-Thomas-Kirche. 2006*

^ *Engelbecken und St.-Michael-Kirche. 2006*

^ *Bereich der ehemaligen Einmündung des Luisenstädtischen in den Landwehrkanal. 2006*

^ *Wohnhaus des Betriebsvorstehers der städtischen Gasanstalt. 2006*

DAS HALLESCHE TOR

Vom Wassertor bis zum Halleschen Tor sind es exakt 1.500 Meter. Auf der Stadtseite ist diese Strecke bis in die letzten Existenzjahre der Mauer hinein größtenteils unbebaut. Erst in der Nähe des Halleschen Tores stößt man auf besiedeltes Terrain. Dieser geografische Punkt ist nun allerdings für den Rundgang von Tor zu Tor von übergreifender Bedeutung. Denn von nun ab berührt die Ringmauer durchweg besiedeltes Gebiet – mindestens auf der Innenseite teilweise auch außen. Der »ländliche« Teil des Rundgangs, der am Königstor begonnen und sich über sieben Torabschnitte erstreckt hatte, findet hier seinen Abschluss.

Das nahe Hallesche Tor – durch die Friedrichstraße gradlinig mit dem Oranienburger Tor, dem Ausgangspunkt dieses Rundgangs verbunden – und der dazugehörige Platz namens »Rondeel« entstehen im Zuge der von König Friedrich Wilhelm I. im Jahre 1733 verfügten Erweiterung der Friedrichstadt am Schnittpunkt der verlängerten Friedrich- und Lindenstraße mit der neu angelegten Wilhelmstraße, (wobei die Adressen an der Ostseite von Rondell und Lindenstraße der Luisenstadt angehören). Der Anlage von Rundplatz und Tor muss der alte, die Grenze zu Tempelhof bildende Floßgraben mit der »Steinernen Brücke« weichen. Er wird weiter stadtauswärts verlegt und fließt jetzt unmittelbar südlich am Tor vorbei, von einer neuen Brücke überspannt. Der Name »Hallisches Thor« geht auf eine Verfügung der »Churmärkischen Krieges- und Domainen-Cammer« vom 26. November 1734 zurück.

Der Boden am Halleschen Tor ist feucht. Wer dort baut, wie beispielsweise der Geheime Rat von Nüßler, tut dies nicht freiwillig. Oberst von

Derschau, der im königlichen Auftrag die Bebauung der Friedrichstadt organisiert, zwingt ihn, auf dem Gelände eines früheren Fischteichs ein Haus zu errichten. Vergeblich verweist der Geheime Rat auf seine treuen, dem König oft unentgeltlich geleisteten Dienste, und eine Fürsprache der Königin bringt nur zuwege, dass der König in einer Kabinettsordre vom 1. Februar 1733 dem Rat seine »Allerhöchste Ungnade« androht. Allein der Rost aus in die Erde gerammten Baumstämmen und Querbalken, der als Fundament dient, verschlingt 4.000 Taler. Die gesamten Baukosten belaufen sich auf 12.000 Taler.

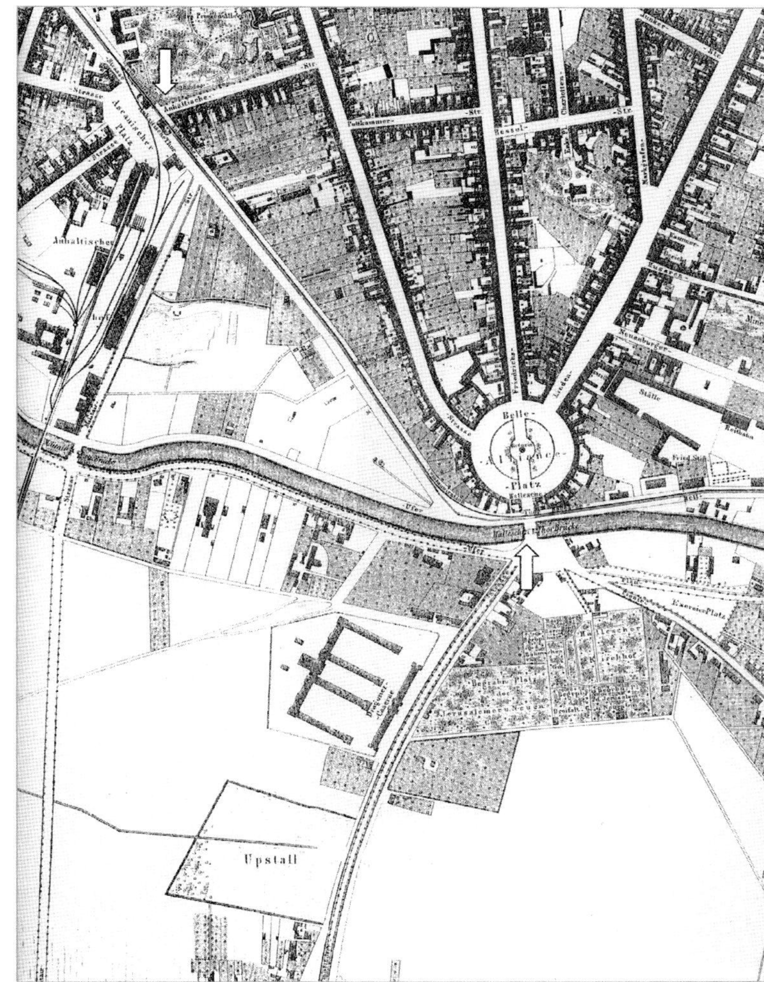

Hallesches und Anhalter Tor (von unten). Stadtplan von Sineck. 1856. Auszug

Große und komfortable Häuser am Rondell sind indes selten. Hier und in der südlichen Wilhelmstraße bauen sich die Handwerker ihre Zunft- und Wohnhäuser. Es sind zweigeschossige Putzbauten zu fünf bis sieben Achsen mit Mansardendächern. Eine durchlaufende Traufe fasst sie optisch zusammen. Im Südostteil der Friedrichstadt, in der Nähe des neuen Collegienhauses (heute Jüdisches Museum Berlin), wohnen überwiegend Beamte. Aber auch dort gilt, was Theodor Fontane selbst noch um die Mitte des 19. Jahrhunderts empfunden hat

»Mancher, der das alte Berlin noch gekannt hat, wird sich entsinnen, wie still plötzlich die große Friedrichsstraße wurde, wenn man, nach dem Halleschen Tore zu, eine bestimmte Linie passiert hatte. Die Kochstraße zog eine Grenze zwischen Stadt und Vorstadt; diesseits lag der Lärm, jenseits die Stille.«[1]

Die Situation ähnelt der heutigen. Die Mauer von 1961 ist verschwunden, die Ruhe jedoch geblieben, weil die Friedrichstraße nach dem Krieg bei der Umgestaltung des alten Rondells zur Sackgasse verstümmelt wurde.

Ursprünglich wird das Rondell hauptsächlich aus militärischen Gründen angelegt. Der Soldatenkönig benötigt Exerzierplätze. Neben Infanterieeinheiten tritt auf dem Rondell schon bald eine Militärformation in Erscheinung, die zu dieser Zeit, vor allem nach der Thronbestei-

[1] Theodor Fontane, »Wie man in Berlin so lebt«, Berlin 2002, S. 63.

gung Friedrichs II. im Jahre 1740, im preußischen Heer schnell an Bedeutung gewinnt. Es sind die Husaren; sie nutzen das Rondell wohl aber hauptsächlich als Paradeplatz. Zur Ausbildung steht ein eigener großzügig angelegter und von den Bauten des Regiments umrahmter Platz zur Verfügung. Er wird im Osten vom Gebäude der »Garde Cürassier Caserne«, so der Eintrag in der Sineck-Karte, begrenzt. Die Kaserne bildet einen stumpfen Winkel, dessen langgestreckte Schenkel zusammen fast 200 Meter von Hallescher Communication und Feldstraße (später Alexandrinenstraße) einnehmen. Nach Westen erstreckt sich der Platz, von Ställen und einer Reithalle umgeben, über annähernd 400 Meter, fast bis an die Lindenstraße.

Das im Jahre 1842 formierte 2. preußische Husarenregiment heißt Zietenhusaren. Es ist nach dem äußerst populären, gelegentlich eigenwilligen Feldherrn Friedrichs II., Hans Joachim von Zieten (1699-1786) benannt. Zieten (auch Ziethen) setzt in den drei Schlesischen Kriegen die leichtbewaffnete schnelle Reiterei als selbständige und sehr bewegliche Truppe erfolgreich, teilweise schlachtentscheidend ein.

Ein weiteres militärisches Objekt entsteht im Jahre 1767 unmittelbar westlich am Halleschen Tor. Für das Möllendorfsche Regiment (Infanterieregiment Nr. 25) wird eine Kaserne errichtet, die zeitweilig auch Teile des 1. Garde-Dragoner-Regiments beherbergt. Ihretwegen rückt man die Stadtmauer, zu deren Aufgaben im 18. Jahrhundert die Verhinderung von Fahnenflucht gehört, über den dicht vor dem Tor fließenden Landwehrgraben hinaus. Im Jahre 1848 wird die alte Kaserne im Zusammenhang mit dem Ausbau des Schafgrabens zum Landwehrkanal abgerissen. Die Stadtmauer kehrt an ihre ursprüngliche Position zurück.

Heeresbauten sind in der Gegend am Halleschen Tor auf Schritt und Tritt anzutreffen. In den letzten Jahren der Mauer befinden sich direkt am Rondell oder im Umkreis von weniger als tausend Metern: fünf Kasernen, vier Lazarette, ein Militärarrest, zwei Reithallen, zwei Reitställe, ein Reitplatz, ein Exerzierplatz und ein Paradeplatz.

Außerdem gehört das Friedrichsstift in diese Aufzählung. Es wird im Jahre 1807, nach der Niederlage Preußens gegen das napoleonische Frankreich, in einer Zeit rasch um sich greifenden sozialen Elends gegründet. In den Räumlichkeiten des ehemaligen Möllendorfschen Lazaretts, an der Communication am Halleschen Thore Nr. 4-5 werden 70 bis 80 arme Soldatenkinder beiderlei Geschlechts im Alter von acht bis vierzehn Jahren zu Handwerkern und Dienstmädchen ausgebildet. Milde Gaben und der Arbeitserwerb der Kinder bilden das finanzielle Fundament der Anstalt.

^ *C. H. Horst, Rondeel von Norden mit dem Halleschen Tor und der Ringmauer. Um 1740. Kolorierte Zeichnung*

Andere soziale Einrichtungen, die bereits im 18. Jahrhundert entstehen, sind das Schindlersche Waisenhaus für 22 Knaben, unweit vom Rondell in der Wilhelmstraße gelegen und das Arbeitshaus, allgemein »Ochsenkopf« genannt. Ein Ochsenkopf ist die Hausmarke vom Gewerkshaus der Schlächter, das sich am Rondell Nr. 11, zwischen den Einmündungen von Friedrich- und Lindenstraße befindet. Unter Friedrich II. wird das Gebäude 1742 angemietet, um der zunehmenden Bettelei zu begegnen. An die hundert »mutwillige Bettler« (Nicolai) erhalten hier unfreiwilliges Asyl, um zur Arbeit angehalten zu werden. Schon bald erweist sich das Gebäude jedoch als zu klein, und im Jahre 1758 ist der neue »Ochsenkopf« am späteren Alexanderplatz bezugsfertig. Das Haus am Rondell dient nunmehr als Kaserne und Lazarett.

Die Mannschaften der im Umkreis des Halleschen Tores gelegenen Kasernen haben gegenüber ihren weiter nördlich stationierten Kameraden einen kleinen Vorteil, den kürzeren Weg zum Tempelhofer Feld. Dort finden erstmals im Jahre 1717 und seit 1722 in Friedenszeiten jährlich die Militärrevue und das Manöver der Berliner Garnison statt. Dazu wird in der ersten Hälfte des 19. Jahrhunderts der heutige Mehringdamm, der auf kurzer Strecke, bis zum dortigen Höchstniveau der »Templower« Berge um 16 Meter ansteigt, befestigt und verbreitert. Als Zubringer für die Regimenter ersetzt er, am Revuetag von tausenden Berlinern gesäumt, die heutige Methfesselstraße, jenen fußtief sandigen Weg zu Götzes Weinberg mit den saueren Trauben, der seit 1821 Kreuzberg heißt.

Die Veranstaltung trägt lange Zeit militärischen Charakter. Der König und seine Generäle inspizieren die Regimenter. Nicht selten nutzt Friedrich II. diesen Tag auch zu einem weiteren an der Strecke liegenden Aufenthalt. Der spätere General und Politiker Friedrich August Ludwig von der Marwitz erlebt als Achtjähriger, wie der greise König am 21. Mai 1785, von der Revue kommend unter respektvoller Anteilnahme der Bevölkerung durch das Hallesche Tor einreitet, um in der Kochstraße seine Schwester Amalie zu besuchen. ... Um die Mitte des 19. Jahrhunderts werden die nunmehr

^ *Unbekannt, Blick über die Ringmauer und den Landwehrkanal am Halleschen Tor. Um 1860.*

zweimal jährlich stattfindenden Paraden allmählich in gesellschaftliche Ereignisse umgestaltet und verlieren ihre militärische Bedeutung.

Auf dem Weg von der Kaserne zum Tempelhofer Feld gelangen die Heereseinheiten, kurz nachdem sie sich durch das Hallesche Tor gezwängt und die altersschwache Hallesche Tor Brücke passiert haben, an mehreren Friedhöfen vorbei. Diese sind neben einem königlichen Holzmarkt und einer holländischen Grütz- und Mahlmühle links vor dem Tor am sogenannten Johannistisch, der Barthschen Kattunbleiche rechterhand und dem bereits erwähnten »Dustren Keller« um die Wende zum 19. Jahrhundert die einzige Bebauung der späteren Tempelhofer Vorstadt, deren systematische Erschließung erst nach der Eingemeindung 1861 beginnt.

Der Friedhofskomplex wird um 1735 angelegt. Die Gottesäcker haben eine Besonderheit: sie sind die ersten, die nicht direkt an einer Kirche liegen, was sich unter anderem auf die Grabkunst auswirkt. Der größte der dortigen Begräbnisplätze ist derjenige der Jerusalemer und Neuen Gemeinde. Die anderen sind der Hallesche Kirchhof sowie die Begräbnisplätze der Dreifaltigkeits-, der Böhmischen und der Herrnhuter Gemeinde. Parallel zum Wachstum der friedrichstädtischen Gemeinden wird das Areal zwischen 1766 und 1819 dreimal erweitert.

Von der Zeit Friedrichs II. bis in die jüngere Vergangenheit finden hier bedeutende Schriftsteller, Musiker und Schauspieler, Maler, Bildhauer und Architekten, Theologen und Ärzte, Gelehrte und Erfinder sowie Diplomaten und Unternehmer ihre letzte Ruhestätte. So manchem Dichter dienen die Friedhöfe als Handlungsort. Heinrich Seidel lässt sich hier vom hochbetagten Daniel Siebenstern dessen künftigen letzten Wohnort zeigen – außen duster, innen freundlich, ja fröhlich, gelegen zwischen den Gräbern von Chamisso und E.T.A. Hoffmann. Und die Geheimratsköchin aus Willibald Alexis' »Ruhe ist erste Bürgerpflicht« weint sich erst vor dem Halleschen Tor auf dem Grab der Gnädigen aus, bevor sie erfolgreich ihre Ehelichung mit dem Witwer betreibt. Ganz prosaisch werden indes auf einem dieser Friedhöfe auch die zehn Arbeiter begraben, die im Herbst 1848 den beim Bau des Luisenstädtischen Kanals ausbrechenden Unruhen zum Opfer fallen.

An keinem anderen Durchlass der Berliner Ringmauer läuft der Verkehr aus so vielen Richtungen zusammen wie am Halleschen Tor. Am Schluss, nach der Entfernung der Zollbarriere und der Befestigung der Kanalufer sind es nicht weniger als zehn Straßen, die hier aufeinandertreffen und für die Entstehung eines der verkehrsreichsten Orte Berlins sorgen. Der Kulminationspunkt ist ein Doppelplatz, dessen beide Teile durch eine Brücke verbunden sind.

Der innere Platz ist, als er noch »Rondeel am Hallischen Thore« heißt, »34 rheinländische Ruten lang und breit« (Nicolai), was einem Durchmesser von 128 Metern entspricht. Das ist die Zeit, als der Platz neben der Ausbildung von Soldaten dazu dient, Wruckenblätter als Futter für das Vieh zu verkaufen und als sich nach einem Bericht von Consentius 1740 ein Schwein, das seinem in der Stadt gelegenen Stall entflohen ist, auf das Rondell verirrt und sich dort ausgerechnet in das Gewerkshaus der Schlächter rettet. Immerhin beginnen noch im 18. Jahrhundert die Bemühungen, den Platz zu verschönern. Er wird gepflastert, und zwar so, dass die verschiedenfarbenen Steine einen Stern bilden.

Im Jahre 1815 wird das Rondell zum Gedenken an den Sieg von Wellington und Blücher über Napoleon am 18. Juni bei Waterloo in Belle-Alliance-Platz umbenannt. (Der vor dem Tor liegende Blücherplatz trägt seinen Namen erst seit 1884, vorher, ab 1837 heißt er Platz vor dem Halleschen Tor). In der Folgezeit gewinnt die Rundfläche durch verschiedene Maßnahmen weiter an Attraktivität. Nach der großen Überschwemmung vom Frühjahr 1830 wird das Areal erhöht und neu gepflastert. Es entsteht eine Ringstraße, die sowohl außen, entlang der 23 Häuser des Platzes, als auch innen von einem Bürgersteig gesäumt wird.

Im Jahre 1843 wird in der Mitte des Platzes die noch heute zu bewundernde 18,83 Meter hohe Friedenssäule enthüllt. Auf einem Sockel aus schlesischem Marmor und einer Säule aus bräunlichem Granit steht die von Christian Daniel Rauch geschaffene bronzene Victoria mit Olivenkranz und Palmzweig – an den damaligen

Sieg erinnernd und ein Vierteljahrhundert Frieden verkündend. Die Säule schleift Johann Gottlieb Christian Cantian in seiner Werkstatt in der Ziegelstraße; bei ihrer Aufrichtung stürzt er vom Gerüst und verletzt sich schwer. Damals erhält der Platz nach Plänen von Peter Joseph Lenné auch die ersten Grünanlagen. Diese müssen nach 1876 etwas verändert werden, als flankierend zur Säule vier Figurengruppen, die die Heere der Siegerstaaten Preußen, England, Hannover und Niederlande symbolisieren, aufgestellt werden.

Im letzten Drittel des 19. Jahrhunderts wird die kasernenartige, nach den Vorgaben des Soldatenkönigs geschaffene Umrandung des Platzes durch Neu- und Umbauten aufgelockert. Auch das Spektrum der Hauseigentümer und -nutzer wird bunter. Ihren Höhepunkt erfährt diese Entwicklung im ersten Drittel des 20. Jahrhunderts, als hier das Belle-Alliance-Theater spielt, die Sozialdemokratische Partei Deutschlands um die Ecke, in der Lindenstraße 3 ihr Vorwärts-Haus unterhält und in Anna Seghers' Roman »Die Toten bleiben jung« das Mädchen Marie, von dem inzwischen erschossenen revolutionären Soldaten Erwin schwanger, am Sandkasten des Platzes die beiden Kinder des mürrischen Witwers Geschke kennenlernt, mit dem sie eine Vernunftehe eingeht. ... Bis zum Zweiten Weltkrieg zählt das Forum am Halleschen Tor zu den schönsten Platzensembles der Hauptstadt.

Der 1933 gegen Krieg und Faschismus gerichtete Flugblätterregen aus der fahrenden Hochbahn am Halleschen Tor, für den der junge Wolfgang Thiess zu zwei Jahren Zuchthaus (und später, nach weiteren Widerstandsaktionen zum Tode) verurteilt wird, kann den Bombenhagel auf den Belle-Alliance-Platz zwölf Jahre später nicht verhindern. Das Trümmerfeld erhält im Jahre 1946 den Namen Franz-Mehring-Platz; die Bezeichnung wird am 31. Juli 1947 auf Mehringplatz verkürzt. Die auf Pläne von Hans Scharoun zurückgehende, 1975 abgeschlossene Neugestaltung des Ortes mit seinem dreigeschossigen Innen-, dem fünfgeschossigen Außenring und den beiden außen vorbeigeleiteten Straßen führt zur dauerhaften Vernichtung des alten Flairs. Glücklicherweise kommt es wenigstens nicht zum Bau der zwölf Meter hohen Autobahntrasse, die nördlich am Platz vorbeiführen sollte.

Zurück zu den Zeiten der Berliner Ringmauer. Keine ihrer Öffnungen wird so gut bewacht wie das Hallesche Tor. Wer um die Wende zum 19. Jahrhundert von der Brücke des Landwehrgrabens aus durch das Tor schreitet, stößt rechterhand zuerst auf ein normales Wohnhaus, Rondeel Nummer 1, in dem ein Herr Nagel seine Tabagie betreibt. Links gegenüber, Rondeel Nr. 23, befindet sich das Accise-Officianten-Haus. Erst dann folgen, ebenfalls gegenüberliegend, mit ihren Schmalseiten zum Passanten gerichtet und mit den Längsseiten den eigentlichen Beginn der kreisrunden Bebauung markierend, zwei Torhäuser ohne Adresse – einfache barocke Bauten, die der junge Fontane, wohl wegen ihres Säulenumgangs (die Säulen sind aus Holz!) als »griechisch angekränkelt« empfindet. Vor beiden Torhäusern stehen Soldaten, rechts die übliche Infanterie-Torwache, die sich um den fremden Ankömmling kümmert, links mit ihren roten schnurbesetzten Jacken und den blauen Pelzen die Zieten-Husaren der Friedrichstädter Kavallerie-Wache.

Das erste Hallesche Tor, von dem keine Abbildungen existieren, ist vermutlich ähnlich ausgestaltet wie das oben beschriebene Cottbuser Tor. Im Jahre 1782 wird ein neues Tor errichtet, aber auch dieses lässt wenig von einem repräsentativen Stadteingang erkennen. Die Pfeiler, an denen das hölzerne Gitterwerk befestigt ist, sind mit bildhauerischen Aufsätzen geschmückt, die auf einigen Abbildungen römischen Söldnerrü-

Hallesches Tor und Belle-Alliance-Platz. Um 1850. Ausschnitt ^

stungen ähneln, auf anderen eher großen Vasen gleichen. Außergewöhnlich gegenüber allen bis dahin entstandenen Torbauten der Berliner Ringmauer ist allenfalls, dass außen an den Torpfeilern die Mauer nicht sofort mit dem ersten Bogen, sondern mit einem rechteckigen Feld beginnt. Dieses wird beiderseits von rustizierten Pilastern begrenzt, deren jeweils äußerer einen Trophäenschmuck trägt. Die einzige Verbesserung an dieser Toranlage im Verlauf der Zeit besteht in der Anlegung zweier Durchgänge für Fußgänger, der Belegung der Fußsteige mit Granitplatten und der Verbreiterung des Fahrweges im Jahre 1829; im Jahr davor werden außerdem die beiden Torhäuser instandgesetzt.

Vorstöße zugunsten einer grundlegenden Neugestaltung des vielgenutzten Halleschen Tores scheitern. Schinkel sieht 1819 einen Triumphbogen in Verbindung mit einer attraktiven Brücke über dem Landwehrgraben vor. Der Plan verfällt ebenso königlicher Ablehnung wie Stülers Torentwurf von 1844.

In den Jahren 1865 und 1866 werden Tor und Mauer entfernt; die beiden Wachhäuser und die Häuser Belle-Alliance-Platz Nr. 1 und Nr. 23 (Steuergebäude) folgen im Jahre 1871. Die kahlen Giebel der Nachbarhäuser verschaffen den alten Bestrebungen neue Nahrung, diesen Ort, der immer mehr in die Rolle des südlichen Hauptzugangs zur inneren Stadt hineinwächst, durch einen Monumentalbau hervorzuheben. Was dann entsteht, ist zwar kein Triumphbogen, aber ein Paar neuer Torgebäude, deren Ausführung die Stadt übernimmt. Die von Johann Heinrich Strack entworfenen dreistöckigen Gebäude, die im Jahre 1879 errichtet werden, haben die Form von Turmbauten. An der Durchfahrt sind der ersten Etage fünfachsige Säulenhallen vorgelagert, die den Bürgersteig überspannen. Über den Eckpfeilern der Vorhallen werden Figuren aufgestellt, die die vier Jahreszeiten verkörpern. Das Seitenprofil der Gebäude trägt ihnen bald den Spitznamen »Magistratsklaviere« ein.

Von Strack stammt auch der Entwurf zur neuen Brücke, die bereits zwischen 1874 und 1876 entsteht und die hölzerne Klappbrücke von 1850 ablöst. Auch der Name ist neu: Belle-Alliance-Brücke. Ihre Breite von 33,50 m – fast das Doppelte der Spannweite (18,80 m) – wird zu dieser Zeit von keiner anderen Berliner Brücke erreicht. Nach Kriegsbeschädigungen wird sie 1953 in den alten Formen neu erbaut und mit dem früheren Namen Hallesche-Tor-Brücke versehen. Von den vier allegorischen Figurengruppen auf den Postamenten der Granit-Geländer können 1989 nur zwei – »Schifffahrt« und »Fischfang« – wieder aufgestellt werden.

^ *Neue Torhäuser und Belle-Alliance-Brücke. Vor 1902. Postkarte*

^ *Die Friedenssäule auf dem Mehringplatz. 2006*

^ *»Fischfang« von Julius Moser. 2006*

^ *»Schifffahrt« von Otto Geyer. 2006*

^ *Grabmal von E. T. A. Hoffmann (eigentlich Ernst Theodor Wilhelm H.) auf dem Kirchhof Jerusalem und Neue Kirche III. 2000*

Hinter dem Halleschen Tor behält die Stadtmauer nur noch ein kurzes Stück den alten am Oberbaum beginnenden, gut dreieinhalb Kilometer langen Ost-West-Verlauf bei. Wenige Meter westlich vom Tor löst sie sich von der Kanalstraße, die damals wie heute Hallesches Ufer heißt und schwenkt auf dem insgesamt 1.060 Meter langen Weg zum Anhalter Tor nach Nordwesten ab. Diese Situation ergibt sich allerdings erst achtzehn Jahre vor dem Abriss der Mauer. Bis dahin vollzieht der Schafgraben (Landwehrgraben) ebenfalls diesen Schwenk und fließt an der Außenmauer entlang. Erst dort, wo heute die Großbeeren- auf die Stresemannstraße trifft, trennt er sich von der Zollgrenze. Durch das weiter südlich beim Ausbau zum Landwehrkanal aufbereitete Bett fließt das Gewässer erst seit 1848.

Auf der Innenseite der Mauer verläuft die Anhaltische Communication, außen die Hirschelstraße, die diesen Namen seit 1831 trägt. Auf das Jahr 1866 mit dem Abriss der Mauer folgt die kurze Periode bis zur Reichsgründung, in der aus einem einfachen Fahrweg einer der schönsten Boulevards der Stadt entsteht. Es ist dies eine Zeit, in der die angrenzenden Gärten von mächtigen Neubauten verdrängt werden, während auf der Verbindungsbahn der gesamte siebziger Krieg vorbeizieht, erst die ausziehenden, dann die heimkehrenden Regimenter, dazwischen die Hunderttausende von Gefangenen – all dies an und auf der seit 1867 so benannten Königgrätzer Straße. Diese Via Triumphalis wird im Jahre 1930 in Stresemannstraße und 1935 in Saarlandstraße umgetauft. Im Jahre 1947 kommt es zur Rückbenennung in Stresemannstraße; diese reicht allerdings heute im Süden nicht mehr bis zum Halleschen Ufer, sondern mündet bereits vorher in die am Mehringplatz vorbeigeleitete Wilhelmstraße.

Nicht weit von dieser Einmündung entfernt verweist eine alte Gedenktafel am Haus Stresemannstraße 32 auf die Plamannsche Lehranstalt und ihren Schüler Otto von Bismarck, der sich hier ab 1822 von seinem sechsten bis zum zwölften Lebensjahr – erstmalig weit entfernt vom heimatlichen Kniephof – aufhält. Das Institut, das sich unmittelbar nach den Befreiungskriegen durch wissenschaftlichen Lerneifer, hingebungsvolle Vaterlandsliebe und ungeheuchelte Frömmigkeit auszeichnet, verkommt in den zwanziger und dreißiger Jahren immer mehr zu einer Art ziviler Kadettenanstalt, in der sich überzogene Strenge, angeordneter Gottesglaube und kleinliche Sparsamkeit mischen.

Bismarcks Urteil über diese Stätte »künstlichen Spartanertums« ist eindeutig: »Meine Kindheit hat man mir in der Plamannschen Anstalt verdorben, die mir wie ein Zuchthaus vorkam.« Und noch im Jahre 1876 erinnert sich der Kanzler: »Wenn ich aus dem Fenster ein Gespann Ochsen

[1] Ernst Engelberg, Bismarck Urpreuße und Reichsgründer, Berlin 1987, S. 97.

^ *Blick über die Ringmauer auf den Kreuzberg. Um 1840*

Das Anhalter Tor entsteht mit dem gleichnamigen Bahnhof. Ursprünglich beabsichtigt die Berlin-Anhaltische Eisenbahn-Gesellschaft, ihre seit 1838 im Bau befindliche Linie Berlin-Jüterbog-Dresden-Köthen an den Potsdamer Bahnhof anzuschließen. Nachdem die Verhandlungen mit der Berlin-Potsdamer Eisenbahngesellschaft gescheitert sind, wird weiter südlich auf der Töplitzwiese, auf der Rinder weiden und Frösche quaken, ein eigenes Empfangsgebäude geplant. Es entsteht ein ansehnlicher dreigeschossiger Putzbau in spätklassizistischen Formen, allerdings nur mit zwei schmalen Bahnsteighallen. Bei der Einweihung am 10. September 1841 verlassen den Bahnhof gleich zwei Züge, der eine gezogen von der englischen Lokomotive »Courier«, der andere vom deutschen Fabrikat »Borsig«.

die Ackerfurche ziehen sah, musste ich immer weinen vor Sehnsucht nach Kniephof.«[1]

Diese Aussage enthält neben ihrer menschlichen Tragik einen wichtigen topografischen Hinweis. Das Institutsgebäude (das im Jahre 1838 von einer Blindenanstalt übernommen wird) liegt in der Wilhelmstraße Nr. 139; sein Hinterland besteht aus Gartenanlagen, die sich bis an die Communication erstrecken. Jenseits von Mauer und Landwehrgraben liegt unbesiedeltes, meist landwirtschaftlich genutztes Gelände, das offenbar von der Anstalt aus gut zu überschauen ist. Wahrscheinlich reicht die Sicht linkerhand bis zum Kreuzberg, wie sie auf einer Abbildung, die um 1840 von einem etwas weiter südlich liegenden Standort aus entsteht, festgehalten ist.

Beim Abriss der Stadtmauer und ihrer zum Teil wertvollen Tore hat man seinerzeit ganze Arbeit geleistet und auf den bei diesem Rundgang bisher beschriebenen fünfzehn Torabschnitten vom Oranienburger Tor in Uhrzeigerrichtung bis zur südlichen Stresemannstraße jede steinerne Erinnerung getilgt. Umso größer auf dem weiteren Weg die freudige Überraschung kurz vor dem Anhalter Tor. Dort ist im Berliner Jubiläumsjahr 1987 gegenüber dem Grundstück Stresemannstraße 62/64 ein Stück Ringmauer in der Länge von ca. 13 Metern, also gut zwei Bögen, wiedererstanden. Das Bezirksamt Kreuzberg hat sich seinerzeit gegen Widerstände verschiedenster Art, darunter den Vorwurf der Errichtung einer Attrappe durchgesetzt und mit einem Kostenaufwand von 20.000 DM die Erinnerung an dieses Detail Berliner Geschichte wiederbelebt.

Zusätzliche Kosten entstehen der Bahngesellschaft jedoch nicht nur durch das Bahnhofsgebäude, sondern auch aus dessen isolierter Lage. Den Zugang zur Stadt sperrt die Ringmauer, aber auch die geschlossene Parzellierung an deren Innenseite. Ein Mauer- und Straßendurchbruch werden erforderlich. Am 24. Oktober 1838 verfügt eine Kabinettsordre, zwischen Halleschem und Potsdamer Tor die Stadtmauer zu öffnen und eine Toranlage zu errichten. Das von der Gesellschaft finanzierte Anhaltische (Anhaltinische, Anhalter) Tor wird am 15. Oktober 1840 eröffnet. Vom glei-

^ *Mauersegment auf dem Mittelstreifen der Stresemannstraße, 1987 auf Originalfundamenten nachgebildet. 2003*

Der erste Anhalter Bahnhof. Nach 1841 ^

chen Jahr ab verbindet die Anhaltische Straße Tor und Bahnhof mit der Wilhelmstraße.

Die Kosten für den Mauerdurchbruch belaufen sich auf 944 Taler, der Aufwand für die Toranlage erreicht 21.714 Taler. Die beiden zweistöckigen Torhäuser mit fünf zu drei Achsen sind mit einander zugewandten klassizistischen Portalen ausgestattet, die aus je vier eckigen Säulen bestehen. Das Eisengitter zwischen beiden Gebäuden bietet Platz für zwei Durchfahrten.

Das nördliche Torhaus, das bis in die fünfziger Jahre als Wachgebäude dient, steht im Mittelpunkt eines Gemäldes von Wilhelm Streckfuß. Den gesamten unteren Teil der Darstellung, die im Januar 1855 entsteht, nimmt die Anhaltische Straße ein. Links im Bild hat der Maler einen Teil des letzten Waggons der vorbeieilenden Verbindungsbahn eingefangen. Wie die Sineck-Karte zeigt, führt ein weiteres Gleis des »Verbinders« quer über den Bahnhofsvorplatz am Empfangsgebäude vorbei zu den Schienensträngen der Anhalter Bahn.

Der Vorplatz trägt seit 1844 den Namen Askanischer Platz. Seine Gestaltung ist öffentliche Angelegenheit; noch in den letzten vierziger Jahren ist er ungepflastert, voller Pfützen und von nur einer einzigen Laterne erhellt. Das ändert sich erst mit dem nördlich vom Bahnhof buchstäblich aus dem Boden schießenden »Geheimratsviertel«. Zwei der neuen Straßen, die Schöneberger und die Bernburger Straße münden auf dem Askanischen Platz, der mit seinem unverwechselbaren sechseckigen Grundriss immer mehr vom einfachen Bahnhofsvorplatz zum Verkehrsknotenpunkt avanciert. Für die hohe Betriebsamkeit auf dem Platz spricht, dass er im Jahre 1863 eine der beiden ersten öffentlichen Bedürfnisanstalten erhält, die in Berlin aufgestellt werden.

Nach vierunddreißig »Dienst«-Jahren des alten Bahnhofs und sechsjähriger Bauzeit geht im Jahre 1880 der neue, im europäischen Maßstab monumentale Anhalter Bahnhof in Betrieb. Ihm, von dem heute nur noch ein kleiner Teil vom Eingangsbereich vorhanden ist, fällt neben seinem Vorgänger auch die regelmäßige sechseckige Gestalt des Askanischen Platzes zum Opfer. Die gewaltige Dachkonstruktion der 167 Meter langen und 60

^ *Wilhelm Streckfuß, Das Anhalter Tor. 1855. Gemälde*

Meter breiten Halle stammt von Heinrich Seidel. Dem jungen Ingenieur und späteren Schriftsteller ist die Gegend um den Bahnhof nicht fremd. Schon 1866 wird er in der Wohnung eines Hinterhauses der Hirschelstraße in den Dichterkreis »Tunnel über die Spree« eingeführt.

Mit der Anhaltischen Straße wird im Jahre 1840 die historisch erste und für mehr als dreißig Jahre einzige Verbindung zwischen der Wilhelm- und der späteren Königgrätzer Straße hergestellt. Die Nordseite dieser Straße beansprucht in nahezu ihrer gesamten Länge ein einziges Grundstück, dessen Geschichte reich an Wechselfällen ist.

Dass das sumpfige Areal überhaupt bebaut wird, liegt an der Abneigung eines selbstbewussten adligen Fräuleins gegenüber dem ihr von König Friedrich Wilhelm I. als Ehemann zugedachten Offizier. Es handelt sich um die Tochter des wohlhabenden Finanzmanns Baron Francois Mathieu Vernezobre de Laurieux, die den Capitaine de Forcade heiraten soll. Nach einigem Hin und Her lässt sich der König schließlich auf einen Kompromiss ein (der ihn nichts kostet): Sie erhält den Gatten ihrer Wahl; als Gegenleistung muss der Baron in der südlichen Wilhelmstraße einen Prachtbau errichten. In den Jahren 1737 bis 1739 entsteht daraufhin in der Wilhelmstraße 102 das Vernezobersche Palais, ein dreigeschossiges Hauptgebäude, sechzig Meter in das bis zur Akzisemauer reichende Grundstück hineingerückt, davor ein Innenhof sowie rechts und links davon Ställe und Wirtschaftsgebäude als einstöckige Flügelbauten.

In der Folgezeit wechseln die Besitzer häufig. Erst mit dem Jahre 1830, als Prinz Albrecht, jüngster Sohn von König Friedrich Wilhelm III. und Königin Luise, das Palais übernimmt und es von Schinkel weitgehend umbauen lässt, stabilisieren sich die Eigentumsverhältnisse. Das Palais bleibt bis 1961 im Besitz der Hohenzollern. Zuvor machen sich jedoch die Nationalsozialisten den Streit zwischen adligen und republikanischen Ansprüchen für die Unterbringung ihrer Unterdrückungsbürokratie zunutze. Die Reichsregierung mietet das Prinz Albrecht Palais für die SS; der sogenannte Sicherheitsdienst (SD) zieht ein, Heydrich und Kaltenbrunner haben hier ihren Dienstsitz. Im Jahre 1944 zerstören Brandbomben das Palais schwer; zehn Jahre später ist das Grundstück abgeräumt.

Am Anhalter Tor ist etwa ab 1861 nicht nur das südliche Torhaus, Anhaltische Straße Nr. 1, sondern auch das Wachgebäude, Anhaltische Straße 18 von Steuerbeamten belegt. Letzteres verbleibt sogar bis 1868, ein Jahr länger als das eigentliche Steuerhaus, in dieser Funktion. Im Jahre 1870 wird das eine Torhaus, Nummer 1, als Baustelle ausgewiesen, d.h. der Abriss ist im Gange, während die Adresse Anhaltische Straße 18 bereits nicht mehr existiert.

^ *Reste Lennéscher Gartengestaltung Prinz-Albrecht-Palais, Stresemannstraße 96. 2006*

^ *Freydank, Das Prinz-Albrecht-Palais; links an der Stadtmauer Schinkels Reithalle. Um 1835. Ölgemälde*

^ *Erinnerung an die Bismarcklinde im Garten der Plamannschen Bildungsanstalt, Stresemannstraße 32. 2006*

^ *Ruine der Eingangsfront des Anhalter Bahnhofs, Rückseite. 2006*

DAS POTSDAMER TOR

Die 720 Meter lange »Potsdamer Communication« trägt ihren Namen seit 1845. Vorher ist die Bezeichnung »Communication am Potsdamer Thore« üblich. Auch der Mauerabschnitt wird inoffiziell oft nach dem benachbarten Tor benannt. So steht das Häuschen eines Freundes, in dem der Knabe Karl Gutzkow um 1820 die erste Aufführung eines Puppentheaters erlebt, an der »Potsdamer Mauer«.[1]

Von dort an, wo heute die Niederkirchnerstraße (früher Prinz-Albrecht-Straße) auf die Stresemannstraße stößt, folgt dieser Rundgang von Tor zu Tor nicht mehr nur der vorletzten, sondern auch jener Mauer, die Berlin zwischen 1961 und 1989 teilt. Der annähernd parallele Verlauf beider Barrieren erstreckt sich über das Potsdamer und das Brandenburger Tor, deren Umfelder bis zur Wiedervereinigung in tote Zonen verwandelt werden und endet hinter dem Unterbaum.

Zu Zeiten der Akzisemauer befindet sich unmittelbar nördlich der Stelle, an der später die Prinz-Albrecht-Straße einmündet, das langgestreckte Landwehr-Zeughaus aus dem Jahr 1844; nach Wegfall der Mauer erhält es die Adresse Königgrätzer Straße 122. Der vermutlich nach einem Entwurf von Wilhelm Drewitz errichtete Bau dient zur Lagerung von Gerät und Uniformen des III. Bataillons des 20. Landwehr-Regiments. Er muss 1883 einem – im Zweiten Weltkrieg zerstörten – Neubau weichen.

Das Zeug- und Wagenhaus, wie es auch genannt wird, aber auch das nördlich anschließende Gebäude der Straßenreinigung haben beide wenig Hinterland. Dieses wird von den benachbarten Grundstücken des Leipziger Platzes und der Leipziger Straße beansprucht, die sich teilweise weit nach Süden erstrecken. Vergleichsweise bescheiden nehmen sich noch die Ausmaße des Gartens hinter dem Prinz-Adalbert-Palais aus, das an der Südostkante des achteckigen Leipziger Platzes liegt. Anders bei drei Grundstücken an der Südseite der Leipziger Straße: das Herrenhaus, die Königliche Porzellanmanufaktur und das Kriegsministerium, das sich an der Ecke zur Wilhelmstraße befindet. Die Südausdehnung der beiden letzteren reicht weit über die noch nicht angelegte Prinz-Albrecht-Straße hinaus bis an das Grundstück des Prinz-Albrecht-Palais. Übrigens ist im Parkgarten hinter dem Herrenhaus noch lange Jahre nach dem Abbruch der Ringmauer ein lebendiger Zeuge dieser Zollbarriere anzutreffen. Es handelt sich um eine Eibe mit mannsdickem Stamm, deren Zweige rundum fast den Boden berühren. Ursprünglich eine Zierde der freien Natur wird der mindestens fünfhundert Jahre alte Baum anlässlich der Erweiterung der Friedrichstadt und der Errichtung des Mendelssohnhauses zum Gartenbaum.

[1] Karl Gutzkow, Unter dem schwarzen Bären, Berlin 1971, S. 162-163.

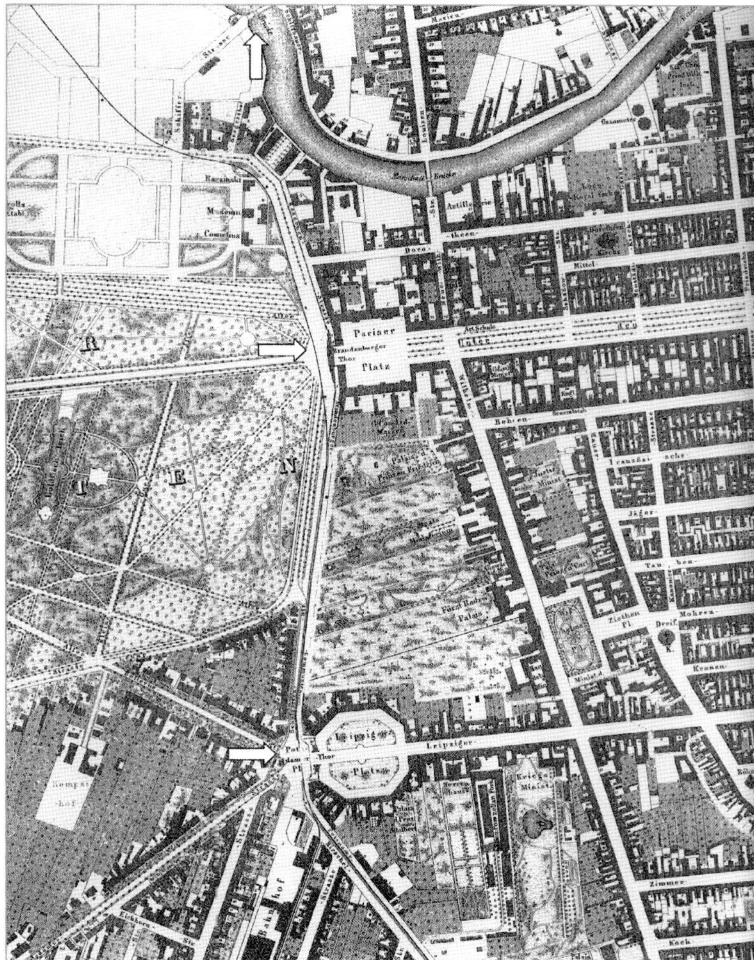

^ *Potsdamer und Brandenburger Tor sowie Unterbaum (von unten). Stadtplan von Sineck (1856). Auszug*

Der Leipziger Platz, vorher das »Octogon« oder »Achteck am Potsdamer Thor«, erhält seinen Namen am 16. September 1814 auf Grund einer Verfügung von König Friedrich Wilhelm III. Anlass ist der siegreiche Ausgang der Völkerschlacht bei Leipzig elf Monate zuvor. Am 21. Oktober 1813 war der Abgesandte des dortigen Hauptquartiers und Überbringer der freudigen Nachricht, Rittmeister und Generaladjudant von Auer, am Potsdamer Tor feierlich empfangen worden. Am 3. Juni 1815 steht der Leipziger Platz noch einmal im Zeichen der Befreiungskriege. Die ausrückenden Truppen nehmen hier Aufstellung, um nach einem gemeinsamen Gebet vom König verabschiedet zu werden. Es fehlt indes die glühende Begeisterung vom Frühjahr 1813, so jedenfalls der Eindruck eines Kriegsfreiwilligen, der sich später als Schriftsteller Willibald Alexis nennt.

Als der sonst eher sparsame König Friedrich Wilhelm III. im Jahre 1822 seinen Architekten Karl Friedrich Schinkel beauftragt, den Leipziger Platz, das Potsdamer Tor und den davorliegenden Platz neu zu gestalten, mag die politische Symbolik des Ortes ein Beweggrund gewesen sein, vielleicht aber auch die ganz persönliche Erinnerung daran, dass am 23. Dezember 1793, einen Tag vor ihrer Hochzeit, Prinzessin Luise an diesem Ort in die Stadt eingezogen war. (Eine andere Version besagt indes, sie sei am 22. Dezember durch das Brandenburger Tor gekommen.) Pragmatische Gründe spielen bei der Umgestaltung gewiss ebenfalls eine Rolle: Wer vom Westen oder Südwesten Deutschlands nach Berlin reisen will, gelangt zunächst nach Potsdam. Von dort aus kann man seit 1792 eine »Kunststraße«, gepflastert oder zumindest »chaussiert«, die erste Chaussee Preußens, benutzen. Die Folge ist, dass die Zollstätte am Potsdamer Tor zur einträglichsten des Staates wird.

Schinkel lässt das alte 1735 erbaute Potsdamer Tor, einen einfachen barocken Bau, der inoffiziell in Anlehnung an das ehemalige Festungstor oft auch Leipziger Tor genannt wird, abreißen. Auch die Torhäuser und die direkt zu ihnen führenden, vom eigentlichen Süd-Nord-Verlauf abgewinkelten Teile der Mauer werden entfernt.

Schinkel entwirft zwei schlichte dorische Torhäuser; Vorbild ist der griechische Prostylos,

Neue Thorbrücke) geziert haben. Das Innere des Platzes stattet Joseph Peter Lenné mit Rasenflächen und Sträuchern aus, die von geschmackvoll gestalteten eisernen Gittern umschlossen werden; es entsteht einer der ersten und lange Zeit einer von wenigen Schmuckplätzen der Residenz.

Die Bebauung des Platzes reicht zunächst vom einfachen Haus Nummer 15, das der jungverheiratete Helmuth von Moltke, später führender Stratege der Einigungskriege, bezieht, bis zum vornehmsten Wohnhaus des alten Berlin am Ostrand des Platzes mit Zimmerfluchten des englischen und des türkischen Gesandten sowie der Oberhofmeisterin von Königin Augusta – jede Mietpartei mit eigener Treppenanlage. Ab Mitte des 19. Jahrhunderts wird die Noblesse am Leipziger Platz allgemein. Adels- und Bürger-Palais umgeben das Achteck, die dann später zu Bürogebäuden werden. Dort, wo Moltke wohnte, entsteht der Mosse-Palast, und die Gesandten müssen dem Messelschen Prachtbau des Kaufhauses Wertheim weichen.

Durch die Verlagerung der Torhäuser an den Leipziger Platz rundet sich die Gestalt des in den Tiergarten hineinragenden Potsdamer Platzes. Letzterer hat sich spontan als Aufstellfläche für am Stadttor wartende Wagen entwickelt. Seine bewusste Gestaltung als Element eines Doppel-

der Tempel mit Säulenvorhalle an der Frontseite. Der Standort der neuen Amtsgebäude wird so weit stadteinwärts verlagert, dass diese mit ihren Längsseiten die Westkante des Leipziger Platzes bilden. Die neuen Anschlussmauern – sie müssen später wegen der Verbindungsbahn durchbrochen werden – erhalten als Wandschmuck die gleiche Rustizierung wie die Torgebäude. Zwischen diese beiden Mauersegmente setzt Schinkel ein 150 Fuß (47 Meter) langes Gußeisengitter, das aus elf Feldern besteht. Das mittlere, dessen Pfeiler Laternen tragen, ist breiter als die anderen und bietet mit seinen beiden Flügeln reichlich Platz für Fahrzeuge. Die Felder rechts und links der Hauptdurchfahrt haben je einen Torflügel. Die Übergabe des Potsdamer Tores erfolgt am 3. August 1824, dem Geburtstag des Königs. Dass sich auch für die neue Pforte nebenher der Name Leipziger Tor hält, mag der Gewohnheit, aber auch neuen von der Umbenennung des Platzes ausgehenden Impulsen geschuldet sein.

Erst durch die Verlegung des Standorts der Torhäuser wird der 44 rheinländische Ruten – 166 Meter – lange wie breite Leipziger Platz zum gleichmäßigen, allseits baulich begrenzten Achteck. Friedrich Wilhelm lässt ihn mit acht barocken Skulpturengruppen schmücken, die kurz zuvor noch als Laternenhalter das Geländer der inzwischen abgerissenen, über den Festungsgraben führenden Opernbrücke (Neustädter, auch

^ *F. Albert Schwartz, Das Landwehr-Zeughaus in der Königgrätzer Straße 122. 1870 (o.). Das alte Potsdamer Tor von der Stadtseite; dahinter die Ringsche Apotheke. Kupferstich (u.).*

platzes setzt erst in den zwanziger Jahren des 19. Jahrhunderts ein; den neuen Namen erhält der seit 1740 so benannte »Platz vor dem Potsdamer Thor« am 8. Juli 1831.

Jenseits des Platzes herrscht eine ländliche Idylle, die sich bis zum Mauerabbruch und darüber hinaus hält. Einige der anheimelnden, naturbelassenen Orte und die dort anzutreffenden Originale und skurrilen Gestalten sind von Seidel, von Rodenberg und anderen beschrieben worden. Noch um die Zeit der Reichsgründung kann Helmerding, der berühmte Komiker des Wallner-Theaters in einem Possenlied ausrufen:

»Kommt man vor das Pi-Pa-Potsdamer Tor,
Kommt Berlin mir wie ein Blumengarten vor.«[1]

Wer »außerhalb« wohnt, hält es gelegentlich so wie die beiden Räte in Fontanes L'Adultera: Man fährt mit der Droschke von der Innenstadt bis an das Tor, um den Rest des Weges, der klaren Luft wegen, zu Fuß zurückzulegen.

Der vor sich hindämmernde Potsdamer Platz erhält einen spürbaren Belebungsimpuls durch die am 29. Oktober 1838 in Betrieb gehende Berlin-Potsdamer Eisenbahn, die erste in Preußen. Das Empfangsgebäude wird südlich vom Dreifaltigkeitsfriedhof errichtet, der später nach seiner Auflassung zur Grünfläche wird und den Bahnhofsvorplatz teilt. Das Bahnhofsgebäude wird indes bei durchaus ansprechendem Gesamteindruck von vielen Zeitgenossen wegen baulicher Mängel und angesichts der primitiven Innenausstattung als »erbärmliche Bude« (Kastan) oder »murksiger Kasten« (Philippi) wahrgenommen.

Keinen Blick für die Details des Bahnhofs hat der jungen Theodor Fontane vom zweiten Bataillon des Kaiser-Franz-Regiments, als er an einem Julitag des Jahres 1844 um sieben Uhr seine erste England-Reise antritt (und schon gegen Mittag Magdeburg, die erste Zwischenstation erreicht!). Sein Argument, dass ganz überraschend eine Einladung vorliege und diese Reise umsonst sei und dass es sich um einen seltenen Fall handele, überzeugt zuerst den Hauptmann, dann den Oberst, dem jungen Freiwilligen von einem Tag auf den nächsten vierzehn Tage Urlaub zu gewähren.[2]

Durch die Eröffnung der Eisenbahnlinie ist es am Potsdamer Platz mit der alten Beschaulichkeit vorbei. Im platznahen Bereich der Potsdamer Straße (bis 1831 Potsdamer Chaussee) und in der ebenfalls auf das Tor zulaufenden Bellevuestraße weichen die Landhäuser nach und nach einer geschlossenen Bebauung. Der Ausdehnung der Stadt über die Ringmauer hinaus fällt auch das Haus Potsdamer Straße 11 zum Opfer, das Anfang des Jahrhunderts dem Direktor des Berliner Nationaltheaters, August Wilhelm Iffland gehört. Südlich vom Bahnhof wächst das sogenannte Geheimratsviertel heran. Das Potsdamer Tor muss 1845 wegen des anschwellenden Verkehrs umgebaut werden. Es hat nun drei Durchfahrten und zwei seitliche Durchgänge.

Der alte Potsdamer Bahnhof ^

[1] Isidor Kastan, Berlin wie es war, Berlin 1919, S. 44.
[2] Theodor Fontane, Von Zwanzig bis Dreißig, Berlin 1998, S. 142-144.

^ *Friedrich August Calau, Das Potsdamer Tor, im Hintergrund die Ringsche Apotheke. Um 1830. Aquarell mit Federzeichnung*

kürliche Sprengungen weitgehend intakter Gebäude (Kolumbus-Haus, Vox-Haus) verwandeln das Ensemble des Leipziger und Potsdamer Platzes zur größten innerstädtischen Brache Berlins. Es folgt die beachtenswerte, wenngleich nicht unumstrittene Neubebauung nach der Wiedervereinigung der Stadt.

Die beiden Torhäuser überstehen wegen ihrer anspruchsvollen Architektur, hauptsächlich aber wohl dank der Großzügigkeit Schinkelscher Platz- und Verkehrsplanung die Niederlegung der Ringmauer. Sie bleiben während ihrer einhundertzwanzigjährigen Existenz die baulich einzigen Konstanten vor Ort; der Reiz dieser Fremdkörper wächst mit zunehmendem Alter.

Von ihren ursprünglichen Aufgaben entkleidet, dienen die beiden griechischen Tempel gut siebzig Jahre lang dem technischen Fortschritt. Während das Wachgebäude – es ist das südliche der beiden Häuser mit der Adresse Leipziger Platz Nr.1 – zum Zeitpunkt des Mauerabrisses bereits einige Zeit unbesetzt ist, wird das Steuergebäude, Nummer 20, von den Torkontrolleuren pünktlich im Jahre 1866 geräumt. Es folgt eine kurze Periode des Leerstandes, bevor 1871 ein Telegrafenbote das Steueramtsgebäude bezieht und das ehemalige Wachhaus im Jahre 1873 erstmals als Militär-Telegrafen-Station ausgewiesen wird. Ebenfalls 1873 avanciert das Steuerhaus zur Stadt-Telegrafen-Station, 1880 dann zur Kaiserlichen Telegrafen- und Rohrpoststation, der um 1885 eine öffentliche Fernsprechstelle angeschlossen wird. Das Wachgebäude gibt Mitte der achtziger Jahre vorübergehend seine Rolle als Schaltstelle der Kommunikation auf; es beherbergt das Büro der Inspektion der Königlichen Kriegsschulen, ab Mitte der neunziger Jahre auch noch das Büro der Studienkommission der Kriegsschulen. Zu diesem Zeitpunkt ist das Steuergebäude inzwischen zur

Mit dem Wegfall der Akzisemauer im Jahre 1866 verschmilzt der städtische Vorplatz mit dem Leipziger Platz, und die Gegend zwischen Tiergarten, Potsdamer Brücke und Geheimratsviertel verliert ihren Status als Friedrichstädtische Vorstadt. Einen spezifischen Reiz erhält der Doppelplatz dadurch, dass der eine Teil das Durchdachte und Wohlgeformte der alten Stadt verkörpert, während der andere eher für Zufälligkeit und versteinerte Unfertigkeit spricht.

In den folgenden Jahrzehnten nimmt die Bedeutung des Ortes als Bindeglied zwischen dem alten Berlin und dem aufstrebenden Westen stetig zu. Im Jahre 1872 wird der Neubau des Potsdamer Bahnhofs eingeweiht. Zehn Jahre später installiert Siemens in der Leipziger Straße und auf dem Potsdamer Platz elektrische Bogenlampen. Hotels, Gaststätten und Cafés entstehen, darunter im Jahre 1912 der »babylonische Kneipenturm«, das Haus Vaterland. Vom Vox-Haus in der Potsdamer Straße 11 wird am 29. Oktober 1923 die erste planmäßige deutsche Hörfunksendung ausgestrahlt. Der Potsdamer Platz ist in den zwanziger Jahren der belebteste Europas; an seinem 1924 aufgestellten Verkehrsturm hasten jede Stunde 22 Straßenbahnen und 142 Busse vorbei. Neben der Fernbahn, die hier beginnt, kreuzen den Platz die U-Bahn und seit 1939 – ebenfalls unterirdisch – die S-Bahn.

Kriegszerstörungen, die Verbannung ins Niemandsland der 1961 errichteten Mauer und will-

^ *Der Potsdamer Platz mit den Torhäusern, der Potsdamer Straße (nach oben) und dem Potsdamer Bahnhof (links). Um 1927*

öffentlichen Fernsprechstelle sowie zur Rohrpost- und Telegrafenbetriebsstelle des Kaiserlichen Postamts Nr. 9 (Potsdamer Bahnhof) geworden. Den gleichen Aufgabenbereich übernimmt um 1910 auch das alte Wachhaus. Zusätzlich werden jetzt in beiden Ämtern Telegramme angenommen.

Beide Gebäude behalten ihre Funktionen bis zum Jahre 1944. Dann sorgen alliierte Bomben dafür, dass diese stadthistorischen Kostbarkeiten Bestandteil des allgemeinen Trümmerfelds werden.

^ *Leipziger Platz. Neues Palais Mosse. 2006*

^ *Der Verkehrsturm von 1924. Nachbau. 2006*

^ *Das Weinhaus Huth. 2006*

^ *Hotel Esplanade. Detail aus dem Kaisersaal. Rekonstruktion. 2006*

DAS BRANDENBURGER TOR

Für kaum einen Torabschnitt wechselt der Straßennahme so oft wie für die 780 Meter zwischen dem Potsdamer und dem Brandenburger Tor. Die heutige Bezeichnung Ebertstraße besteht seit dem 31. Juli 1947 und hat sich damit längst als die stabilste aller Zeiten erwiesen. Allein zwischen dem Abbruch der Ringmauer und dem Ende des Zweiten Weltkriegs kommt es zu vier Namensgebungen: Königgrätzer Straße ab 1867, Budapester Straße ab 1915, Friedrich-Ebert-Straße ab 1925 und Hermann-Göring-Straße ab 1933. Für die Verbindung innerhalb der Akzisemauer ist ab 1845 die Bezeichnung Brandenburgische Communication üblich, an der Außenmauer verläuft ein von vierfachen hohen Baumreihen gesäumter Weg, der ab 1831 Schulgartenstraße heißt.

Der Schulgarten geht auf den Oberkonsistorialrat Julius Hecker zurück, der den Typ einer allgemeinbildenden und der Arbeitswelt verbundenen Schule vertritt. Um 1750 lässt er rechterhand vor dem Potsdamer Tor ein Areal im heutigen Dreieck zwischen Bellevue-, Lenné- und Ebertstraße einzäunen und als Schulgarten seiner »Mathematisch-ökonomischen Realschule« gestalten. Die »Leipziger Sammlungen« berichten, »man hat ein Stück Acker gegen Erb-Pacht aquiriret, und lässt der Jugend in Recreations-Stunden in der That selbst zeigen, was bei dem Anlegen der Hecken, dem Säen, Pflanzen, Pfropfen, Oculieren etc. und sonderlich der Wartung und Pflanzung der Maulbeer-Bäume zum Seidenbau in Acht zu nehmen.«[1]

Rund 7.200 Kinder gehen durch die von König Friedrich II. geförderte Schule, 3.000 von ihnen erhalten freien Unterricht. Friedrich Nicolai würdigt die Heckersche Realschule als ganz neue Welt, in der er in einem Jahr mehr gelernt habe, als in den fünf Jahren vorher auf zwei berühmten und gelehrten Anstalten.[2]

Der Schulgarten wird nur 20 Jahre betrieben, sein Name hält sich indes weitaus länger. In den ersten Jahrzehnten des 19. Jahrhunderts wandert die Berliner Mittelklasse sonntags in den Schulgarten, um sich bei Konzerten der besten Garnisonsorchester zu amüsieren. Später wird das Gelände für 4.700 Taler an den Zimmermeister Schellhorn verkauft, der es bebaut.

Kurz vor dem Fall der Berliner Mauer ist das Lenné-Dreieck Verhandlungsobjekt zwischen dem Senat von Berlin und der DDR. Am 1. Juli 1988 wird das Gelände im Zuge eines Gebietsaustausches dem damaligen Westberliner Stadtbezirk Tiergarten angegliedert.

Hinter dem Schulgarten beginnt der große Tiergarten, den die Ringmauer vom Potsdamer bis zum Brandenburger Tor und darüber hinaus begrenzt. (Nördlich der Spree liegt der kleine Tiergarten; von ihm verbleibt später nur ein kleiner Streifen entlang der Straße Alt-Moabit). Vor dem Jahre 1673 reicht der Tiergarten bis zum Gendsdarmenmarkt und zur Schlossbrücke; er wird dann 1695 bis zur Mauerstraße und 1733 bis zur heutigen Ebertstraße zurückgedrängt.

Unter dem jagdliebenden Großen Kurfürsten noch als Hofjagdgebiet gehalten, wandelt sich das Terrain insbesondere während der Regierungszeiten der Könige Friedrich I. und Friedrich II. zum Lustgarten. Unter Friedrich Wilhelm III. und der kunstvollen Hand des Landschaftsarchitekten Peter Joseph Lenné entsteht ab 1833 schließlich der öffentliche Erholungspark.

Bei der Erweiterung der Friedrichstadt sieht König Friedrich Wilhelm I. vor, den Abschnitt rechts und links der nördlichen Wilhelmstraße mit vornehmen Palästen zu bebauen. Er lässt die Konten begüterter Mitglieder des Hofes prüfen und befiehlt den Zahlungsfähigen unter ihnen den Hausbau, dessen Fortgang er persönlich streng kontrolliert.

Es werden, besonders zwischen Wilhelmstraße und Stadtmauer prachtvolle barocke Palais mit wunderbaren Gartenanlagen errichtet, darunter 1735 das Palais des Prinzen August (das spätere Justizministerium), 1736 die Paläste des Obersten von Pannewitz (später Auswärtiges Amt) und des Geheimen Rates von Kellner (Reichsamt des Innern), 1737 das Palais des Landjägermeisters von Schwerin (das spätere Ministerium des Königlichen Hauses bzw. das Reichpräsidentenpalais) und im Jahre 1739 das Palais des Generals von Schulenburg (später Reichskanzlerpalais), bei dessen Einweihung sich der König so stark erkältet, dass er vom Krankenbett nicht mehr aufsteht.

Fast alle Palais werden vom Erbauer oder Erben, zumeist Angehörige des zivilen oder des Militäradels, wegen der teueren Unterhaltung bald verkauft. Im Jahre 1799 entsteht in der Wilhelmstraße der erste Dienstsitz eines Ministers außerhalb des Schlosses. Danach vereinnahmt die hohe Politik das gesamte Areal Grundstück für Grundstück. Die Um- und Neunutzungen lö-

[1] Leipziger Sammlungen von Wirthschaftlichen, Polizey-, Cammer- und Finanz-Sachen, Bd. 7, Leipzig 1751, S. 722. Zit. n.: Hainer Weißpflug, »Auf den Wege nach dem Thiergarten rechter Hand …«. In: Berlinische Monatsschrift, Berlin, Nr. 3, 1997, S. 4.

[2] a.a.O., S. 9.

sen eine Bauwelle aus. Neben Wohn- werden Diensträume benötigt. Klassizistische Aufstockungen und Überformungen verdecken die barocken Ursprünge. Später verändert sich das Staatsghetto durch die Errichtung grobschlächtiger Baukörper bis hin zur Reichkanzlei Hitlers in der Voss-Straße. Die einstmaligen Palaisgärten werden dem Funktionswandel der Gebäudeanlagen folgend zu Ministergärten (heute von den Vertretungen einiger Bundesländer und vom Holocaustdenkmal belegt).

Eine ernsthafte Störung der Ruhe der Gartenidylle tritt im Jahre 1851 ein. Zum Zwecke des schnelleren Truppentransports zwischen den verschiedenen Berliner Kopfbahnhöfen wird die Verbindungsbahn angelegt (vgl. Kapitel »Das Ende der Mauer«). Vom Hamburger Bahnhof kommend hält sich die Trasse südlich der Spree an den Verlauf der Ringmauer. Dabei verbleibt sie zuerst ein kurzes Stück an deren Außenseite, um einige Meter südlich vom Brandenburger Tor auf die Innenseite zu wechseln.

Als die neue Verbindungsbahn im Stadtbild auftaucht, ist die Ringmauer bereits 116 Jahre alt, die letzte Lebensphase dieses Bauwerks hat begonnen. Das Brandenburger Tor, an dem die Bahn vorbeirollt, existiert dagegen erst seit sechzig Jahren. Am gleichen Ort war 1734 ein Vorgängerbau errichteten worden, zu der Zeit, als das Neustädtische Tor am Festungsgraben verschwand und die Dorotheenstadt von der Schadowstraße bis an das Quarrée (Pariser Platz) hinausgeschoben wurde. Daniel Chodowiecki hat 1764 von diesem alten Tor eine Radierung gefertigt. Sie zeigt vor dem Hintergund des Tiergartens die üblichen, mit Königskrone geschmückten Torpfeiler samt Schlagbaum und einem herausgehobenen, mit zwei Vasen gekrönten ersten Mauerfeld. Das einstöckige Wachhaus hat einen rechteckigen Grundriss mit sieben zu vier Achsen und drei heizbaren Räumen. Das Einnehmerhaus ist kleiner, von etwa quadratischem Grundriss; zu ihm gehört ein fensterloses Nebengebäude. Im Frühjahr 1788 beginnt man, dieses alte Brandenburger Tor abzutragen.

Das neue Tor wird im Jahre 1791 eröffnet. Gemessen an dem, was das Tor in den folgenden gut zweihundert Jahren erleben sollte, verläuft dieser Tag ausgesprochen nüchtern. Wegen der Abwesenheit des Königs gibt es keine Einweihungsfeier, nur ein lakonisches Übernahmeprotokoll der Torwache zeugt von diesem Ereignis:

»Actum, Berlin, den 6. August 1791. Nachdem auf Befehl Sr. Königl. Majestät die Passage in dem neu erbauten Brandenburger Tor heute eröffnet wurde, so bezog das daselbst wachthabende Militär die an diesem Tor neu erbaute Wache, welche durch Endes Scripturn folgende Mobilien erhielt und durch den Herrn Lieutnant von Prodzynski als Wachthabenden Offizier selbst in Empfang genommen wurde: 3 Tische, 4 neue Schemmel, 2 schon gebrauchte aus der Interims-Wache, 1 Spinde für den Unteroffizier und 4 Schlüssel. Hiermit

^ *Daniel Chodowiecki, Das alte Brandenburger Tor. 1764. Radierung*

wurde gegenwärtiges Protokoll geschlossen. Lessling (Ober-Hofbaurat). Held (Ober-Hofbauinspektor), Lieutnant von Prodzynski, Reg. Herzog Friedrich. F. W. Listag, Platz-Major. Friedel, Gouv. Bau-Adjudant.«[1]

Der Bau ist Teil des schon unter König Friedrich II. von Minister von Woellner aufgestellten Planes zur »Verschönerung der Residenzstädte Berlin und Potsdam durch Errichtung vortrefflicher Gebäude«. Anlässlich einer Tagung der Akademie der Künste am 16. August 1769 wird das Modell des neuen Tores erstmals gezeigt. Beauftragt mit Entwurf und Durchführung ist der Architekt Carl Gotthard Langhans d. Ä.

Der Architekt und Königliche Geheime Rat bricht mit dem bisher für Stadteingänge verbindlichen römischen Triumphtor, das soeben noch den erneuerten drei Toren im Norden zum Vorbild gedient hat. Ob dieser Bruch von ihm selbst ausgeht oder auf das Drängen des architektonisch begabten Friedrich Wilhelm II. zurückzuführen ist – die Akten lassen keine eindeutige Aussage zu.[2] Das neue Tor soll ein hohes Maß an Durchlässigkeit vermitteln, nicht nur für die Karossen, auch für den menschlichen Horizont, es soll vom Licht durchflutet sein.

Die neuen Vorbilder sind die Griechen, für das neue Brandenburger Tor die Propyläen auf der Akropolis: »Die Lage des Brandenburger-Thores ist in ihrer Art ohnstreitig die schönste von der ganzen Welt«, schreibt Langhans in einer Denkschrift für den Monarchen, »um hiervon gehörig Vortheile zu ziehen, und dem Thore so viel Oefnung zu geben, als möglich ist, habe ich bey dem Bau des Neuen Thores das Stadt-Thor von Athen zum Modelle genommen ...«[3] Das neue Brandenburger Tor soll ein Symbol des Friedens sein und den Namen Friedenstor erhalten.

Als Baumaterial dient Elbsandstein, der seit dem Tod von Friedrich II. wieder importiert werden darf. Schon im Jahre 1790 sind die Steinmetzarbeiten abgeschlossen. Woellner ordnet an, dass sämtliche Sandsteine mit Käsekitt gedichtet und mit Laugekalkfarbe abgefärbt werden. Das Tor erhält dadurch einen weißen Farbanstrich, was bei späteren Restaurierungsarbeiten immer wieder verändert wird: 1804 hellbraun (von dem Schriftsteller Julius Voß 1811 als »ekelhafter Caffee au lait« bezeichnet), 1817 hellgrau, 1868 dunkelgrau: Bei der Wiederherstellung des teilzerstörten Tores im Jahre 1957 und bei der im Jahre 2002 abgeschlossenen Generalüberholung wird auf eine Übermalung verzichtet.

Das Brandenburger Tor von Langhans ist das erste bedeutende Bauwerk des Klassizismus in Berlin. Monumentalität und Proportionen des Gebäudes verschaffen ihm bald Weltruf. Der von starken Mauerpfeilern getragene Hauptbau mit seinen fünf Öffnungen ist auf beiden Seiten mit dorischen Säulen bekleidet. An ihn schließen sich,

[1] E. v. Siefart, Aus der Geschichte des Brandenburger Tores und der Quadriga, Schriften des Vereins für die Geschichte Berlins, Heft 45, Berlin 1912, S. 11.

[2] vgl. Wolf Jobst Siedler, Spüren die Zeitgenossen einen Epochenbruch? Zwischen Rokoko und Klassizismus: Friedrich Wilhelm II., ein Herrscher des Nicht-mehr und des Noch-nicht, Berliner Zeitung vom 10./11. Mai 1997.

[3] Carl Gotthard Langhans, Pro Memoria, den Riss zum Brandenburger Tor betreffend. Zit. n.: Ruth Glatzer, Berliner Leben 1648-1806, Berlin 1956, S. 297-298.

^ *Unbekannt, Erste Darstellung des Brandenburger Tores. 1798*

nach innen vorspringend, die Torhäuser in Form kleinerer Flügelbauten an; sie gleichen dorischen Tempeln.

Die gesamte Breite des Tores beträgt 62,5 Meter. Die Mittelöffnung des elf Meter tiefen Hauptbaus – zunächst ausschließlich für die königliche Equipage reserviert – misst 5,65 Meter, jede Seitenöffnung – die beiden inneren für Fahrzeuge, die äußeren für Fußgänger vorgesehen – 3,79 Meter. Die Säulen sind bei einem unteren Durchmesser von 1,73 Metern exakt 14 Meter hoch. Die Gesamthöhe des Tores bis zur Spitze der krönenden Gruppe beträgt 26 Meter. Die Gesamtkosten für den Bau mit Quadriga, Plastiken und Reliefs erreichen eine halbe Million Taler.

Nach 1793 werden in der östlichen Front des Tores, ab 1868 in Seitennischen, die beiden Figuren Mars und Minerva aufgestellt. Während die Statue des Mars, den Gottfried Schadow modelliert, im Original erhalten ist, handelt es sich bei der Plastik der Minerva bereits um die zweite Kopie. Außerdem werden die auf Zeichnungen des Malers und Akademiedirektors Christian Bernhard Rode zurückgehenden Reliefs angebracht. Das eine ziert die Basis der Quadriga und zeigt den Zug des Friedens, die 20 Reliefs der Durchfahrten haben die Sage des Herkules als Symbol für Kraft und Heldentugend zum Inhalt.

Schadows Quadriga, die übrigens entgegen hartnäckig wiederholten anders lautenden Gerüchten auf ihrem erhöhten Standort nie gedreht wird, sondern zeit ihrer Existenz immer in Richtung Osten fährt, wird im Jahre 1793 aufgestellt. Langhans, Schadow und der Potsdamer Kupferschmied Emmanuel Ernst Jury beschließen, aus Kostengründen für die vier Pferde nur zwei verschiedene Modelle anzufertigen und lediglich mit der Kopfstellung der Tiere zu variieren. Nach der Fertigstellung des aus Kupfer über ein Holzmodell getriebenen »Char du Triomphe«. stellt man fest, dass die Göttin, für sie steht eine junge Berlinerin, des Kupferschmieds Base Rieke Modell, mit vier Metern Höhe im Vergleich zu den Pferden (3,84 m) zu groß geraten ist. Glücklicherweise fällt das Missverhältnis kaum auf, da der Wagen gut die Hälfte der Figur verdeckt. Nachträglich wird die Göttin mit einem »fliegenden Gewand« bekleidet.

Es spricht für die symbolische Bedeutung, die das neue Brandenburger Tor in kurzer Zeit auch im Ausland erlangt, dass Napoleon die Quadriga im Dezember 1806 abbauen und nach Paris verbringen lässt. Für siebeneinhalb Jahre fehlt dem Tor die Krönung; die Gruppe steht in einem der Säle des Musée Napoleon.

Nach dem Einmarsch der preußischen Truppen in Paris wird das Raubgut wieder in Kisten verpackt und nach Berlin zurückgebracht. Im Unterschied zur Hinreise wählt man den Landweg, was die Teilhabe der Bevölkerung an diesem triumphalen Transport ermöglicht – und in Aachen sowie einigen weiteren Orten den Abriss der zu engen Stadttore erfordert. Am 30. Juni 1814 wird die Quadriga unter dem Jubel der Berliner wieder

R. Knötel, Die Quadriga auf ihrer Rückführung kurz vor Berlin. ^
Federlithographie nach einer Zeichnung.

anlehnt, ausgestattet mit einem Durchgang für die innere Communication. An diesen schließt sich ein nicht minder schmales Quergebäude an, dessen Außenmauer die Westfront des Hauptbaus verlängert. Diese abweisende, nur durch Pilaster aufgelockerte Rückseite des Quergebäudes bietet bisher den Anschluss für die Stadtmauer, die den Blick in den Hof des Torhauses verdeckt.

Drei Jahre nach dem Verschwinden der Ringmauer präsentiert sich die Westseite des Brandenburger Tores in neuer, schönerer Gestalt. Der Architekt Johann Heinrich Strack lässt Seitenflügel und Quergebäude der Torhäuser abbrechen und besetzt 1868 die gewonnene Freifläche samt Hof mit einer offenen Halle. Deren sechzehn dorische Säulen schließen sich übergangslos an die alten, das Torhaus umgebenden Säulen an und lassen vergessen, dass es sich bei ersteren um eine nachträgliche Notlösung handelt. Zwei zusätzliche Öffnungen für Fußgänger sind ein weiterer Gewinn des Umbaus.

auf dem Brandenburger Tor aufgestellt, aber erst beim Einzug des Königs am 7. August enthüllt. Zuvor erhält sie anstelle des antiken Lorbeerkranzes mit seinem römischen Adler eine Standarte mit dem zu Beginn der Befreiungskriege gestifteten Eisernen Kreuz umgeben von einem Eichenlaubkranz, auf dem der preußische Adler steht. Das »Tor des Friedens« wird zu einem »Denkmal des Befreiungskrieges«, die Göttin des Friedens Eirene zur Siegesgöttin Victoria.

In den Jahren 1957 und 1958 entsteht in Berlin (West) nach dem dort befindlichen Gipsabguss eine Kopie der im Zweiten Weltkrieg zerstörten Quadriga. Unmittelbar vor der Wiederaufstellung im Herbst 1958 lässt der Magistrat von Berlin (Ost) Adler und Kreuz als angebliche Symbole des preußischen Militarismus entfernen.

Umbaupläne für das Brandenburger Tor und dessen unmittelbare Umgebung tauchen wiederholt auf. Zu größeren Veränderungen des Erscheinungsbilds dieses Bauwerks kommt es indes nur zwei Mal – und in beiden Fällen zum Vorteil des Bauwerks. Der erste Anlass ist der Abriss der Ringmauer, der ab 28. August 1865 am Brandenburger Tor beginnt und den Blick auf die hässlichen »Hinterhöfe«, mit denen beide Torhäuser ausgestattet sind, freigibt. Diese Höfe werden im Osten von der Rückwand des Torhauses begrenzt. Es folgt ein Seitenflügel, der sich direkt an den Hauptbau

So recht zur Geltung kommen die Ensembles Torhaus – Säulenhalle aber erst nach dem Wiederaufbau im Jahre 1958, die den Anlass für einen weiteren, kleineren Umbau schafft. Die Trümmer der Gebäude am Pariser Platz sind beseitigt, das Tor steht erstmalig völlig frei. Die Torhäuser erhalten nun auch auf der ihren ehemaligen Nachbargebäuden zugewandten Seite, mit denen sie Wand an Wand verbunden waren, eine Säulenreihe. Aus ursprünglich acht werden zwölf Torhaussäulen, die nun von zwei Seiten her an die Säulen der Strackschen Halle von 1868 anschließen.

Die beiden nach dem Wegfall der Ringmauer ihrer ursprünglichen Funktion entkleideten Torhäuser werden in der Folgezeit ganz unterschiedlich beansprucht. Während das auf der Südseite liegende Wachhaus laut Adressbuch lange Zeit von einem Registrator, gelegentlich auch einem

^ *Die Quadriga im Hof des Marstalls in Berlin (Ost), noch vollständig mit Kreuz und Adler. Herbst 1958*

Rechnungsrat besetzt ist und anschließend, mit Beginn der dreißiger Jahre, ungenutzt bleibt, wechseln die Aufgaben des Steuerhauses häufiger. Bis 1875 verbleibt ein Steuerinspektor im Haus, aber schon ab 1870 befindet sich hier außerdem eine königliche Telegrafenstation, die bald darauf zum kaiserlichen Telegrafenamt wird. In der Zeit der Weimarer Republik befinden sich im Haus das Postamt W 6 sowie ein Zollamt, danach bis zur fast totalen Kriegszerstörung der Jahre 1944 und 1945 die Polizeiwache Brandenburger Tor.

Nach der Wiederherstellung im Jahre 1958 dienen die direkt an der Grenze zwischen den beiden Teilen Berlins liegenden Häuser als Kontrollstationen, danach, in der Zeit der Berliner Mauer zwischen 1961 und 1989, als Dienstgebäude der Grenztruppen der DDR. Heute stehen beide Häuser den Besuchern der Stadt zur Verfügung. Im alten Steuerhaus befindet sich seit 1994 ein auf Initiative Ostberliner Christen eingerichteter Raum der Stille. Das ehemalige Wachhaus gegenüber wird heute als Touristen-Information genutzt.

Dass sich wenige Städte so schön repräsentieren wie Berlin am Brandenburger Tor, weiß man indes nicht erst seit heute. Im Jahre 1806 schreibt der russische Beamte und Publizist Anton Zailonow (eigentlich Immanuel Truhart), noch unter dem Eindruck der ländlich-ärmlichen Verhältnisse, auf die er an den Toren im Osten der Residenz gestoßen ist:

»Von Charlottenburg her ist hingegen der Eintritt in Berlin überraschend. Auf einer schönen Chaussee fährt man durch ein niedliches Wäldchen hin. Ein Triumphbogen schimmert uns entgegen. Wir fahren durch. Ein schönes Quadrat mit gutgebauten Häusern öffnet sich unsern Blicken. Die Lindenallee vor uns und zu beiden Seiten eine Reihe geschmackvoller Gebäude, die unabsehbar scheinen, da sie durch die vierfache Lindenallee verdeckt werden. Dieser Anblick ist vortrefflich.«[1]

Das »schöne Quadrat«, die 120 mal 120 Meter große Fläche zwischen dem Tor und den »Linden«, die zuerst offiziell Quarré(e) und ab 15. September 1814 Pariser Platz heißt, ist zunächst von barocken Bauten umgeben. Das sind zweistöckige palaisartige Gebäude mit Mansardendächern, die Traufe bei acht bis zehn und die Firstlinie bei 14 bis 16 Metern Höhe. König Friedrich Wilhelm I. wünscht eine einfache, geschlossene und spiegelbildliche Platzanlage. Im Jahre 1740, als der König stirbt, haben die Bauherren – vornehmlich Staatsbeamte und hohe Offiziere – ihre Domizile bezogen. Nahtlos passt sich das alte Brandenburger Tor mit seinen Proportionen in die Maße seiner Umgebung ein.

Langhans' Tor überragt dagegen die ländliche zweigeschossige Bebauung des alten Quarrée um das Doppelte. Es ist – im Jahr der französischen Revolution entworfen – die Architektursprache des neuen Jahrhunderts, des Bruchs mit der Rokokowelt. Aber es steht wie sein Vorgänger in der westlichen Fassadenfront des Platzes und bleibt der geschlossenen Geometrie von Fläche und Raum verpflichtet.

Im 19. Jahrhundert verändert sich auch die sonstige Bebauung des Platzes. Das walmdachbekrönte Palais wird durch den Typ des drei- oder

[1] Anton Zailonow, Freymütige Bemerkungen über den preußischen Staat in politisch-militärisch und bürgerlicher Hinsicht, o. O.u.J.

^ *F. A. Borchel, Blick auf das Brandenburger Tor vor dem Abriss der Akzisemauer. Zeichnung*

Liebermann. Sein Sohn, der Maler Max Liebermann erbt 1894 den wertvollen Besitz. Er wohne »gleich links, wenn man nach Berlin hineinkommt«, pflegt er zu sagen. Vier Jahre währt sein Kampf gegen allerhöchste staatliche Stellen einschließlich dem Kaiser um den Einbau eines Dachateliers. Von den Nazis als Ehrenpräsident der Akademie der Künste abgesetzt und mit Ausstellungsverbot belegt, stirbt Liebermann verbittert im Jahre 1935.

viergeschossigen Palazzobaus ersetzt. Er prägt das Bild des Platzes bis zum Zweiten Weltkrieg.

Eigentümer und Bewohner der zehn Häuser des Platzes repräsentieren die facettenreiche Gesellschaft der preußischen bzw. deutschen Hauptstadt. Haus Nr. 5 an der Nordostseite des Platzes erwirbt im Jahre 1862 die Regierung Frankreichs. Einundzwanzig Jahre später erhält das Botschaftsgebäude einen säulengetragenen Balkon über der Auffahrt. Im benachbarten Haus Nr. 6 auf der Nordseite und dem folgenden am Tor anschließenden Haus Nr. 7 richtet Johann Georg Sieburg, Fabrikant von Baumwolltuchen, 1756 eine Weberei und Druckerei ein. Es sollte eine Keimzelle der Industriemetropole Berlin werden. Mit einer Dampfmaschine ausgerüstet, ist der Betrieb in den letzten neunziger Jahren des 19. Jahrhunderts produktionstechnisch einer der modernsten in der verarbeitenden Industrie Deutschlands. Die beiden Häuser werden 1844 von August Stüler im Auftrag des neuen Eigentümers, des Hofzimmermeisters Carl August Sommer, umgebaut. Auch das Haus Nr. 1, das sich südlich am Brandenburger Tor anschließt, wird 1847 von Sommer gekauft und von Stüler nach gleicher Form wie Nr. 7 umgestaltet. Haus Nr. 6 wird im Jahre 1902 von seinem neuen Besitzer, dem Grubenbesitzer Fritz Friedlaender aufgestockt, was die Harmonie der Platzwand empfindlich stört. Pariser Platz Nr.7 kauft im Jahre 1857 der Kaufmann und Kattunfabrikant Louis

Auf dem Grundstück Nr. 2 an der Südwestseite des Platzes wird 1871 anstelle des barocken Blücherpalais ein palastähnlicher Neubau errichtet, dessen eine Front sich entlang der Ebertstraße (damals Königgrätzer Straße) erstreckt. Seit der Jahrhundertwende im Besitz des schlesischen Magnaten Guido Henckel von Donnersmarck, einem der reichsten Männer des Landes, wird das große Gebäude im Jahre 1930 von den Vereinigten Staaten erworben und nach einer brandbedingten Rekonstruktion 1939 vom US-Botschafter bezogen. Besonders wechselvoll ist das Spektrum der Mieter im Haus Pariser Platz 3. Zu nennen sind unter vielen anderen der Rechtsgelehrte Friedrich Karl von Savigny, wohnhaft dort ab 1820, der Generalfeldmarschall und Berliner Stadtkommandant Friedrich Heinrich Ernst Graf von Wrangel ab 1849 (Dienstwohnung), die feudale Casinogesellschaft im prunkvollen Neubau ab 1881, der Generalinspektor für das deutsche Straßenwesen Fritz Todt ab 1934, der Reichsminister für Bewaffnung und Munition Albert Speer ab 1941. In das Haus Nr. 4, 1857 und 1858 von dem Architekten Eduard Knoblauch umgebaut und aufgestockt, zieht 1907 die Akademie der Künste ein, bevor 1937 auch dieses Gebäude an Speer, in seiner Eigenschaft als Generalinspektor für die Neugestaltung der Reichshauptstadt, geht. Später werden die nach dem Zweiten Weltkrieg erhalten gebliebenen Teile des Gartenflügels in den Neubau integriert. Das recht-

^ *Brandenburger Tor mit den Strackschen Säulenhallen und Pariser Platz. 1930*

winklig zum Akademiegebäude stehende Haus Unter den Linden 1 kommt 1798 in den Besitz des Grafen von Redern, dessen Sohn es 1835 von Schinkel aufstocken und klassizistisch überformen lässt. In den Jahren 1906 bis 1907 entsteht hier das Berliner Spitzenhotel Adlon, das sich in den zwanziger und ersten dreißiger Jahren prominentester Gäste rühmen kann – vom Maharadscha von Patiala, der mit seinem Hofstaat die gesamte erste Etage belegt, bis zu Charles Spencer Chaplin.

Heute befinden sich die französische wie die amerikanische Botschaft, die Akademie der Künste und das Hotel Adlon wieder am historischen Ort. Die Neubebauung des Pariser Platzes ist nach mehr als einem halben Jahrhundert Ödnis abschlossen. Die Fläche ist wieder sorgfältig gepflastert, wenngleich anstelle des einstigen Farbenspiels von Feldsteinen in stumpf-farblosem Granitgrau. Seit 1992 sprudeln wieder die beiden schönen, ihrem historischen Vorbild der achtziger Jahre des 19. Jahrhunderts nachempfundenen Brunnen inmitten der Grünanlagen. Wird der Pariser Platz wieder zum früher viel zitierten »Empfangssalon« der Hauptstadt?

Aus der geografisch umgekehrten, der Stadt-Sicht, ist der Pariser Platz der würdige Abschluß der repräsentativen Straße Unter den Linden, die der Große Kurfürst schon im Jahre 1647 angelegt hat. Heinrich Laube nennt sie vor 180 Jahren »eine der schönsten Straßen Europas«, und ein anderer Besucher notiert zur gleichen Zeit: »Was die Boulevards (für) Paris, das sind die Linden (für) Berlin!« Dichter, Schriftsteller, Maler und Musiker besingen und feiern sie, ihre Palais und Baudenkmäler, die Promenade unter den Lindenbäumen, die »allerschönsten Frauen« und deren Begleiter sowie das Fluidum dieser einzigartigen Straße im Herzen der Stadt. Die »Linden« haben in allen historischen Perioden viele Gesichter mit Tausenden von Fenstern, hinter denen das Leben pulsiert. Sie ist Magistrale, Geschäfts- und Bürostraße, Boulevard und Anziehungspunkt für Touristen, sie ist Sitz der Museen und Wissenschaften und Stätte bedeutender Bauten des Barock, Rokoko, Klassizismus, des Historismus und moderner Architektur. Hauptstraßen spiegeln immer den Charakter einer Stadt, die Tradition und die kulturelle Entwicklung eines Landes wider. Doch nur wenige große Straßen der Welt erleben so viele bedeutsame Ereignisse wie die Linden, und in nur wenigen stehen Altes und Neues, Bewahrtes und Neugeschaffenes so dicht nebeneinander.

Der Platz jenseits des Tores erhält nach dem Abbruch der Zollmauer den Namen »Platz vor dem Brandenburger Thor.« Seine Gestaltung beginnt indes erst im Jahre 1903. Beiderseits der Einmündung der Charlottenburger Chaussee werden die Denkmäler von Kaiser Friedrich und dessen Gattin aufgestellt, beide von Springbrunnen flankiert. Eine Marmorbalustrade, an ihren Enden mit Vasen bekrönt, grenzt den halbrunden Vorplatz vom Tiergarten ab. Zwischen 1934 und etwa 1960 heißt der Ort Hindenburgplatz und seit Juni 2000 Platz des 18. März.

Am Brandenburger Tor ist immer Betrieb. Im Jahre 1793 schildert der Publizist Georg Friedrich Rebmann das bunte Treiben:

»Hier ist es nun unter der gehenden Welt beinah unmöglich, den Friseur vom Hofrat, den Kammerherrn und noch weniger die Geheimrätin von der Trödlerin zu unterscheiden. Du siehst eintausend Puppen, nach den Kupfern des Modejournals geformt, sich vorüberdrehen und ein anderes Tausend an ihre Stelle treten. Das Ganze gleicht einer lärmenden Prozession, davon sich der größte Teil durch das Athenienische Tor [das Brandenburger Tor] in den nahen Tiergarten wälzt«.[1]

Die »lärmenden Prozessionen« besonderer Art kommen indes überwiegend von außerhalb der Stadt. Seit dem Einmarsch Napoleons nehmen sämtliche Triumphzüge, Paraden und Empfänge ihren Weg durch das monumentale Brandenburger Tor. (Ausnahmen sind nur der Zarenbesuch von 1815 sowie die Krönungszüge von 1840 und 1861). Hier inszenieren die Herrschenden ihre Macht, nicht nur zu Zeiten der preußischen Könige und der deutschen Kaiser. Spätestens anlässlich des pompösen Einzugs von Kaiser Wilhelm I. nach Ende des deutsch-französischen Krieges 1871 ist aus dem Tor des Friedens ein Triumphbogen des Sieges gewor-

[1] Georg Friedrich Rebmann, Kosmopolitische Wanderungen durch einen Teil Deutschlands, Leipzig 1793.

den. Auch die Nazis versuchen an diesem Weiheort, ihre Weltanschauung in historische Traditionen zu stellen. Folgerichtig wird das Bauwerk auch von der Roten Armee, die auf dem Pariser Platz ihre Siegesfeier veranstaltet, politisch eingebunden.

Das Brandenburger Tor ist seit 1927 offiziell das Wahrzeichen der Stadt Berlin. Mit dem Beginn der Nachkriegszeit wird es darüber hinaus zum nationalen Denkmal – zum Symbol von Spaltung und Wiedervereinigung.

^ *Im Raum der Stille, nördliches Torhaus. 2006*

^ *Schalenlampe, südliche Torhalle. 2006*

^ *Mars, südliche Torhalle. 2006*

^ *Minerva, nördliche Torhalle. 2006*

Auf halber Strecke zwischen dem Brandenburger Tor und dem großen Nordbogen der Spree befindet sich ein Platz, der zeitlich noch vor der Ringmauer entsteht. Er wird im Jahre 1721 angelegt, weil König Friedrich Wilhelm I. eine weitere Exerzierfläche benötigt. Über einen Zeitraum von einhundert Jahren werden hier Soldaten ausgebildet, ohne dass sich in unmittelbarer Umgebung dieser Übungsfläche Nennenswertes verändert. Nur die Zahl der nördlich benachbarten Plätze zur Lagerung des angeflößten Bauholzes und der königlichen Holzmärkte nimmt zu – zuletzt füllen sie die gesamte Fläche innerhalb des Spreebogens –, und im Jahre 1740 entsteht, aber in einiger Entfernung vom Platz , der Ausschank »In den Zelten«, (im Kapitel über die »Polizei-Mauer« bereits erwähnt).

Der Exerzierplatz bleibt weitere rund vierzig Jahre bestehen, aber er beherrscht nun bald nicht mehr das Bild. Der Zimmermeister G. F. Richter pachtet vom Fiskus einen Teil des Platzes und errichtet im Jahre 1821 südwestlich der Stelle, wo heute die Ebert- und die Scheidemannstraße zusammentreffen, einen Zirkus. Nach London, Paris und Wien ist dies das vierte feste Zirkusgebäude in Europa. Ungefähr 1.000 Menschen finden in dem stattlichen Holzbau Platz, für 15 Groschen in der Loge, aber nur zweieinhalb Groschen im Amphitheater. Der Kuppelbau heißt zunächst »Circus vor dem Brandenburger Thor«, später, nach Richters Tod wird er in »Circus olympicus« umbenannt. Die letzten Veranstaltungen finden im Jahre 1846 statt, zwei Jahre später brennt das Gebäude ab.

Im Jahre 1844 erhält der Zirkusbau einen prominenten Nachbarn. Nach einem Entwurf von Johann Heinrich Strack lässt der Graf Athanasius Raczynski ein Palais errichten. Der Diplomat und Kunstgelehrte schafft damit die erste öffentlich zugängliche private Gemäldegalerie. Eines der wertvollsten unter den 130 Gemälden ist Botticellis »Maria mit dem Kinde, umgeben von einem Chor singender Engel, mit Lilienzweigen in den Händen.« Raczynskis Zuwendung gilt der neueren deutschen Malerei; mit der »Geschichte der deutschen Kunst« schreibt er ein in Fachkreisen bis heute als grundlegend eingeschätztes Werk. Im Jahre 1884 wird das Palais abgetragen, um dem Reichstagsgebäude Platz zu machen. Die Kunstsammlung geht im Sinne des 1874 verstorbenen Begründers zusammenhängend in den Bestand der Berliner Nationalgalerie ein.

Gleichzeitig mit dem Palais Raczynski entsteht auf der gegenüberliegenden Seite des Platzes in den Jahren 1842 bis 1844 das Krollsche Etablissement. Die Architekten Friedrich Ludwig Persius und Eduard Knoblauch gestalten einen außerordentlich großzügig gestalteten Bau. Begeistert schreibt ein damals bekannter Publizist: »Unsere Zeit beschränkt die Pracht nicht mehr auf die Einsamkeit fürstlicher Paläste, in ihrem demokratischen Charakter nimmt sie dieselbe auch für die große Menge in Anspruch.«[1] Ursprünglich für Feste, Konzerte und Ausstellungen konzipiert, wird der Hauptsaal nach einem durch Feuervernichtung veranlassten Umbau des Gebäudes seit Mitte

[1] Friedrich Saß, Berlin in seiner neuesten Zeit und Entwicklung, Leipzig 1846. zit. n.: Ruth Köhler, Wolfgang Richter (Hrsg.), Berliner Leben 1806-1847, Berlin 1954, S. 158.

Krollsches Etablissement (unten), Palais Raczynski und Circus olympicus (Mitte). 1846. ^
Ausschnitt aus einer Vogelschauansicht von K. Loeillot

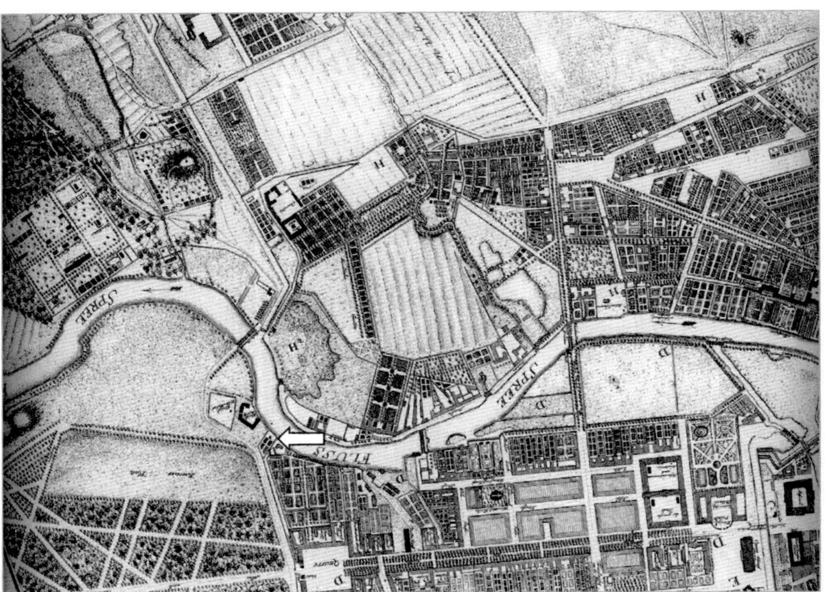

rieregiment (Regiment Nr. 19). Die beiden langgestreckten, parallel zueinander angeordneten Baukörper zeigen mit ihren Giebeln nach Süden und reichen im Norden bis an die Spree. Das später errichtete Palais Raczynski liegt in unmittelbarer Nachbarschaft (vgl. Abb. S. 173).

Die Akzisemauer, die ja auch die Fahnenflucht von Soldaten verhindern soll, wird hier direkt zur Kasernenmauer. Dazu schwenkt sie vorübergehend aus ihrer bisherigen Nord- in eine Nordwestrichtung ab (diese Änderung im Verlauf fängt Schwartz mit der Kamera ein), um anschließend wieder nördlich direkt auf die Spree zu stoßen.

Noch vor dem Bau der Kaserne muss sich an diesem Ort bereits ein militärisch oder anderweitig staatlich wichtiges Objekt befunden haben. Der Stadtplan des Feldmarschalls Graf von Schmettau aus dem Jahre 1748 zeigt an dieser Stelle einen Gebäudekomplex, der von allen drei Landseiten eingemauert ist (s. Pfeil).

Was der Schmettau-Plan darüber hinaus erkennen lässt, ist, dass der Stadtmauer im letzten Teil der insgesamt 700 Meter langen Strecke bis zum Unterbaum die innere Communication fehlt. Letztere endet mit der Kasernenstraße, der späteren Sommerstraße. Jenseits der Kaserne verläuft die Mauer direkt am Spreeufer. Wer also vom Brandenburger Tor zum Unterbaum gelangen will, kann dies auf kurzem Wege nur außerhalb der Ringmauer bewerkstelligen. Viele Jahrzehnte hindurch säumen den Weg dorthin nur der Exerzierplatz, der Holzmarkt und eine königliche Meierei. Später kommen nicht nur die bereits genannten Bauten auf dem Exerzierplatz hinzu, auch das Spreeufer westlich der Kaserne wird mehr und mehr bebaut.

der fünfziger Jahre hauptsächlich für Theateraufführungen genutzt; der Name des Hauses wandelt sich allmählich in Kroll-Oper.

Am 18. Dezember 1864 erhält der Platz den Namen Königsplatz. Schon ein Jahr später beginnt Strack mit den Arbeiten an der Siegessäule, die sich dann aber bis 1873 hinziehen, bis die Siegesgöttin als Symbol für den gewonnenen Deutsch-Französischen Krieg auf der Säule steht. Das 1901 aufgestellte Denkmal für Bismarck von Reinhold Begas sowie die Standbilder Roons und Moltkes von 1905 vollendeten die Gestaltung des Platzes.

In der Zeit des Nationalsozialismus werden die um eine Trommel aufgestockte Siegssäule und die Denkmäler am Großen Stern im Tiergarten aufgestellt. Die Fläche soll Albert Speers »größtes Bauwerk der Welt« aufnehmen. Nach dem Kriege wird der Königsplatz wieder – wie bereits zwischen 1926 und 1933 – in Platz der Republik umbenannt.

Angesichts eines für das Thema dieses Buches einmaligen Fotodokuments von F. Albert Schwartz wurde der Verlauf der Ringmauer vom Brandenburger Tor entlang der Sommerstraße bereits zu Beginn dieses Rundgangs von Tor zu Tor beschrieben. Das dort erwähnte Garnisonslazarett wird im Jahre 1767 als Kaserne errichtet und beherbergt ursprünglich das Herzog Friedrichsche Infante-

^ *Der Plan von Schmettau. 1748. Ausschnitt, genordet.*

Zwischen letzteren Gebäuden entsteht eine kurze in Richtung Spree und Stadtmauer führende Sackgasse namens Seegerhoffstraße.

Ein dort ansässiger Holzhändler behindert offenbar den termingemäßen Abbruch der Ringmauer, indem er diese als Schutz und Abstützung seiner aufgeschichteten Ware nutzt. Noch am 16. Dezember 1869 beschäftigt sich die Stadtverordnetenversammlung mit diesem verbliebenen, 92 Fuß (29,3 Meter) langen Mauersegment. Das Mittelstück sei – so die Erklärung des Magistrats – von allein eingestürzt, einen weiteren gefährdeten Teil musste die Feuerwehr einreißen, der Rest könne aber erst dann entfernt werden, wenn der Pächter den Holzhaufen weggeräumt habe. Hauptproblem der Beratung ist indes, wer am Schluss die Abrisskosten in Höhe von 94 Talern trägt, denn eigentlich ist für die Entfernung des südlich der Spree liegenden Halbrings der Fiskus zuständig.

Schräg gegenüber, am Nordufer der Spree mündet zu Zeiten der Akzisemauer der Schönhauser Graben, auch Charitégraben oder Neue Panke genannt, in die Spree. Dieses künstlich angelegte Gewässer ist Resultat der immer auf höchstmöglichen Komfort bedachten Wünsche von König Friedrich I. Er will vom Stadtschloss oder von Monbijou aus per Wasser nicht nur seine Luxussitze Lietzenburg und Ruhleben erreichen, sondern auch Schloss Niederschönhausen. Zu diesem Zwecke beauftragt er im Jahre 1704 Johann Friedrich von Eosander, einen zwei Kilometer langen Graben anzulegen, der im heutigen Ortsteil Wedding von der Panke abzweigt, zuerst westlich, dann südlich verläuft und am Unterbaum die Spree erreicht. Auf sogenannten Treckschuten, also Schiffen, die von zwei Pferden auf Treidelwegen gezogen werden, will der König über diesen Kanal und die durch mehrfache Schleusen schiffbar gemachte Panke zu seinem Schloss gelangen.

Heute ist der Schönhauser Graben verschwunden, aber sein Verlauf ist teilweise nachvollziehbar. Die Neue Panke, inzwischen längst befestigt und reguliert, unterquert nach ihrer Abzweigung die Chausseestraße (die an dieser Stelle zur Müllerstraße wird), und ergießt sich nach wenigen hundert

Metern in den Berlin-Spandauer Schifffahrtskanal. Dieser nutzt linkerhand zunächst das verbreiterte Bett des Schönhauser Grabens und wendet sich später im Bogen nach rechts zum Humboldthafen. Dieses Hafenbecken wird in den Jahren 1848 bis 1850 unter Einbeziehung des Geländes eines königlichen Pulvermagazins im Zuge von Notstandsarbeiten angelegt. Bis zum Jahre 1872 existieren Humboldthafen und Schönhauser Graben nebeneinander, dann wird letzterer zugeschüttet. Zehn Jahre später verläuft wenige Meter westlich vom ehemaligen Graben die Trasse der Stadtbahn.

Aber schon in den vierziger Jahren verändert sich massiv das Gesicht des unmittelbar vor dem Unterbaum liegenden Areals. Zeitlich unmittelbar vor dem Humboldthafen, im Sommer des Jahres 1847, wird der Hamburger Bahnhof fertiggestellt. Der Mittelteil dieses von Friedrich Neuhaus und Ferdinand Holz entworfenen Gebäudes hat die Zeiten überdauert. Er ist der einzige noch vorhandene Berliner Bahnhofsbau der ersten Generation.

Gleichzeitig, zwischen 1842 und 1849, wird westlich vom Bahnhof nach englischen und amerikanischen Vorbildern das Moabiter Zellengefängnis errichtet, das 520 Einzelzellen hat. »Welch höhnische Nachbarschaft! Allmorgens schrillt die Pfeife der Lokomotive, wie ein Signal der Freiheit, in die Zellen lebenslänglich Verurteilter hinüber ...«, findet Fontane[1] Mit seinen strahlenförmig angelegten Flügeln ist es der erste funktionell bis ins kleinste Detail durchdachte Anstaltsbau Preußens. Die Isolierung der Häftlinge ist total, selbst in der Kirche. Eine Teilbelegung erfolgt schon im Jahre 1847, als 254 Polen unter dem Ver-

[1] Theodor Fontane, »Wie man in Berlin so lebt«, Berlin 2002, S. 87

Strieber, Das Zellengefängnis von Moabit, 1846. Zeichnung ^

dacht, Mitglieder des revolutionären Polnisch-Demokratischen Vereins zu sein, eingekerkert werden. Nach einem Prozess, der im Gefängnis stattfindet und bis zum 2. Dezember 1847 dauert, erzwingen die Berliner Bürger am 20. März 1848 die Freilassung der Inhaftierten.

Die erhalten gebliebenen Teile der bis zu fünf Meter hohen Außenmauer sind restauriert. Innen befindet sich heute eine drei Hektar große Parkanlage; der Standort von zwei der 1955 bis 1958 abgerissenen Gebäudeflügel ist in der Rasenfläche kenntlich gemacht.

Die Akzisekontrolle an der Unterspree befindet sich zunächst am Ort der späteren Friedrichsbrücke und ab 1698 neben dem dorotheenstädtischen Schlachthaus in Höhe der heutigen Bunsenstraße. Bald schon wird wegen der fortschreitenden, wenn auch lockeren Besiedlung des Schiffbauerdamms und der Gegend der Charité eine neue Brückenverbindung erforderlich. Die »Thiergartenbrücke«, wie sie zunächst heißt, entsteht vor 1723, wahrscheinlich schon um 1715.

Dabei wird der Standort des später »Unterbaumsbrücke« genannten Übergangs so gewählt, dass die Einmündung des Schönhauser Grabens innerhalb der Stadt liegt. Der Weg vom Brandenburger Tor zur Charité führt also unmittelbar nach der Spreebrücke auch noch über eine Grabenbrücke, was auf dem Schmettau-Plan gut zu erkennen ist. Das ändert sich erst mit der planmäßigen Anlage der Friedrich-Wilhelm-Stadt. Die Karlstraße (Reinhardtstraße) wird 1827 als Ost-West-Hauptstraße der Vorstadt so gelegt, dass sich der Standort der neu zu bauenden Unterbaumbrücke nunmehr südlich der Grabeneinmündung befindet.

An der Ecke, die die Karlstraße mit dem Schiffbauerdamm (Nr. 40) bildet, befindet sich das große, bis 1867 mit Soldaten belegte Wachhaus (im Bild ganz rechts knapp angeschnitten). Das Foto zeigt außerdem links das Einnehmerhaus und zwei Bögen der Akzisemauer an der Unterbaumstraße. Nicht erfasst ist auf der Abbildung das jenseits des Charitégrabens bis 1872 existierende »Mehlhaus«. Es steht seitlich auf direkt in das Spreewasser gerammten Pfählen, um das Umladen der Schiffsfracht unmittelbar auf die Waage zu ermöglichen.

Wechselhaft ist das Schicksal, das der Unterbaumbrücke nach dem Wegfall ihrer ursprünglichen Funktion beschieden ist. Spät, erst in den Jahren 1877 bis 1879, wird der hölzerne Übergang durch ein 22 Meter breites Bauwerk aus Stahl ersetzt. Es ist mit Granit verkleidet, an Sockeln und Brüstungsenden stehen gusseiserne Straßenlampen. Zu Ehren des ersten Kronprinzen des Deutschen Reiches, des späteren Kaisers Friedrich III., heißt sie nun Kronprinzenbrücke. Im Zweiten Weltkrieg teilzerstört, wird sie 1972, im Grenzgebiet liegend, abgetragen. In den Jahren 1992 bis 1996 entsteht die 16 Meter breite filigrane Stahlbogenkonstruktion des spanischen Architekten Santiago Calatrava.

^ *Die Kronprinzenbrücke. 2007*

^^ *Unterbaumbrücke, Unterbaumstraße, Karlstraße, Schiffbauerdamm (von links). Vor 1870*

^ *Der Hamburger Bahnhof. 2007*

^ *Mauer des Zellengefängnisses Moabit und Beamtenwohnhäuser. 2007*

DAS NEUE TOR

Der Torabschnitt vom Unterbaum bis zum Neuen Tor hat seine Besonderheiten: Die erste besteht darin, dass die alte Communication weitgehend verschwunden ist. An ihrer Stelle befinden sich heute überwiegend Gebäude, Grünflächen oder freie Plätze. Die Länge der Mauer ist daher nicht mit der gleichen Genauigkeit anzugeben wie bei den anderen Abschnitten. Sie liegt bei etwa 1.200 Meter.

Nur ein erstes und ein letztes kurzes Stück ist durch »normale« öffentliche Straßen markiert. Dazwischen liegt der Krankenhaus-Komplex der Charité, deren Gründung fast dreihundert Jahre zurückliegt. In dieser langen Zeit wird das Gelände der Heil- und Lehrstätte mehrfach erweitert, und alte Gebäude werden durch neue, meist größere ersetzt. Das führt nicht nur dazu, dass der Verlauf der alten Stadtmauer heute so schwer auffindbar ist, sondern auch zu einer weiteren, an keinem anderen Mauerabschnitt anzutreffenden Besonderheit: Infolge der Flächenexpansion der Charité muss die Stadtgrenze zweimal hinausgeschoben werden; es finden sich hier also insgesamt drei historisch aufeinander folgende Palisaden- bzw. Mauerverläufe. Bei deren Identifizierung kann selbst der Sineck-Plan nur begrenzt helfen. Kein Wunder auch, dass Anfang der vierziger Jahre der schon mehrfach zitierte junge Karl Ludwig Zeidler und sein Schulfreund das gemeinsame Abenteuer Mauerumwanderung am Oranienburger Tor abkürzen und den zuverlässigen Weg über die Friedrichstraße zum Halleschen Tor nehmen; die Strecke über die im Umbau befindliche Charité ist den Kindern zu unsicher.

Die Geschichte der Charité, die mit solch weltberühmten Namen wie Virchow, Bergmann, Behring, Bier, Sauerbruch und vielen anderen verbunden ist, beginnt im Jahre 1710, als vorsorglich ein Pesthaus gebaut wird. Die Seuche dringt indes nur bis Prenzlau vor, und das Gebäude dient als Arbeitshaus für Bettler, Arbeitslose und Huren, als Alters- und Pflegeheim sowie als Garnisonslazarett. Die Nutzung des Hauses als Bürgerlazarett und praktische (militär)medizinische Unterrichtsstätte wird von König Friedrich Wilhelm I. mit seiner Kabinettsordre vom 9. Januar 1727 eingeleitet, in der er auch verfügt: »Es soll das Hauß die Charité heissen F.W.«

Ein Stich von Johann David Schleuen d. Ä., entstanden um 1730, zeigt das Stammhaus der Charité und seine unmittelbare Umgebung. Das zweigeschossige, quadratisch angelegte Gebäude mit einer Seitenlänge von 48 Metern erinnert in seiner Anlage an einen Klosterhof. Nach der Umwandlung in eine Heil- und Lehrstätte im Jahre 1727 werden drei Flügel aufgestockt, sodass die Eckpavillons optisch verschwinden. Weitere Bauten, die in den nächsten Jahren folgen, sind eine Küche mit Speisesaal, ein Brau- und Backhaus und andere Wirtschaftsgebäude.

Zur Versorgung mit Lebensmitteln ist die Gebäudegruppe von großen Gartenflächen umgeben. Bemerkenswert ist auch, dass ein Stichkanal vom Schönhauser Graben bis an die Palisade heran-

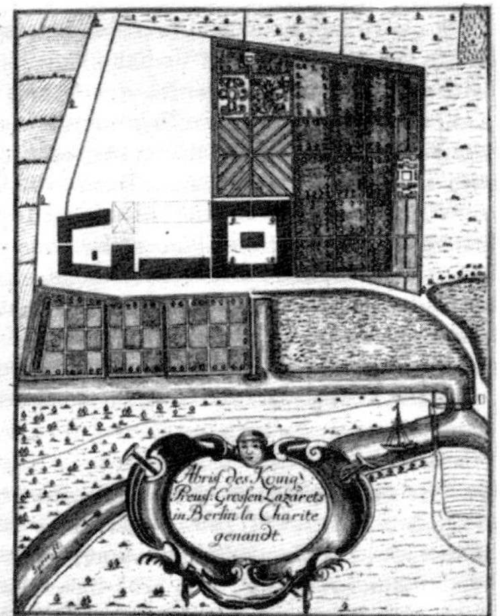

führt, die vis-a-vis vom Eingang der Charité einen schmalen Durchlass gewährt. Nicht weniger als fünf Wachstationen – vier entlang der Palisade, eine an der Südwestecke der Charitéumzäunung – umgeben das am äußersten Stadtrand liegende Areal.

Um 1730 findet sich erst eine einzige Straße, die die spätere Friedrich-Wilhelm-Stadt durchquert; eine Situation, die fast ein weiteres Jahrhundert anhält. Dieser Weg ist die Palisaden-Communication vom Unterbaum zum Oranienburger Tor. Er heißt Charitéstraße und zählt lange Zeit neben dem Hospital nur drei Häuser. Wie dem Schmettau-Plan zu entnehmen ist, bestimmt die Lage des Krankenhauses auch den Verlauf dieser Straße. Sie führt zunächst parallel zum Schönhauser Graben nach Norden, dann – weiter entlang der Charitégrenze – nach Osten. Die Wahl des weiteren Wegverlaufs zum Oranienburger Tor hängt davon ab, wo die Panke mit ihrer morastigen Umgebung am besten überwunden werden kann. Dieser Ort befindet sich dort, wo heute die Phillipstraße als Sackgasse vor einem Parkplatz endet. Wer das Rinnsal namens Panke dort heute in Augenschein nimmt, mag kaum glauben, dass die Gegend damals regelmäßig von Überschwemmungen heimgesucht wird. Der restliche Weg ist gut nachvollziehbar: Phillipstraße, Hannoversche Straße, Oranienburger Tor.

Die Karte »Verläufe der Akzisegrenze zwischen dem Unterbaum und dem Oranienburger Tor« (S. 179) projeziert diese erste, alte Palisadenführung in Form schwarzer Symbole in die heutige Friedrich-Wilhelm-Stadt. Der Verlauf durch das Charitégelände beginnt dort, wo Unterbaum- und Schumannstraße in einem stumpfen Winkel aufeinanderstoßen. Quer durch die Gebäude des Krankenhauskomplexes verläuft die Palisade etwa 60 Meter westlich parallel zum Virchowweg bis zum Max-Planck-Institut. (Dieser Teil des Verlaufs bleibt unverändert bis zum Abriss der Akzisemauer.) Auch für den anschließenden Ostverlauf bis zur Philippstraße finden sich heute im Gelände keinerlei reale Anhaltspunkte mehr.

Innerhalb dieses Palisadenverlaufs entsteht Ende des 18. Jahrhunderts am Ort der alten die neue Charité. Das imposante spätbarocke Gebäude, das auf Entwürfe der Architekten Unger und Gontard zurückgeht, prägt viele Jahrzehnte das Gesamtbild des Hospitals – und wird im Laufe der Zeit angesichts nachfolgender Bauten im Sprachgebrauch bald wieder zur alten Charité. Widerstrebend erteilt König Friedrich II. im Jahre 1783 die Genehmigung für den aufwendigen Bau. Wenige Meter vom alten Pesthaus entfernt wird im Jahre 1788 zunächst der nördliche Flügel des Gebäudes errichtet. Ihm folgt bis 1794 der Südflügel, und erst drei Jahre später wird das dazwischen liegende baufällige Pesthaus, das zuletzt mehr als achthundert Personen unterbringen muss, abgerissen. An seiner Stelle steht vom Jahre 1800 an

^ *Johann David Schleuen, Die Charité um 1730. Stich*

Der Übergang von der Unterbaum- zur Schumannstraße ^

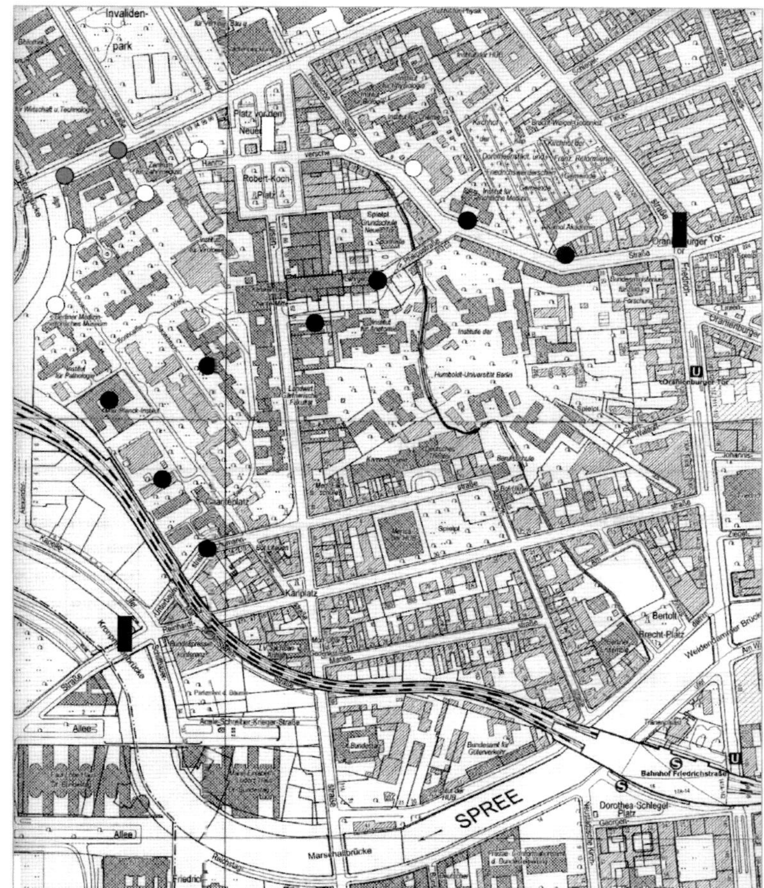

der Mittelflügel (»Corps de logis«) mit drei Risaliten und insgesamt 45 Fensterachsen. Vermutlich gleichzeitig mit dem Bau des Nordflügels der neuen Charité wird die Palisade durch die Ziegelmauer ersetzt, eine Befestigung der Stadtgrenze, die sich jedoch – jedenfalls was deren Ostverlauf betrifft – bald als voreilig erweist.

Denn trotz der verbesserten räumlichen Möglichkeiten ändert sich grundsätzlich nichts an den beklagenswerten Zuständen in der Charité. Mangel und Misswirtschaft spitzen sich während des Krieges 1806 und unter der französischen Besatzung eher noch zu. Pflege und Wartung sinken unter jedes vertretbare Niveau. So verschmutzt, wie die Kranken aus der Stadt kommen, legt man sie auf die mit Exkrementen, Essensresten und Wundsekreten verschmierten Strohsäcke der Bettgestelle. Die Wärter handeln den Patienten die letzten Groschen für die knappen Nahrungsmittel ab. Erst in den dreißiger Jahren bessern sich die Verhältnisse.

Einen Beitrag dazu leisten erweiterte und spezifizierte Unterbringungsmöglichkeiten. Nach drei Jahrzehnten relativer Ruhe erlebt das Baugeschehen auf dem Gelände einen neuen Aufschwung und mit ihm die Entfaltung der Charité, die ja nicht nur Kranken-, sondern auch Lehranstalt, seit 1810 sogar Universitätsklinik ist.

Das zwischen 1831 und 1834 für 160.000 Taler entstehende neue Haus dient dem Zweck, bestimmte Gruppen von Patienten – Gemütskranke, Syphilitiker, Krätzepatienten sowie kranke Gefangene – aus der alten Charité herauszulösen und getrennt unterzubringen. Diese »neue« Charité befindet sich nördlich der alten, mit deutlichem Abstand zu dieser, was nicht ohne Folgen für den Verlauf der Ringmauer bleiben kann.

Die neue, im Jahre 1800 fertiggestellte Charité ^

^ *Drei Verläufe der Akzisegrenze zwischen dem Unterbaum (links) und dem Oranienburger Tor (rechts). Verlauf um 1730 (schwarz). Verlegung 1836 (weiß). Verlegung 1856 (grau)*

Aber es gibt noch einen zweiten Grund, die Stadtgrenze hinauszuschieben: die Entwicklung der Friedrich-Wilhelm-Stadt. Mit der Errichtung der Marschallbrücke im Jahre 1821, die die schmale Judenbrücke ersetzt, entsteht eine stabile Verbindung zur Dorotheenstadt. Der planmäßige Ausbau des Areals am rechten Spreeufer zwischen Friedrichstraße und dem Schönhauser Graben kann beginnen. Im Jahre 1828 wird die neue, vom Spandauer Viertel abgezweigte Vorstadt nach König Friedrich Wilhelm III. benannt. Bebauung und Besiedlung schreiten rasch voran, sie können sich indes von vornherein nur zwischen den zusammenhängenden Komplexen der Charité im Westen und des Tierarzneischulgartens im Osten entfalten.

Schon Ende der zwanziger Jahre werden Forderungen der Bewohner des Stadtteils nach einem neuen Tor laut. Im Jahre 1832 genehmigt der König die Pläne Schinkels für Toranlage und Mauergestaltung. Am 15. Juli 1836 wird das Wachgebäude des Neuen Tores erstmals mit einer Mannschaft belegt.

Die Stadtmauer strebt nun nicht mehr dem Oranienburger, sondern dem Neuen Tor zu. Daher schwenkt sie nicht wie früher schon hinter der alten Charité vom Schönhauser Graben nach Osten ab, sondern erst, nachdem sie die neue Charité »eingemeindet« hat. In der Karte »Verläufe der Akzisegrenze ...« ist der neue Verlauf weiß markiert.

Auch die Straßennamen ändern sich. Entlang der Innenmauer führt jetzt vom Unterbaum bis »da, wo diese sich zum Neuen Thore hinwendet, mit der Communication dieses Thores einen Winkel bildet« (Fidicin), die Unterbaumstraße. Der kurze Rest bis zum Neuen Tor (und von dort weiter bis zum Oranienburger Tor) erhält 1836 den Namen »Communication am Neuen Thor«. Nach der Einbeziehung der Straße in das Krankenhausgelände um 1900 verbleibt der Name Unterbaumstraße nur noch für das kurze Stück vom Unterbaum bis zur Schumannstraße, (zwischen 1961 und 1989 halb zum Todesstreifen und halb zu Berlin/DDR gehörig).

Diese erste Verschiebung der Stadtmauer auf dem Gelände der Charité trägt den Keim einer zweiten in sich. Schon in den Jahren 1836 und 1837 entsteht mit einem Aufwand von 22.000 Talern ein eigenständiges Gebäude für Kranke mit gefährlichen ansteckenden Krankheiten, das bald nur noch Pockenhaus genannt wird. Das Haus steht noch (Virchowweg 21) und ist heute das älteste Gebäude der Charité. In geringer Entfernung zu ihm, direkt an der Ecke Alexanderufer-Invalidenstraße wird zwischen 1838 und 1840 für 19.000 Taler die mit einem Dampfapparat ausgerüstete Wäscherei des Klinikums errichtet.

Beide Neubauten haben den Nachteil, außerhalb der Stadt zu liegen. Erst im Jahre 1854 wird diesem Übelstand abgeholfen. Die Ringmauer wird in ihrem Süd-Nord-Verlauf ein zweites Mal verlängert, diesmal bis an die Invalidenstraße. Danach zieht sie sich ein kurzes Stück nach rechts am Straßenrand entlang. Noch heute ist die Baufront an diesem Stück Invalidenstraße zurückgesetzt. Östlich vom Pockenhaus, das im gleichen Jahr in eine Entbindungsanstalt umgewandelt wird, kehrt die dritte Stadtmauer der Charité nach einem weiteren Rechtsknick nach Süden, zur zweiten zurück (vgl. graue Markierung auf der Karte »Verläufe der Akzisegrenze ...«). Von diesem kurzen Stück Südverlauf halten sich Reste bis in das 20. Jahrhundert hinein. Im Jahre 1928 vermerkt der damalige Verwaltungsdirektor des Klinikums, Ernst Pütter:

»Ein kleiner Rest der alten Stadtmauer ... steht heute noch in einem, zwischen Entbindungsanstalt und der Universitätszahnklinik gelegenen Gartenstück der Charité.«[1]

Ein anderer, gut zwei Meter langer Mauerrest hat sich bis heute erhalten. Er beginnt am Haus

[1] Ernst Pütter (Hrsg.), Erinnerungen an die Charité Berlin, Düsseldorf 1928, S. 35.

Das Pockenhaus ^

Virchowweg 24 und wird durch eine niedrigere, auf dem alten Mauerfundament neu errichtete Ziegelwand fortgesetzt, die den Ostausgang der Charité flankiert.

Jenseits des Charitégeländes sind es auf der »Communication«, ab 1891 Hannoversche Straße, nur wenige Schritte bis zum Neuen Tor von 1836. Schinkel baut zwei einstöckige Torhäuser von quadratischem Grundriss. Die einander zugewandten Stirnseiten der beiden Gebäude sind mit rundbogigen offenen Arkaden versehen. Verbunden werden die beiden Häuser durch ein breites verkehrsdurchlässiges Gittertor, das aus zehn Feldern besteht. Aus der Entfernung ist diese Art von Straßensperre kaum wahrzunehmen; wer sich hier der Stadt nähert, hat nicht mehr, wie etwa am Rosenthaler Tor, das Gefühl, eine Festung zu betreten. Der Entwurf für diese Baulichkeiten konzentriert sich auf deren Funktion, Menschen und Waren zu kontrollieren

Schinkels Verständnis von Toranlage beschränkt sich indes nicht nur auf die Torhäuser und deren Verbindung. Die Mauer selbst wird beiderseits des Tores in das architektonische Ensemble einbezogen. Dem aus der Charité Kommenden fallen mehrere Veränderungen auf: Die Mauer ist plötzlich unverputzt, genau wie die Torhäuser. Hinzu kommt, dass sie auf etwa viereinhalb Meter aufgestockt ist; sie schließt dadurch nicht auf halber Höhe des Torhauses ab, sondern optisch vorteilhaft etwas darüber. Schließlich fällt noch auf, dass Schinkel das gleiche Dachgesims, das die Torhäuser krönt, auch auf die zuführende Mauer gelegt hat, die übrigens erst nach 1960 entfernt wurde.

Soweit die Veränderungen, die dem Passanten am Beginn der »Communication am Neuen Thor« auffallen. Was er nicht sehen kann, ist, dass außerhalb der 80 Meter langen Mauerzuführung eine zweite Mauer verläuft. Diese schließt – wie auf der Sineck-Karte gewissenhaft registriert – mit der Nordfront des Torhauses ab. Analog verfährt Schinkel mit der Ostseite des Torensembles. Es entstehen zwei mit einem Dreieck beginnende, dann rechteckige, von den Mauern und dem jeweiligen Torhaus begrenzte Räume. Eine Vogelschauansicht von R. Geissler aus dem Jahre 1868 zeigt links unten den östlichen und einen Teil des westlichen Torraums.

Diese Räume erhalten bald die volkstümliche Bezeichnung »Schweinedreieck«, was ihren nützlichen Zweck andeutet. Hier werden nämlich die

^ *Mauerrest am Charitéausgang*

Gerhard Brand, Die Akzisemauer zwischen Charité und Neuem Tor. 1960 ^

für Emil Fischer, den Begründer der Eiweißchemie. Hinter dessen Denkmal erhebt sich das Kaiserin-Friedrich-Haus, eine traditionelle Stätte ärztlicher Fortbildung, als deren Patronin die Witwe des Kaisers gilt.

Beim »Platz vor dem Neuen Tor« (1839) wählt Schinkel den gleichen quadratischen Ansatz, kann ihn aber wegen der im Norden schräg querenden Invalidenstraße nicht voll verwirklichen.

von den Bauern zur Stadt getriebenen, für den Schlächter vorgesehenen Tierherden zum Zählen versammelt; der dabei praktizierte »Hammelsprung« wurde im Kapitel über die Akzise (S. 25ff.) beschrieben. Die Torräume werden außerdem als Wirtschaftshöfe genutzt.

Beim Neuen Tor verwirklicht Schinkel zudem von vornherein etwas, was am Potsdamer Tor nur nachträglich und daher unvollkommen gelungen ist: den Doppelplatz. Den inneren Platz legt Schinkel als Quadrat an. Seine Gestaltung als Schmuckplatz kann Peter Joseph Lenne schon im Jahre 1840 vollenden. Zum endgültigen Abschluss kommen die Arbeiten indes wegen der Verwüstungen während der März-Revolution erst im Jahre 1854. Der erste Name der Freifläche ist Luisenplatz, benannt nach Prinzessin Luise, der jüngsten Tochter des Königspaars Friedrich Wilhelm und Luise. Im Jahre 1932 erfolgt die Umbenennung in Robert-Koch-Platz; das Denkmal des Begründers der modernen Bakteriologie befindet sich, eingerahmt von Rasen, Sträuchern und Bäumen auf der Ostseite des Platzes. Ihm gegenüber steht die Nachbildung eines Monuments

Dieser Platz erhält seine erste gärtnerische Gestaltung spät, zwischen 1901 bis 1903. Sein heutiges Aussehen geht sogar erst auf das Jahr 1995 zurück. Auffällig sind die auf die Grünflächen verteilten eisernen Pflanzschalen. Sie sollen an eine Produktionsstätte erinnern, die bis 1873 ihren Standort direkt gegenüber hat.

Die Königliche Eisengießerei in der Invalidenstraße 92 (später 36 bis 38) wird im Jahre 1804 vom Chef des Berg-Departements, dem Minister Graf von Reder gegründet. Sie ist in Preußen eines der prägenden Elemente des staatlich angeschobenen Übergangs vom Manufaktur- zum Industriekapitalismus. Ihr Standort ist durch den Verlauf der Panke bestimmt, die zu damaliger Zeit noch hinreichend Wassermassen zum Antrieb

Unbekannt, Das Neue Tor von der Stadtseite. Um 1850 ^

^ *Robert Geissler, Die Ringmauer zwischen dem Neuen Tor (unten links) und dem bereits abgeräumten Oranienburger Tor (Mitte). 1868. Ausschnitt aus einer Vogelschauansicht*

eines Gebläses führt. Schon im Jahre 1818 wird hier die erste Dampfmaschine betrieben.

Die Königlichen Eisengießerei gibt einen entscheidenden Impuls für die Entstehung des Maschinenbaus vor dem Oranienburger Tor (vgl. S. 97), der preiswertes Schmiedeeisen aus unmittelbarer Nachbarschaft verarbeiten kann und nicht auf die teueren Bezüge aus England angewiesen ist. Aber sie ist weit mehr als ein Zulieferer für Industrie und Gewerbe, die Vielfalt ihrer Erzeugnisse reicht bis zu Schmuckgegenständen.

Zwischen 1875 und 1888 entstehen am gleichen Standort die Gebäude der naturwissenschaftlichen Institute, darunter direkt gegenüber vom Platz vor dem Neuen Tor die Geologische Landesanstalt, später Zentrales Geologisches Institut, danach Sitz von Ministerien der DDR- und der Bundesregierung (Invalidenstraße 44). Diesem Gebäude ist eine letzte Erinnerung an die siebzig Jahre lang betriebene Eisengießerei geblieben. Im Eingangsbereich des Bundesministeriums für Verkehr, Bau und Stadtentwicklung ruhen beiderseits der Treppe zwei Metall-Löwen, die im Jahre 1867 gegossen wurden, und den östlichen Nebeneingang bewacht unter freiem Himmel der fast neuneinhalb Zentner schwere Wolfshund, 1828 einem in der Florentiner Galerie befindlichen Original nachgebildet. Links neben der Vorderfront des Gebäudes befindet sich im Metallzaun eine Informationstafel über die Königliche Eisengießerei, auf der dreidimensional die damals beliebten gusseisernen Neujahrskarten gezeigt werden.

Nicht weit von der Eisengießerei entfernt findet sich eine völlig anders geartete, aber für die Berliner Geschichte nicht minder bemerkenswerte Ansiedlung, das Invalidenhaus. Es wird in den Jahren 1746 bis 1748 gebaut, unmittelbar nach dem Zweiten Schlesischen Krieg, als das öffentliche Leben zunehmend nicht mehr nur von militärischen Zeremonien, sondern auch von den bettelnd über das Land ziehenden Kriegsversehrten geprägt wird. Bei der Standortwahl treffen ganz unterschiedliche Gesichtspunkte aufeinander: Die Charité ist mit chronisch Pflegebedürftigen überfüllt. Die nach hemmungslosen Rodungen nördlich der Palisade entstandene Sandwüste wird zur Gefahr für die Stadt und muss kultiviert werden. Es geht auch darum, die Invaliden anzusiedeln – außerhalb der Residenz und unter Bedingungen, die eine Selbstversorgung ermöglichen.

Der Gebäudekomplex in der heutigen Scharnhorststraße 34-35 besteht aus einem langgezogenen schlossähnlichen Haus, dessen Vorderfront zum Schönhauser Graben zeigt und zwei ebenfalls dreistöckigen nach Osten verlaufenden Seitenflügeln. Auf beiden Seiten des Hauptgebäudes befinden sich die Kirchen, eine evangelische und eine katholische. Links und rechts außerhalb der Seitenflügel liegen die Wirtschaftsgebäude. Nördlich schließt sich ein kleiner Kirchhof an; heute zählt der Invalidenfriedhof trotz der Teilzerstörungen aus der Zeit zwischen 1961 und 1989 zu den historisch bedeutendsten Ruhestätten Berlins. Die Seitenflügel des Invalidenhauses haben sich erhalten; sie werden heute vom Bundesministerium für Wirtschaft und Technologie genutzt.

Das Invalidenhaus ist für zwölf Offiziere und 600 Mann ausgelegt, die in drei Kompagnien organisiert sind. Nach den Kriegen Friederichs II. voll- und überbelegt, schrumpft die Besatzung in der nach 1815 einsetzenden Friedensperiode auf nur noch 300 Personen in den Jahren um 1830, (später sogar auf 100 und weniger Kriegsversehrte). Aber längst hat sich der Selbstversorger Invalidenhaus zu einem beliebten Ausschank gewandelt, der von den Berlinern wegen seines wohlfeilen, weil akzisefreien Speise- und Getränkeangebots gern aufgesucht wird.

Zwischen dem Invalidenhaus und der Königlichen Eisengießerei liegt der lange rechteckige Streifen des Invalidenparks, der sich zunächst bis zur Höhe des Friedhofs erstreckt. In seiner Mitte, auf der ehemaligen Kesselstraße, benannt nach einem der Kommandanten des Invaliden-

^ *Unbekannt, Hof der Eisengießerei in der Invalidenstraße. Um 1810*

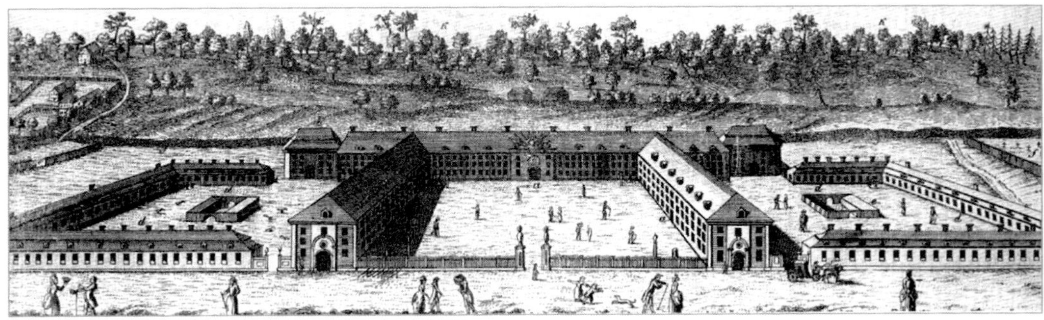

hauses (heute Habersaathstraße), wird 1854 in einem Rondell die korinthische Invalidensäule aufgestellt. Die begehbare 33,7 Meter hohe und von einem Adler mit ausgebreiteten Schwingen bekrönte Säule ist dem Gedächtnis der 475 in den Jahren 1848 und 1849 bei den Kämpfen in Berlin, Baden und Holstein gefallenen Soldaten gewidmet. Neunzehn von ihnen sind auf dem Invalidenfriedhof beigesetzt. Ursprünglich sollten die Kämpfenden beider Seiten der Revolutionsbarrikaden gemeinsam im Friedrichhain beigesetzt werden; es kam nicht dazu.

Das Neue Tor ist in die revolutionären Kämpfe direkt einbezogen (vgl. Kapitel »Polizei-Mauer«). Dabei brennen die Torhäuser am 18. März 1848 ab und müssen später rekonstruiert werden. Auch ihr weiteres Schicksal ist recht wechselhaft. Das östliche Torhaus, Luisenplatz Nr. 13, ab 1932 Robert-Koch-Platz 12 ist bis 1871 mit Steuerbeamten besetzt. Danach ist es zuerst Sitz einer Steuerinspektion und ab Beginn des 20. Jahrhunderts einer Zollinspektion. Zwischen dem Beginn der dreißiger Jahre und der Kriegszerstörung 1944 werden die Räume – wie auch diejenigen des Wachhauses – privat vermietet. Das Wachhaus, Luisenplatz 14, dann Robert-Koch-Platz 11 steht zum Zeitpunkt des Mauerabrisses leer. Seine weitere Nutzung bleibt militärischer Natur. Ab 1871 zieht eine Kaserneninspektion ein, die um 1900 von einer Garnisonsverwaltung abgelöst wird.

Ein Arbeiten in ruhiger Umgebung ist den Inspekteuren der Torhäuser nicht beschieden. Kaum dass die Königliche Eisengießerei geschlossen hat, entwickelt sich die Invalidenstraße immer mehr zur neuen Quelle von Lärm und Turbulenzen. Der gesamte Verbindungsverkehr zwischen dem Stettiner und dem neu errichteten Lehrter Bahnhof wälzt sich über diese Straße. Regelmäßig kommt es vor der Sandkrugbrücke zu langen Verkehrsstaus – schon vor hundert Jahren. Und so stehen denn die eiligen Reisenden verdutzt in der seit 1902 hier verkehrenden Straßenbahnlinie namens »Q« wie die Kuh vorm neuen Tor, oder eben wie die Q vorm Neuen Tor. Sprachforscher wollen herausgefunden haben, dass diese Redewendung zuerst um die Jahrhundertwende und im Berliner Raum auftaucht.

Der ehemalige Standort des Neuen Tors gerät in der zweiten Hälfte des 20. Jahrhunderts zunehmend in Vergessenheit. Bis sich dann im Jahre 1999 am historischen Ort neue, stilisierte Torhäuser des Architekten Josef Paul Kleihues erheben – mit eckigen, auch seitlich offenen Arkaden, eineinhalb Meter höher als die alten, aber vom Berliner Senat nachträglich als Schwarzbau sanktioniert. »Besser als gar nichts«, mag so mancher Liebhaber des alten Berlin angesichts dieser Reminiszenz denken.

Die 650 Meter vom Neuen Tor bis zum Oranienburger Tor, die letzte Etappe des gesamten Rundgangs von Tor zu Tor, haben es in sich. Es beginnt gleich mit einem Paukenschlag, dem einzigen Stück Stadtmauer, das erhalten geblieben ist. Das erste Bauwerk, das dem östlichen Torhaus folgt, ist indes keine Stadtmauer, sondern eine Imitation derselben, das in roten Ziegeln ausgeführte Erdgeschoss des 1995/96 gebauten Hauses mit der Adresse Platz vor dem Neuen Tor 1B.

Erfreut über den Respekt gegenüber dem Verlauf der alten Zollmauer, der sich hier zeigt, geht man ein paar Schritte weiter. Der Hauswand folgt ein Hoftor und diesem – ein rund 42 Meter langer Streifen Schinkelscher Stadtmauer von 1836 mit

^ *Johann David Schleuen, Das Invalidenhaus. 1773*

dem krönenden Gesims. Das Bauwerk wirkt nach einhundertsiebzig Jahren unverändert würdig und solide. Nur ein erstes kurzes Stück steht indes frei. In einer Länge von fünfeinhalb der insgesamt sieben Innenbögen ist die Mauer respektlos zu einer Art überirdischem Fundament für das im ersten Halbjahr 1997 errichtete Wohn- und Atelierhaus Hannoversche Straße 9 degradiert worden. Die gegenüberliegende Seite dieses »Fundaments« ist, wie ein Blick durch die Gitterstäbe des Hoftores eröffnet, ein weiteres Stück Stadtmauer; das Haus steht auf dem V-förmigen Ausgangspunkt des östlichen Torraums (»Schweinedreieck«). Es mag zutreffen, dass nichts den Erhalt eines historischen Bauwerks zuverlässiger sichert wie seine Integration in ein neues. Seine eigentümliche Ausstrahlung ist dabei jedoch verlorengegangen. Im Übrigen wäre eine Hinweistafel zu Ursprung und Charakter dieses im doppelten Sinne merkwürdigen Unterbaus, der immerhin als Einzeldenkmal in der Denkmalliste vermerkt ist, durchaus am Platze – so, wie die Erinnerung an die mittelalterliche Stadtmauer in der Littenstraße und die Berliner Mauer in der Bernauer Straße zu Recht wach gehalten wird.

Der Fall, dass eine Straße auf siebenhundert Metern Gesamtlänge viermal die Richtung wechselt, also aus fünf Teilstücken besteht – tritt im alten Berlin nur ein Mal ein, bei der Hannoverschen Straße.

Schon am Ende des Schinkelschen Torensembles, an der Spitze des östlichen Mauerdreiecks, beginnt der zweite Mauer- und Straßenabschnitt. Aus der Sicht des auf der Communication ostwärts strebenden Passanten schwenkt die Mauer etwas nach rechts ein, wobei sie nun wieder ihre Innenbögen zeigt. Was dem Flaneur verborgen bleibt, ist, dass es sich um die gradlinige Fortsetzung der Außenmauer des Torraums handelt (vgl. Sineck-Plan und Vogelschauansicht von Geissler). Auf der rechten Straßenseite wird diese erste Richtungsänderung durch vier schöne, in den Jahren 1840 bis 1843 gebaute und in der Denkmalliste als Ensemble eingetragene Mietshäuser (Nr.15 bis 18) begleitet.

Als die Grenzen der Friedrich-Wilhelm-Stadt hinausgeschoben werden, sind für die Festlegung von Richtung und Länge des neuen Mauerabschnitts folgende Gegebenheiten zu berücksichtigen: der Verlauf der Panke und die Lage des Charitéfriedhofs. Die Panke fließt heute, insoweit sie Wasser führt, unterhalb des westlichen Bürgersteigs der Hessischen Straße. Damals ist sie ein offenes Gewässer, das wegen Mauer und Communication überwölbt werden muss.

Schon kurz nachdem die Panke überwunden ist, zwingt der Friedhof zum nächsten Rechtsschwenk. Der Charitékirchhof entsteht im Jahre 1772 durch Parzellierung des Chartégartens. Nun, im Jahre 1836, erhält er im Süden und Westen für das letzte Vierteljahrhundert seiner Existenz eine neue hohe Begrenzungsmauer. Im Jahre 1859 wird er geschlossen und anschließend bebaut. Unter anderem entsteht auf dem Gelände 1881 das neue Waschhaus der Charité und südöstlich daneben drei Jahre später das Berliner Leichenschauhaus (Hannoversche Straße 6), in dem – für jedermann zugänglich – unbekannte Tote in Schaufenstern zur Identifizierung ausgestellt werden. Etwas jünger ist das Gebäude zur Linken (Hessische Straße 1-2); es trägt eine Gedenktafel, die an die von Lise Meitner und Otto Hahn zwischen 1906 und 1912 getätigten bahnbrechenden Forschungen zur Radioaktivität erinnert.

Dieses dritte ist zugleich das letzte der jungen, bei der Vergrößerung der Vorstadt östlich des Neuen Tors entstandenen Teilstücke der Mauer. An seinem Endpunkt trifft es mit der alten, vom Oranienburger Tor kommenden Stadtmauer des Jahres 1789 zusammen, und zwar an jener Stelle, wo diese bis gegen Mitte der dreißiger Jahre auf die Linie der 1838 angelegten Philippstraße abschwenkte.

Das vierte Teilstück ist ebenfalls Friedhofsmauer. Im Anschluss an den Charitékirchhof

Heinz Krautz, Am Neuen Tor. Einziger verbliebener Teil der Ringmauer. ^
Um 1960. Nach einem Farbdia

begrenzt diese Mauer den Ruheort der Dorotheenstädtischen und Friedrich-Werderschen Gemeinden. Dieser Friedhof reicht auch heute noch direkt bis an die Straße; die Grabsteine von Schadow, des Jung-Hegelianers Eduard Gans und – etwas entfernt – die Aufbauten der Gräber von Borsig, Stüler und Rauch sind von der Hannoverschen Straße aus im Vorbeigehen zu erkennen.

Die durchgehende Hausfront auf der rechten Straßenseite (Nr.23-26) gehört zur Chirurgischen Pferdeklinik, heute von Instituten der Pflanzenbau- und Nutztierwissenschaften belegt. Erbaut in den Jahren 1923 bis 1926, ist es eines der vergleichsweise jüngeren Gebäude auf dem Gelände der alten Tierarzneischule. Diese Lehrstätte wird im Jahre 1789 von König Friedrich Wilhelm II. gegründet. Sie erhält damals die Aufgabe, Tierärzte für die Kavallerie auszubilden. Der theoretische und praktische Unterricht für die 24 künftigen Rossärzte mit ihren blauen Oberröcken, schwarzen, roteingefassten Krägen, gelben Knöpfen und blauen Mützen dauert drei Jahre. Die Behandlung zivil gehaltener Tiere steht zunächst am Rande und tritt erst im Verlauf des 19. Jahrhunderts in den Vordergrund.

Westlich der Panke, die sich quer durch das Gelände der Tierarzneischule zieht, befindet sich das sogenannte anatomische Theater, das heute als das älteste Hochschullehrgebäude Berlins gilt. Der im Jahre 1790 von Langhans d. Ä. errichtete frühklassizistische Bau enthält einen nach dem Prinzip des Amphitheaters aufgebauten Hörsaal, dessen Kuppel mit Fresken verziert ist. Die Bänke der Zuhörer gruppieren sich um einen versenkbaren Tisch zur Präsentation der Tierkadaver.

Im Jahre 1840 entsteht nach Plänen von Ludwig Hesse das neue große Lehrgebäude. Sein Standort ist an der Luisenstraße Nr. 56. Der eindrucksvolle klassizistische Putzbau ist als dreigeschossige Dreiflügelanlage mit Ehrenhof ausgeführt. Heute sind auf dem Gelände fachverwandte Institute aller drei Universitäten Berlins vereinigt.

Die alte Tierarzneischule reicht im Osten bis an den französischen Hospitalgarten, von dem ein altersschwacher Maulbeerbaum verblieben ist. Die südliche Begrenzung wird damals durch die Schumann- und die Karlstraße (Reinhardstraße)

gebildet; deren Ecke zur Friedrichstraße bleibt zunächst unbebaut und bildet lange Zeit den einzigen Zugang zum Gelände.

Das vierte (und vorletzte) Teilstück von Stadtmauer und Communication, das zusammen mit der Philippstraße die Nordgrenze der Tierarzneischule bildet, kann für sich in Anspruch nehmen, nördlich der Spree das einzige zu sein, das über die Zeiten hinweg von Veränderungen am Verlauf der Akzisebarriere unberührt geblieben ist. Bei allen anderen Torabschnitten kommt es zu Hinausschiebungen: zu der einmaligen Verlagerung von der Linien- zur Torstraße im Norden, zu den mehrmaligen Verlegungen im Osten bis schließlich an die Frieden- und Marchlewskistraße (vgl. Kapitel »Ring-Mauer«) und im Nordwesten zu der oben beschriebenen Neugestaltung der Abgrenzung der Friedrich-Wilhelm-Stadt.

Demgegenüber wird das vierte Teilstück bereits kurz nach 1710 angelegt, als die Verbindung vom alten Oranienburger Tor zum Unterbaum hergestellt werden muss und als feststeht, dass das soeben errichtete Pesthaus wegen des Ausbleibens der gefürchteten Seuche als Arbeitshaus und Pflegeheim genutzt und in die Stadt einbezogen werden kann. Die Sineck-Karte oder auch die Vogelschauansicht von Geissler zeigen: Die gedachte gradlinige Verlängerung des vierten Teilstücks von Nordwest nach Südost führt exakt zu dem Punkt der Friedrichstraße (Nr. 121/122), wo sich gegenüber der Einmündung der Linienstraße und dem Wachhaus das Torschreiberhaus des alten Oranienburger Tors befand. Nach den Beschreibungen Fidicins führt diese Linie damals nördlich am Graf Schliebenschen Garten (später Vahlenkampfscher und schließlich Tierschulgarten) und am Französischen Hospitalgarten vorbei.

Das Anatomische Theater von Carl Gotthard Langhans ^

Als das Oranienburger Tor nach 1720 hinausgeschoben wird, entsteht das fünfte Teilstück der heutigen Hannoverschen Straße als annähernd gradlinige Verlängerung der Torstraße. In das für die Stadt dadurch neu gewonnene mit einer Maulbeerplantage belegte Dreieck wird später die weiter oben mehrfach erwähnte Kaserne der Reitenden Artillerie hineingebaut. Auch das hier im Jahre 1913 errichtetet Haus Hannoversche Straße 30 dient zunächst als Kaserne, bevor es nach Zwischennutzungen ab 1974 Sitz der Ständigen Vertretung der Bundesrepublik Deutschland bei der Regierung der DDR und 1991 Außenstelle Berlin des Bundesministeriums für Bildung und Forschung wird.

Die Strecke vom Neuen zum Oranienburger Tor weist noch eine weitere, letzte Eigenheit auf: Nirgendwo (allenfalls mit Ausnahme der Stadt- und Friedhofsbegrenzung am Prenzlauer Tor) verzögert sich der Abbruch der Ringmauer nachhaltiger als hier. Hauptgrund dieser Zählebigkeit der Mauer ist, dass der Magistrat bei diesem Torabschnitt wegen des Fehlens einer äußeren Communication nicht nur die Abriss-, sondern auch die Kosten für die Verlegung von Grabstellen sowie die Ersatzbegrenzung der Friedhofs-, und sonstigen Grundstücke tragen muss. Angesichts des komplizierten Verlaufs dieses Torabschnitts ergeben sich überdies erhebliche Schwierigkeiten bei der Festlegung der Baufluchtlinien.

Die Mauer bleibt deshalb noch lange stehen und wird nach Bedarf durchbrochen. Am 3. April 1873 genehmigt die Stadtverordnetenversammlung dem Holzhändler Nierl die Anlage einer Zufahrt zu seinem auf dem alten Charitékirchhof gegenüber der Einmündung Philippstraße gelegenen Lagerplatz. Der Kleinunternehmer muss den Wert des herauszunehmenden Baumaterials von 18 Talern und 28 Silbergroschen ersetzten und alle sonstigen Kosten tragen. Auch der Zugang zum neuen Waschhaus der Charité und zum Berliner Leichenschauhaus wird zunächst nur über eine Pforte in der Ringmauer ermöglicht.

Dieser Zustand hält sich während der gesamten achtziger Jahre. Noch im Jahre 1889 schreibt Paul Lindenberg:

»Nicht lange ... ist es her, da ging hier das Stadtgebiet nur bis zum Oranienburger Thor, welches von der alten Stadtmauer – ein Teil derselben ist hier noch linkerhand erhalten – begrenzt wurde.«[1]

Im Jahre 1891 wird unmittelbar östlich vom Ensemble des Neuen Tores ein breiter Durchbruch der Stadtmauer erforderlich, die Hessische Straße. Das ist wohl das Startsignal für die Niederlegung der Mauer auf der gesamten Distanz bis zum Oranienburger Tor.

^ *Östliches Torhaus im Rohbau. Daneben Wohnhaus mit Stadtmauer-Imitation. Juni 1998*

^ *Das Gewölbe der Panke an der Kreuzung Hannoversche-Hessische Straße. Dahinter die Stadtmauer. Mai 2000*

[1] Paul Lindenberg, Berlin, Bd. 3: Die Umgebungen Berlins, Leipzig o. J., S. 40

^ *Der Mauerwinkel, noch freistehend. Sommer 1996*

^ *Das Haus auf der Mauer. Hannoversche Straße 9. Mai 1997*

VON TOR ZU TOR – EIN ÜBERBLICK

Obwohl die Ringmauer von vornherein so großzügig bemessen ist, dass sie Raum für ein Jahrhundert Stadterweiterung lässt, kann sie in drei Stunden umwandert werden. Die letzte Korrektur in ihrem Verlauf erfolgt im Jahre 1836, und nach 1852 wird kein weiteres Tor mehr eingefügt. Die Mauer des Jahres 1865 hat 20 Tore, darunter drei Wassertore und ist knapp 15,9 Kilometer lang.

Am Schluss finden sich in der Berliner Stadtmauer – abhängig vom Zeitpunkt ihrer Errichtung, aber auch vom Zeitgeist, den maßgeblich der jeweilige König prägt – drei Typen von Toren:

Einfache Tore. Sie » ... bestehen nur aus zwei starken Pfeilern, am oberen Theile durch eine eiserne Stange verbunden, an welche sich die Thorflügel anlehnen. Unten in der Mitte liegt ein Prellstein, an dem jene gleichfalls, wenn das Thor geschlossen wird, befestigt werden. Gewöhnlich befindet sich zur Seite noch eine kleine Pforte, um Fußgänger durchzulassen.«[1] Die Durchfahrten sind schmaler als die ankommenden Straßen, sie können von Fahrzeugen nur in jeweils eine Richtung passiert werden.

Zu diesen einfachen Durchlässen zählen neun der insgesamt 17 Landtore: nördlich der Spree das Schönhauser und Prenzlauer Tor, das Köngstor, das Landsberger, Frankfurter und das Stralauer Tor, auf der Südseite des Flusses das Schlesische, das Cottbuser und das Hallesche Tor. Die beiden letzteren Tore heben sich gegenüber den zuvor genannten durch höhere Individualität der Gestaltung heraus. Die Pfeiler ragen teilweise hoch über die (im Süden niedrigere) Mauer hinaus, und ornamentale Bekrönungen werten sie auf. Das Cottbuser Tor ist darüber hinaus das älteste Landtor der gesamten Ringmauer.

Die beiden Wassertore auf der Spree sind mit ihren primitiven Zugbrücken und den – wie bei den einfachen Landtoren – rein zweckgebundenen Unterkünften für das Steuer- und Wachpersonal ebenfalls dieser Gruppe zuzuordnen.

Moderne Tore. Ihre breiten eisernen Gitterflügel gestatten gleichzeitig zwei Durchfahrten. Die beiden Gebäude für die Wache sowie für Wohnung und Dienstraum des Einnehmers verbinden Zweckmäßigkeit mit einer bescheidenen Stattlichkeit.

Zu den modernen Toren gehören die vier ab 1836 neu eingefügten Tore: Neues Tor, Köpenicker Tor, Wassertor und Anhalter Tor sowie das bereits vorher modernisierte Potsdamer Tor. Die Torhäuser des Potsdamer Tores tragen sogar die Merkmale eines Schmucktores.

Schmucktore. Bei ihnen steht die äußerliche Gestaltung als repräsentative Stadteingänge bzw. krönender Abschluss innerstädtischer Straßen im Vordergrund. Nur bei einem der vier Tore liegt die Hauptdurchfahrt unter freiem Himmel, bei den anderen ist der erhöhte Mittelteil des Ensembles durch Überdachung als geschlossenes Bauwerk gestaltet. Die Durchlässigkeit für den Verkehr ist unterschiedlich ausgeprägt.

---

[1] A. Merget, Heimathskunde von Berlin und Umgegend, Berlin 1858, S.15.

Schmucktore sind das Brandenburger, das Oranienburger, das Hamburger und das Rosenthaler Tor.

In der folgenden Übersicht sind die Tore der Berliner Ringmauer nach Typ, Baujahr und Bauanlass zusammengestellt. Außerdem ist der Synopse die Entfernung zwischen den einzelnen Toren zu entnehmen.

Seinen Namen erhält das Tor ursprünglich nach dem Ort, wohin es führt. Für ein Reiseziel, das sich in der näheren Umgebung der damaligen Residenz befindet, bietet der Torname bis zuletzt eine zutreffende Orientierung. Anders, wenn der Torname weiter entfernte Orte als Ziel verspricht. Je nach Zeitpunkt des Ausbaus und der Streckenführung von befestigten Straßen (»Kunststraßen«) verlieren im 19. Jahrhundert einige Tornamen ihren Sinn. Wer nach Halle reisen will, benutzt nicht das Hallesche, sondern das Potsdamer Tor – auf einer der ersten gepflasterten Straßen, die aus Berlin herausführen. Nach Hamburg kommt man durch das Brandenburger oder Oranienburger und nur über Umwege durch das nach diesem Zielort benannte Tor. Wer aus Schlesien anreist, gelangt nicht durch das Schlesische, sondern durch das Frankfurter Tor in die Stadt. Die Bezeichnung »Cottbuser Tor« behält hingegen ihre Berechtigung.

Unabhängig von ihrem Orientierungsgehalt haben sich bis heute fast durchweg die Namen der Berliner Stadttore als topographische Bezeichnungen erhalten. Offenbar sind die Benennungen derart attraktiv, dass sie gelegentlich an Orten auftauchen, an denen nie ein Tor gestanden hat. Dies gilt seit den fünfziger Jahren des zwanzigsten Jahrhunderts für das »Frankfurter Tor« in der Karl-Marx-Allee – besonderes Kennzeichen sind die vom Gendarmenmarkt kopierten Gontard-Türme – und seit den neunziger Jahren für ein »Landsberger Tor« in Berlin-Marzahn. Es kommt sogar zu völligen Neuschöpfungen von Tornamen, wie das Beispiel »Hohenschönhauser Tor« am Weißenseer Weg zeigt.

Im allgemeinen passen jedoch die Bezeichnungen zum Ort. Es sind maßgeblich Stationen der U- bzw. Hochbahn, aber auch Haltepunkte von Bussen und Straßenbahnen, die nach Standorten von Toren bzw. nach den gleichnamigen Plätzen benannt sind. Der öffentliche Nahverkehr der Stadt hält die Erinnerung an die letzten Berliner Stadttore wach, die er einst zerstören half.

Nr.	Name	Typ	Bauj.	Anlass	Entf. zum nächsten Tor (m)
1	Oranienburger Tor	Schmucktor	1789	Ersatzbau	520
2	Hamburger Tor	Schmucktor	1789	Ersatzbau	560
3	Rosenthaler Tor	Schmucktor	1788	Ersatzbau	570
4	Schönhauser Tor	Einfaches Tor	1802	Ersatzbau	500
5	Prenzlauer Tor	Einfaches Tor	1802	Ersatzbau	710
6	Königstor	Einfaches Tor	1802	Ersatzbau	930
7	Landsberger Tor	Einfaches Tor	1802	Erstbau	970
8	Frankfurter Tor	Einfaches Tor	1802	Erstbau	1950
9	Stralauer Tor	Einfaches Tor	1802	Ersatzbau	140
10	Oberbaum	Einfaches Tor	1724	Erstbau	320
11	Schlesisches Tor	Einfaches Tor	1802	Ersatzbau	760
12	Köpenicker Tor	Modernes Tor	1847	Einfügungsbau	960
13	Cottbuser Tor	Einfaches Tor	1735	Erstbau	350
14	Wassertor	Modernes Tor	1852	Einfügungsbau	500
15	Hallesches Tor	Einfaches Tor	1782	Ersatzbau	1060
16	Anhalter Tor	Modernes Tor	1840	Einfügungsbau	720
17	Potsdamer Tor	Modernes Tor	1824	Ersatzbau	780
18	Brandenburger Tor	Schmucktor	1791	Ersatzbau	700
19	Unterbaum	Einfaches Tor	1827	Erstbau	1200
20	Neues Tor	Modernes Tor	1836	Erstbau	650

^ *Die Tore der Berliner Ringmauer im Jahr 1865.*

PLAN
MONUMENTAL VON BERLIN
VERLAG VON CARL GLÜCK
BERLIN
69 Unter dem Linden 69.
Osten
Frankfurter Thor
Landsberger Thor
Königs Thor
Prenzlauer Thor
Schönhauser Thor
Rosenthaler Thor
Hamburger Thor
Stralauer Thor
Schlesisches Thor
Köpnicker Thor
Cottbusser Thor
Wasser Thor
Frankfurter Bahnhof
Marcus Kirche
Jannowitz Br.
Waisen Br.
Michaels Kirche
Luisen Kirche
Petri Kirche
Cöln. Rathhaus
Schloss
Dom
Börse
Museum
Lustgarten
Schlossbrücke
Churfürstenbrücke
Nicolai Kirche
Mühlen Damm
Garnison Kirche
Poppe & Co.
Monbijou
Zeughaus
Bauacademie
Hôtel de Russie
Humbold
Theerbusch'sche Resource
Sophien Kirche
S. L. Arnheim
Vorst. Theater
Städt. Gasanstalt
Engl. Gasanstalt
Orpheum
Wasserleitungs Werke
Brüder Str.
Grosse Hamburger Str.
Brunnen Str.
Acker Str.
Friedrichshain

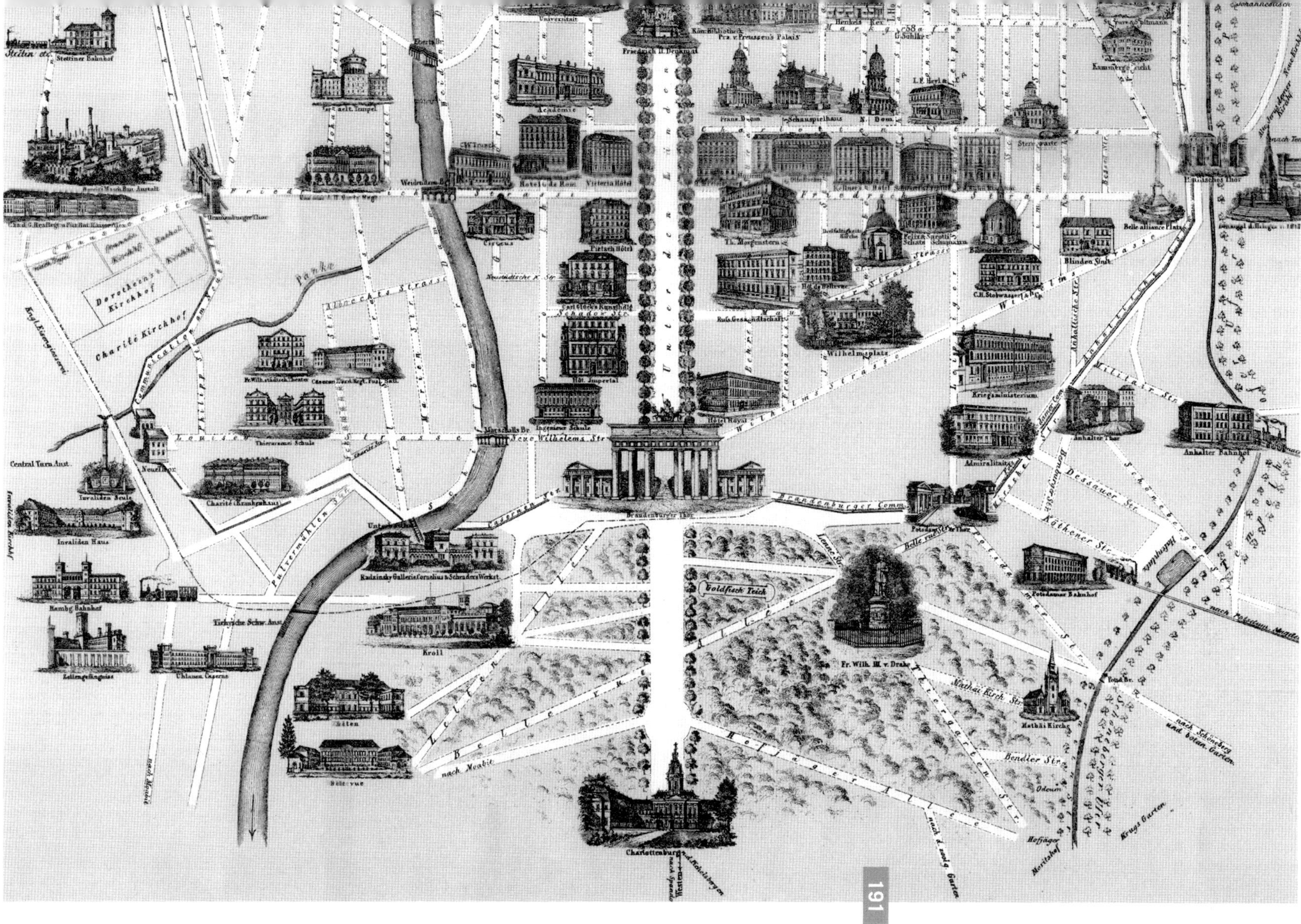
Unter den Linden
Friedrich II. Denkmal
Universität
Academie
Victoria Hôtel
Franz. Dom
Schauspielhaus
N. Dom
Wilhelmsplatz
Kriegsministerium
Admiralität
Anhalter Thor
Anhalter Bahnhof
Potsdamer Bahnhof
Potsdamer Thor
Brandenburger Thor
Brandenburger Comm.
Hôtel Royal
Hôt. Imperial
Circus
Charité Kirchhof
Dorotheenst. Kirchhof
Panke
Neues Thor
Central Turn Anst.
Invaliden Haus
Invaliden Kirchhof
Hambg. Bahnhof
Zellengefängniss
Uhlanen Caserne
Kroll
Bellevue
Charlottenburg
nach Spandow
nach Moabit
nach d. zoolg. Garten
Goldfisch Teich
Fr. Wilh. III. v. Drake
Matthäi Kirche
Matthäi Kirch Str.
Bendler Str.
Odeum
Schöneberger Ufer
nach Schöneberg und botan. Garten
Krugs Garten
Hafenplatz
Köthener Str.
Dessauer Str.
Bernburger Str.
Anhaltische Str.
Belle alliance Platz
Hallesches Thor
Blinden Anst.
Kammergericht
Stettiner Bahnhof
Kgl. Eisengiesserei

LITERATURVERZEICHNIS

Alexis, Willibald, Ruhe ist erste Bürgerpflicht, Berlin 1969

Alexis, Willibald, Berlin in seiner neuen Gestaltung. In: Jahrbuch vom Willibald-Alexis-Bund 1928, Berlin 1929

Altmann, Katharina, u.a. (Hrsg.), Die Luisenstadt. Ein Heimatbuch, Berlin, Leipzig, Wien 1927

Architektenverein zu Berlin (Hrsg.), Berlin und seine Bauten, Berlin 1877; dto., Berlin 1896

Archiv für deutsche Heimatpflege GmbH (Hrsg.), Heimatchronik Berlin, Berlin 1962

Arnim, Bettina von, Dies Buch gehört dem König, Berlin 1843

Bachmann, J. F., Die Luisenstadt. Versuch einer Geschichte derselben und ihrer Kirche. Reprint der Ausgabe von 1838, Berlin 2002

Bauer, Roland, Berlin Illustrierte Chronik bis 1970, Berlin 1988

Berger, Joachim, Kreuzberger Wanderbuch, Berlin o. J.

Berlin-Brandenburgische Akademie der Wissenschaften, Acta Borussica, Neue Folge, Die Protokolle des Preußischen Staatsministeriums, Band 1, Hildesheim Zürich New York lfd.

Berliner Garnison-Chronik: zugleich Stadt Berlinsche Chronik für die Jahre 1727-1739, mitgeteilt von Ernst Friedlaender. In: Schriften des Vereins für die Geschichte Berlins, Band 9, 1873

Berlin und seine Eisenbahnen 1846-96, Berlin 1896

Bismarck, Otto Fürst von, Gedanken und Erinnerungen, Erster Band, Stuttgart und Berlin 1916

Bittmann, Otto, Die Friedrichstadt, ein eleganter Herr. In: Luisenstädtischer Bildungsverein (Hrsg.), Berlinische Monatsschrift, Berlin, Nr. 11/1995

Born, David, Denkschrift über den Einfluss der Mahl- und Schlachtsteuer auf die gewerblichen Verhältnisse Berlins, besonders in Bezug auf die Arbeitslöhne und auf die Konkurrenzfähigkeit anderen Städten gegenüber. Bericht an den Lokalverein für das Wohl der arbeitenden Klassen zu Berlin in der Sitzung vom 25. August 1850, Berlin o.J

Brost, Harald, Laurenz Demps, Berlin wird Weltstadt, Berlin 1997

Cölln, Friedrich von, Wien und Berlin in Parallele, Amsterdam und Köln 1808

Communal-Blatt der Haupt- und Residenz-Stadt Berlin, Herausgegeben im Auftrag des Magistrats, Berlin lfd.

Consentius, Ernst, Alt-Berlin. Anno 1740, Berlin 1907

Demps, Laurenz, Die Oranienburger Straße, Berlin 1998

Engelberg, Ernst, Bismarck. Urpreuße und Reichsgründer, Berlin 1987

Erman, Hans, Berlin. Geschichte und Geschichten, Berlin 1953

Fidicin, Ernst, (Hrsg.), Historisch-diplomatische Beiträge zur Geschichte Berlins. Fünfter Teil, Geschichte der Stadt, Berlin 1842

Fidicin, Ernst, Berlin, historisch und topographisch, Berlin 1843

Fontane, Theodor, Von Zwanzig bis Dreißig, Berlin 1998

Fontane, Theodor, »Wie man in Berlin so lebt«, Berlin 2002

Fontane, Theodor, Stine, Werke in fünf Bänden, Zweiter Band, Berlin 1986

Geiger, Ludwig, Geschichte der Juden in Berlin, Leipzig 1988

Geist, Johann Friedrich, Klaus Kürvers, Das Berliner Mietshaus 1740-1862, München 1980, 1862-1945, München 1984

Gensch, Willi, Hans Liesigk, Hans Michaelis, Der Berliner Osten, Berlin 1930

Johann Heinrich Gerkens Berolinum (um 1716), Handschrift der Deutschen Staatsbibliothek

Gesetz-Sammlung für die Königlichen Preußischen Staaten, 1810 und 1820, Berlin

Glasbrenner, Adolf, Berliner Volksleben, Leipzig 1847

Glatzer, Ruth, (Hrsg.), Berliner Leben 1648-1806, Berlin 1956

Goebel, Benedikt, Der Umbau Alt-Berlins zum modernen Stadtzentrum, Berlin 2003

Gutzkow, Karl, Unter dem schwarzen Bären, Berlin 1971

Gutzkow, Karl, Berlin – Panorama einer Residenzstadt, Berlin 1995

Heine, Heinrich, Briefe aus Berlin, Werke (Hrsg. R. Pissin und V. Valentin), Berlin o.J.

Hermann, Georg, Jettchen Gebert, Berlin 1985

Hilzheimer, Achim, Ein vergessenes Stadttor, In: Berlinische Monatsschrift, Nr. 7/1995

Hobe, Bericht. In: Friedrich Adami, Berlin 1868

Hoffmann, E. T. A., Gespenster in der Friedrichstadt, Berlin 1996

Holtze, Friedrich, Geschichte der Befestigung von Berlin. In: Schriften des Vereins für die Geschichte der Stadt Berlin, Heft X, Beilage 2, Berlin 1874

Holtze, Friedrich, Bilder aus Berlin vor zwei Menschenaltern. In: Schriften des Vereins zur Geschichte Berlins, Heft 35, Berlin 1898

Hoppe, Ralph, Die Friedrichstraße, Berlin 1999

Kabinets-Ordre König Friedrich Wilhelm I., 6. Februar 1731, Potsdam. In: Verein für die Geschichte Berlins, Mitteilungen für die Geschichte Berlins, Nr. 3, 1890, Berlin

Kaeber, Ernst, Werner Hegemanns Werk: »Das steinerne Berlin. Geschichte der größten Mietskasernenstadt der Welt« oder: Der alte und der neue Hegemann. In: Ernst Kaeber, Beiträge zur Berliner Geschichte, Berlin 1964

Kaeber, Ernst, Die Epochen der Finanzpolitik Berlins 1808 – 1914. In: Ernst Kaeber, Beiträge zur Berliner Geschichte, Berlin 1964

Kastan, Isidor, Berlin wie es war, Berlin 1919

Kertbeny, C. von, Berlin wie es ist, Berlin 1831

Klöden, Karl Friedrich, Von Berlin nach Berlin, Berlin 1976

Knobloch, Heinz, Herr Moses in Berlin, Berlin 1985

Knüppeln, Charakteristik von Berlin, Philadelphia 1785
Köhler, Ruth, Wolfgang Richter (Hrsg.), Berliner Leben 1806-1847, Berlin 1954
Küster, Georg Gottfried, Altes und Neues Berlin, Dritter Theil, Berlin 1756
Küster, Georg Gottfried, Johann Christoph Müller, Altes und Neues Berlin, Erster Theil, Berlin 1737
Kugler, Franz, Geschichte Friedrichs des Großen, Leipzig 1840
Landesarchiv Berlin, Magistrat der Stadt Berlin, Städtische Tiefbaudeputation, A Rep. 010-01-02, Nr. 12591
Lange, Heinrich, » ... zum Schmuck der Städte ...«, In: Berlinische Monatsschrift, Nr. 11/2000
Leipziger Sammlungen von Wirthschaftlichen, Polizey-, Cammer- und Finanz-Sachen, Bd. 7 Leipzig 1751
Lindenberg, Paul, Berlin, Bd. 3: Die Umgebungen Berlins, Leipzig o. J.
Merget, A., Heimathskunde von Berlin und Umgegend, Berlin 1858
Mylius, Corpus Constitutionum Marchicarum, Berlin , Halle 1737
Nicolai, Friedrich, Beschreibung der Königlichen Residenzstädte Berlin und Potsdam, Berlin 1796
Nicolai, Friedrich, Beschreibung der Königlichen Residenzstadt Berlin, Berlin 1987
Ollech, Karl Rudolf von, Geschichte des Berliner Invalidenhauses von 1748 bis 1884, Berlin 1885
Parthey, Gustav, Das Haus in der Brüderstraße, Berlin 1955
Peters, Günter, Kleine Berliner Baugeschichte, Berlin 1995
Pfannstiel, Margot, Der Locomotovkönig, Berlin 1987
Philippi, Felix, Alt-Berlin, Neue Folge, Berlin 1918
Pütter, Ernst, (Hrsg.), Erinnerungen an die Charité Berlin, Düsseldorf 1928
Rebmann, Georg Friedrich, Kosmopolitische Wanderungen durch einen Teil Deutschlands, Leipzig 1793
Rodenberg, Julius, Bilder aus dem Berliner Leben, Berlin 1987
Saß, Friedrich, Berlin in seiner neuesten Zeit und Entwicklung, Leipzig 1846
Schiller, Friedrich von, Sämtliche Werke in vier Bänden, Erster Band, Augsburg 1998
Schopenhauer, Johanna, Ihr glücklichen Augen. Jugenderinnerungen, Tagebücher, Briefe, Berlin, 1979
Schulz, Günther, Die ersten hundert Jahre Kartographie. In: Vogelschau-Pläne und –Ansichten von Berlin, Berlin o. J.
Schwenk, Herbert, Ein Riesenbauwerk, das sich als Riesenflop erwies. In: Berlinische Monatsschrift, Berlin, Nr. 8, 1996
Seiner Königlichen Majestät in Preussen Allergnädigst approbirtes Reglement und Verfassung des gantzen Accise-Wesens in Dero Residentz-Stadt Berlin wornach Die sämmtliche Accise-Bediente, vom ersten bis zum letzten, ihre Arbeit zu bestellen, die dabey vorkommende Fälle zu entscheiden, Negocianten und Accisanten abzufertigen, und sich überhaupt allerunterthänigst zu achten. Anno 1733
Siedler, Wolf Jobst, Spüren die Zeitgenossen einen Epochenbruch? Zwischen Rokoko und Klassizismus: Friedrich Wilhelm II., ein Herrscher des Nicht-mehr und des Noch-nicht, Berliner Zeitung vom 10./11. Mai 1997
Siefart, E. von, Aus der Geschichte des Brandenburger Tores und der Quadriga. In: Schriften des Vereins für die Geschichte Berlins, Heft 45, Berlin 1912
Sikora, Michael, Disziplin und Desertion: Strukturprobleme militärischer Organisation im 18. Jahrhundert, Berlin 1996
Spenersche Zeitung vom 11. März 1813
Streckfuß, Adolf, 500 Jahre Berliner Geschichte, Berlin 1900
Varnhagen von Ense, Karl August, Denkwürdigkeiten und vermischte Schriften, Mannheim 1838
Weber, Rolf, (Hrsg.), Revolutionsbriefe 1848/49, Frankfurt/M. 1973
Wernicke, Kurt, Die »Moritzplatz-Krawalle«. In: Berlinischen Monatsschrift, Berlin, Nr. 8, 1992
Woche, Klaus-Rainer, Vom Wecken bis zum Zapfenstreich, Berg, Potsdam 1998
Zailonow, Anton, Freymütige Bemerkungen über den preußischen Staat in politisch-militärisch und bürgerlicher Hinsicht, o. O.u.J.
Zedlitz, Leopold Freiherr von, Neuestes Conversations-Handbuch für Berlin und Potsdam, Berlin 1834
Zeitler, Karl Ludwig, Erinnerungen eines Berliners aus den letzten 70 Jahren des 19. Jahrhunderts Berlin 1909
Zimmer, Dieter, Carl-Ludwig Paeschke, Das Tor, Stuttgart 1991

ABBILDUNGSNACHWEIS

Archiv des Autors, Archiv des Verlags, Archiv Brand Bien & Giersch Projektagentur GmbH, Bildarchiv Preußischer Kulturbesitz, Deutsche Bahn, Deutsche Staatsbibliothek, Kölnisches Stadtmuseum, Kupferstichkabinett, Landesarchiv Berlin, Landesdenkmalamt Berlin, Museum für Deutsche Geschichte Berlin, Mitte-Museum Berlin, Museum für Verkehr und Technik, Nationalgalerie Berlin, Schloss Charlottenburg, Staatliche Museen Preußischer Kulturbesitz, Stadtarchiv Berlin, Stiftung Stadtmuseum Berlin, Helmut Zschocke